DAYU WENHUAXUE D

# 大禹文化学导论

刘家思◎主编

时代出版传媒股份有限公司
安徽文艺出版社

图书在版编目（CIP）数据

大禹文化学导论/刘家思主编.—合肥：安徽文艺出版社,2020.6
ISBN 978-7-5396-6824-6

Ⅰ.①大… Ⅱ.①刘… Ⅲ.①禹－文化－中国－高等学校－教材 Ⅳ.①K827=1

中国版本图书馆 CIP 数据核字(2019)第 246267 号

出 版 人：段晓静
责任编辑：秦 雯　　　　　　　装帧设计：张诚鑫

出版发行：时代出版传媒股份有限公司　www.press-mart.com
　　　　　安徽文艺出版社　　　www.awpub.com
地　　址：合肥市翡翠路 1118 号　邮政编码：230071
营 销 部：(0551)63533889
印　　制：合肥创新印务有限公司 (0551)64456946

开本：710×1010　1/16　印张：19.25　字数：350 千字
版次：2020 年 6 月第 1 版　2020 年 6 月第 1 次印刷
定价：56.80 元

(如发现印装质量问题，影响阅读，请与出版社联系调换)
版权所有，侵权必究

# 《大禹文化学导论》编委会

主　编：刘家思

副主编：韩　雷　常松木　江远胜

编　委（按姓氏笔画排列）：

丁晓洋　毛文鳌　江远胜　刘家思　刘丽萍

赵宏艳　常松木　韩　雷　储晓军

◆教育部2019年度省级一流本科专业建设点浙江越秀外国语学院汉语国际教育专业（教高厅函[2019]46号）建设成果

◆浙江省高等教育"十三五"第二批教学改革研究项目"外语院校以中华优秀传统文化育人铸魂的教学改革与实践"（编号jg20190507）研究成果

◆浙江省普通高校"十三五"首批新形态教材"大禹文化学概论"（浙高教学会[2019]13号）研究成果

◆绍兴市2019年普通高校重点学科浙江越秀外国语学院中国语言文学学科（编号SXSXK201903）建设成果

◆绍兴市2019年普通高校重点专业浙江越秀外国语学院汉语国际教育专业（编号SXSZY201920）建设成果

# 目 录

引 言 ·············································································· 001

**第一章　考古学中的大禹** ··················································· 024
　　第一节　考古遗址与大禹 ················································ 025
　　第二节　考古文物中的大禹 ············································· 031

**第二章　历史典籍中的大禹** ················································ 037
　　第一节　先秦历史典籍中的大禹 ······································· 037
　　第二节　汉代历史典籍中的大禹 ······································· 045
　　第三节　汉以后历史典籍中的大禹 ···································· 061

**第三章　大禹的人生功绩** ··················································· 090
　　第一节　大禹治水 ·························································· 090
　　第二节　大禹佐治 ·························································· 099
　　第三节　大禹建国 ·························································· 109

**第四章　大禹与中国早期政治** ············································· 116
　　第一节　大禹的政治智慧 ················································ 116
　　第二节　大禹的政治措施 ················································ 122
　　第三节　大禹时期的政治制度 ·········································· 126
　　第四节　大禹时期的政治特点 ·········································· 136

**第五章　大禹与中国早期经济** ············································· 142
　　第一节　农业 ······························································· 142
　　第二节　畜牧业 ···························································· 147
　　第三节　手工业 ···························································· 150
　　第四节　交通和物资交流 ················································ 153

## 第六章　大禹的思想精神 ································· 158
### 第一节　大禹的人生守则 ································· 158
### 第二节　大禹的价值取向 ································· 167
### 第三节　大禹的思想体系 ································· 176

## 第七章　大禹的神话传说 ································· 188
### 第一节　灾难记忆与神话想象 ··························· 188
### 第二节　大禹治水的神话叙事 ··························· 194
### 第三节　大禹的生葬和婚姻神话 ························· 198
### 第四节　大禹神话传说的意义 ··························· 204

## 第八章　大禹文化遗迹 ··································· 210
### 第一节　大禹出生遗迹 ································· 210
### 第二节　大禹婚娶遗迹 ································· 213
### 第三节　大禹治水功绩遗迹 ····························· 215
### 第四节　大禹立国古迹 ································· 230
### 第五节　大禹墓葬遗迹 ································· 232

## 第九章　大禹民俗文化 ··································· 238
### 第一节　大禹信仰 ····································· 238
### 第二节　大禹祭祀 ····································· 249
### 第三节　大禹崇拜 ····································· 259

## 第十章　大禹文化在中国台湾地区及海外的传播 ············· 268
### 第一节　中国台湾地区的大禹文化 ······················· 268
### 第二节　日本的大禹文化 ······························· 271
### 第三节　朝鲜半岛及琉球群岛的大禹文化 ················· 282

参考书目 ················································· 295
后　记 ··················································· 301

# 引 言

据《史记》载,大禹,名文命,字高密,又称夏禹、戎禹、伯禹、神禹、帝禹。大禹的父亲叫鲧,鲧的父亲叫颛顼,颛顼的父亲叫昌意,昌意的父亲就是黄帝。从黄帝到大禹,共五世,大禹是黄帝的玄孙。由于大禹是活动在崇山一带的夏部落的首领,故被称为夏后氏。大禹是一位治水有功、造福人民的好帝王,历来受到人民的称颂。

大禹,不仅是中华民族的始祖,也是人类文明重要的开创者。大禹不仅创造并建构了中华文化的基本形态与核心体系,而且奠定了人类生存和发展的精神维度和价值取向。自古以来,大禹已经成为东方的精神之神,润泽着东方世界。他是东方人的精神灯塔,启迪着人们的思想,引导着人们的行为,指示着个体崇高的人生境界。大禹文化精神,是建构理想社会、推动人类进步的强大力量,不仅在中华大地上代代相传,不断光大,而且被东亚诸国广泛接受和宣扬。无论是在日本还是在朝鲜半岛,以至在琉球群岛等地,都影响深广。因此,研究大禹文化,学习大禹精神,弘扬文化正能量,促进社会发展,不仅仅是中华民族,而且也是东方民族世世代代永不止息的精神主题。大禹文化博大精深,大禹精神辉耀寰宇。今天,我们在追求和实现中国梦的伟大征程中,研究和学习大禹文化,弘扬大禹精神,传承中华优秀传统文化,不仅十分必要,而且意义重大。

## 一、弄清一些概念的内涵与外延

大禹,作为中华民族的伟大英雄和人类文明重要的开创者,其治水伟业和英雄故事家喻户晓。但是,由于历史久远,大禹建立夏朝,开创中华民族的国家体制,并不是所有人都知道的;他创造并形成的中华文明的基本体系、形态及其向度,更加不是所有人都能理解和把握的。要认识和理解大禹文化及其意义,首先要掌握正确的理论,端正思想认识。因此,在研究大禹文化时,我们必须弄清一些概念的内涵与外延。

(一)禹学和大禹文化学

前些年,学界提出了禹学和大禹文化学两个概念,以更好地弘扬大禹精神,传承中华优秀传统文化。今天我们研究大禹文化时,还必须对这两个概念的内涵与外延有一个初步的把握,以期使我们的研究更有基础。

禹学这个概念是魏桥先生1995年提出来的。① 魏桥先生倡导将禹学扎扎实实地建立起来,认为建立禹学理由有三:其一,关于大禹的研究,早已引起学者们的关注,而且是长期以来争论不休的一个大课题;其二,禹学应该是一门综合性的学问,要进行多学科的综合性研究,才能有所突破,取得成效;其三,建立禹学可以促进大禹研究的常态化、规范化,通过研究进一步弘扬大禹精神,有效地为现实服务,还可以培养、造就一些专家。这是禹学概念第一次出现。周幼涛先生撰写的《大禹学研究刍议》一文,正式向学界和社会推出了大禹学这一概念。后来,周幼涛先生在《筚路蓝缕共创禹学——大禹文化学学科体系研究报告》中又提出这一概念,并在2013年4月浙江越秀外国语学院举行的第二届大禹文化国际学术研讨会上受到学界同仁的支持。此外,周幼涛先生还主编了《中国禹学》杂志,出版了两辑。但是,这一概念的提出,立即被一些不研究大禹的学人质疑,甚至有人旗帜鲜明地反对。应该说,这里的分歧是由各自所站的学术立场以及对这个概念的不同理解和把握所导致的。就一般理解而言,禹学应该侧重于大禹本体研究,其内涵与外延比较明确。而对于大禹,由于年代久远,历史文献记载比较少,而且往往语焉不详。尤其是,人们通常停留在神话传说层面来理解大禹,认为他只是一个神话人物。神话是被定格了的,其研究的可能性空间非常小,要成为一门研究和学习的专门学问,那是存在明显局限的。因此,一般人对禹学这一概念质疑或者直接反对,是可以理解的。遗憾的是,反对者并不理解提倡者的泛禹学立场。

其实,无论是正式提出者还是倡导者,他们所提出的禹学都不是狭隘的大禹本体研究的禹学概念,而是宽泛的大禹文化学概念,其范畴是指围绕大禹而形成

---

① 魏桥:《何不建立一门禹学》,《浙江学刊》1995年第4期。

的丰富的文化形态与现象，只是他们在表述中作了简略的处理。应该说，大禹文化学这个概念是成立的，也是比较科学的。大禹文化学的内涵和外延是比较清楚的，也是很丰富的，它不仅要进行大禹本体研究，而且包括对大禹文化传播流变的各种文化形态与现象的研究。因此，其研究的对象是综合性的、全方位的，要涉及不同的学科知识。如魏桥先生所说的："大禹研究离不开历史学，在《史记》《尚书》《孟子》《左传》《国语》《淮南子》《越绝书》《吴越春秋》等文献中已有不少记载，但又存在一些矛盾需要研究；离不开历史地理学，大禹治水关系当时的地理变迁、气候冷暖、海退海进等，禹会诸侯之涂山，究竟在何地，就有不少不同说法；离不开考古学，从良渚文化遗址上发现的厚厚淤泥，可以证明当时洪水的严重和大禹治水的真正背景，今后通过考古发掘，出土文物还将提供有力的证明；离不开政治学，禹为开国之君、'家天下'之祖，主张虚怀从善，谨严律己，卑宫菲食，克俭克勤，反腐倡廉等很有政治意义的内容；离不开文学，关于禹的神话故事、颂禹的诗词歌赋，文学创作为数不少；离不开水利工程学，禹总结鲧治水失败的教训，从水患的实际出发采用科学的方法治理洪水，变害为利；离不开民俗学，历代祭禹，关于祭品、祭器、祭期、祭文及享殿陈设、民间风俗等都很有讲究；离不开谱牒学，据1995年3月17日《文汇报》载《浙江发现大禹家谱》，在这部光绪元年所修的《姒氏世谱》中记载了从大禹开始到禹的第141世后裔的情况，提供了不少值得研究的资料。此外，在大禹研究中还会涉及其他一些学科。从另一方面看，如果仅仅局限某一学科来研究大禹，就可能会顾此失彼。"[①]如此，大禹文化学研究的对象非常丰富，研究的范畴非常广，无疑可以形成一门专门的学问。

自然，我们在研究中不可能一一穷尽其所涉及的学科，能就其涉及的主要学科展开一些研究，就非常不容易了。我们以《大禹文化学导论》为题，是从丰富的大禹文化中择取一些重要问题展开研究，对大禹文化的一些主要内容进行梳理与探讨，以期对大禹文化有一个基本的把握，为深入研究做一个引导。

(二)历史与神话

研究大禹文化，还有一对重要的概念必须予以辨认，厘清其关系，把握联系

---

[①] 魏桥：《何不建立一门禹学》，《浙江学刊》1995年第4期。

与区别,这就是关于神话和历史这两个概念。只有对这两个概念有所认识,我们才能更好地对大禹文化进行一些研究,才能使大禹文化彰显出值得深入研究的价值。众所周知,对于历史与神话这两个概念,中外学者已经有诸多阐释和表述。这里仅就这两个概念最基本的内涵进行一些梳理,以期对这两个概念有基本的共识。

**1. 神话**　我国古代没有"神话"这个词,它是一个外来词,是近代引进的。但是要解释什么是神话是不容易的。希腊语中的"神话"(Mrthos),本义为寓言。因此,至今其解释有种种不同的表述。综合起来看,国内外对神话的定义主要可以归纳为如下几种观点:

(1)"环境创造"理想说。关于"神话",《现代汉语词典》(第6版)这样解释:"关于神仙或神化的古代英雄的故事,是古代人民对自然现象和社会生活的一种天真的解释和美丽的向往。"高尔基则说:"一般说来,神话乃是自然现象,对自然的斗争,以及社会生活在广大的艺术概括中的反映。"[1]马克思认为:"任何神话都是用想象和借助想象以征服自然力,支配自然力,把自然力加以形象化;因而,随着这些自然力之实际上被支配,神话也就消失了。"[2]也就是说,神话是远古先民征服自然、改造自然、改善生存环境的一种理想。

(2)"远古史话"记录说。正如有的学者所指出的:"最近几十年各国学术界在使用这一术语时,一般指人类童年时代对天地宇宙、人类种族、万事万物来源的探讨,和对祖先伟大功业、重大历史事件的叙述。"[3]科林武德把神话称为一种"准历史学"(queasy-history),他强调说:"我们在美索不达米亚的文献中也找到了它的例子,那就是神话。尽管神权历史学根本不是有关人类的历史学,然而就从故事中神明人物是人类社会的超人统治者这个意义来说,它仍然与人类活

---

[1] 高尔基:《苏联的文学》,转引自白袁珂:《中国古代神话》,北京:中华书局1960年版,第13页。

[2] 马克思:《〈政治经济学批判〉导言》,《马克思恩格斯选集》(第2卷),北京:人民出版社1995年版,第29页。

[3] 吴天明:《华夏英才基金学术文库:中国神话研究》,北京:中央编译出版社2003年版,第4页。

动有关;因此他们的活动就部分地是向人类所做出的。"①简而言之,神话就是对人类远古历史的一种记录。

(3)"神灵怪异"传奇说。茅盾认为,神话是"一种流行于上古民间的故事。所叙述者,是超乎人类能力以上的神们的行事,虽然荒唐无稽,但是古代人民互相传述,却信以为真"②。吴天明说:"'神话',顾名思义,就是关于神仙、神灵、神怪、神鬼、神人的故事,这些故事的主角往往是各种各样的神祇,故事的情节往往具有超现实的色彩。"③《现代汉语词典》(第6版)关于"神话"的解释其二:"指荒诞无稽之谈。"显然,在他们看来,神话是"神灵怪异"的传说。

(4)"文学叙事"形态说。有人说:"神话传说就是一种特殊的文学样式,它是古人对天地自然的一种最原始的想象、探索和解说。"④"神话是有关神祇、始祖、文化英雄或神圣动物及其活动的叙事(narrative)。它解释宇宙、人类(包括神祇与特定族群)和文化的最初起源以及现时世间秩序的最初奠定。"⑤《简明不列颠百科全书》认为:"神话是一个集合名词,用以表示一种象征性的传达,尤指宗教象征主义的一种基本形式,以别于象征性行为(崇拜、仪式)和象征性的地点或物体(庙宇、偶像等)。"袁珂认为,"神话是非科学但却联系着科学的幻想的虚构,本身具有多学科的性质,它通过幻想的三棱镜反映现实并对现实采取革命的态度","在原始社会往往表现为对自然的征服。在阶级社会则往往表现为对统治者及统治思想的反抗"⑥。《辞海》(1979年版)对"神话"这样解释:"反映古代人们对世界起源、自然现象及社会生活的原始理解,并通过超自然的形象和幻想的形式来表现的故事和传说。它并非现实生活的科学反映,而是由于古代生产力的水平很低,人们不能科学地解释世界起源、自然现象和社会生活的矛盾、变化,借助幼稚的想象和幻想,把自然力拟人化的产物。神话往往表现了古

---

① 科林武德著,何兆武、张文杰译:《历史的观念》,北京:社会科学出版社1986年版,第16页。
② 茅盾:《神话研究》,天津:百花文艺出版社1981年版,第3页。
③ 吴天明:《中国神话研究》,北京:中央编译出版社2003年版,第2页。
④ 王小娜、王娟改编:《中国古代神话与传说》,长春:吉林出版集团有限责任公司2013年版,第3页。
⑤ 杨利慧:《神话与神话学》,北京:北京师范大学出版社2009年版,第5页。
⑥ 袁珂:《再论广义神话》,《民间文学论坛》1984年第3期。

代人民对自然力的斗争和对理想的追求。……历代文艺创作中,模拟神话、假借传说中的神来反映现实或讥喻现实的作品,通常也称神话。"

尽管对神话的解释不同,但其基本指向是一致的。主要包括:

神话是想象的虚构。神话作品只是古代人民对世界起源、自然现象及社会生活的原始理解,并非现实生活的科学反映,不可能有考古和文物做支撑。因此,神话本质上是一种文学作品,是古代人民的创作,给予的是一种文学理想,隐喻的是当下现实。譬如嫦娥奔月、女娲补天、盘古开天辟地、夸父追日,等等,都是一种想象。

神话主体是神性的。鲁迅说:"神话大抵以一'神格'为中枢。"[1]神性、神格,是神话人物的根本特征。不仅其力量是超常的,而且其性格是单一的。神总是可以为所欲为,不管是正面形象的神还是反面形象的神,所有的神都是这样。但是,神话人物的性格是平面的,缺乏人的性格的丰富性和生动性,没有人类命运的完整性,其生平是无法考证的,只有超自然的属性,没有普通的人性。如女娲炼石补天、精卫填海、夸父追日、伏羲画八卦、钟馗捉鬼等神话中的神,都是单一的、平面的,并没有人的复杂性和丰富性。

神话反映的环境都是困厄的、恶劣的。这种恶劣的环境,有时是整个人类的生存环境,有时又是神自身面临的。如果是人类,在这种恶劣的生存环境面前,只能饱受其磨难,无法战胜它,最后只有依靠神。神一出来,就能以其超人的力量去战胜它、改变它,造福人类。这种力量不管科学不科学,甚至不合逻辑,只要想象得出来就行。如果神自己遭遇困境,就会坚决斗争,毫不妥协,不择手段,拼一个你死我活,或战胜环境,或被环境所击倒,最后甚至殃及人类。如神农氏尝百草、钟馗捉鬼、伏羲画八卦、刑天舞干戚,等等,都是这样。

神话是对人类起源的混沌追忆。在科学不发达的远古时代,人类对自身的历史浑然不知,便编织了口耳相传的神话,试图加以阐释。因此,神话传说总是非常神奇而瑰丽的,具有很强的魅力,能够将人们带进充满梦幻和智慧的境界中。但是,神话终究不是一种真实的记忆,后世无法找到其历史真实存在的依

---

[1] 鲁迅:《中国小说史略》,《鲁迅全集·编年版》第二卷(1920—1924),北京:人民文学出版社2013年版,第377页。

据。自然,这种自我想象的神话传说作为古人对人类社会与宇宙自然的原始探索和阐释,反映了人类幼年时期混沌与虚幻的状态。

**2. 历史** 历史是一个汉语本土词语。《中国现代汉语词典》(第6版)对其的解释有四种:自然界和人类社会的发展过程,也指某种事物的发展过程或个人的经历;过去的事实;过去事实的记载;历史学。这四种解释至今通行,也是比较全面的解释。"百度百科"对其的解释是:"历史,简称史,一般指人类社会历史,它是记载和解释一系列人类活动进程的历史事件的一门学科,多数时候也是对当下时代的映射。"这里的解释包含前者第一种和第四种解释。应该说,历史虽然是过往的,但它是过去的客观存在,是真实的事件。

综合起来看,历史具有如下几种特点:

(1)历史不可虚构。不管是在什么情况下,历史都是曾经的存在,人们可以对历史有种种解释或表述,但是绝对不可虚构。历史书写可以有不同的立场,但历史本身的存在性是不可怀疑和被否定的,它总是会有各种材料来证明其存在的真实性的。

(2)历史的书写重视正向性。被历史记载的,不是普通的人物,而是在历史发展中,对于历史事件起过推动作用的正面人物或阻碍作用的反面人物,他们总是错综复杂地交织在一起。正面人物让人吸取进步的思想,反面人物让人吸取历史的教训,给人以进步的动力。但是,更多的情形下,历史记载的是正面人物,是那些推动历史进步的主导者。

(3)历史人物总是呈现出人性的复杂性。历史人物,无论是盖世英雄,还是普通民众,总是拥有思想性格的多面性和丰富性,并呈现出人性的复杂面貌。通常,历史人物的生平事迹是可考的,其身世是明确的。历史人物的思想精神是系统的、全面的、立体的,这与神有神格而无人的精神的系统性、全面性完全不同。这正是判断文献记载是历史还是神话的一个关键。

(4)历史的叙述拥有多种话语系统。历史叙述的话语系统包括口耳相传的话语系统和文献书写的话语系统,对于远古历史来说,还有文物考古学系统。[①] 通常情形下,对历史事实的认定主要依据历史文献的书写系统,有清晰的文献记

---

① 李伯谦:《在考古发现中寻找大禹》,《光明日报》2018年8月5日。

载,就能认定历史的基本状态;如果口耳相传的话语系统与其达成了一致,其历史的真实性就更加能够被确定。然而,对于远古历史而言,因为文字出现较晚,所以口耳相传一度是其主要的历史记述形态,而文献记载往往比较晚,且通常是不充分的追述。如果文物考古学话语系统能够与前两者遥相呼应,那么其历史的真实状况也能确定。

(5)历史往往能够被神化。在历史叙述的口耳相传话语系统中,因为后世对民族国家历史的自豪感和对历史人物的敬仰,往往在叙述中会自觉或不自觉地添加一些想象性的夸张成分与神话性的内容,因此历史的神话性往往在所难免。在这种情形下,历史叙述与神话传说就有了密切的联系。所以,上古一些神话传说往往能够被文物考古学予以一定程度的证实,显然,这种神话传说实际上是对历史人物和历史事件的变形性叙述。因此,"神话则是认识人类思想的历史和发展规律的一种手段"[1]就成为可能。然而,历史可以被神化,但神话不能等同于历史。其判断的依据就是历史文献的记载、传播与文物考古的证明。

当我们把握了上述两个概念之后,大禹是神还是历史人物的问题就不言而喻了。大禹在历史叙述的三个话语系统中都已经有比较充分的互证关系,著名的考古学家李伯谦先生认为,从三个话语系统的对应关系来看,大禹是一个真实的历史人物[2];而从《尚书》等历史文献对大禹的立体性的记载状况来看,大禹也与纯粹的神话人物迥然有别,足以说明他的历史真实性。

(三)唯物史观与历史虚无主义

大禹文化自古以来都是一个重要的研究课题。大禹作为中华民族的一个英雄人物,在上古历史发展中,为中华民族的生存和发展立下了不朽的功勋。他以自己非凡的能力,不仅结束了中国原始部落联盟的松散状态,开创性地建立了中国第一个组织严密的朝代夏朝,而且建构了中华文明中政治、经济、宗教、社会教化等基本形态,成为中华文明的重要源头。这已经被近年来的考古历史成果所证明。然而,因为远古时期文字记载不多,当时对历史演进缺乏科学认识,对为人类发展做出重要贡献的英雄人物,只是口耳相传,因此中国古史的传说日积月

---

[1] 杨丽娟:《世界神话与原始文化》,上海:上海社会科学院出版社2004年版,第6页。
[2] 李伯谦:《在考古发现中寻找大禹》,《光明日报》2018年8月5日。

累,渐渐地不自觉地染上了虚构的神话色彩。于是,大禹作为夏朝的立国始祖和中华民族统一的英雄,在口耳相传的叙事形态中,渐渐被神化。这就成为一种不容回避的文化现象。因此,如何认识大禹及其文化,如何认识中华文明的起源就是非常重要的问题。今天,当我们对大禹文化进行系统探讨的时候,尤其需要坚持科学的认识论,有必要区分唯物史观和历史虚无主义这两个概念。

唯物史观是科学认识人类社会历史发展一般规律的基本理论和方法论,是马克思主义理论的重要内容。它认为,历史正是所有事物的来源。人类社会历史是不以人的主观意识为转移的一个客观发展过程,其决定因素是社会生产力。但人类社会是由低级向高级有规律地运动和发展的。它从原始社会开始,依次发展到奴隶社会、封建社会、资本主义社会,再到社会主义社会和共产主义社会。然而,人类历史的主体是人,历史是人的活动构成的。人类追求自己的目的,从而构成了历史。在客观历史发展过程中,环境创造人,人又创造环境,创造了历史。历史上的人不是幻想的,也不是与世隔绝或离群索居的,而是活生生的,如现实中的人一样鲜活存在。我们可以通过经验观察到历史发展过程中的人,只要以那些使人发展到现在状态的物质生活条件为抓手,站在现实历史的基础上,对人及其活动进行观察,反观历史,就能描绘出人类发展的真实过程。"历史造就英雄",不同的历史环境造就不同的英雄人物。许多历史事件看起来有点不可思议,但只要联系当时的时代背景就不难理解,对造就这些历史事件的历史人物也就容易理解。因此,研究人类历史必须充分地占有材料,进而展开分析,把握客观存在的历史事实,揭示历史发展的内在联系,理性地评判历史人物和历史事件,从而得出相应的结果。显然,唯物史观为我们研究大禹文化提供了正确的思想方法。

然而,在大禹文化研究中,以往曾经出现了貌似客观的数典忘祖、否定远古历史的现象,否定大禹的历史真实性。晚清以来,西方兴起的疑古主义思潮对中国史学界影响不小,日本人白鸟库吉提出的别有用心的"尧舜禹抹杀论"披着客观的外衣迷惑了不少人,尤其是20世纪20年代以顾颉刚为代表的"古史辨"派否定夏朝和大禹的历史真实存在。这种"疑古主义"的学术取向,实际上已经滑向了历史虚无主义的泥潭中,客观上张扬的是民族历史的虚无主义。因此,我们必须认识历史虚无主义的本质。虚无主义,是德文 Nihilismus 的意译,出自拉丁文 nihil（虚无）。F. 尼采把否定历史传统和道德原则的现象称为虚无主义。历史虚无主义是唯心主义的历史观。它否认历史的规律性，孤立地看待历史中的错误现象，并透过这种个别现象而否认历史本质，否定整体过程。历史虚无主义者在历史研究中总是以个人的欲望支配着对历史的态度，打着"学术研究"的幌子，违背实事求是的原则，片面引用史料否定历史事实，任意主观妄议、歪曲甚至消解历史中重大事件、重要人物和重要问题。有的甚至打着"客观""公正"的幌子，混淆是非，糟蹋历史。历史虚无主义以学术外衣重新包装，粉墨登场，不仅混淆历史事实，而且传播了错误思想观念，具有极其严重的社会危害性。

在大禹文化研究中，必须坚持唯物史观，反对历史虚无主义。一方面，对于大禹文化中一些没有弄清楚的问题，不能简单地主观臆断其虚无，更不能滥用西方貌似客观的理论走进虚无主义的套子中，以此怀疑甚至抹杀中华民族的远古历史，否定大禹的存在。傅斯年指出："以不知为不有，是谈史学者极大的罪恶。"20世纪20年代，顾颉刚否定大禹的真实存在，就是"以不知为不有"的典型，"罪恶"自然不浅。他"以不知为不有"的结论如今已经被考古学等历史研究成果所推翻。不能以为大禹文化诞生于久远，后人对其中许多内容都没有弄清楚，就可以作假生造，以讹传讹。如今，这里也有大禹遗迹，那里也有大禹遗迹，就需要辨别，弄清源流，更不能像安徽某地在没有充分的文献依据下，硬生生创造出涂山氏遗迹，竖立涂山像一样。因此，我们还是要记住罗家伦先生的话："古史者，劫灰中之烬余也。据此烬余，若干轮廓有时可以推知，然其不可知者亦多矣。以不知为不有，以或然为必然，既违逻辑之戒律，又蔽事实之概观，诚不可以为术也。"显然，在大禹文化研究中，既要坚守历史发展是不以人的意志为转移的客观事实，又要严防肆意虚构捏造大禹文化历史形态，以维护大禹文化的严肃性，保持历史文化研究的严谨性。这对于科学地认识大禹的历史真实性及其在中国历史上的伟大业绩，正确认识大禹文化的历史流变及其影响，具有重要的意义。

## 二、认识大禹文化的基本形态

大禹文化从古流传至今，存在着多种形态，展示了大禹文化的博大精深和强劲的生命力。从传承的物质形态和记述的主观立场来说，主要有如下七种基本

形态:

(一)口述记忆形态

口述史在世纪之交,成为学术界的一个关注点。但口述史的起源是在远古时代,是一种非物质形态。当时没有文字,也许在结绳记事之前,人们对历史的记载,就是靠口耳相传的方式进行的。鲁迅说:"昔者初民,见天地万物,变异不常,其诸现象,又出于人力所能之上,则自造众说以解释之:凡所解释,今谓之神话。"①"迨神话演进,则为中枢者渐近于人性,凡所叙述,今谓之传说。传说之所道,或为神性之人,或为古英雄,其奇才异能神勇为凡人所不及,而由于天授,或有天相者。"②自古至今,有关大禹的神话传说一直广泛流传着。主要有大禹出生神话、大禹治水神话和大禹婚姻传说等。神话传说在传播的过程中,往往越传越远,也越来越偏离客观真实。随之,人类历史也往往被神化,历史人物越来越偏离真实,附着神性,传奇荒诞,既显示虚构浪漫的特征,又表现出夸张和理想化的色彩。大禹神话传说日积月累后就在大禹身上附着了神性。

(二)史书记载形态

历史书写是以一种客观记叙的方式来记录大禹其人其事的,通常应该是写实的,是真实的记录。虽然有时因为历史书写者的立场不同,在书写中会有所选择和舍弃,但总体上说还是比较客观真实的记载。从《尚书》《竹书纪年》到《史记》,不仅中国先秦时期的历史典籍比较客观地记述了大禹其人其事,而且汉以后的历史典籍也基本上能够保持一种比较客观真实的记载。王国维指出:"夫自《尧典》《皋陶谟》《禹贡》皆记禹事,下至《周书·吕刑》亦有以禹为'三后'之一,《诗》言禹者尤不可胜数,固不待藉它证据。"③史书记载,是大禹文化得以广泛传承的基础。

(三)文物铭文形态

考古文物也是一种客观的历史书写形态。它存在两种基本形态:一是考古

---

① 鲁迅:《中国小说史略》,《鲁迅全集·编年版》第二卷(1920—1924),北京:人民文学出版社2013年版,第377页。
② 鲁迅:《中国小说史略》,《鲁迅全集·编年版》第二卷(1920—1924),北京:人民文学出版社2013年版,第378页。
③ 王国维:《古史新证》,北京:清华大学出版社1994年版,第6页。

遗迹,如河南登封的考古遗迹显示了大禹的历史真实性;二是文物记载,这不仅指文物本身所反映的历史时代及其特征,还有文物上刻印的文字记载,如遂公盨、秦公簋、齐侯镈钟等文物上的铭文都客观地记载了大禹的事迹。王国维就秦公簋和齐侯镈钟上的铭文指出:"故举此二器,知春秋之世东西二大国无不信禹为古之帝王,且先汤而有天下也。"①21世纪初发现的西周中期的青铜器遂公盨上的铭文与《尚书》记载十分吻合,这是对先秦历史典籍记录的一种佐证材料。著名考古学家李学勤认为,这些铭文的发现提供了关于大禹治水传说的最早物证。

(四)史迹遗存形态

文化遗迹遗存包括地下和地面两种形态。地下遗存形态要通过考古发掘才能被发现,通过考古学测试和论证才能被认定,因此有待不断发掘。例如夏文化的考古发掘表明,中国远古的夏代是客观存在的,与"禹都阳城"的历史记载是吻合的。再者,从河姆渡文化遗址,到小黄山遗址,到余杭的良渚文化考古遗址的发掘成果表明,早在大禹治水之前,江南就有长期在此生活的人,并且形成了国家,其标志一是种植水稻,二是发现了象征宗教与权力的玉琮。因此,大禹治水时期在会稽会诸侯有了可能性。地面形态主要有各种庙宇、塑像、坟墓和碑刻等。这些地面遗存形态,实际上是后人所为。关于大禹的地面遗存非常丰富,不仅国内很多,而且遍及日、韩、琉球和南亚等地。

(五)民俗风情形态

民俗风情形态是一种非物质文化形态,由民间风俗习惯发展而成。大禹文化在传承发展中形成了一种生活习惯,进而发展成为一种民间风情,人们已经将它内化为日常生活的固定内容和仪式,显示了永不衰竭的生命力。有关大禹的民间风俗习惯,不同的地区有不同的内容和形式,其中有些项目已经上升为一种国家级的政府行为。例如,大禹祭祀在各处都有,虽然地方、时间、规模和等级不同,但缅怀大禹、传承其精神、祈福祝愿,则是共同的主题。绍兴大禹陵的祭祀,历史久远,现在已经发展成为国家级的盛大祭祀。年年有祭祀,每两年举办一次中祭,每五年举办一次大祭,在海内外影响很大,是历史最悠久的大禹纪念活动。

---

① 王国维:《古史新证》,北京:清华大学出版社1994年版,第6页。

此外，从主体传播的角度而言，大禹文化还有文学叙事形态和艺术呈现形态。文学叙事形态是指一种以想象和虚构为基础，以语言文字为工具，讲述故事和表现主体期待的非物质形态。历史文学的叙事，是指以历史为因由和原型来进行的文学构思和创作，或传承历史精神，或以历史隐喻来批判现实，或礼赞历史人物，或借历史人物来抒发主观理想。自古以来，大禹文化就成为文学创作的基本文学原型被不断演绎着。从《尚书·五子之歌》《诗经》《楚辞》，到唐代李公佐的小说《古岳渎经》和唐诗宋词，到鲁迅的《理水》和郭沫若的《洪水》，再到当代一些作品，大禹文化一直被广泛书写着，成为一种重要的文化传播形态。相对文学而言，大禹文化的艺术呈现形态，见诸文字记载的比较晚，但形式多样。艺术呈现形态，是指区别于文学表现的音乐、舞蹈、绘画、雕塑、建筑以及集大成的戏剧等形态。大禹文化作为一种艺术呈现的原型，无论运用哪种艺术形态，都旨在传承大禹精神，弘扬中华优秀传统文化。从大禹图像到大禹音乐，从大禹舞蹈到大禹戏剧，形式丰富多样。仅以戏剧为例，既有京剧，也有地方戏，还有舞剧和广播剧。抗战时期的1935年，国民党政府中央广播电台创作的广播剧《大禹治水》表现了大禹带领人民治水的丰功伟绩，影响很深广。1999年，江西人民广播电台推出的广播剧《大禹的传说》独特地表现了大禹舍家治水、公而忘私的崇高精神，获得了国家"五个一工程奖"。

## 三、了解大禹文化研究的发展历程

对于大禹的学术研究，应该说萌芽于汉代之前。在先秦时期，无论是以《尚书》为代表的历史文献对大禹的记述，还是以《论语》《孟子》为代表的诸子散文对大禹进行的解释，或者是屈原的质问，无疑都包含主体性认知，自然具有研究的成分。例如，《尚书》载："舜曰：'咨，四岳！有能奋庸熙帝之载，使宅百揆亮采，惠畴？'佥曰：'伯禹作司空。'帝曰：'俞，咨！禹，汝平水土，惟时懋哉！'禹拜稽首，让于稷、契暨皋陶。帝曰：'俞，汝往哉！'"①《竹书纪年》载："居阳城。（《汉书·地理志》注、《续汉书·郡国志》注）黄帝至禹，为世三十。（《路史·发

---

① 李民、王健：《尚书译注》，上海：上海古籍出版社2004年版，第18页。

挥》三)"①《论语》载:"禹,吾无间然矣。菲饮食而致孝乎鬼神,恶衣服而致美乎黻冕,卑宫室而尽力乎沟洫。禹,吾无间然矣。"②《孟子·公孙丑上》载:"禹,闻善言则拜。"《韩非子》载:"舜逼尧,禹逼舜,汤放桀,武王伐纣,此四王者,人臣弑其君者也。"③这些记述或评述,凸显了大禹作为历史人物的真实性。而屈原在《天问》中则提出一系列值得探讨的问题:"伯禹腹鲧,夫何以变化?""鲧何所营?禹何所成?""禹之力献功,降省下土四方。焉得彼涂山女,而通之于台桑?""何后益作革,而禹播降?"④这无疑是一种探索。但是,这些都只是一种萌芽现象,并不是真正的研究。

汉代,是大禹研究兴起之时。当时,谶纬之风盛行,人们试图对大禹做出解释,却偏向了神异化,不能被视为学术探讨。真正对大禹进行学术探讨的揭幕者恐怕是东汉的王充。他在《论衡·书虚》中认为,"'舜葬于苍梧,禹葬于会稽者,巡狩年老,道死边土,圣人以天下为家,不别远近,不殊内外,故遂止葬。'夫言舜、禹实也;言其巡狩,虚也"⑤。他认可大禹是历史人物,只是否认大禹老年巡守会稽而葬于会稽的说法,而认为大禹是到浙东治水而死的。他说:"《尧典》之篇,舜巡狩东至岱宗,南至霍山,西至太华,北至恒山,以为四岳者。四方之中,诸侯之来,并会岳下,幽深远近,无不见者,圣人举事,求其宜适也。禹王如舜,事无所改,巡狩所至,以复如舜,舜至苍梧,禹到会稽,非其实也。实舜、禹之时,鸿水未治,尧传于舜,舜受为帝,与禹分部,行治鸿水。尧崩之后,舜老亦以传于禹。舜南治水,死于苍梧。禹东治水,死于会稽。圣贤家天下,故因葬焉。"⑥他指出:"吴君高说:'会稽本山名。夏禹巡狩,会计于此山,因以名郡,故会稽。'夫言因

---

① 参见朱右曾辑、王国维校补,黄永年校点,王国维撰:《古本竹书纪年辑校·今本竹书纪年疏证》,沈阳:辽宁教育出版社1997年版,第2页。
② 孔丘著,杨伯峻、杨逢彬注译:《论语·泰伯》,长沙:岳麓书社2000年版,第76页。
③ 王先慎集解,姜俊俊校点:《韩非子·说疑》,上海:上海古籍出版社2015年版,第492页。
④ 陈抡:《历史比较法与古籍校释(越人·离骚·天问)》,长沙:湖南教育出版社1987年版,第255、258、280、283页。
⑤ 王充:《论衡》,长沙:岳麓书社2015年版,第46页。
⑥ 王充:《论衡》,长沙:岳麓书社2015年版,第46—47页。

山名郡,可也。言禹巡狩,会计于此山,虚也。"①在王充看来,大禹沿袭舜制,"事无所改",他不可能到浙东来巡狩。既然大禹"巡狩本不至会稽",就不可能"会计于此山"。他认为象耕鸟田也不真实。他说:"传书言:'舜葬于苍梧,象为之耕,禹葬会稽,鸟为之田。盖以圣德所致,天使鸟兽报祐之也。'世莫不然,考实之,殆虚言也。""夫天报舜、禹,使鸟田象耕,何益舜、禹。天欲报舜、禹,宜使苍梧、会稽,常祭祀之,使鸟兽田耕,不能使人祭,祭加舜、禹之墓,田施人民之家,天之报祐圣人,何其拙也?且无益哉!由此言之,鸟田象耕,报舜、禹,非其实也。实者,苍梧多象之地,会稽众鸟所居。"②王充以自己对上古史的认识和理解为基础展开论述,符合其唯物主义的思想,虽然并不完善,但也有其合理之处。应该说,这是从学理层面研究大禹文化的开始。

汉唐以降,大禹文化研究与书写一直绵延传承。但纵观大禹文化研究的进程,相对而言,其聚焦的问题一度发生变化,我们可以将其发展历程划分为几个阶段。

(一)汉唐时期

这是以历史典籍和诸子文献的注疏、正义为表征的阶段。应该说,汉唐时期的大禹文化研究呈现两种取向。一是广博的历史典籍与文献书写。从《史记》《汉书》《后汉书》《吴越春秋》到《越绝书》等历史典籍对大禹的记述形成了大禹历史文化研究的重要成果,对后世影响很大。"汉代通过正史的撰写实现了大禹历史记述的总结和完善"③。二是历史典籍和诸子文献的注疏、正义并行。汉唐时期,历史典籍和诸子文献的注疏、正义,成为一种学术潮流,其中广泛涉及大禹文化,是大禹文化研究史上重要的成果。从西汉孔安国传、唐孔颖达正义的《尚书正义》到晋杜预注、唐孔颖达正义的《春秋左传正义》;从东汉何休注、唐徐彦疏的《春秋公羊传注疏》到东汉何休撰的《春秋公羊解诂》,再到晋范宁注、唐陆德明音义、杨士勋正义的《春秋谷梁传注疏》;从东汉郑玄注、唐贾公彦疏的《周礼注疏》《仪礼注疏》,到东汉郑玄注、唐孔颖达正义的《礼记正义》,到汉毛公

---

① 王充:《论衡》,长沙:岳麓书社2015年版,第46—47页。
② 王充:《论衡》,长沙:岳麓书社2015年版,第47页。
③ 刘家思主编:《大禹与中国传统文化研究》(第一辑)前言,合肥:安徽文艺出版社2017年版。

传、汉郑玄笺、唐孔颖达等正义的《毛诗正义》,等等,都涉及大禹研究,是应该被重视的。这些成果显示出大禹研究的重要阶段。例如《尚书》是中华民族最早的一部历史典籍,是研究中国上古史的珍贵文献,《尚书正义》对其所涉及的问题予以阐释,是研究大禹文化重要的参考资料。且看卷四《大禹谟·第三》的一部分:

> 曰若稽古,大禹,顺考古道而言之。曰:"文命敷于四海,祗承于帝。"言其外布文德教命,内则敬承尧舜。○文命,孔云:"文德教命也。"先儒云:"文命,禹名。"[疏]"曰若"至"于帝"○正义曰:史将录禹之事,故为题目之辞曰,能顺而考案古道而言之者,是大功之禹也。此禹能以文德教命布陈于四海,又能敬承尧舜。外布四海,内承二帝,言其道周备。○传"顺考"至"言之"○正义曰:典是常行,谟是言语,故传于典云"行之",于谟云"言之",皆是顺考古道也。○传"言其"至"尧舜"○正义曰:"敷于四海"即敷此文命,故言"外布文德教命"也。"四海"举其远地,故传以"外""内"言之。"祗"训敬也,禹承尧舜二帝,故云"敬承尧舜"。传不训"祗"而直言"敬",以易知而略之。①

《尚书》不仅是中国最早的历史著作,也是中国最早的大禹文献。为了更好地学习和理解《尚书》,汉代以来有许多学术点校和疏正的著作出现,《尚书正义》就是其中一种。它对《尚书》进行了系统的解释,是大禹文化研究中重要的参考资料。这种注疏与正义,显示了汉唐时期大禹文化研究的基本特征。

(二)宋元明清时期

这是以《禹贡》为核心研究对象的时期。北宋一度奉行汉唐经学。北宋初年,水患严重,宋太祖下旨征求治水方略,田告呈《禹元经》十二篇而受嘉奖。于是北宋统治者将《禹贡》作为治水宝典,倡导研究,先后涌现出大量关于《禹贡》的研究成果。如孟先的《禹贡治水图》一卷、林洪范的《禹贡山川图》、李垂的《导河形胜书》三篇并图、刘敞的《七经小传》、欧阳修的《策问》、苏轼的《书传》、郑

---

① 孔安国注:《四库家藏:尚书正义1》,济南:山东画报出版社2004年版,第111页。

樵的《通志·地理略序》、林之奇的《尚书全解》40卷、夏僎的《尚书详解》、吕祖谦的《书说》、程大昌的《禹贡论》《禹贡山川地理图》、王炎的《尚书小传》,等等,都对《禹贡》展开了深入探讨。北宋的《禹贡》研究重点关注其所记治水之事,但南宋的《禹贡》研究由治水之学转变为山川地理考证之学,逐渐从《尚书》经学中脱颖而出。到了明清时期,《禹贡》研究发展成为专门的学问备受重视。尤其是,随着清代考据学的勃兴,《禹贡》研究呈现出非常繁荣的景象。胡渭的《禹贡锥指》、朱鹤龄的《禹贡长笺》、孙承泽的《九州山水考》、钱肃润的《尚书体要》、杨陆荣的《禹贡臆参》、王澍的《禹贡谱》、晏斯盛的《禹贡解》、汤奕瑞的《禹贡方域考》、华玉淳的《禹贡约义》、程瑶田的《禹贡三江考》、杨守敬的《禹贡本义》、曹尔成的《禹贡正义》、毛晃的《禹贡指南》和丁晏的《禹贡集释》,等等,都是这一阶段的集大成之作。此后,《禹贡》研究一直是学界关注的课题。

(三) 20世纪20—40年代

这是围绕古史辨运动展开的,王国维、梁启超、郭沫若、钱玄同、范文澜、王国维、顾颉刚等大家纷纷领衔,王成祖、邵望平的研究影响也较大。古史辨运动是20世纪二三十年代的史学研究思潮,其代表人物是钱玄同、胡适和顾颉刚,其中顾颉刚堪称"疑古"学派的代表。1923年2月,顾颉刚撰写《与钱玄同先生论古史书》,提出"禹,《说文》云:'虫也……'大约是蜥蜴之类。我以为禹或是九鼎上铸的一种动物"[1]。他在《读书杂志》1923年5月第9期《努力》增刊上发表这一观点后立即受到批判。刘掞藜、胡堇人、柳诒徵、钱玄同、范文澜、王国维等人纷纷撰文予以批评。柳诒徵以《论以〈说文〉证史必先知〈说文〉之谊例》,刘掞藜5月13日以《读顾颉刚君〈与钱玄同先生论古史书〉的疑问》,钱玄同5月25日以《答顾颉刚先生书》,胡堇人6月2日以《读顾颉刚先生论古史书以后》进行批评。[2] 刘掞藜指出顾颉刚的"推想是很不能使人满意的",顾颉刚将"禹敷于下土"的"下土"相对于"上天"而言,并不见得遂有"禹是上帝派来的神,不是人"的推断;如果按顾颉刚的推理逻辑,后稷、契、商汤、周文王、周武王等,也就都应

---

[1] 顾颉刚:《与钱玄同先生论古史书》,《古史辨》(第一册中编),上海:上海古籍出版社1982年版,第63页、第106—130页。

[2] 均收入顾颉刚:《古史辨》,上海:上海古籍出版社1982年版。

该是神，而不是人。柳诒徵批评顾颉刚不懂《说文解字》义例而提出谬论。钱玄同指出"中国底历史应该从禹说起"，对于顾颉刚"以为大约蜥蜴之类，窃谓不然"。范文澜在1924年《整理国故》的演说中批评："近来有人一味狐疑，说禹不是人名，是虫名，我不知道他有什么确实证据。说句笑话罢，一个人谁是眼睁睁看明自己从母腹出来，难道也能怀疑父母么？"①1925年王国维在清华大学讲授《古史新证》，针对顾颉刚的谬论，用秦公簋和齐侯镈钟的铭文"鼏宅禹迹"和"咸有九州，处禹之堵"，证明夏史和大禹历史的可信性，并指出，"夫自《尧典》《皋陶谟》《禹贡》皆记禹事，下至《周书·吕刑》亦以禹为'三后'之一，《诗》言禹者尤不可胜数，固不待藉它证据"②。王国维在《殷卜辞所见先公先王考》中又指出："盖古之有天下者，其先皆有大功德于天下，禹抑鸿水，稷降嘉种，爰启夏、周。"③钱穆也批判："司马迁为《殷本纪》，序列自契至汤十四世，今安阳出土甲骨颇多为之互证者；司马迁《夏本纪》又载自禹至桀十四世，年世略与自契至汤相当。司马迁论殷事可信，何以论夏事不可信？司马迁记殷事有据，何以记夏事独无据？司马迁之所睹记，其不复传于后者多矣，若必后世有他据乃为可信，则是司马迁者独为殷商一代信史以掩其于夏、周之大为欺伪者耶？"④郭沫若1930年出版《中国古代社会研究》⑤，其中《夏禹的问题》一文，也不赞成顾颉刚的观点，认为殷周之前中原之先住民族是夏民族。顾颉刚的"古史辨"之说不仅接受了清代崔述《考信录》的"疑古论述"的影响，而且与日本怀疑主义史学创始人白鸟库吉于1909年前后提出的"尧舜禹抹杀论"遥相呼应⑥，"颇与日本之文学士同"⑦。古史辨运动也与《禹贡》研究有紧密联系，不少成果对《禹贡》成书年代

---

① 转引自鲁迅：《对于笑话的笑话》，《鲁迅全集》（编年版）第2卷，北京：人民文学出版社2013年版，第706页。
② 王国维：《古史新证》，北京：清华大学出版社1994年版，第5—6页。
③ 傅杰编校：《王国维论学集》，昆明：云南人民出版社2008年版，第23页。
④ 钱穆：《中国思想史论丛》，台北：东大图书公司1980年版，第286页。
⑤ 《中国古代社会研究》由科学出版社1960年再版。
⑥ 刘家思：《正史笔调与现实讽喻——论鲁迅小说〈理水〉的大禹原型及其思想指向》，《鲁迅研究月刊》2018年第7期。
⑦ 参见李零：《待兔轩文存·读史卷》，桂林：广西师范大学出版社2011年版，第79—80页。

及其主要内容进行了考证。进入20世纪30年代以后,《禹贡》研究又成为学术热点,并成立了禹贡研究会,会员有289人(据1936年3月《禹贡学会会员录》载),出版《禹贡》学术期刊,推进了大禹研究。顾颉刚的《禹贡注释》、杨大钫的《禹贡地理今译》、尹世积的《禹贡集解》、胡思敬辑的《豫章丛书·万载李氏遗书四种·禹贡山川考》《通志堂经解·杏溪传氏禹贡集解》卷第1—3,等等,都是比较重要的著作。

(四)20世纪80年代至今

20世纪80年代,随着改革开放政策的实施,经济改革的成功,中国社会发展迅速,文化事业也得以迅速发展,大禹研究随之也得到了飞速发展,取得了重大突破。首先是考古学飞速发展,促使夏朝研究和大禹研究取得了突破。20世纪二三十年代,仰韶文化、龙山文化、良渚文化等考古发现,逐渐拉开了中国现代考古学的序幕,推进了大禹文化研究。殷墟甲骨文证实了《史记·殷本纪》所述帝系的真实性,为大禹研究确立了基础。20世纪七八十年代以来推出的"夏商周断代工程"和"中华文明探源工程"取得了一系列突破性的丰硕成果。如《文明探源与三代考古论集》(李伯谦)、《新出青铜器研究》(李学勤)、《夏史话》(陈智勇、孙建生、杜维夏)、《夏商周历史与考古》(程平山)、《20世纪中国考古大发现》(刘庆柱)、《考古发现与夏商起源研究》(侯仰军)、《中国重要考古发现》(朱乃诚、黄石林)、《河南考古探索》(杨育彬、孙广清)、《中华文明考古》(吕兵伟)和《鼏宅禹迹:夏代信史的考古学重建》(孙庆伟)等一大批考古学成果,进一步证明大禹不是神话人物,大禹治水应该是历史事实。遂公盨的发现,将大禹的文字记载向前推进了几百年。这些考古学成果表明,《尚书》《史记》等历史古籍中关于中国上古史的记载是可信的、有根据的,夏朝是客观存在的,大禹是一个真实的、毋庸置疑的历史人物。河姆渡遗址、二里头遗址、跨湖桥遗址、小黄山遗址等考古发掘以及近几年的义乌桥头上山文化遗址发掘,将大禹与江南历史联系得更紧了。二是历史文献学与文化学研究进一步拓展和深化。学术界不仅运用多学科知识与理论对大禹文化展开研究,对大禹事迹进行考辨,探究大禹与中华文明关系及其历史地位,解读大禹神话及其远古意蕴,揭示其文化内涵,而且对大禹文献进行搜集整理,拓展并深化了大禹基础理论研究。不仅出版了《史源、神话与文化重构——大禹生成史的学术与文献考察》(惠翔宇、张伦敦、陶佳玮、胡彦双)、《走近夏代文明》(詹子庆)、《禹贡研究论集》(高师第)、《远古华夏族群的融合·禹贡新解》(周光华)、《大禹世家》(姒元翼、姒承家)、《大禹研究文稿》(李德书)、《大禹史话》(李茂)、《大禹研究》(陈瑞苗、周幼涛)、《大禹文化学概论》(刘训华)、《大禹学研究概览》(周幼涛、李永鑫)、《大禹志》(世德原著、罗晓林整理)以及校注、集解和鉴赏《尚书》等一大批历史文化学专著,而且涌现了《大禹及夏文化研究》(四川省大禹研究会)、《海峡两岸大禹文化研究》(王建华)、《黄帝、尧、舜和大禹的传说》(黄崇岳)、《九州方圆话大禹》(谢兴鹏)、《禹贡集成》(李勇先)、《大禹史料汇集》(钟利戡、王清贵)、《大禹文化学资料选编》(周幼涛、何海翔)、《历代禹贡文献集成(第1卷)》(文清阁编委会)、《大禹研究文集》(陈勤帜)、《大禹论:'95大禹学术讨论会论文集》(史济烜、陈瑞苗)、《大禹文化研究论文选编》(周幼涛)、《海峡两岸大禹文化研讨会论文集》(四川省大禹研究会)等一批学术论文集和史料集,推进了大禹文化研究。三是服务于地方经济文化建设的大禹文化开发研究形势喜人。改革开放以来,各地对文化资源非常重视,自觉开掘地方文化资源,为地方经济建设、文化建设和社会发展服务。大禹文化作为地方文化资源的金字招牌被大禹遗迹所在地高度重视,纷纷组织力量研究和开发,涌现出《西羌大禹治水丰功史》(冯广宏)、《大禹史话:阿坝文史丛书》(阿坝州地方志办公室)、《公祭大禹陵典礼特刊》(绍兴市人民政府)、《公祭大禹陵》(沈才土)、《大禹传说与会稽山文化演变研究》(张炎兴)、《绍兴大禹祭典》(吴军、罗海笛)、《大禹陵志》(沈建中)、《华夏人杰·大禹陵》(王清贵)、《〈山海经〉考古·夏朝起源与先越文化研究》(黄懿陆)、《江夏文明·大禹文化与江源文明学术研讨会论文集》(刘俊林)、《大禹与嵩山》(刘白雪、常松木)、《登封与大禹文化》(张新斌、王青山)和《大禹与齐鲁文化研究》(邵春生)等一批地方文化建设与产业开发成果。四是大禹研究学术平台和阵地增多,学术活动非常活跃。主要有浙江省非物质文化遗产大禹神话省级非遗项目研究性传承基地责任单位、绍兴市哲学社会科学研究重点基地、绍兴市重点创新团队——浙江越秀外国语学院大禹与中国传统文化研究中心、浙江省大禹学校联盟、中国先秦史学会禹羌文化研究基地、四川省大禹研究中心、河南省登封市大禹文化研究会、中国大禹文化研究中心、中国先秦史学会夏禹文化研究中心等。这批研究平台组建后,各种高规格研讨会频繁举行,定期出版《中国大禹文化》(常松木主编)、《大禹与中国传统文化》(刘家思主编)、《大禹文化》(李德书、李东主编)以及《中国禹学》(周幼涛主编)等刊物,显示了大禹文化研究的繁荣景象。这一时期,考古学成果、文献研究成果和口耳传说故事研究相互印证,不仅证实夏文化的存在,而且大禹作为历史人物的真实存在也得到了证实。李伯谦指出:"将考古学上发现的与'禹会诸侯''禹伐三苗'有关联的遗存,同此前已做过研究并确认的'禹都阳城'登封王城岗大城、'羿浞代夏'新密新砦二期遗存、'少康中兴'至桀亡时期的二里头文化联系起来,在考古学上就形成了一个相对完整的证据链,证明文献所记大禹事迹和夏朝历史是确实存在、符合实际的可信的历史。今后随着研究的深入,肯定会有一些增补,甚至不排除某些地方有所修正,但夏史的基本框架应该不会有大的改动。"[①]显然,这是里程碑式的标志性成果。至今,以北京、浙江、河南、四川为主,全国形成了大禹文化研究的繁荣局面。

**四、编撰《大禹文化学导论》的目的和意义**

大禹文化是中华文明重要的源头,思想博大精深,内涵丰富厚重,形态多种多样,具有重要的研究价值和广阔的研究空间,自然也有很大的研究难度。编撰《大禹文化学导论》的目的,就是要使读者比较全面地了解大禹及其文化精神,更好地传承大禹精神,弘扬大禹文化,进一步认识中华五千年的文明,展示文化自信,增强中华民族的软实力。具体来说,其意义包括如下几个方面:

(一)认识中华民族五千年的伟大历史,树立民族文化自信

中华民族有着悠久的发展历史,但是许多人并不了解中华文明的历史起点在哪里。中华民族有着多久的历史,很多读者并不清楚。20世纪20年代,出现了以顾颉刚为代表的"疑古主义"思潮,说大禹是一条虫,不是人,是在绍兴诞生的神话,否定大禹的历史真实性。否定大禹就否定了中华民族的远古历史,是对五千年文明的自我消解。尽管当时很多著名的学者提出了有理有据的批评,但顾颉刚的这些观点具有很深广的影响,使许多人,甚至一些有识之士,一直以为

---

① 李伯谦:《文献所见大禹事迹与考古发现如何对应问题的若干思考》,《黄河·黄土·黄种人(华夏文明)》2017年第10期。

大禹就是一个神话人物,不是历史人物。后来的考古发掘已经证明,夏代是客观存在的,禹都阳城是真实存在的,大禹是真实的历史人物,夏文化是客观存在的,与历史文献的记载基本吻合。这就充分证明,不仅大禹是历史英雄,而且中华五千年历史是确定无疑的。大禹文化精神,并不是子虚乌有的幻想性的,而是大禹所创造的,在历史上不断丰富和发展的,是中华优秀传统文化的重要源头。编撰《大禹文化学导论》,目的是帮助读者认识大禹是中国远古时期开创夏朝的历史英雄,从而正视大禹的历史真实性及其开创的文化,进而对中国远古历史树立自信。

(二)系统把握大禹文化的丰富性,引导文旅创新与开发

大禹文化博大精深,内容非常丰富。自然,大禹本体文化是早期历史典籍和文物中记载的文化。但是,在传承发展中,大禹本体文化又衍生了许多亚文化,我们都可视其为大禹文化。如果我们详细划分一下,大禹文化的存在有七种形态:口述故事形态——以大禹神话传说为主体的口述形态;民俗风情形态——以大禹祭祀等为主体的民俗习惯;史迹遗存形态——以各地的禹庙禹碑为主体的存在形态;考古文物形态——以遂公盨等文物和登封阳城考古发掘为主体的存在形态;历史书写形态——以各种历史典籍记载为主体的存在形态;文学叙事形态——围绕大禹文化创作的文学作品;艺术呈现形态——以大禹文化为题材和主题的戏剧、音乐、美术、舞蹈等作品;学术探讨形态——以各种学术著作和论文为主体的存在形态。但是,因为大禹文化的博大和丰富,研究难度大,至今国内还没有人对大禹文化进行过系统的搜集、整理和研究,因此人们对于大禹文化知之甚少。大多数人只是对大禹治水的神话故事有所了解,不仅对大禹本体文化缺乏理解,对衍生的亚文化也了解不多。编撰《大禹文化学导论》,一个重要的目的就是使人们对大禹文化了解得更加深入和系统一些。在编写的过程中,我们以大禹本体文化为基点,并对其衍生的亚文化展开叙述,力争使大禹文化呈现出整体轮廓,以引导读者比较全面地把握丰富的大禹文化,有利于更好地传承大禹文化精神。

(三)促进中国特色社会主义精神文明建设,传扬民族核心价值观

精神文明建设是关系一个国家、一个民族软实力的重要问题,在实现中华民族伟大复兴的中国梦的历程中,搞好精神文明建设,是一项十分重要的任务。然

而,如何建设中国特色社会主义精神文明,是值得我们认真思考的。其中,最基本的一条,就是要培育和践行中国特色社会主义核心价值观:富强、民主、文明、和谐、自由、平等、公正、法治、爱国、敬业、诚信、友善。这些内涵包含了国家层面的价值目标,也包含了社会层面的价值取向,还包含了公民个人层面的价值准则。这些价值内涵,在大禹文化中就有充分的体现。大禹爱国爱民,公而忘私,兢兢业业,身先士卒,严于执法,公正无私。而且,他一边治水,一边努力开展生产经营,致力于富国强民建立分级赋税制,致力于建设一个和谐的社会。所以,大禹文化之精神,实质上是中华民族精神的本源,是社会主义核心价值观的重要源头。因此,我们编撰《大禹文化学导论》,传播大禹文化,有利于社会主义精神文明建设,能够更好地使读者深入认识和理解社会主义核心价值观。

# 第一章　考古学中的大禹

大禹是人，还是神，这是首先要辨别的问题，这对于大禹研究来说是一个至关重要的问题。自20世纪二三十年代神话学兴起以来，人们一直在探讨这个问题。在当时的背景下，对这个问题的回答，其价值在于人们该把大禹看作是历史上可证"实"的人，还是把大禹仅看作是神话中虚构的"神"。受时代的局限，当时出现了一些臆测性的可笑结论，甚至有人不仅否定大禹是神，还认为他不是人，而是一条虫。至今还有不少人仅仅将大禹看作是神话人物，否定其是人。可见，这种观点影响不小。20世纪七八十年代以来，随着研究的深入，大禹文化研究逐渐成为一门集合历史、文学、考古、民俗、艺术等众多学科的学问。我们要判断大禹是不是一个人，可以有多种方法，其中考古学就是一个重要的方法。文物考古学的成果，可以回答大禹是不是人的问题。

大禹是4000多年前的人物，而关于夏代的具体年代，目前学界认为是在公元前2070年——公元前1600年之间。这种观点以李伯谦教授为代表。李先生曾任北京大学考古系主任、博士生导师，教育部人文社会科学重点研究基地北京大学中国考古学研究中心主任，古代文明研究中心主任，中国殷商文化学会副会长。1996年起出任"九五"国家科技攻关重大项目"夏商周断代工程"首席科学家、专家组副组长和"十五"国家科技攻关重大项目"中华文明探源工程"预研究主持人之一。他结合已有的历史文献，如《竹书纪年》《帝王世系》《尚书》等，提出"公元前2070年，是大禹建阳城的时间，公元前1600年，是夏商分界，也就是商汤灭夏的时间"[①]。李教授还指出，"对大禹以及夏王朝的研究，我有个新的看法，那就是，必须把以下三个系统结合起来：第一个，从口耳相传到文字记载的文

---

① 李伯谦：《在考古发现中寻找大禹》，《光明日报》2018年8月5日。

献史学;第二个,考古学兴起以后,从考古发掘的遗迹遗物来进行研究的考古学系统;第三个系统,从摩尔根《古代社会》阐明的从蒙昧、野蛮、文明,到马克思讲的原始社会、奴隶社会、封建社会等等,也就是人类学、社会学的系统。必须把三者结合起来,我们才能做出一个比较恳切的结论"。本章着重从考古学角度探讨大禹是人还是神的问题。

## 第一节　考古遗址与大禹

探讨大禹是人还是神,我们先从目前挖掘出的与大禹及其时代相关的夏文化考古遗址说起。考古学上有三大课题:人类的起源、农业的起源和文化的起源。既然大禹生活在距今4000年前后的时间段,那么中华大地上是否有相关的人类活动遗址呢?如果在此之前,考古发掘从来没有发现中华大地上有人类生存的迹象,那么大禹作为一个人物,恐怕就是值得怀疑的,或者说真是一种神话传说;如果在大禹之前就有人类活动,那么大禹是一个历史人物,就完全有可能。我们依照方位顺序,分别从西北地区、中原地区和南方地区来概述至今已经发掘的相关的主要考古遗址。

### 一、西北地区

西北地区的宁夏青铜峡鸽子山遗址,地处青铜峡市西北约20公里的贺兰山山前盆地,腾格里沙漠东南缘的荒漠中。其首次被正式发掘是在2014年,历经三年,至2016年仍在核心区扩大挖掘面积。鸽子山遗址是距今约1.2万年至5000年的遗址,专家认为其处于晚更新世末期至全新世早中期的文化演化序列;初步获得了一些植物遗存,这对于研究该地区晚更新世末期古人类对植物资源的强化利用,乃至该地区的农业起源都有重要意义。此外,数十处结构性火塘及疑似建筑遗迹,为研究人类生存模式、生活能力和对气候的适应行为,及居住空间利用提供了重要参考资料。

专家认为,这是一个很典型的从旧石器时代向新石器时代过渡的遗址。在距今约一万年的地层中发现了串珠,说明那时的人们已经有了爱美的意识。另外还发现了火塘,是做饭取火和取暖的遗存。

除此之外,后文还会提到青海省的喇家遗址,该遗址位于青海省民和县官亭盆地。其作为大型齐家文化史前灾难现场的发掘,被评为我国2001年十大考古发现之一。关于喇家遗址及其灾难事件的研究,有助于人们深入了解黄河上游甘肃和青海地区的史前人类生产生活状况,有助于更深切地认识大禹神话中所述的洪灾背景。

由此可见,在大禹出现之前,西北地区已经生存着人类。

## 二、中原地区

中原地区的二里头遗址对于证实大禹生存时代有重要的价值。20世纪80年代,二里头文化遗址被发掘,其地域范围遍及河南全省及河北南部、山西南部和陕西东部,遗存有100多处。二里头遗址共分四期,第一期发掘材料数量较少,遗址规模较小,发现的遗存相对较少。二期以后则出现了全面的繁荣,遗址规模达到300万平方米,文化遗存十分丰富。这些遗址中既包含早期的城址、宫殿建筑、村落、墓葬群,也有一些铜器冶铸、制石制陶制骨的手工业作坊,出土了大批陶器、石器、青铜器、玉器、象牙雕刻器和漆器等,具有明显的时代特征,是研究夏代经济和文化的珍贵资料。

《吕氏春秋》中有"鲧作城",《淮南子·原道训》中有"昔者,夏鲧作三仞之城"。恩格斯指出,氏族社会晚期就有了城堡,并认为其是氏族部落或者部落联盟的中心地。他说,"用石墙、城楼、雉堞围绕着石造或砖造房的城市,已经成为部落或部落联盟的中心"①。二里头一期,所表现出的生产力和生产状况还不发达,阶级关系也不明显,所以城堡的出现只是氏族社会晚期的标志,还没有完全进化到文明时代——国家的阶段。但是到了二里头二期以后,大量青铜器、墓葬群、玉器等标志着先进生产力和阶级形成的物件的出现,表明了国家正式出现。夏始年的时间是公元前2070年,这正是国家正式形成的时间。

河南偃师县二里头村发现的二里头遗址,被许多考古学家认为是夏代晚期的王都。在二里头的宫殿建筑群中,一号宫殿最为壮观,由主殿、庭院、廊庑和环绕的围墙所组成。整个建筑气势宏伟,蔚为壮观,象征着权力、地位和威严。青

---

① 《马克思恩格斯选集》(第4卷),北京:人民出版社1995年版,第159页。

铜器是标志着生产力提升的夏商周三代的重要文明之一。二里头遗址出土的青铜器,有鼎、爵、斝、盉等礼器,钺、戈、戚、镞等兵器,锛、凿、钻、锥、刀等工具,另外还有各种镶嵌绿松石的铜牌和铜铃等。尤其是绿松石龙形器标志着中华民族氏族部落向国家文明时代进发的过程中逐渐形成了统一的图腾"龙"。

陶寺遗址位于山西襄汾县陶寺村南。陶寺遗址是中国黄河中游地区以河南龙山文化为代表的夏文化的遗存。根据古史传说,包括陶寺在内的临汾盆地是帝尧陶唐氏的居地。陶寺遗址作为都邑而存在可能在距今4300—4000年前,这一年代范围在夏代之前,属于尧舜时期。所以,陶寺遗址很有可能是帝尧陶唐氏的都城。

陶寺遗址的规模比较大,早期城址的面积约56万平方米,中期城址的面积为289万平方米。在陶寺城内,发现有宫殿建筑,有贵族居住区,有仓储区,还有用作观象授时的大型天文建筑。在出土的各种遗物中,有彩绘的龙纹陶盘,在陶器上还发现两个朱书的文字,此外,出土了许多玉、石制作的琮、璧、钺、瑗、环等。这些都是重要礼器,其墓主人有可能是握有祭祀和军事大权的邦君之类人物。在陶寺还发现了一副红铜铸造的铜铃和红铜环,证明当时已出现了金属冶铸业。陶寺墓地发现的一千多座墓葬,可划分为大型墓、中型墓和小型墓三大类七八种等级阶梯,形成金字塔式的等级结构和阶级关系。陶寺遗址是中国早期邦国文明的代表遗址。

由此可见,在大禹出现之前,中原地区不仅有了人类生存和生产经营的遗址,而且河南、山西已成为夏文化的中心。

## 三、南方地区

南方地区既有新近在义乌桥头村里发现的距今8000年的桥头遗址,也有距今7000年的河姆渡遗址,即著名的世界文化遗产良渚遗址;还有安徽蚌埠的禹会村遗址,它曾是大禹时代大型聚会和祭祀活动场所。

**义乌桥头遗址** 2014年桥头上山文化[①]遗址在义乌的一片菜园正式开始发

---

① 上山文化所在的钱塘江上游河谷盆地区,是迄今发现的最值得关注的稻作农业起源地,而上山文化代表部落定居阶段的文明,是东亚地区人类定居生活出现的最早例证。

掘，历时5年，至2019年8月挖掘出了"环壕"，即此处曾是一个聚落，起防护作用，为防止野兽和外部氏族争斗，人们建一个村子抱团取暖，这个"环壕"是当时流行的一种村居生活状态；还发现了一具人骨，身高一米七三，壮年，三四十岁，侧身屈肢埋葬。这具人骨目前的测年结果是距今8000多年。这说明浙江地区在8000年前就已经有人类生活了。

**河姆渡遗址** 于1973年在浙江余姚被发现，是7000年前的新石器时代遗址。遗址中发现了由一排排木桩、圆木、木板组成的干栏式建筑群，大量的稻谷遗迹以及陶器、石器、木耜、骨耜等农耕工具，也发现当时已有猪、狗、牛等家畜，犀、象、鹿、虎、猴、獐等兽类和大量的禽类、鱼类，以及船桨等水上交通工具，证明当时我国江南地区已经有人类，而且在农业、渔业、建筑方面有相当高的水平了。河姆渡遗址还出土了双鸟朝阳纹牙雕、太阳纹碟形器、双鸟纹骨匕、五叶纹陶片、猪纹陶钵等令人叫绝的、富有研究价值的原始艺术品。

余姚河姆渡遗址出土了六支船桨，距今8000年前的萧山跨湖桥遗址出土有独木舟。跨湖桥遗址的独木舟停放于近岸水域的水港边。跨湖桥等遗址出土的独木舟、木桨等遗物，说明吴越之地的先民早在七八千年前就已造舟行船，我国东南沿海地区是发明、行驶独木舟最早的地区之一。

**良渚文化** 1936年首次发现于浙江余杭的良渚文化遗址，距今5300—4250年。良渚文化的陶器为黑皮灰陶，其经济形态是水稻农业，在竹木制作、养蚕、丝织、麻织等方面也都很出色。良渚文化发现了大量的玉器，其制作之精美、数量之多、种类之复杂为中国史前所有文化遗址之冠。往往一个墓地发掘的玉器有数千件，种类有玉琮、玉璧、玉钺、玉冠状等。在这些玉器上刻有神人兽面像，雕刻制作精美，有神秘的宗教情怀。

良渚文化的贵族墓地是祭坛和墓地复合体，如浙江余杭的反山墓地、瑶山墓地。近年，在良渚文化的余杭莫角山遗址发现面积达290万平方米的城址。良渚文化表明社会形态已进入早期国家文明。

**禹会村遗址** 位于安徽蚌埠的禹会村遗址，其最大价值是证实了"禹会诸侯于涂山"的真实性。"禹会村遗址与淮河流域文明研讨会"的学术成果于2013年12月22日正式公布。其内容说明禹会村遗址是淮河中游地区，处于龙山文化晚期阶段的重要遗址，中国社会科学院考古研究所历经5年发掘，专家们给遗址定性为"大型礼仪性建筑基址"。禹会村遗址的发掘成果,是学界依据《左传》和《史记》考证研究"禹会诸侯于涂山,执玉帛者万国"之"涂山"地望的最重要的考古学证据,其在学术上的说服力是五种"涂山"说中最充分的。禹会村遗址与文献记载的"禹会诸侯"事件密切相关,遗址中所展现的经过精心设计、营建面积达 2000 平方米的大型"T"形坛和以祭祀为目的的器物组合,以及不同区域的文化特征,大体再现了当时来自不同区域的氏族部落曾在此为实施某项重要任务而举行过大型聚会和祭祀活动,由此可判断"禹会诸侯于涂山,执玉帛者万国"这一历史事件的真实性。

总之,在距今约 10000 年前,中华大地从北到南都已经有人类生活和从事生产的痕迹了。农耕、制陶、捕鱼和大量的建筑和祭祀遗址向我们展示了人类早期生存的遗迹。因此,距今 4000 多年前的大禹很有可能是个真实的人。

还有一个值得注意的事实是,灾难考古成果进一步显示了大禹作为历史人物的可能性。

大禹存在的生活背景中,"洪水"是一个客观必要的因素。那么是否有证据可证明这一点呢? 甘肃临夏的喇家洪灾遗址和"海侵海退说"是有一定说服力的。

**甘肃临夏喇家遗址** 被称为"东方庞贝",位于黄河上游的青海省民和县官亭镇喇家村,总面积约 40 万平方米,与甘肃省积石山县大河家镇隔黄河相望。时间大约在距今 4000 年前,遗址主要为齐家文化中晚期遗存,是一处新石器时代的巨大聚落,抑或是一个遥远的城邦古国。

这一挖掘出的非自然性死亡人体遗骸遗址,是迄今为止我国发现的唯一一处大型灾难遗址。尤其是发掘出的因非自然性、突发灾难事件而死亡的群体性人体遗骸,揭示出前所未有的齐家文化时期的灾难,是我国考古学上的重大发现。以目前挖掘的 4 号房址为例,房址内发现了 14 具骨骼,18 岁以下的未成年人 10 具,年龄最小的仅 2 岁;28—45 岁的 4 具。考古学家认为,引起喇家遗址灾难的是一场地震,而摧毁聚落的是随后而来的山洪和黄河大洪水。

同时,遗址中还发现了大量陶、石、玉、骨等珍贵文物,特别是反映社会等级和礼仪制度的"黄河磬王"以及玉璧、玉环、大玉刀、玉斧、玉锛等玉器,对研究齐家文化的文明进程和社会发展变化具有重要意义。

喇家遗址的发现为尧舜禹时代经历一场大洪水提供了一种事实上的可能性背景。引起洪水的原因除了"地震引发说"，还有一种被较为普遍接受的"海侵海退说"。

《地史学和地层学研究方法》①是法国地史和地层学专家J.布兰(J. Boulin)的著作，其中首次提到了著名的"海侵海退说"。海侵②在公元前5500年达到最高值，到公元前3000年左右，经过两千多年的退潮期——即海退③期，海岸线暂时稳定下来，远古人类也从高处向低处不断延伸，相互融合，形成了多样的史前文明。海侵时期的文化代表有：覆盖最广的龙山文化，原来的海水覆盖区出现了石家河文化、薛家岗文化、汤家岗文化、良渚文化等；而在黄河中下游的晋南、陕北、豫西北一带，因为没有太多受到海水入侵的影响，史前文明相对稳定，实现了薪火相传；加上气候适宜，农耕技术的不断改进，所以出现了同时期比较领先的庙底沟文化、枣园文化、陶寺方国文化，而此时恰处于历史上的尧舜时代。

《海陆的起源》是由德国气象学家、地球物理学家阿尔弗雷德·魏格纳创作的关于大陆漂移假说的著作。从气象学角度看，大禹之所以能够成功地治服洪水，其中有气候好转的因素，"第四纪冰川后期，距今1万—5万年"④，"一般认为从暖期向冷期的气候转变往往是相对缓慢、逐渐的，而从冷期向暖期的转变则

---

① J.布兰著，郭步英等译：《地史学和地层学研究方法》，北京：地质出版社1983年版。

② 海侵是一种海洋向陆地方面推进的现象。因此，它是古地理的一个重大改变，人们称海侵的方向为海岸向陆地移动的方向。

③ 海退是指海洋对它所曾占据地方的抛弃。因而，它也是一种大的古地理的改变。在海退过程中，沉积物会逐渐在海盆地里堆积起来。人们称这些沉积物为海退沉积物。海退类型包括堆积型海退、侵蚀型海退和中间型海退，堆积型海退是因为带向海洋的陆源物质很多，以致海洋没有能够把它们分散掉而发育的。换句话说，就是海退带来的陆源物质沉积得越多，甚至可以抵消了海平面的略微抬升，即和一种轻微的海侵趋势相适应。一般在占领了海洋的现代三角洲上可以观察到这种类型。侵蚀型海退，则是指海洋带来的陆源性物质很少或没有保留，海平面上升的同时，对陆地的侵蚀作用是强烈的，进行得也很快，使得由于海平面缓慢下沉而引起的海退趋势发生改变。中间型海退介于前两者中间，既发生了沉积作用，也发生了侵蚀作用。

④ 阿尔弗雷德·魏格纳著，李旭旦译：《海陆的起源》，北京：商务印书馆1977年版，第98页。

是快速的、突变的"①。这意味着气候回暖迅速,地质上造山运动激烈;冰川融化,冰水从高纬度向低纬度流入沟壑或大海,又形塑了大江大河,甚至漫灌大地。尧舜禹之时的山川之状初定,这都是地理现象。而在第四纪末期,公元前5500年到公元前3000年左右时,洪水赶上海退期,虽仍然存在,但其势头已并不强劲。其洪水情状类似《史记》的记载,当时的自然环境遭到了洪水的侵袭,"当帝尧之时,洪水滔天,浩浩淮山襄陵,下民其忧"②。又如《孟子正义·滕文公》:"当尧之时,天下犹未平,洪水浩荡,泛滥天下"③。大禹"导河入川""导河入峡"等疏沟导川的行为,使自然洪灾得治。大禹治水所处的时期,正好是寒冷迅速向温暖转变的海退陆显时期,这个时期持续约150年。禹能够在尧、舜都治理不好洪水后成功地战胜洪水,应该说得益于天时。

所以"从口耳相传的到文献记载的文献史学系统",以及在登封王城岗、新密新砦和二里头等地的考古发现,再加之文化人类学和社会学等的研究成果,我们认为大禹存在的洪水时代是客观存在的。

## 第二节 考古文物中的大禹

既然诸多的考古遗迹表明,大禹之前就已经出现人类的生产经营与生活;4000多年前的中国大地上人们遭遇大洪水也是存在的,那么大禹作为一个历史人物是可能的。是不是这样呢?考古文物的记载,进一步告诉我们,大禹是一个历史人物。王国维、郭沫若论夏禹,引用的证据是春秋时的秦公簋和齐侯钟。2002年出现了一件西周中期的青铜器遂公盨,打破了这种局面。这件盨上有98字的铭文,开头说:"天命禹敷土、随山浚川",与《尚书·禹贡》"禹敷土,随山刊木,奠高山大川",及《禹贡序》"禹别九州,隋山浚川"惊人相合,提供了大禹治水传说在出土文物方面的最早例证。

---

① 吴文祥、葛全胜:《夏朝前夕洪水发生的可能性及大禹治水真相》,节选自《第四纪研究》第25卷第6期,第741页。
② 司马迁:《史记》,郑州:中州古籍出版社1994年版,第6页。
③ 焦循:《孟子正义》,北京:中华书局1987年版,第374页。

## 一、遂公盨

**遂公盨**　遂公盨,又名燹公盨,现收藏于保利博物馆的遂公盨,其盨底镌刻的内容和文献记载是完全一样的。因为它属于西周中晚期的青铜器,所以可以说,至少从那时开始,大禹治水的传说就已经在民间流传了。遂公盨是西周中期遂国的某一代遂公所作的。遂,表示国名,遂公即遂国之君。遂国是舜的后人建立的国家,距今已有2900年的历史。据史书记载,遂国世代恪守舜的明德,也因其德行美好,周武王将其长女太姬下嫁给遂国的胡公满,并赐之于陈,建立了陈国。

著名考古学家李学勤、裘锡圭、朱凤瀚、李零都对铭文进行了断句和解释。请看李学勤教授的断句:

天命禹敷土,随山浚川,迺差地设征,降民监德,迺自作配乡民,成父母。生我王、作臣,阙贵唯德,民好明德,顾在天下。用厥绍好,益干懿德,康亡不懋。孝友,訏明经齐,好祀天废。心好德,婚媾亦唯协,天厘用考,神复用祓禄,永御于泯。

遂公曰:民唯克用兹德,亡诲。

余世诚先生将这段铭文译成今文,大意为:上天命大禹布治下土,随山刊木,疏浚河川,以平定水患。随之各地以水土条件为据交纳贡赋,百姓安居乐业。大禹恩德于民,百姓爱他如父母。而今上天生我为王,我的子臣们都要像大禹那样,有德于民,并使之愈加完善。对父母要孝顺,兄弟间要和睦,祭祀要隆重,夫妻要和谐。这样天必赐以寿,神必降以福禄,国家长治久安。作为遂国的国公,我号召:大家都要按德行事,切不可轻慢。

遂公盨铭文对大禹治水的记载具有重要意义。李学勤认为遂公盨铭文"提供了大禹治水传说在文物中的最早例证","像盨铭这样讲禹,且与《诗》《书》对应,乃是首见"[1]。能铸之于钟鼎彝器,足见大禹其人其事在西周时期已广为流

---

[1] 李学勤:《论燹公盨及其重要意义》,《中国历史文物》2002年第6期。

传,大禹形象早已深入人心。从器物铭文与典籍记载来看,大禹治水当实有其事,只不过在流传的过程中被夸大和神化了。

## 二、秦公簋和齐侯钟

**秦公簋**　1917年在甘肃省礼县被发现,现藏国家博物馆。这是一件春秋时期秦国的铜器。簋之所以名闻中外是因为有"鼏(音 mì,鼎盖)宅禹责(通'迹')"四个字,1923年王国维在北京见到该簋(王国维称作秦公敦),认为"秦敦之'禹责',即《大雅》之'维禹之绩'、《商颂》之'设都于禹之迹'"。《诗经·商颂·殷武》原文是:"昔有成汤,自彼氐羌,莫敢不来王,曰商是常。天命多辟,设都于禹之绩(迹)。"商汤选都城也循禹迹,可见禹域九州的地理认同早已印在华夏族群心里。

**齐侯钟**　也叫叔弓镈,见于宋代著录,是春秋时期齐国的一件铜器,被王国维称作"齐侯镈钟"。内有铭文如下:"(赫赫)成(汤),有严在帝所,敷受天命,剪伐夏后……咸有九州,处禹之堵。"叔弓是宋人之后,当时为齐国大臣,受齐庄公(前553—前548在位)册命。该器物最早著录于《宣和博古图》,凡四钟。春秋晚期齐灵公大臣叔夷因为灭莱有功,受齐灵公封赏,故铸此套器物纪念。钟镈原器物已经遗失,铭文唯有摹本流传,《殷周金文集成》著录称"叔尸钟""叔尸镈"(272—285),钟铭、镈铭大致相同,只有个别字句的差异。其中"咸有九州,处禹之堵"一句,亦能证明春秋时齐国对大禹王及其成就的认可。王国维先生在《古史新证》中也就此两件文物得出结论——"春秋之世,东西二大国无不信禹为古之帝王,且先汤而有天下也"[①]。

## 三、上博简《容成氏》

**上博简《容成氏》**　是存于上海博物馆的战国楚竹书,共80余种。其中的一篇《容成氏》有大禹九州治水的记载。用汉字引简文如下:"禹亲执耒耜,以陂明都之泽,决九河之阻,于是乎夹州、涂州始可处。禹通淮与沂,东注之海,于是乎竞州、莒州始可处也。禹乃通蒌与易,东注之海,于是乎蓏州始可处也。禹乃

---

① 李学勤:《清华简关于秦人始源的重要发现》,《光明日报》2018年8月5日。

通三江五湖,东注之海,于是乎荆州、扬州始可处也。禹乃通伊、洛、并瀍、涧,东注之河,于是于豫州始可处也。禹乃通泾与渭,北注之河,于是乎雍州始可处也。"内容不仅有大禹九州治水的记载,而且州名不同于其他传世文献。说明楚国也认同大禹划定之九州,只是名称有不同罢了。

  以上考古文物说明从西周中叶到春秋战国,从周朝到秦国、齐国和楚国都认定大禹并非虚构的神,亦非有超能力的神,而是古之实际存在的帝王,是活生生的人。正如考古专家李伯谦教授认为的那样,"从倾向性的意见来看,二里头文化是夏文化",再加上河南龙山文化,另外加上"从口耳相传的到文献记载的文献史学系统",以及文化人类学和社会学等的研究成果,"我们认为,这个阶段已经进入了阶级社会,结合三种不同途径的研究成果综合来看,夏代是存在的"[①]。大禹作为夏代的开创者也是"实"际存在的。

## 【学习提示】

  探讨远古文明,考古发掘是一个重要的方法,也是一条重要的路径。地下的文化遗址发掘成果是对人类历史的口耳传说和文献记载的物态佐证,具有呈现远古历史面貌的客观性。作为一种通过对物质遗存的分析考证来对历史存在进行系统的调查研究的方法,中国的考古研究学和它所研究的对象一样古老。但在学术传统上,20世纪之前它仅仅被看作是中国历史学的附庸。历史所追求的"真实",是指自其诞生以来一直都是作为客观真实而存在的,给后世人以价值参考、方向思辨、行动指南的范本。所以,唐太宗说:"以铜为鉴,可以正衣冠;以人为鉴,可以知得失;以史为鉴,可以知兴替。"这也表明中国古代统治者对"历史真实"的看重。历史和考古的关系十分密切,现代考古学充分证明了这一点。以往,许多口传与文献中的历史谜团都因考古发掘成果的出现而豁然明朗。古器物学、古代遗址、古代文字和典籍等还原了昔日人们的生活生产状况,使我们更好地了解历史和认识历史人物,从而帮助我们树立正确的历史观,进而把握现在和未来,是推进人类进步和发展的重要内容。著名考古学家夏鼐在《中国文明的起源》中提出了一个被广泛认可的"国际标准"。以商代殷墟文化为例,他

---

① 李伯谦:《在考古发现中寻找大禹》,《光明日报》2018年8月5日。

提出了具有城市、文字和青铜器这"三要素"方是文明社会的标准。近年来,郑州市文物考古研究院特邀研究员、高庙文化研究专家闫朝科提出了许多考古新见,如走出现代考古的"文明三标准"之误,走出以黄河为文明中心的一维之误,走出文明遗址必然连续的考古之误,走出只有地上资料和地下考古结合的一元之误,走出考古只有学术界少数权威考论之误,为我们现在研究古代文明开辟了一条光明大道。本章所述的我国东西南北的考古遗址的发掘表明,在大禹之前的几千年中,中华大地就是我们远古先民生生不息的栖息地。这不仅证明大禹治水不再是相传的神话,而且证明中华文明的起源不仅仅在中原,在江南地区也实实在在存在着,大禹奔赴江南治水也应该是历史的可能。

**【拓展资料】**

1. 考古学探索在夏文化研究中的应用

考古学对中国古代历史研究的促进作用无可置疑,对于先秦史学与古史传说时代的历史研究而言尤其如此,如关于夏文化的探索,考古学已成为最终解决若干笼罩于夏史上层层疑团的唯一手段。但是,考古学发掘出来的遗存、遗迹与遗物,不仅需要有科学的分期与断代,有对考古学文化性质的正确理解(如二里头文化是否是一种独立的文化的认识),而且需要严格按照考古学的理论与规范,实事求是地阐释遗址中各种考古现象发生的过程(例如上述通过各种考古现象解释二里头宫城内各种建筑与手工业作坊的存留、废弃的年代及可能的原因)。如果不经过客观、细致的研究,考古学取得的发掘资料的学术真谛即会被湮没,当文献史学与考古学整合以探索历史问题时,考古学的价值即难以体现。

(朱凤瀚:《夏文化考古学探索六十年的启示》,《历史研究》2019年第1期)

2. 鲁迅《理水》对否定大禹历史存在者予以了批判

小说将抗日的情绪深深地隐含在对鸟头先生的漫画勾勒中。鸟头先生不仅"吃吃的说",而且"鼻尖涨得通红"地说:"其实并没有所谓禹,'禹'是一条虫,虫虫会治水的吗?我看鲧也没有的,'鲧'是一条鱼,鱼鱼会治水水水的吗?"鲁迅在这里用他一贯擅长的"画眼睛"的方法凸显了人物特征,不仅是对否定大禹存在的历史虚无主义的批判,而且是对暗中与日寇勾结者的隐喻和批判。鸟头先生是暗指顾颉刚。顾颉刚是"疑古"学派的代表,曾以《说文解字》对"鲧""禹"两字的解释为据,说鲧是鱼,禹是蜥蜴之类的虫,显然是对大禹的否定。大禹是夏朝的建立者,是中华民族的先祖,否定大禹是历史人物,显然就否定了中国悠久的历史,否定了中华民族文化与精神的渊源。顾颉刚的"古史辨"不仅接受了清代崔述《考信录》的"疑古论述"的影响,而且与日本怀疑主义史学创始人白鸟库吉于1909年前后提出的"尧舜禹抹杀论"遥相呼应。1908年,白鸟库吉任"满铁地理历史学术调查部"主任,倡导学术为现实政治服务。他先后于1909年8月在《东洋时报》131号发表《支那古史传说的研究》,1912年在《东亚研究》第2卷第4号发表《〈尚书〉的高等批评》、在《东亚之光》第7卷第9号发表《儒教的源流》,1915年在《明治圣德纪念学会纪要》第2卷发表《儒教在日本的顺应性》,一再否定尧舜禹上古三代的存在。"满铁"地理历史学术调查部是"南满"铁路总裁后藤新平在白鸟库吉的建议下成立的,负责对"满蒙"地区进行调查,这是从"满韩"经营的实际需要出发的,是日本制定对中国东北地区的政策的智库。他之所以一再突出"尧舜禹抹杀论",是别有用心的,旨在通过抹杀中国上古史来为日本侵华张本,为日本侵占中国东北提供合法性的论证。顾颉刚的"古史辨"与之如出一辙。因此,王国维指出他"颇与日本之文学士同"。鲁迅讽刺鸟头先生,实际上深潜着对于各类亲日分子的批判。

(刘家思:《正史笔调与现实讽喻——论〈理水〉的大禹原型及其思想指向》,《鲁迅研究月刊》2018年第7期)

**【研习探索】**

1. 怎么看待神话与考古的关系?
2. 被考古遗址与考古文物证明的大禹是历史人物还是神话人物?
3. 在大禹之前,中华大地上哪些地方出现了我们的先民?大禹作为历史人物,其存在是否真实?

# 第二章 历史典籍中的大禹

大禹,不仅现代考古学已经证明他是一个历史人物,而且在中国历代的著作中对他也有充分的记述。纵观中国历史典籍,大禹最初是以历史人物的形象出现的,其治水的历史功绩,被历代的典籍记载和传播着;大禹作为中华民族始祖,其功勋也被代代相传着。认识大禹,研究大禹文化,首先要从历史典籍入手。

## 第一节 先秦历史典籍中的大禹

先秦典籍经秦火后,亡佚甚多,流传下来的只是一小部分。但即便是这一小部分典籍,也广泛记载了大禹的生平与事迹。经部如《诗经》《尚书》《周礼》《礼记》《左传》《论语》《孟子》等,史部如《竹书纪年》《国语》《战国策》等,子部如《庄子》《墨子》《管子》《韩非子》《荀子》《列子》《尸子》《吕氏春秋》《孙膑兵法》等,集部如《楚辞》等,都记载了与大禹相关的内容。尤其是先秦历史著作,对大禹的记载更是翔实可信。先秦典籍所载的大禹文化内容为后代典籍记述大禹提供了素材,也影响了后人对大禹的认识与评价。

下面选取《尚书》《左传》《竹书纪年》《国语》《战国策》五部代表性历史著作,全面梳理其中的大禹文化内容,以窥见先秦史书对大禹记载之一斑。

### 一、《尚书》中的大禹

在先秦典籍中,对大禹的言行事迹记载最为翔实可信的当数《尚书》。《尚书》是我国传世文献中最古老的一部典籍,具有珍贵的文献价值。《尚书》流传过程复杂,内容真伪难辨,今存五十八篇,包括《今文尚书》三十三篇和《古文尚书》二十五篇。《今文尚书》三十三篇当是由汉代伏生所传《今文尚书》二十八篇分解而成,内容基本真实可信。《古文尚书》被后人判定为伪书。近些年,"清华简"整理与研究的成果也确证《古文尚书》系伪书。不过,《古文尚书》也具有一定的史料价值。《尚书》文字佶屈聱牙,内容博大精深,包含着历史、政治、文化等方面的重要资料。

《尚书》中与大禹有关的篇目及主要内容如下表:

| | 篇目 | 主要内容 |
|---|---|---|
| 《今文尚书》 | 《尧典》 | 此篇记载因洪水泛滥,尧让"四岳"(四方的首领)推荐一位能治水的人,"四岳"共同推荐了鲧,结果鲧治水"九载绩用弗成"。 |
| | 《舜典》 | 殛鲧于羽山。舜曰:"咨!四岳。有能奋庸熙帝之载。使宅百揆亮采,惠畴?"佥曰:"伯禹作司空。"帝曰:"俞!咨禹,汝平水土,惟时懋哉!"禹拜稽首,让于稷、契暨皋陶,帝曰:"俞!汝往哉!" |
| | 《皋陶谟》 | 全篇记载的是皋陶与禹的对话。在治国方略上,禹与皋陶有共同的认识。 |
| | 《益稷》 | 全篇是舜、皋陶、禹和夔的对话,其中禹概述了自己治水的过程,还阐述了自己的治国思想。 |
| | 《禹贡》 | 全篇写禹定九州,导山导水及建立五服制度等内容。 |
| | 《甘誓》 | 此篇是启(一说为禹)在甘地发表的一篇简短的誓师词,作战的对象是有扈氏。 |
| | 《洪范》 | 箕子乃言曰:"我闻在昔鲧陻洪水,汩陈其五行,帝乃震怒,不畀洪范九畴,彝伦攸斁,鲧则殛死,禹乃嗣兴;天乃锡禹洪范九畴,彝伦攸叙。" |
| | 《立政》 | 此篇中周公希望"文子文孙"(文王的子孙)能够"陟禹之迹,方行天下"。 |
| | 《吕刑》 | 禹平水土,主名山川。 |
| 《古文尚书》 | 《大禹谟》 | 此篇记载了舜、禹、益、皋陶四人的对话,记述了舜禅位于禹的经过,简述了禹伐有苗一事。 |
| | 《五子之歌》 | 此篇记载的是因"太康尸位"而"五子咸怨,述大禹之戒以作歌"。 |
| | 《仲虺之诰》 | 此篇中,仲虺认为"有夏昏德","夏王有罪",而成汤灭夏是正义的行为,是"缵禹旧服",即继承大禹事业。 |

由上表可知,《今文尚书》和《古文尚书》中都包含大禹文化的内容,但《今文尚书》中与大禹文化有关的篇目和内容较《古文尚书》中多一些。

先秦典籍对大禹的记载大致可分为两个系统:一个是历史系统,即将大禹看作真实的历史人物;一个是神话系统,即将大禹看作虚构的神话人物。这两个不同的系统分别影响了后世典籍对大禹的记述,也影响了后人对大禹的评判。《尚书》主要是将大禹作为历史人物来书写的,较少神话色彩。

《尚书》中记载大禹文化最重要的一篇当为《禹贡》,此篇详细叙述了大禹治水和禹定九州,其内容可与现代考古资料相印证,较为真实可信。《尚书》所载大禹文化内容直接或间接影响了后代典籍如《史记》《汉书》等对大禹的记述。今人了解、研究大禹文化,离不开《尚书》。

## 二、《竹书纪年》中的大禹

《竹书纪年》是一部完成于战国末年的魏国史书,记载了夏禹以前至魏哀王(一说为魏襄王)时期长达两千余年的历史,其内容可与先秦其他史书相印证。

晋武帝太康二年(281),汲郡(今河南汲县)人盗掘战国魏襄王墓,发现了大批竹简,《竹书纪年》便是其中一种。《竹书纪年》出土后,晋武帝命荀勖、和峤等人对其进行整理。整理后的《竹书纪年》流传到宋代就失传了,后来又复出。复出后的《竹书纪年》即为今本《竹书纪年》,经清人考证是一部伪书。清代钱大昕在《十驾斋养新录》卷十三《竹书纪年》中说:"今之《竹书》,乃宋以后人伪托,非晋时所得之本也。"[1]清人及现代人从各种典籍中辑录的《竹书纪年》为古本《竹书纪年》,较为接近其书原貌。

关于两种版本的《竹书纪年》,张玉春在《竹书纪年译注》前言中指出:"今本隐瞒了辑佚本的真相,企图以辑佚本充为原本《纪年》;古本则以忠实的态度逐条注明辑自何书。今本在辑佚过程中,往往掺以己意改篡佚文,或删并,或增衍,致使《纪年》失真;古本则以古籍所载为根据,不调停,不弥合,尽可能恢复《纪年》原貌,为进一步研究《纪年》及利用《纪年》研究古代史提供了更为可信的资料。应当指出的是,古本《纪年》虽然胜于今本,但今本《纪年》并非毫无价值。"[2]

《竹书纪年》是我国出土的第一部史书,具有极其珍贵的史料价值。两种版

---

[1] 钱大昕:《十驾斋养新录》,上海:上海书店1983年版,第298页。
[2] 张玉春:《竹书纪年译注》,哈尔滨:黑龙江人民出版社2003年版,第3页。

本的《竹书纪年》均载有大禹文化内容,见下表:

| 篇目 | | 主要内容 |
|---|---|---|
| 古本《竹书纪年》 | 《夏后氏》 | 禹居阳城。<br>黄帝至禹,为世三十。<br>禹立四十五年。<br>自禹至桀十七世,有王与无王,用岁四百七十一年。 |
| 今本《竹书纪年》 | | (帝尧陶唐氏)六十一年,命崇伯鲧治河。<br>六十九年,黜崇伯鲧。<br>七十五年,司空禹治河。<br>七十六年,司空伐曹魏之戎,克之。<br>八十六年,司空入观,费用玄圭。<br>九十七年,司空巡有二州。<br>(帝舜有虞氏)十四年,卿云见,命禹代虞事。……乃荐禹于天,使行天子事。<br>三十二年,帝命夏后总师。<br>三十三年春正月,夏后受命于神宗。<br>三十五年,帝命夏后征有苗,有苗氏来朝。<br>(帝禹夏后氏)母曰修己,出行,见流星贯昴,梦接意感,既而吞神珠。修己背剖,而生禹于石纽,虎鼻大口,两耳参镂,首戴钩钤,胸有玉斗,足文履己,故名文命。长有圣德,长九尺九寸。梦自洗于河,以手取水饮之。又有白狐九尾之瑞。当尧之时,舜举之。禹观于河,有长人白面鱼身,出曰:"吾河精也。"呼禹曰:"文命治水。"言讫,授禹《河图》,言治水之事,乃退入于渊。禹治水既毕,天锡玄圭,以告成功。夏道将兴,草木畅茂,青龙止于郊,祝融之神降于崇山。乃受舜禅,即天子之位。洛出龟书,是为《洪范》。<br>三年丧毕,都于阳城。<br>元年壬子,帝即位,居冀。<br>颁夏时于邦国。<br>五年,巡狩,会诸侯于涂山。 |

续表

| 篇目 | 主要内容 |
|---|---|
| 今本《竹书纪年》 | 南巡狩,济江,中流有二黄龙负舟,舟人皆惧。禹笑曰:"吾受命于天,屈力以养人。生,性也;死,命也。奚忧龙哉。"龙于是曳尾而逝。<br>八年春,会诸侯于会稽,杀防风氏。<br>秋八月,帝陟于会稽。<br>禹立四十五年。<br>禹荐益于天。七年,禹崩,三年丧毕,天下归启。<br>自禹至桀十七世,有王与无王,用岁四百七十一年。 |

从上表可以看出,古本与今本《竹书纪年》都记载了大禹,有些内容还是相同的。尤其是将大禹的生平年月排列清楚,这是非常有意义的历史记载。相对而言,今本《竹书纪年》对大禹的记载较古本详细,对大禹的出生、形貌、治水、治国、死葬等问题都作了说明,具有重要的价值。不过,今本《竹书纪年》的记载很多不可信,有些内容如大禹的母亲修己吞神珠剖背而生禹,"长人白面鱼身"的河精授禹《河图》以治水等内容,明显带有神话色彩。这就是今本在辑佚过程中,后世辑佚者掺以己意改纂佚文,或删并,或增衍的结果,致使《竹书纪年》失真。显然,这与《尚书》不同。

### 三、《左传》中的大禹

《左传》是我国第一部叙事详细完整的编年体历史著作,相传为鲁国史官左丘明所作。《左传》记事,起于鲁隐公元年(前722),迄于鲁哀公二十七年(前468),还有无经之传十一年。《左传》系统而详细地记述了春秋时期各国政治、经济、军事、外交、文化等方面的一些事件,反映了当时的社会面貌,是后人研究古代历史的重要文献。《左传》不仅是一部历史著作,也是一部文学名著,为后代叙事散文树立了典范。《左传》与《公羊传》《谷梁传》合称"春秋三传"。

《左传》中记载大禹的篇目及主要内容见下表:

| 篇目 | 主要内容 |
| --- | --- |
| 《庄公十一年》 | 臧文仲曰:"禹、汤罪己,其兴也悖焉。桀、纣罪人,其亡也忽焉。且列国有凶称孤,礼也。言惧而名礼,其庶乎。" |
| 《僖公三十三年》 | 舜之罪也殛鲧,其举也兴禹。管敬仲,桓之贼也,实相以济。 |
| 《文公二年》 | 故禹不先鲧,汤不先契,文、武不先不窋。 |
| 《宣公十六年》 | 吾闻之,禹称善人,不善人远,此之谓也夫。 |
| 《襄公四年》 | 芒芒禹迹,画为九州,经启九道。 |
| 《襄公二十一年》 | 鲧殛而禹兴。 |
| 《襄公二十九年》 | 见舞《大夏》者,曰:"美哉!勤而不德,非禹其谁能修之?" |
| 《昭公元年》 | 天王使刘定公劳赵孟于颍,馆于雒汭。刘子曰:"美哉禹功,明德远矣。微禹,吾其鱼乎!吾与子弁冕端委,以治民临诸侯,禹之力也。子盍亦远绩禹功,而大庇民乎?" |
| 《昭公六年》 | 夏有乱政而作《禹刑》。 |
| 《哀公元年》 | 使女艾谍浇,使季杼诱豷,遂灭过、戈,复禹之绩。 |
| 《哀公七年》 | 禹合诸侯于涂山,执玉帛者万国。今其存者,无数十焉。唯大不字小,小不事大也。 |

从上表可以看出,《左传》中的大禹文化内容并不多,记载较为简略,没有详细叙述大禹的生平经历、治水方法、建国举措等。在《左传》的人物对话中,某一方往往引用大禹的事迹来支撑自己的观点。值得注意的是,《左传》对大禹的记述虽然简短,但较为精辟,且没有神话色彩,因此可信度较高。书中有些内容,如"芒芒禹迹,画为九州,经启九道""美哉禹功,明德远矣。微禹,吾其鱼乎""禹合诸侯于涂山,执玉帛者万国"等,常被后人或他书引用。所以,我们应该重视《左传》对大禹的记载。

## 四、《国语》中的大禹

《国语》是先秦时期一部重要的国别体史书,分别记载周、鲁、齐、晋、郑、楚、吴、越八国历史,成书约在战国初年。《国语》是各国原始史料的汇编,记言多于记事,其内容广泛,涉及"邦国成败,嘉言善语,阴阳律吕,天时人事逆顺之数",具有"包罗天地,探测祸福,发起幽微,章表善恶"(韦昭《国语解叙》)的特点与作用。

《国语》中与大禹有关的篇目及主要内容见下表：

| 篇目 | 主要内容 |
| --- | --- |
| 《周语下·太子晋谏灵王壅谷水》 | 其在有虞,有崇伯鲧,播其淫心,称遂共工之过,尧用殛之于羽山。其后伯禹念前之非度,厘改制量,象物天地,比类百则,仪之于民,而度之于群生,共之从孙四岳佐之,高高下下,疏川导滞,钟水丰物,封崇九山,决汨九川,陂鄣九泽,丰殖九薮,汨越九原,宅居九隩,合通四海。故天无伏阴,地无散阳,水无沉气,火无灾燀,神无间行,民无淫心,时无逆数,物无害生。帅象禹之功,度之于轨仪,莫非嘉绩,克厌帝心。皇天嘉之,祚以天下,赐姓曰"姒",氏曰"有夏",谓其能以嘉祉殷富生物也。祚四岳国,命以侯伯,赐姓曰"姜",氏曰"有吕",谓其能为禹股肱心膂,以养物丰民人也。 |
| 《鲁语上·展禽论祀爰居非政之宜》 | 鲧鄣洪水而殛死,禹能以德修鲧之功。<br>夏后氏禘黄帝而祖颛顼,郊鲧而宗禹。<br>杼,能帅禹者也,夏后氏报焉。 |
| 《鲁语下·孔丘论大骨》 | 仲尼曰："丘闻之:昔禹致群神于会稽之山,防风氏后至,禹杀而戮之,其骨节专车。此为大矣。" |
| 《晋语五·臼季举冀缺》 | 国之良也,灭其前恶,是故舜之刑也殛鲧,其举也兴禹。 |
| 《郑语·史伯为桓公论兴衰》 | 夏禹能单平水土,以品处庶类者也。 |
| 《吴语·夫差伐齐不听申胥之谏》 | 今王既变鲧、禹之功,而高高下下,以罢民于姑苏。 |

从上表可以看出,《国语》对大禹的记载不是很多,但有些内容较为重要。例如,《周语下·太子晋谏灵王壅谷水》详细叙述了大禹治水的方法,与《尚书》所载大禹治水的方法不完全一样。由此可见大禹治水综合运用了多种方法,而不只是疏导一种方法。又如,《鲁语下·孔丘论大骨》提及禹会诸侯于会稽,杀迟来的防风氏,此事连孔子也有所耳闻,当非虚构。

### 五、《战国策》中的大禹

《战国策》也是先秦时期一部重要的国别体史书,共三十三篇,分别记载东周、西周、秦、齐、楚、赵、魏、韩、燕、宋、卫、中山国的历史事件。书中文章不是一人所作,作者大多为战国时的纵横家。此书最后由西汉刘向编校整理,并定名为《战国策》。《战国策》是一部战国时代的史料汇编,记载了当时各国在政治、军事、外交等方面的一些情况以及谋臣策士的政治主张和斗争策略,突出表现了纵横家的思想和观念。书中塑造了一系列"士"的形象,如苏秦、张仪、荆轲、鲁仲连等,反映了战国时代士阶层的崛起,彰显了士人精神。

《战国策》中与大禹有关的篇目及主要内容见下表:

| 篇目 | 主要内容 |
| --- | --- |
| 《秦策一·苏秦始将连横说秦惠王曰》 | 舜伐三苗,禹伐共工。 |
| 《秦策三·为魏谓魏冉曰》 | 今公东而因言于楚,是令张与泽之言为禹,而务败公之事也。 |
| 《秦策三·范子因王稽入秦》 | 利则行之,害则舍之,疑则少尝之,虽尧、舜、禹、汤复生,弗能改已! |
| 《齐策四·齐宣王见颜斶曰》 | 斶对曰:"不然。斶闻古大禹之时,诸侯万国,何则?……是以尧有九佐,舜有七友,禹有五丞,汤有三辅,自古及今,而能虚成名于天下者,无有。是以君王无羞亟问,不愧下学。是故成其德而扬功名于后世者,尧、舜、禹、汤、周文王是也。……夫尧传舜,舜传禹,周成王任周公旦,而世世称曰明主,是以明乎士之贵也。" |
| 《赵策二·苏秦从燕之赵》 | 臣闻尧无三夫之分,舜无咫尺之地,以有天下;禹无百人之聚,以王诸侯。 |
| 《赵策二·武灵王平昼闲居》 | 昔舜舞有苗,而禹袒入裸国,非以养欲而乐志也,欲以论德而要功也! |
| 《魏策一·魏武侯与诸大夫浮于西河》 | 昔者三苗之居,左彭蠡之波,右有洞庭之水,文山在其北,而衡山在其南。恃此险也,为政不善,而禹放逐之。 |

续表

| 篇目 | 主要内容 |
|---|---|
| 《魏策二·五国伐秦》 | 黄帝战于涿鹿之野,而西戎之兵不至;禹攻三苗,而东夷之民不起。 |
| 《魏策二·梁王魏婴觞诸侯于范台》 | 昔者,帝女仪狄作酒而美,进之禹,禹饮而甘之,遂疏仪狄,绝旨酒。 |
| 《燕策一·燕王哙既立》 | 禹授益而以启人为吏,及老而以启为不足任天下,传之益也,启与支党攻益而夺之天下,是禹名传天下于益,其实令启自取之。 |
| 《燕策二·奉阳君告朱欢与赵足曰》 | 尧、舜之贤而死,禹、汤之知而死。 |

从上表可以看出,《战国策》对大禹的记载相对较多,涉及大禹文化的各个方面,但没有详细叙述某一方面。大禹的事迹非常典型,具有很强的说服力,所以在对话中,某一方往往是引用大禹事迹来说理议论。书中所载禹祖入裸国、禹绝旨酒的事迹具有较高的文献价值,常被后人引用。例如,《说文解字》"酒"字下所引"古者仪狄作酒醪,禹尝之而美,遂疏仪狄"①,当出自《战国策》。《战国策》中多次提到禹征三苗,还交代了三苗所处的地理位置,也具有一定的文献价值。

## 第二节　汉代历史典籍中的大禹

汉代典籍较多,其中的《史记》《汉书》《吴越春秋》《越绝书》《淮南子》《说苑》《新语》《论衡》《盐铁论》《潜夫论》《风俗通义》《法言》等都记载了大禹。需要说明的是,汉代典籍对大禹的记载多是传承先秦典籍对大禹的记载。

下面选取《史记》《汉书》《吴越春秋》《越绝书》《淮南子》五部代表性历史著作,全面梳理其中的大禹文化内容,以窥见汉代史书对大禹记载之一斑。

---

① 许慎:《说文解字》,北京:中华书局2013年版,第313页。

## 一、《史记》中的大禹

西汉司马迁撰写的《史记》是我国第一部纪传体通史,位列"二十四史"之首。全书由十二本纪、十表、八书、三十世家、七十列传组成,共一百三十篇,叙述了上自黄帝,下至汉武帝3000余年的历史,实现了司马迁"究天人之际,通古今之变,成一家之言"(《报任安书》)的修史目的。《史记》被鲁迅誉为"史家之绝唱,无韵之《离骚》",享有崇高的声誉。

《史记》记载了丰富的历史文化内容,大禹文化是其中重要一类。下表是《史记》中与大禹文化有关的篇目及主要内容。

| 篇目 | 主要内容 |
| --- | --- |
| 《五帝本纪第一》 | 此篇提到舜命禹平水土,最后将帝位让于禹。还提及"禹乃兴《九招》之乐","帝禹为夏后而别氏,姓姒氏"。 |
| 《夏本纪第二》 | 此篇详细介绍了大禹的身世、治水、建国、死葬等内容。 |
| 《殷本纪第三》 | 契长而佐禹治水有功。<br>契兴于唐、虞、大禹之际。<br>古禹、皋陶久劳于外,其有功乎民,民乃有安。 |
| 《周本纪第四》 | 武王追思先圣王,乃褒封神农之后于焦……大禹之后于杞。 |
| 《秦本纪第五》 | 女华生大费,与禹平水土。已成,帝锡玄圭。禹受曰:"非予能成,亦大费为辅。"帝舜曰:"咨尔费,赞禹功,其赐尔皂游。尔后嗣将大出。" |
| 《秦始皇本纪第六》 | (秦始皇)上会稽,祭大禹,望于南海,而立石刻颂秦德。<br>禹凿龙门,通大夏,决河亭水,放之海,身自持筑臿,胫毋毛,臣虏之劳不烈于此矣。 |
| 《孝武本纪第十二》 | 昔禹疏九江,决四渎。<br>禹收九牧之金,铸九鼎,皆尝鬺烹上帝鬼神。<br>使二卿将卒塞决河,河徙二渠,复禹之故迹焉。 |
| 《三代世表第一》 | 舜、禹、契、后稷皆黄帝子孙也。 |
| 《六国年表第三》 | 禹兴于西羌。 |

续表

| 篇目 | 主要内容 |
| --- | --- |
| 《历书第四》 | (尧)年耆禅舜,申戒文祖,云"天之历数在尔躬"。舜亦以命禹。 |
| 《封禅书第六》 | 五载一巡狩。禹遵之。<br>自禹兴而修社祀,后稷稼穑,故有稷祠,郊社所从来尚矣。<br>禹封泰山,禅会稽。<br>昔禹疏九江,决四渎。<br>禹收九牧之金,铸九鼎。皆尝亨鬺上帝鬼神。<br>使二卿将卒塞决河,析二渠,复禹之故迹焉。 |
| 《河渠书第七》 | 此篇开篇引用《夏书》,提到大禹治水。 |
| 《平准书第八》 | 禹汤之法不同道而王。<br>《禹贡》九州,各因其土地所宜,人民所多少而纳职焉。 |
| 《吴太伯世家第一》 | 见舞《大夏》,曰:"美哉,勤而不德!非禹其谁能及之?"<br>使人诱之,遂灭有过氏,复禹之绩,祀夏配天,不失旧物。 |
| 《齐太公世家第二》 | 太公望吕尚者,东海上人。其先祖尝为四岳,佐禹平水土甚有功。 |
| 《燕召公世家第四》 | 禹荐益,已而以启人为吏。……天下谓禹名传天下于益,已而实令启自取之。 |
| 《陈杞世家第六》 | 舜已崩,传禹天下,而舜子商均为封国。<br>杞东楼公者,夏后禹之后苗裔也。殷时或封或绝。周武王克殷纣,求禹之后,得东楼公,封之于杞,以奉夏后氏祀。 |
| 《宋微子世家第八》 | 鲧则殛死,禹乃嗣兴。天乃锡禹鸿范九等,常伦所序。 |
| 《越王勾践世家第十一》 | 越王勾践,其先禹之苗裔,而夏后帝少康之庶子也。封于会稽,以奉守禹之祀。<br>太史公曰:禹之功大矣,渐九川,定九州,至于今诸夏艾安。……勾践可不谓贤哉!盖有禹之遗烈焉。 |
| 《赵世家第十三》 | 昔者舜舞有苗,禹袒裸国,非以养欲而乐志也,务以论德而约功也。 |

续表

| 篇目 | 主要内容 |
| --- | --- |
| 《孔子世家第十七》 | 仲尼曰:"禹致群神于会稽山,防风氏后至,禹杀而戮之,其节专车,此为大矣。"<br>东门有人,其颡似尧,其项类皋陶,其肩类子产,然自要以下不及禹三寸,累累若丧家之狗。 |
| 《伯夷列传第一》 | 尧将逊位,让于虞舜,舜禹之间,岳牧咸荐,乃试之于位。 |
| 《孙子吴起列传第五》 | 昔三苗氏左洞庭,右彭蠡,德义不修,禹灭之。 |
| 《仲尼弟子列传第七》 | 禹稷躬稼而有天下? |
| 《苏秦列传第九》 | 禹无百人之聚,以王诸侯。 |
| 《孟子荀卿列传第十四》 | 赤县神州内自有九州,禹之序九州是也,不得为州数。 |
| 《范雎蔡泽列传第十九》 | 利则行之,害则舍之,疑则少尝之,虽舜禹复生,弗能改已。 |
| 《屈原贾生列传第二十四》 | 汤禹久远兮,邈不可慕也。 |
| 《李斯列传第二十七》 | 禹凿龙门,通大夏,疏九河,曲九防,决渟水致之海,而股无胈,胫无毛,手足胼胝,面目黎黑,遂以死于外,葬于会稽,臣虏之劳不烈于此矣。<br>而顾以其身劳于天下之民,若尧、禹然,故谓之"桎梏"也。<br>而尧、禹以身徇天下者也,因随而尊之,则亦失所为尊贤之心矣夫! |
| 《淮阴侯列传第三十二》 | 虽有舜禹之智,吟而不言,不如喑聋之指麾也。 |
| 《匈奴列传第五十》 | 太史公曰:……尧虽贤,兴事业不成,得禹而九州宁。 |
| 《平津侯主父列传第五十二》 | 夏禹卑宫室,恶衣服,后圣不循。 |

续表

| 篇目 | 主要内容 |
| --- | --- |
| 《东越列传第五十四》 | 由此知越世世为公侯矣。盖禹之余烈也。 |
| 《司马相如列传第五十七》 | 禹不能名,契不能计。 |
| 《大宛列传第六十三》 | 太史公曰:《禹本纪》言"河出昆仑。昆仑其高二千五百余里,日月所相避隐为光明也。其上有醴泉、瑶池"。今自张骞使大夏之后也,穷河源,恶睹本纪所谓昆仑者乎？故言九州山川,《尚书》近之矣。至《禹本纪》《山海经》所有怪物,余不敢言之也。 |
| 《龟策列传第六十八》 | 禹名为辩智,而不能胜鬼神。 |
| 《太史公自序第七十》 | (迁)二十而南游江、淮,上会稽,探禹穴,窥九嶷,浮于沅、湘。<br>维禹之功,九州攸同。<br>维秦之先,伯翳佐禹。<br>维禹浚川,九州攸宁。<br>王后不绝,舜禹是说。<br>既守封禹,奉禹之祀。 |

在先秦典籍中,对大禹文化记载最为翔实的是《尚书》。在汉代典籍中,对大禹文化记载最为翔实的是《史记》。如果将二书加以比较,我们可以发现,《史记》一方面传承了《尚书》中对大禹文化的记载,另一方面又拓展了《尚书》中的大禹文化内容。

(一)《史记》传承了《尚书》中对大禹文化的记载

以《史记·夏本纪》为例,其中的禹定九州,疏导山川及建立五服制度的内容均采自《尚书·禹贡》,甚至有些语言表述也完全相同,如"冀州:既载壶口,治梁及岐。既修太原,至于岳阳","黑水西河惟雍州:弱水既西,泾属渭汭","东渐于海,西被于流沙,朔、南暨:声教讫于四海"。由于《尚书》语言古奥难懂,《史记》直接引用《尚书》原文的只是少数,更多的是用汉代语言转述《尚书》的内容。

例如,《尚书·舜典》"汝平水土,惟时懋哉",《五帝本纪》引作"汝平水土,维是勉哉",《夏本纪》引作"女平水土,维是勉之"。《禹贡》"六府孔修,庶土交正,厎慎财赋",《夏本纪》引作"六府甚修,众土交正,致慎财赋"。可以说,司马迁是将《尚书》中的《尧典》《舜典》《禹贡》《皋陶谟》《益稷》等用汉代语言改写后再编入《史记》的。

(二)《史记》拓展了《尚书》中的大禹文化内容

作为一部纪传体通史,《史记》博采群书,记载历史全面翔实,所载大禹文化内容自然比《尚书》中的内容更加系统全面。例如,《夏本纪》:"禹之父曰鲧,鲧之父曰帝颛顼,颛顼之父曰昌意,昌意之父曰黄帝。禹者,黄帝之玄孙而帝颛顼之孙也。禹之曾大父昌意及父鲧皆不得在帝位,为人臣。""十年,帝禹东巡狩,至于会稽而崩。""或言禹会诸侯江南,计功而崩,因葬焉,命曰会稽。会稽者,会计也。""太史公曰:禹为姒姓,其后分封,用国为姓,故有夏后氏、有扈氏、有男氏、斟寻氏、彤城氏、褒氏、费氏、杞氏、缯氏、辛氏、冥氏、斟戈氏。"这些有关大禹身世、死葬、姓氏的内容,是《尚书》中所没有的。《史记》所载大禹治水的故事也更为全面,包含许多细节。例如,《夏本纪》:"禹伤先人父鲧功之不成受诛,乃劳身焦思,居外十三年,过家门不敢入。薄衣食,致孝于鬼神。卑宫室,致费于沟淢。陆行乘车,水行乘船,泥行乘橇,山行乘檋。左准绳,右规矩,载四时,以开九州,通九道,陂九泽,度九山。令益予众庶稻,可种卑湿。命后稷予众庶难得之食。食少,调有余相给,以均诸侯。"

《史记》是一部信史,书中所载大禹文化内容翔实可信,为后代典籍引用大禹文化提供了丰富的素材,也为今人了解、研究大禹文化提供了宝贵的资料,所以《史记》在传承大禹文化方面具有重要作用。

二、《淮南子》中的大禹

《淮南子》原名《淮南鸿烈》,是西汉皇室贵族淮南王刘安(汉高祖刘邦之孙)召集门客编写的。该书凡二十一篇,十多万字,内容博奥深宏,无所不包,但重点乃在于"纪纲道德,经纬人事"(《淮南子·要略》)。在思想上,《淮南子》以道家思想为主,杂采儒家、墨家、法家思想,是汉初黄老思想的延续。东汉高诱在《淮南子注·序》中说:"其旨近老子,淡泊无为,蹈虚守静,出入经道。"

《淮南子》在说理过程中，多征引历史、神话、传说、故事等，因而书中包含着丰富的文化内容，大禹文化即是其中之一。下表是《淮南子》中与大禹有关的篇目及主要内容。

| 篇目 | 主要内容 |
| --- | --- |
| 《原道训》 | 昔者夏鲧作三仞之城，诸侯背之，海外有狡心。禹知天下之叛也，乃坏城平池，散财物，焚甲兵，施之以德，海外宾伏，四夷纳职。合诸侯于涂山，执玉帛者万国。<br>禹之决渎也，因水以为师。<br>禹之裸国，解衣而入，衣带而出，因之也。<br>禹之趋时也，履遗而弗取，冠挂而弗顾，非争其先也，而争其得时也。 |
| 《地形训》 | 禹乃使太章步自东极，至于西极，二亿三万三千五百里七十五步。<br>禹乃以息土填洪水以为名山。<br>河水出昆仑东北陬，贯渤海，入禹所导积石山。 |
| 《精神训》 | 禹南省，方济于江，黄龙负舟，舟中之人五色无主。禹乃熙笑而称曰："我受命于天，竭力而劳万民。生寄也，死归也，何足以滑和？"视龙犹蝘蜓，颜色不变，龙乃弭耳掉尾而逃。禹之视物亦细矣。<br>观禹之志，乃知天下之细也。 |
| 《本经训》 | 舜乃使禹疏三江五湖，辟伊阙，导瀍、涧，平通沟陆，流注东海。 |
| 《主术训》 | 禹决江疏河，以为天下兴利，而不能使水西流。<br>尧、舜、禹、汤、武王，皆坦然天下而南面焉。 |
| 《缪称训》 | 禹无废功，无蔽财，自视犹觖如也。<br>禹执干戚，舞于两阶之间，而三苗服。<br>舜、禹不再受命，尧、舜传大焉，先形乎小也。 |
| 《齐俗训》 | 故尧之治天下也，舜为司徒，契为司马，禹为司空，后稷为大田师，奚仲为工。<br>昔舜葬苍梧，市不变其肆；禹葬会稽之山，农不易其亩。<br>禹之时，天下大雨，禹令民聚土积薪，择丘陵而处之。<br>禹遭鸿水之患，陂塘之事，故朝死而暮葬。 |

续表

| 篇目 | 主要内容 |
| --- | --- |
| 《氾论训》 | 尧《大章》,舜《九韶》,禹《大夏》,汤《大濩》,周《武象》,此乐之不同者也。<br>禹之时,以五音听治,悬钟鼓磬铎,置鼗,以待四方之士。为号曰:"教寡人以道者击鼓,谕寡人以义者击钟,告寡人以事者振铎,语寡人以忧者击磬,有狱讼者摇鼗。"<br>禹无十人之众,汤无七里之分,以王诸侯。<br>禹劳天下死为社。 |
| 《诠言训》 | 决河浚江者,禹也。<br>故禹决江河,因水也。 |
| 《说林训》 | 尧、舜、禹、汤,法籍殊类,得民心一也。 |
| 《人间训》 | 禹凿龙门,辟伊阙,平治水土,使民得陆处。 |
| 《修务训》 | 若夫神农、尧、舜、禹、汤,可谓圣人乎?<br>禹沐浴淫雨,栉扶风,决江疏河,凿龙门,辟伊阙;修彭蠡之防,乘四载,随山刊木,平治水土,定千八百国。<br>是故禹之为水,以身解于阳盱之河。<br>盖闻传书曰:"神农憔悴,尧瘦臞,舜霉黑,禹胼胝。"<br>听其自流,待其自生,则鲧、禹之功不立,而后稷之智不用。<br>禹耳参漏,是谓大通,兴利除害,疏河决江。<br>禹生于石。<br>蔡之幼女,卫之稚质,梱纂组,杂奇彩,抑黑质,杨赤文,禹、汤之智不能逮。 |
| 《泰族训》 | 禹凿龙门,辟伊阙,决江浚河,东注之海,因水之流也。<br>尧之举禹、契、后稷、皋陶,政教平,奸宄息。<br>禹以夏王,桀以夏亡。<br>仪狄为酒,禹饮而甘之,遂疏仪狄而绝嗜酒,所以遏流湎之行也。 |
| 《要略》 | 禹之时,天下大水,禹身执虆垂,以为民先,剔河而道九歧,凿江而通九路,辟五湖而定东海。当此之时,烧不暇撌,濡不给扢,死陵者葬陵,死泽者葬泽,故节财、薄葬、闲服生焉。 |

从上表可以看出,《淮南子》二十一篇中有十四篇提到了大禹,涉及大禹文化的各个方面。《淮南子》称引大禹有如下几个特点:

1. 将大禹作为正面的伟大历史人物来看待。所述大禹事迹,大多采自先秦典籍。除多次提到的大禹治水,还有禹合诸侯于涂山、禹之裸国、黄龙负禹舟、禹征三苗、禹绝旨酒、禹葬会稽等,均见于先秦典籍。不过,有少数材料不见于传世的先秦典籍,如禹以五音听治,并为号曰:"教寡人以道者击鼓,谕寡人以义者击钟,告寡人以事者振铎,语寡人以忧者击磬,有狱讼者摇鞀。"这些材料较有文献价值。

2. 广泛引用大禹事迹,是为说理、议论服务的,因此在引用过程中并没有像《尚书》《史记》《汉书》那样详细叙述大禹的言行事迹,而主要是概述大禹事迹。且在概述大禹事迹时,往往是将禹与尧、舜、契、后稷、皋陶等圣贤相提并论,将大禹看作历史人物,视大禹为后世楷模。

3. 对大禹的记载开始出现了文学想象,是汉代典籍大禹神话叙事的肇始。如其记载:"禹南省,方济于江,黄龙负舟,……视龙犹蝘蜓,颜色不变,龙乃弭耳掉尾而逃""禹乃以息土填洪水"等少数材料就带有神话色彩。这为《吴越春秋》的大禹神话叙事提供了样板。

### 三、《汉书》中的大禹

东汉班固撰写的《汉书》是我国第一部纪传体断代史,是继《史记》之后的又一部重要史书。全书由十二纪、八表、十志、七十传组成,共一百卷,一百二十篇,记载了从汉高祖元年(前206)到王莽地皇四年(23)二百三十年间的历史。《汉书》虽是一部断代史,但其内容包罗万象,我们可以从中窥见先秦至西汉社会的方方面面。《汉书·叙传第七十下》云:"凡《汉书》,叙帝皇,列官司,建侯王。准天地,统阴阳,阐元极,步三光。分州域,物土疆,穷人理,该万方。纬《六经》,缀道纲,总百氏,赞篇章。函雅故,通古今,正文字,惟学林。"这一段话就概括了《汉书》的内容与特点。

与《史记》类似,《汉书》也记载了丰富的历史文化内容,大禹文化也是其中重要一类。下表是《汉书》中与大禹文化有关的篇目及主要内容。

| 篇目 | 主要内容 |
| --- | --- |
| 《武帝纪第六》 | 咎繇对禹,曰在知人,知人则哲,惟帝难之 |
| 《异姓诸侯王表第一》 | 舜禹受禅 |
| 《百官公卿表第七上》 | 禹作司空,平水土 |
| 《古今人表第八》 | 禹、稷、卨与舜为善;鲧妃;禹妃;禹子 |
| 《律历志第一上》 | 舜禹相传 |
| 《律历志第一下》 | 舜让天下于禹;鲧生禹 |
| 《礼乐志第二》 | 禹作《夏》乐 |
| 《刑法志第三》 | 夏作禹刑;禹制肉刑 |
| 《食货志第四上》 | 禹平洪水,定九州,制土田 |
| 《郊祀志第五上》 | 禹封泰山,禅会稽;禹疏九河,决四渎;禹收九牧之金,铸九鼎 |
| 《郊祀志第五下》 | 以夏禹配食官社 |
| 《五行志第七上》 | 禹得《雒书》;鲧则殛死,禹乃嗣兴;禹卑宫室 |
| 《五行志第七中之上》 | 禹功 |
| 《地理志第八上》 | 禹敷土,随山刊木,奠高山大川;禹锡玄圭;《禹贡》;阳翟,夏禹国;禹冢、禹井 |
| 《地理志第八下》 | 《禹贡》;夏禹之国;大禹后裔 |
| 《沟洫志第九》 | 禹堙洪水,过家不入门;《禹贡》;禹功 |
| 《艺文志第十》 | 《大禹》三十七篇 |
| 《楚元王传第六》 | 大禹品德;禹葬会稽;帝舜戒伯禹 |
| 《贾谊传第十八》 | 使禹舜复生 |
| 《爰盎晁错传第十九》 | 大禹求贤 |
| 《贾邹枚路传第二十一》 | 大禹品德;禹王诸侯 |
| 《董仲舒传第二十六》 | 尧得舜、禹、稷、卨、咎繇;舜以禹为相 |
| 《司马相如传第二十七上》 | 禹不能名,卨不能计 |

续表

| 篇目 | 主要内容 |
| --- | --- |
| 《公孙弘卜式儿宽传第二十八》 | 大禹治水；禹汤积德，以王天下 |
| 《张骞李广利传第三十一》 | 《禹本纪》 |
| 《司马迁传第三十二》 | 司马迁上会稽，探禹穴 |
| 《严朱吾丘主父徐严终王贾传第三十四上》 | 禹、汤之名 |
| 《严朱吾丘主父徐严终王贾传第三十四下》 | 孔子用"无间"称赞禹；《禹贡》 |
| 《东方朔传第三十五》 | 大禹之事 |
| 《公孙刘田王杨蔡陈郑传第三十六》 | 尧舜禹汤 |
| 《隽疏于薛平彭传第四十一》 | 《禹贡》 |
| 《韦贤传第四十三》 | 夏禹受命而王 |
| 《宣元六王传第五十》 | 大禹治水；禹功 |
| 《扬雄传第五十七上》 | 勤大禹于龙门；禹任益虞 |
| 《儒林传第五十八》 | 《禹贡》 |
| 《西域传第六十六下》 | 大禹序西戎 |
| 《王莽传第六十九上》 | 舜禹之有天下而不与焉；伯禹锡玄圭 |
| 《王莽传第六十九中》 | 夏禹有圣德；《禹贡》之九州 |
| 《叙传第七十上》 | 舜命禹 |
| 《叙传第七十下》 | 《洛书》赐禹 |

从上表可以看出，《汉书》中涉及大禹文化的篇目共有四十篇，占所有篇目的三分之一，而其中包含的大禹文化内容也是十分丰富的。

(一)《汉书》中大禹文化史料的来源

1. 源自先秦典籍。《汉书》中的大禹文化内容，很多采自《尚书》。例如，《五行志第七上》：

故经曰："惟十有三祀,王访于箕子,王乃言曰:'乌呼,箕子!惟天阴骘下民,相协厥居,我不知其彝伦攸叙。'箕子乃言曰:'我闻在昔,鲧堙洪水,汩陈其五行,帝乃震怒,弗畀《洪范》九畴,彝伦攸斁。鲧则殛死,禹乃嗣兴,天乃锡禹《洪范》九畴,彝伦攸叙。'"

上面一段文字引用的是《尚书·洪范》开头两段。

《禹贡》是《尚书》中记载大禹文化最翔实的一篇,具有极其重要的文献价值。《汉书》多处引用、提及《禹贡》的内容。

《汉书》中的大禹文化内容,有的采自《论语》。例如,《五行志第七上》:"故禹卑宫室。"《严朱吾丘主父徐严终王贾传第三十四下》:"故孔子称尧曰'大哉',《韶》曰'尽善',禹曰'无间'。"《王莽传第六十九上》:"孔子曰:'巍巍乎,舜禹之有天下而不与焉!'"这些有关大禹的文字皆出自《论语·泰伯》:"子曰:'巍巍乎,舜禹之有天下也而不与焉!'……子曰:'禹,吾无间然矣。菲饮食而致孝乎鬼神,恶衣服而致美乎黻冕,卑宫室而尽力乎沟洫。禹,吾无间然矣。'"

《汉书》中的大禹文化内容,还有的采自《左传》。例如,《沟洫志第九》:"古人有言:'微禹之功,吾其鱼乎!'"这句话出自《左传·昭公元年》:"美哉禹功,明德远矣。微禹,吾其鱼乎!"

2. 源自《史记》。《汉书》中的大禹文化内容,很多采自《史记》。例如,《地理志第八上》"冀州既载"至"禹锡玄圭,告厥成功"这十四段文字几乎是直接采用《夏本纪》的内容。《沟洫志第九》:"《夏书》:禹堙洪水十三年,过家不入门。陆行载车,水行乘舟,泥行乘橇,山行则桥,以别九州;随山浚川,任土作贡;通九道,陂九泽,度九山。"这些话也是引自《夏本纪》。又如,《司马迁传第三十二》说司马迁"二十而南游江淮,上会稽,探禹穴",这是引用《史记·太史公自序》中的话。

司马迁对历史的评论,有的也被班固采纳。例如,《汉书·张骞李广利传第三十一》所说的《禹本纪》,其实是《史记·大宛列传》"太史公"所言。

(二)《汉书》中大禹文化的作用与价值

1. 能丰富大禹文化学的内容,巩固大禹文化学的地位。"大禹文化学是今天提出的概念,但是对于大禹文化的研究,早在4000多年前就已经开始了。……早在大禹禅位之际,对于禹的研究和评价就已经发生。"①不管是出土器物(如西周中期的青铜器遂公盨)还是传世文献,都存在大量的对禹的评价。在先秦两汉典籍中,《汉书》是记载大禹文化内容较多的一种。《汉书》中的大禹文化内容,既包括大禹治水、禹定九州、大禹精神与品德、大禹亲属、大禹死葬、大禹遗迹等常见的为人熟知的文化现象,也包括大禹作《夏》乐、大禹制肉刑、古夏国、《大禹》三十七篇与《禹本纪》等难以考证的文化现象。有些大禹文化内容首见于《汉书》,如《大禹》三十七篇。总之,《汉书》所记载的大禹文化,丰富了大禹文化学的内容。

《史记》中的大禹文化内容很多采自《尚书》,而《汉书》又大量引用《史记》中的大禹文化内容,这就进一步肯定了大禹文化的重要性,也巩固了大禹文化学的地位。在《汉书》之后,少有文献典籍记载了如此丰富的大禹文化内容。可以说,至《汉书》时,大禹文化已成为华夏文化的重要组成部分,其历史地位坚如磐石。

2. 能为大禹文化考证提供文献依据。《汉书》作为一部较早的正史,其中记载、引用的大禹文化内容,能为大禹文化考证提供文献依据。后人如果要考证记载大禹的文献典籍,以及有关夏代的刑法、音乐、都城变迁等,都可以从《汉书》中找到依据。例如,《艺文志第十》载:"《大禹》三十七篇。"班固进一步解释说:"传言禹所作,其文似后世语。"《大禹》一书今不传,我们从《汉书》的记载可以推知,该书内容大概是后人追述禹的功绩。班固当见过此书,故能判断"其文似后世语"。

又如,《地理志第八上》:"阳翟,夏禹国。"颜师古注:"阳翟本禹所受封耳。"《地理志第八下》:"颍川、南阳,本夏禹之国。夏人上忠,其敝鄙朴。"这些记载都为考证夏代都城和大禹封地提供了文献依据。

### 四、《吴越春秋》中的大禹

东汉赵晔(会稽郡山阴人)撰写的《吴越春秋》是一部重要史书,主要记载春

---

① 刘训华主编:《大禹文化学概论》,武汉:武汉大学出版社2012年版,第1—2页。

秋末期吴越争霸的故事。该书今存十卷,前五卷以吴为主,后五卷以越为主。叙事完整,讲述的故事具有连续性。

《吴越春秋》记载了丰富的大禹文化内容,下表是书中与大禹有关的篇目及主要内容。

| 篇目 | 主要内容 |
| --- | --- |
| 《越王无余外传第六》 | 此篇主要详细叙述大禹治水的经过,同时也交代了鲧治水、大禹出生、大禹娶妻、大禹治国、大禹死葬等事情。 |
| 《勾践入臣外传第七》 | 越王曰:"昔尧任舜、禹而天下治,虽有洪水之害,不为人灾。变异不及于民,岂况于人君乎?" |
| 《勾践伐吴外传第十》 | 二十七年冬,勾践寝疾,将卒,谓太子兴夷曰:"吾自禹之后,承元常之德,蒙天灵之佑、神祇之福,……夫霸者之后,难以久立,其慎之哉!"遂卒。自黄帝至少康十世。自禹受禅至少康即位六世,为一百四十四年。<br>黄帝→昌意→颛顼→鲧→禹→启→太康→仲庐→相→少康→无余→无玉,去无余十世。 |

《吴越春秋》作为史书,对大禹人生履历有一些补充。但它与一般史书有些不一样,书中许多故事荒幻离奇,情节曲折多变,因而具有浓郁的浪漫色彩。可以说,这部书既是一部史书,又是一部文学作品。

值得注意的是,《吴越春秋》在叙述大禹故事时,采取了浪漫主义的手法,使得故事具有明显的神话色彩,这一点与《尚书》《史记》《汉书》对大禹的记载迥然有别。例如,《越王无余外传第六》载:

> 禹伤父功不成,循江溯河,尽济甄淮,乃劳身焦思以行,七年,闻乐不听,过门不入,冠挂不顾,履遗不蹑,功未及成。愁然沉思,乃案黄帝中经历——盖圣人所记,曰:"在于九山东南天柱,号曰宛委,赤帝在阙。其岩之巅,承以文玉,覆以磐石,其书金简,青玉为字,编以白银,皆瑑其文。"
>
> 禹乃东巡,登衡山,血白马以祭,不幸所求。禹乃登山,仰天而啸,忽然而卧,因梦见赤绣衣男子,自称:"玄夷苍水使者,闻帝使文命于斯,故来候之。非厥岁月,将告以期。无为戏吟,故倚歌覆釜之山。"东顾谓禹曰:"欲

得我山神书者，斋于黄帝岩岳之下，三月庚子，登山发石，金简之书存矣。"禹退又斋，三月庚子，登宛委山，发金简之书，案金简玉字，得通水之理。

这两段话写大禹在治水过程中得到了神仙的指点，具有浓厚的神话色彩。又如，大禹娶妻也带有传奇色彩。《越王无余外传第六》载：

禹三十未娶，行到涂山，恐时之暮，失其度制，乃辞云："吾娶也，必有应矣。"乃有白狐九尾造于禹。禹曰："白者，吾之服也；其九尾者，王之证也。涂山之歌曰：'绥绥白狐，九尾庞庞。我家嘉夷，来宾为王。成家成室，我造彼昌。天人之际，于兹则行。'明矣哉！"禹因娶涂山女，谓之女娇。取辛、壬、癸、甲，禹行。十月，女娇生子启。启生不见父，昼夕呱呱啼泣。

在汉代记载大禹的史书中，如果说《史记》《汉书》继承的是大禹的历史系统，那么《吴越春秋》则除了继承历史系统之外，主要展现的是大禹叙事的神话系统。

## 五、《越绝书》中的大禹

除了《吴越春秋》，记载吴越争霸的另一部重要专著是《越绝书》。关于此书的作者，尚有争议，一般认为是东汉的袁康、吴平。关于书名，《越绝书·越绝外传本事第一》作了说明："越者，国之氏也。……绝者，绝也。勾践之时，天子微弱，诸侯皆叛。于是勾践抑疆扶弱，绝恶反之于善，取舍以道，沛归于宋，浮陵以付楚，临沂、开阳，复之于鲁。中国侵伐，因斯衰止。以其诚在于内，威发于外，越专其功，故曰《越绝》。"《越绝书》的文字并不是很多，但其内容上溯夏禹，下迄两汉，广泛反映了这一历史时期政治、经济、军事、文化等方面的内容，被誉为"地方志鼻祖"。

《越绝书》也记载了大禹文化，下表是书中与大禹有关的篇目及主要内容。

| 篇目 | 主要内容 |
| --- | --- |
| 《越绝吴内传第四》 | 夏启献牺于益。启者,禹之子。益与禹臣于舜,舜传之禹,荐益而封之百里。禹崩,启立,晓知王事,达于君臣之义。益死之后,启岁善牺牲以祠之。经曰:"夏启善牺于益。"此之谓也。 |
| 《越绝计倪内经第五》 | 禹之时,比九年水而民不流。 |
| 《越绝外传记地传第十》 | 昔者,越之先君无余,乃禹之世,别封于越,以守禹冢。……禹始也,忧民救水,到大越,上茅山,大会计,爵有德,封有功,更名茅山曰会稽。及其王也,巡狩大越,见耆老,纳诗书,审铨衡,平斗斛。因病亡死,葬会稽。苇椁桐棺,穿圹七尺,上无漏泄,下无即水。坛高三尺,土阶三等,延袤一亩。尚以为居之者乐,为之者苦,无以报民功,教民鸟田,一盛一衰。当禹之时,舜死苍梧,象为民田也。禹至此者,亦有因矣,亦覆釜也。覆釜者,州土也,填德也。禹美而告至焉。禹知时晏岁暮,年加申酉,求书其下,祠白马。禹井,井者法也。以为禹葬以法度,不烦人众。<br>故禹宗庙,在小城南门外大城内。禹稷在庙西,今南里。<br>涂山者,禹所取妻之山也,去县五十里。 |
| 《越绝外传枕中第十六》 | 夫尧舜禹汤,皆有豫见之劳,虽有凶年而民不穷。 |
| 《越绝篇叙外传记第十九》 | 禹来东征,死葬其疆。 |

从上表可以看出,《越绝书》对大禹的记载并不是很多,但较少神话色彩。《越绝外传记地传第十》对大禹治国、大禹死葬的记载较详细,具有一定的文献价值。

值得注意的是,《吴越春秋》与《越绝书》在叙述大禹事迹时,都将大禹与越地紧密地联系在一起,注重书写大禹在越地的所作所为。例如,二书都提到了大禹改"茅山"为"会稽山"。《吴越春秋·越王无余外传第六》:"(禹)周行天下,归还大越,登茅山,以朝四方群臣,观示中州诸侯。……乃大会计治国之道,内美釜山州慎之功,外演圣德以应天心,遂更名茅山曰会稽之山。"《越绝书·越绝外传记地传第十》:"禹始也,忧民救水,到大越,上茅山,大会计,爵有德,封有功,更名茅山曰会稽。"这些记载对于后人考证会稽山的得名之由具有一定的参考价值。

## 第三节　汉以后历史典籍中的大禹

两汉以后,记载大禹的典籍数量日渐增多,类型更趋多样,加之唐五代后雕版印刷的发明与推广,与大禹相关的文献更是层出不穷,汗牛充栋。虑及本教材的体例与章节比例,本节暂且以二十五史为中心来考察汉代迄清代典籍中的大禹书写。首先,从文化生成的角度来看,大禹神话传说基本脱胎于先秦、两汉时期,因而后世编纂正史时势必会取资借鉴早期的大禹文献。其次,或许汉代以后,大禹治水的神话传说在史学界、民间趋于定型,故而正史中对于大禹的家族世系、治水业绩等不再花费太多笔墨,而只是在论及禹迹、禹绩时附带述及。比如,《旧唐书》卷一百四十七为准确定位吐蕃维州时云:"地接石纽山,夏禹生于石纽山是也。"又如,在《晋书》卷三十一中禹娶涂山传说被浓缩概述为"涂山翼禹"一语,旨在赞赏嫔妃女德。最后,即便我们将此期典籍限定于纪传体正史,但是素材仍很繁复,且重复雷同或略加修润的篇幅不少。有鉴于此,我们姑且选取《后汉书》《三国志》《晋书》《南北史》《旧唐书》《宋史》与《明史》这七部正史来探讨正史中的大禹书写。当然,对于此期其他重要的典籍,如地方志、谱牒、笔记等文献中的与大禹相关的内容,我们姑且留待他日再为整理、述论。

### 一、《后汉书》中的大禹

南朝宋范晔撰写的《后汉书》共九十篇,前九篇为诸帝纪,后接《皇后纪》、八十篇列传,全书记述了东汉一代史事,是一部杰出的私修断代正史。《后汉书》有许多创造性特点,令其成就可与《史论》《汉书》比肩,并且与前两家相同,书中多处言及大禹。为醒目省便计,今特制下表,以见其卷次、篇目与内容概略。

| 卷次、篇目 | 内容节录 |
| --- | --- |
| 《卷一下·光武帝纪第一下》 | (二十七年)五月丁丑诏曰："昔契作司徒,禹作司空,皆无大名。其令二府去'大',又改大司马为太尉骠骑大将军行大司马。" |
| 《卷一下·光武帝纪第一下》 | 陛下有禹、汤之明,而失黄、老养性之福,愿颐爱精神,优游自宁。 |
| 《卷二·显宗孝明帝纪第二》 | (六年)夏四月甲子诏曰："昔禹收九牧之金,铸鼎以象物,使人知神奸不逢恶气,遭德则兴,迁于商、周。" |
| 《卷三·肃宗孝章帝纪第三》 | 三年二月壬寅,告常山诸郡太守相曰："朕惟巡守之制,以宣声教,……追惟先帝勤人之德,厎绩远图,复禹弘业,圣迹滂流,至于海表,不克堂构,朕甚惭焉。" |
| 《卷二十五·卓鲁魏刘列传第十五》 | 览诗人之旨意,察雅之终始,明舜禹皋陶之相戒,显周公、箕子之所陈。观乎人文,化成天下。 |
| 《卷二十八下·冯衍传第十八下》 | 惟天路之同轨兮,或帝王之异政,尧、舜焕其荡荡兮,禹承平而革命,并日夜而幽思兮。 |
| 《卷三十四·梁统列传第二十四》 | 昔日舜禹相戒,无若丹朱。周公戒成王,无如殷王纣。愿除诽谤之罪,以开天下之口。 |
| 《卷四十三·朱乐何列传第三十三》 | 天下有识,皆以(朱)穆同勤禹、稷而被共鲧之戾,若死者有知,则唐帝怒于崇山,重华忿从苍墓矣。 |
| 《卷五十四·杨震列传第四十四》 | 宜惟夏禹卑宫、太宗露台之意,以尉下之劳。 |
| 《卷五十七·杜栾刘李刘谢列传第四十七》 | 1. 斯岂唐咨禹、稷,益典朕虞,议物赋土烝民之意哉？<br>2. 及开东序金縢史官之书,从尧舜禹汤文武致兴之道,远佞邪之人,放郑卫之声,则政致和平,德感祥风矣。 |
| 《卷五十九·张衡列传第四十九》 | 尧使鲧理洪水,九载绩用不成,鲧则殛死,禹乃嗣兴。 |
| 《卷六十一·左周黄列传第五十一》 | 上疏陈事曰："臣闻柔远和迩,莫大宁人。宁人之务,莫重用贤,……是以皋陶对禹:贵在知人、安人则惠,黎民怀之。" |

续表

| 卷次、篇目 | 内容节录 |
| --- | --- |
| 《卷六十六·陈王列传第五十六》 | 昔禹巡守苍梧,见市杀人,下车而哭之曰:"万方有罪,在予一人。"故其兴也勃焉。 |
| 《卷八十下·文苑列传第七十下》 | 于是罢女乐,堕瑶台,思夏禹之卑宫,慕有虞之土阶,举英奇于仄陋,拔毛秀于蓬莱。 |
| 《卷八十二上·方术列传第七十二上》 | 昔大禹决江疏河,以利天下。明府今兴立废业,富国安民,童谣之言,将有征于此。 |
| 《卷八十三·逸民列传第七十三》 | (戴)良曰:"我若仲尼长东鲁,大禹出西羌,独步天下,谁与为偶?" |
| 《卷一百二十·郡国制第二十二》 | 会稽山在南,上有禹冢。 |

其一,《后汉书》记事虽上承《史记》《汉书》,但就史料而言,范晔却是以《东观汉记》为基本依据,以华峤《汉后书》为蓝本,广泛吸收众多《后汉书》的优长,纠谬补缺,撰成新史的。因之,《后汉书》中的涉禹文字与《史记》《汉书》似无直接关联,更多的是取资于先秦经史著作。譬如,"尧使鲧理洪水,九载绩用不成,鲧则殛死,禹乃嗣兴"一段显然出自《尚书》,"夏禹卑宫"之说见于《论语》,"郑卫之声"则为《诗经》之变风淫声,等等。

其二,相较于秦汉早期,东汉时关于大禹的认知争论渐息,趋于定说。与之相应,《后汉书》不再囿于大禹人神身份、出生地、家族谱系与生平事迹诸方面,而是直接通过大禹来赞赏时代精神或贤者风尚。范晔从"东汉尚名节"的时代风气出发,也从自身名门望族惯于裁量人物的处世态度出发,十分注重传记的书写,并从诸家《后汉书》中取其精华,加以发挥。可以说,无论是名士、党人,还是孝子贤孙,无论是方士、逸民,还是诤臣、烈女,又如循吏、宿儒、名将都得到关注、品评,且文笔精工,刻画细致,动人魂魄。譬如,上表中有多达十二篇列传引录大禹以辨正立说,或借以陈情讴歌传主事迹、品德。

其三,范晔对诏令、奏疏的记载似有偏爱,对照上表,《后汉书》中的多篇文字恰是出自诏书、奏议。这间接地透露出当时有识之士对大禹的认知与接受,他们往往通过引述或比附大禹以"贵德义，抑势力"。

## 二、《三国志》中的大禹

陈寿所作的《三国志》，由《魏书》三十卷、《吴书》二十卷和《蜀书》十五卷组成，共六十五卷。《三国志》取材谨严，引文精炼，史实准确，叙事简约，与《史记》《汉书》和《后汉书》合称"前四史"。加之，本身卷帙略少，《三国志》中的大禹书写主题集中而单一，文字简洁。主要的篇次、内容可参见下表所列：

| 卷次、篇目 | 内容节录 |
| --- | --- |
| 《卷二·魏书二·文帝纪第二》 | 昔者帝尧禅位于虞舜，舜亦以命禹，天命不于常，惟归有德。 |
| 《卷二·魏书二·文帝纪第二》 | 诏曰："灾异之作，以谴元首，而归过股肱，岂禹、汤罪己之义乎？其令百官各虔厥职，后有天地之眚，勿复劾三公。" |
| 《卷二·魏书二·文帝纪第二》 | 冬十月甲子，……作终制曰："礼，国君即位为椑，存不忘亡也。昔尧葬谷林，通树之，禹葬会稽，农不易亩，故葬于山林，则合乎山林。" |
| 《卷四·魏书四·齐王纪》 | 秋七月，尚书何晏奏曰："舜戒禹曰'邻哉邻哉'，言慎所近也。周公戒成王曰'其朋其朋'，言慎所与也。" |
| 《卷四·魏书四·高贵乡公纪》 | （庾）峻对曰："虽圣人之弘，犹有所未尽，故禹曰'知人则哲，惟帝难之'，然卒能改授圣贤，缉熙庶绩，亦所以成圣也。" |
| 《卷十一·魏书十一·王朗传》 | （王）朗上疏曰："昔大禹将欲拯天下之大患，故乃先卑其宫室，俭其衣食，用能尽有九州，弼成五服。" |
| 《卷十三·魏书十三·杜畿传》 | 太祖下令曰："河东太守杜畿，孔子所谓'禹，吾无间然矣'。" |
| 《卷十六·魏书十六·陈群传》 | （陈）群上疏曰："禹承唐、虞之盛，犹卑宫室而恶衣服，况今丧乱之后，人民至少。" |
| 《卷二十二·魏书二十二·崔林传》 | 林议以为"宗圣侯亦以王命祀，不为未有命也。周武王封黄帝、尧、舜之后，及立三恪，禹、汤之世，不列于时，复特命他官祭也"。 |

续表

| 卷次、篇目 | 内容节录 |
|---|---|
| 《卷二十四·魏书二十四·辛毗传》 | 毗以魏氏遵舜、禹之统,应天顺民;至于汤、武,以战伐定天下,乃改正朔。 |
| 《卷二十五·魏书二十五·杨阜传》 | 1.(杨)阜上疏曰:"臣闻明主在上,群下尽辞。尧、舜圣德,求非索谏;大禹勤功,务卑宫室。"<br>2.阜上疏曰:"尧尚茅茨而万国安其居,禹卑宫室而天下乐其业;……陛下当以尧、舜、禹、汤、文、武为法则,夏桀、殷纣、楚灵、秦皇为深诫。" |
| 《卷二十五·魏书二十五·高堂隆传》 | 1.(高堂)隆上疏曰:"夫采椽卑宫,唐、虞、大禹之所以垂皇风也;玉台琼室,夏癸、商辛之所以犯昊天也。今之宫室,实违礼度,乃更建立九龙,华饰过前。"<br>2.尧、舜君臣,南面而已。禹敷九州,庶士庸勋,各有等差,君子小人,物有服章。<br>3.及群臣欢会,(文)帝正色责之曰:"昔禹会诸侯于涂山,防风后至,便行大戮。今溥天同庆而卿最留迟,何也?" |
| 《卷二十八·魏书二十八·诸葛亮传》 | 臣愚以为咎繇大贤也,周公圣人也,考之《尚书》,咎繇之谟略而雅,周公之诰烦而悉,何则?咎繇与舜、禹共谈,周公与群下矢誓故也。 |
| 《卷三十五·蜀书五·秦宓传》 | 禹生石纽,今之汶山郡是也。昔尧遭洪水,鲧所不治,禹疏江决河,东注于海,为民除害,生民已来功莫先者。 |
| 《卷六十四·吴书十九·孙峻传》 | 滕胤以恪子竦妻父辞位,(孙)峻曰:"鲧禹罪不相及,滕侯何为?" |

由上表可见,在魏、蜀、吴三国的涉禹史料中,除了《蜀书》《吴书》各一则外,其余均出自《魏书》。其实,这一失衡现象恐怕与三书卷数、分量直接有关,因为《魏书》约占全书的二分之一,《蜀书》仅占六分之一,《吴书》则约占全书的三分之一。

其次,三国时期,各方为了在纷争中称雄,都求贤若渴,着意延揽人才;曹操发布唯才是举令不仅最终得以脱颖而出,而且传为美谈嘉誉。根据史载、传说,大禹有治世首重人才的观念,于是陈寿便援引其事以为张势。譬如,卷四《三少帝纪》曾记录博士庾峻与高贵乡公曹髦之间关于"知人"问题的问答,原文曰:

> 次及四岳举鲧,帝又问曰:"……今王肃云:'尧意不能明鲧,是以试用。'如此,圣人之明有所未尽邪?"峻对曰:"虽圣人之弘,犹有所未尽,故禹曰:'知人则哲,惟帝难之。'然卒能改授圣贤,缉熙庶绩,亦所以成圣也。"帝曰:"夫有始有卒,其唯圣人。若不能始,何以为圣?其言'惟帝难之',然卒能改授,盖谓知人,圣人所难,非不尽之言也。经云:'知人则哲,能官人。'"

在这段文字里,君臣申述的核心意见是,圣哲因能知人方成其为圣哲。不过,庾氏强调尧既未能明察鲧而仅试用之,故而圣人的英明不尽完美。曹髦则主张因能知人,又有始有终,圣人才算是圣人;即便知人是一桩难事,但是只要最终能改用贤能,就仍是圣人。而这也是禹的本意。《三国志》中所写禹功、禹德有美化统治者、争取民心的动机,具有政治宣传的色彩。但毫无疑问,这是《三国志》中大禹书写的显著特色。

## 三、《晋书》中的大禹

《晋书》由房玄龄主持编纂,全书计帝纪十卷、列传七十卷、志二十卷、载记三十卷,叙例和目录各一卷,共计一百三十二卷,所记不仅有西晋国事,也有匈奴、羯、氐、羌、鲜卑等少数民族与汉人的偏霸政权的史事。

《晋书》用较多篇幅记述大禹,下表是与大禹有关的篇目、内容节录。

| 卷次、篇目 | 内容节录 |
| --- | --- |
| 《卷三·帝纪第三·武帝》 | 戊戌,有司奏:"大晋继三皇之踪,蹈舜、禹之迹,应天顺时,受禅有魏,宜一用前代正朔服色,皆如虞遵唐故事。"奏可。……丁未,诏曰:"昔舜葬苍梧,农不易亩;禹葬成纪,市不改肆。上惟祖考清简之旨,所徙陵十里内居人,动为烦扰,一切停之。" |

续表

| 卷次、篇目 | 内容节录 |
| --- | --- |
| 《卷六·帝纪第六·元帝》 | 愿陛下存舜、禹至公之情,狭由、巢抗矫之节;以社稷为务,不以小行为先;以黔首为忧,不以克让为事。 |
| 《卷十·帝纪第十·安帝》 | 甲辰,诏曰:"自顷国难之后,人物凋残,常所供奉,犹不改旧,岂所以视人如伤,禹、汤归过之诫哉!可筹量减省。" |
| 《卷十二·志第二·日蚀》 | 有司奏免太尉,诏曰:"灾异之作,以谴元首,而归过股肱,岂禹、汤罪己之义乎!其令百官各虔厥职。后有天地眚,勿复劾三公。" |
| 《卷十四·志第四·地理上》 | 昔大禹观于浊河而受绿字,寰瀛之内可得而言也。 |
| 《卷十九·志第九·礼上》 | 博士张凭议:"或疑陈于太祖者,皆其后之毁主,凭案古义无别前后之文也。禹不先鲧,则迁主居太祖之上,亦何疑也。" |
| 《卷二十一·志第十一·礼下》 | 1.雪覆雨施,八方来同,声教所被,达于四极。虽黄轩之征,大禹远略,周之奕世,何以尚今。<br>2.舜禹之有天下也,巡狩四岳,躬行其道。 |
| 《卷二十二·志第十二·乐上》 | 昔黄帝作《云门》,尧作《咸池》,舜作《大韶》,禹作《大夏》,殷作《大濩》,周作《大武》,所谓因前王之礼,设俯仰之容,和顺积中,英华发外。 |
| 《卷二十三·志第十三·乐下·唐尧》 | 舜、禹统百揆,元凯以次升。禅让应大历,睿圣世相承。我皇陟帝位,平衡正准绳。 |
| 《卷二十三·志第十三·乐下·伯益》 | 伯益佐舜禹,职掌山与川。德侔十六相,思心入无间。 |
| 《卷二十七·志第十七·五行上》 | 1.禹治洪水,赐《洛书》,法而陈之,《洪范》是也。<br>2.故禹卑宫室,文王刑于寡妻,此圣人之所以昭教化也。 |

续表

| 卷次、篇目 | 内容节录 |
| --- | --- |
| 《卷三十一·列传第一·后妃上》 | 于礼斯劳,于敬斯勤。虽曰齐圣,迈德日新。日新伊何,克广弘仁。终温且惠,帝妹是亲。经纬六宫,罔不弥纶。群妾惟仰,譬彼北辰。亦既青阳,鸣鸠告时,躬执桑曲,率导媵姬。修成蚕蔟,分茧理丝。女工是察,祭服是治。祗奉宗庙,永言孝思。于彼六行,靡不蹈之。皇英佐舜,涂山翼禹。惟卫惟樊,二霸是辅。明明我后,异世同矩。亦能有乱,谋及天府。内敷阴教,外毗阳化。绸缪庶正,密勿夙夜。恩从风翔,泽随雨播。中外褆福,遐迩咏歌。 |
| 《卷三十九·列传第九·荀颛传》 | 又诏曰:"昔禹命九官,契敷五教,所以弘崇王化,示人轨仪也。朕承洪业,昧于大道,思训五品,以康四海。侍中、司空颛明允笃诚,思心通远,翼亮先皇,遂辅朕躬,实有佐命弼导之勋。宜掌教典,以隆时雍。其以颛为司徒。" |
| 《卷四十一·列传第十一·刘寔传》 | 1. 又曰:舜、禹之有天下而不与焉,无为而化者其舜也欤。贤人相让于朝,大才之人恒在大官,小人不争于野,天下无事矣。<br>2. 昔舜以禹为司空,禹拜稽首,让于稷契及咎繇。使益为虞官,让于朱虎、熊、罴。使伯夷典三礼,让于夔龙。 |
| 《卷四十七·列传第十七·傅玄传》 | 1. 陛下圣德,龙兴受禅,弘尧、舜之化,开正直之路,体夏禹之至俭,综殷周之典文,臣咏叹而已,将又奚言!<br>2. 前皇甫陶上事,欲令赐拜散官皆课使亲耕,天下享足食之利。禹、稷躬稼,祚流后世,是以《明堂》《月令》著帝藉之制。 |
| 《卷四十九·列传第十九·嵇康传》 | 夫人之相知,贵识其天性,因而济之。禹不逼伯成子高,全其节也;仲尼不假盖于子夏,护其短也。 |
| 《卷五十一·列传第二十一·束皙传》 | 伏见诏书,以仓廪不实,关右饥穷,欲大兴田农,以蕃嘉谷,此诚有虞戒大禹尽力之谓。 |
| 《卷五十二·列传第二十二·邵续传》 | 周文生于东夷,大禹出于西羌,帝王之兴,盖惟天命所属,德之所招,当何常邪! |

续表

| 卷次、篇目 | 内容节录 |
|---|---|
| 《卷五十五·列传第二十五·潘尼传》 | 昔唐氏授舜,舜亦命禹。受终纳祖,丕承天序。放桀惟汤,克殷伊武。故禅代非一姓,社稷无常主。 |
| 《卷五十六·列传第二十六》 | 古之圣王莫不以俭为德,故尧称采椽茅茨,禹称卑宫恶服,汉文身衣弋绨,足履革舄,以身先物,政致太平,存为明王,没见宗祀。 |
| 《卷六十六·列传第三十六·陶侃传》 | (陶侃)常语人曰:"大禹圣者,乃惜寸阴,至于众人,当惜分阴,岂可逸游荒醉,生无益于时,死无闻于后,是自弃也。" |
| 《卷六十七·列传第三十七·温峤传》 | 敦阻兵不朝,多行陵纵,峤谏敦曰:"……昔帝舜服事唐尧,伯禹竭身虞庭,文王虽盛,臣节不怠。故有庇人之大德,必有事君之小心,俾芳烈奋乎百世,休风流乎万祀。至圣遗轨,所不宜忽。愿思舜、禹、文王服事之勤,惟公旦吐握之事,则天下幸甚。" |
| 《卷六十九·列传第三十九·刘波传》 | 1.臣闻天地以弘济为仁,君道以惠下为德,是以禹汤有身勤之绩,唐虞有在予之诰,用能惠被苍生,勋流后叶。<br>2.伏愿陛下仰观大禹过门之志,俯察商辛沈湎之失,远思《国风》恭公之刺,深惟定姜小臣之喻。 |
| 《卷七十一·列传第四十一·熊远传》 | 被庚午诏书,以雷电震,暴雨非时,深自克责。虽禹汤罪己,未足以喻。 |
| 《卷七十九·列传第四十九·谢安传》 | 羲之谓曰:"夏禹勤王,手足胼胝;文王旰食,日不暇给。今四郊多垒,宜思自效,而虚谈废务,浮文妨要,恐非当今所宜。" |
| 《卷八十六·列传第五十六·张骏传》 | 下令境中曰:"昔鲧殛而禹兴,芮诛而缺进,唐帝所以殄洪灾,晋侯所以成五霸。法律犯死罪,期亲不得在朝。今尽听之,唯不宜内参宿卫耳。" |
| 《卷九十一·列传第六十一·儒林传》 | 是以舜之佐尧,以启辟为首;咎繇谟禹,以侃侃为先,故下无隐情之责,上收神明之功。敢缘斯义,志在输尽。 |
| 《卷九十四·列传第六十四·隐逸传》 | 统曰:"先公惟寓稽山,朝会万国,授化鄙邦,崩殂而葬。恩泽云布,圣化犹存,百姓感咏,遂作《慕歌》。……听《慕歌》之声,便仿佛见大禹之容。" |

续表

| 卷次、篇目 | 内容节录 |
| --- | --- |
| 《卷九十九·列传第六十九》 | 晋自中叶,仍世多故,海西之乱,皇祚殆移,九代廓宁之功,升明黜陟之勋,微禹之德,左衽将及。 |
| 《卷一百六·载记第六》 | 季龙曰:"此政之失和,朕之不德,而欲委咎守宰,岂禹、汤罪己之义邪!司隶不进谠言,佐朕不逮,而归咎无辜,所以重吾之责,可白衣领司隶。" |
| 《卷一百八·载记第八·高瞻传》 | 且大禹出于西羌,文王生于东夷,但问志略何如耳,岂以殊俗不可降心乎? |
| 《卷一百十五·载记第十五·苻登》 | 命翼扶安升辇,顾谓安曰:"朕将与公南游吴、越,整六师而巡狩,谒虞陵于疑岭,瞻禹穴于会稽,泛长江,临沧海,不亦乐乎!"安曰:"且东南区区,地下气疠,虞舜游而不返,大禹适而弗归,何足以上劳神驾,下困苍生。" |
| 《卷一百十六·载记第十六·姚弋仲》 | 禹封舜少子于西戎,世为羌酋。 |
| 《卷一百十七·载记第十七·姚兴上》 | 兴曰:"殷汤、夏禹德冠百王,然犹顺守谦冲,未居崇极,况朕寡昧,安可以处之哉!" |
| 《卷一百三十·载记第三十·赫连勃勃》 | 1.勃勃谓买德曰:"朕大禹之后,世居幽、朔。祖宗重晖,常与汉、魏为敌国。中世不竞,受制于人。逮朕不肖,不能绍隆先构,国破家亡,流离漂虏。今将应运而兴,复大禹之业,卿以为何如?"<br>2.昔在陶唐,数钟厄运,我皇祖大禹以至圣之姿,当经纶之会,凿龙门而辟伊阙,疏三江而决九河,夷一元之穷灾,拯六合之沈溺,鸿绩俾于天地,神功迈于造化,故二仪降祉,三灵叶赞,揖让受终,光启有夏。 |

两晋十六国和北朝时期,是我国民族的大动荡与大融合时期,也是文化激荡多元走向的时代。在十六国中,除了前凉、西凉两个汉人政权外,其他十四国是由匈奴、羯、氐、羌、鲜卑等少数民族建立的;十四国在政治、经济、文化等方面注

意采取汉化政策,重用汉族士人,教习儒家学术,甚至建社稷宗庙,祭祀天地祖先。为此,十六国的首领往往先得确立自己政权的正统性、合法性。在此过程中,他们注意到大禹的出生地与血统,遂巧妙地加以利用。譬如,渤海人高瞻英朗有俊才,于廆为实现自己的野心,便抬出大禹为自己打气,并鼓动高氏说:"奈何以华夷之异有怀介然,且大禹出于西羌,文王生于东夷,但问志略何如耳,岂以殊俗不可降心乎?"又如,匈奴右贤王赫连勃勃自诩"我皇祖大禹",更是对前来投靠的王买德宣称:"朕大禹之后,世居幽、朔。祖宗重晖,常与汉、魏为敌国。中世不竞,受制于人。逮朕不肖,不能绍隆先构,国破家亡,流离漂虏。今将应运而兴,复大禹之业,卿以为何如?"有鉴于此,唐修《晋书》时采取的是"华夷一家"的先进理念,对民族关系处理得较为公允,对于大禹的书写主要也是从这一角度入手的,因而具有新颖性、进步性。还有一点值得注意,在官修正史中鲜言涂山氏女德,而《三国志·后妃传》"左贵嫔名芬"下以"涂山翼禹"统领一段文字来赞誉左氏。

## 四、《南北史》中的大禹

《南北史》是《南史》《北史》的合称,因二书的作者同为唐初人李延寿,故学术界往往合称之。李延寿增删裁并《宋》《齐》《梁》《陈》《北齐》《魏》《周》《隋》八书而成《南北史》,其中《南史》八十卷,记载南朝四朝历史;《北史》一百卷,记北魏至隋的历史。《南北史》所记时间跨度长,所涉国别多,其间载述大禹文化的篇幅不少,参见下表。

| 卷次、篇目 | 内容节录 |
| --- | --- |
| 《卷一·宋本纪上·第一》 | 1. 是以天禄既终,唐虞弗得传其嗣,符命来格,虞舜不获全其谦。<br>2. 诏曰:"夫微禹之感,叹深后昆;爱人怀树,犹或勿翦。虽在异代,义无废绝,降杀之仪,一依前典。"<br>3. 有近侍进曰:"大舜躬耕历山,伯禹亲事土木,陛下不睹列圣之遗物,何以知稼穑之艰难,何以知先帝之至德乎?" |
| 《卷二·宋本纪中·第二》 | 上谓王昙首曰:"此乃夏禹所以受天命,我何德以堪之?" |

续表

| 卷次、篇目 | 内容节录 |
| --- | --- |
| 《卷六·梁本纪上·第六》 | 若夫禹功寂寞，微管谁嗣？拯其将鱼，驱其狙发，解兹乱网，理此棼丝，复礼衽席，反乐河海。 |
| 《卷二十七·列传十七·孔琳传》 | 唐虞象刑，夏禹立辟，盖淳薄既异，致化不同。 |
| 《卷四十四·列传三十四·文惠诸子传》 | 夏禹庙盛有祷祀，子良曰："禹泣辜表仁，菲食旌约，服玩果粽，足以致诚。" |
| 《卷四十五·列传三十五·陈显达传》 | 及休范死，显达出杜姥宅，大战于宣阳津阳门，大破贼，矢中左目而镞不出。地黄村潘妪善禁，先以钉钉柱，妪禹步作气，钉即出，乃禁显达目中镞出之。 |
| 《卷三·魏本纪·第三》① | 1.丁酉，诏祀唐尧于平阳，虞舜于广宁，夏禹于安邑，周文于洛阳。丁未，改谥宣尼曰文圣尼父，告谥孔庙。<br>2.夏四月庚申，幸龙门。使以太牢祭夏禹。癸亥，幸蒲坂。使以太牢祭虞舜。修尧、舜、夏禹庙。 |
| 《卷九·周帝纪上·第九·孝闵皇帝》 | 庚子，诏禅位于帝曰："予闻皇天之命不于常，惟归于德。故尧授舜，舜授禹，时宜也。" |
| 《卷十九·列传第七·献文六王传》 | 孝文曰："若朕言非，卿等当奋臂廷论，如何入则顺旨，退有不从？昔舜语禹：'汝无面从，退有后言。'卿等之谓乎！" |
| 《卷三十一·列传第十九·高允附传》 | 文宣以众意未协，又先得太后旨云："汝父如龙，汝兄如猛兽，皆以帝王之重，不敢妄据，尚以人臣终。何欲行舜、禹事？此正是高德正教汝。" |
| 《卷五十·列传三十八·高谦之传》 | 昔禹遭大水，以历山之金铸钱，救人之困；汤遭大旱，以庄山之金铸钱，赎人之卖子者。 |
| 《卷八十二·列传第七十·何妥传》 | 至于黄帝作《咸池》，颛顼作《六茎》，帝喾作《五英》，尧作《大章》，舜作《大韶》，禹作《大夏》，汤作《大濩》，武王作《大武》。从夏以来，年代久远，唯有名字，其声不可得闻。 |

---

① 按，此下俱见《北史》，不另注。

续表

| 卷次、篇目 | 内容节录 |
| --- | --- |
| 《卷八十九·列传第七十七·由吾道荣传》 | 及至汾河,遇水暴长,桥坏,船渡艰难。是人乃临水禹步,以一符投水中,流便绝。俄顷,水积将至天。是人徐自沙石上渡。唯道荣见其如是,傍人咸云:"水如此长,此人遂能浮过。"共惊异之。 |
| 《卷八十九·列传第七十七·陆法和传》 | 法和遥见邺城,下马禹步。辛术谓曰:"公既万里归诚,主上虚心相待,何作此术?"法和手持香炉,步从路车至于馆。 |
| 《卷九十四·列传第八十二·高丽传》 | 是以先王设教,内诸夏而外夷狄;往哲垂范,美树德而鄙广地。虽禹迹之东渐西被,不过海及流沙;《王制》之自北徂南,裁犹穴居交趾。岂非道贯三古,义高百代者乎! |

《南北史》中关于禹步的叙述令人印象深刻,也体现出道教盛行后人们对大禹的新体认。大禹治水的成功之道,除了袭用共工氏、父鲧的埋塞、障堵之法,更在于其顺水润下之性,因势利导,行地之宜,新创疏导、分消、滞纳诸法,而这恰与道法自然之见契合,于是道家将大禹成功治水归功于道学。道教创立后,几乎全盘接受了道家关于大禹的说法。而"禹步"正是体现了大禹与道教之间的联系。相传禹步是大禹所创,后来为道教吸收、发展成为一门咒禁之术,而在祈神仪式中道士们便常行禹步。譬如,南北朝末期,"贫道"陆法和受齐文宣帝之召时"遥见邺城,下马禹步",招致辛术的诘责,便"手持香炉,步从路车至于馆"。禹步的步法是"三步九迹",就是按照北斗七星之形,双脚迈"丁"字步,仿佛踏在罡星斗宿上,左旋右转,三步一扭,故又称罡踏斗、步罡、步天纲、步纲摄纪等。禹步的功用,据说可以消灾祛病、禁御蛇蝎猛兽、驱逐鬼魅、求雨等,而文献记载尚可拔箭、断水,其事例分别参见上表中所节录的《南史·陈显达传》《北史·由吾道荣传》。

## 五、《旧唐书》中的大禹

《旧唐书》是五代后晋史官在唐朝实录和国史的基础上撰修的,全书二百卷,其中本纪二十卷、志三十卷、列传一百五十卷。在二十四史中,较之此前史书,《旧唐书》所记有关大禹的内容涵盖面更加广泛。

| 卷次、篇目 | 内容节录 |
| --- | --- |
| 《卷三·本纪第三·太宗下》 | (十二年二月)乙丑,次陕州,自新桥幸河北县,祀夏禹庙。 |
| 《卷八·本纪第八·玄宗上》 | 昔尧之禅舜,唯能是与,禹以命启,匪私其亲,神器之重,允归公授。 |
| 《卷十一·本纪第十一·代宗》 | 史臣曰:"呜呼!治道之失也。若河决金堤,火炎昆岗,虽神禹之乘四载,玄冥之洒八瀛,亦不能埋洪涛而扑烈焰者,何也?良以势既坏而不能遽救也。" |
| 《卷十九·本纪第十九上·懿宗》 | 于戏!每思禹、汤之罪己,其庶成、康之措刑。孰谓德信未孚,教化犹梗。咨尔多士,俾予一人,既引过在躬,亦渐几于理。布告中外,称朕意焉。 |
| 《卷二十一·志第一·礼仪一》 | 1. 谨按《礼》:"有虞氏禘黄帝而郊喾,祖颛顼而宗尧。夏后氏禘黄帝而郊鲧,祖颛顼而宗禹。殷人禘喾而郊冥,祖契而宗汤。周人禘喾而郊稷,祖文王而宗武王。"<br>2. 契长而佐禹治水,有大功。……舜、禹有天下,稷、契在其间,量功比德,抑其次也。舜授职,则播百谷,敷五教。禹让功,则平水土,宅百揆。<br>3. 欲以景皇帝为始祖,既非造我区宇,经纶草昧之主,故非夏始祖禹、殷始祖契……同功比德,而忽升于宗祀圆丘之上,为昊天匹,曾谓圆丘不如林放乎?<br>4. 所引商、周、魏、晋,既不当矣,则景皇帝不为始祖明矣。……夏以大禹为始祖,汉以高帝为始祖,则我唐以神尧为始祖,法夏则汉,于义何嫌?<br>5. 此五帝、三王所以尊祖敬宗也。故受命于神宗,禹也,而夏后氏祖颛顼而郊鲧。缵禹黜夏,汤也,而殷人郊冥而祖契。 |

续表

| 卷次、篇目 | 内容节录 |
| --- | --- |
| 《卷二十四·志第四·礼仪四》 | 1. 唐尧,契配,祭于平阳。虞舜,咎繇配,祭于河东。夏禹,伯益配,祭于安邑。……三年一祭,以仲春之月。牲皆用太牢。祀官以当界州长官,有故,遣上佐行事。<br>2. 显庆二年六月,礼部尚书许敬宗等奏曰:"'尧、舜、禹、汤、文、武,有功烈于人,及日月星辰,人所瞻仰;非此族也,不在祀典'。……今请聿遵故事,三年一祭。以仲春之月,祭唐尧于平阳,以契配;祭虞舜于河东,以咎繇配;祭夏禹于安邑,以伯益配。" |
| 《卷二十六·志第六·礼仪六》 | 1.《王制》:"天子七庙,三昭三穆,与太祖而七。"周制也。七者,太祖及文王、武王之祧,与亲庙四也。太祖,后稷也。殷则六庙,契及汤与二昭二穆。夏则五庙,无太祖,禹与二昭二穆而已。<br>2. 工部郎中张荐等议曰:"如夏后氏以禹始封,遂为不迁之祖。故夏五庙,禹与二昭二穆而已。据此则鲧之亲尽,其主已迁。左氏既称'禹不先鲧',足明迁庙之主中属尊于始封祖者,亦在合食之位矣。"<br>3. 今儒者乃援"子虽齐圣,不先父食"之语,欲令已祧献祖,权居东向,配天太祖,屈居昭穆,此不通之甚也。凡左氏"不先食"之言,且以正文公之逆祀,儒者安知非夏后庙数未足之时,而言禹不先鲧乎! |
| 《卷三十七·志第十七·五行》 | 1. 昔禹得《河图》《洛书》六十五字,治水有功,因而宝之。殷太师箕子入周,武王访其事,乃陈《洪范》九畴之法,其一曰五行。<br>2. 伏见明敕,令文武九品已上直言极谏,大哉德音,其尧、舜之用心,禹、汤之责己也! |
| 《卷五十三·列传第三·李密传》 | 1. 是以羲、农、轩、顼之后,尧、舜、禹、汤之君,靡不祗畏上玄,爱育黔首,乾乾终日,翼翼小心,驭朽索而同危,履春冰而是惧。<br>2. 平章百姓,一日万机,未晓求衣,昃晷不食。大禹不贵于尺璧,光武不隔于支体,以是忧勤,深虑幽枉。<br>3. 唐尧建鼓,思闻献替之言;夏禹悬鞀,时听箴规之美。 |

续表

| 卷次、篇目 | 内容节录 |
| --- | --- |
| 《卷五十四·列传第四·窦建德传》 | 昔夏禹膺箓,天锡玄珪。今瑞与禹同,宜称夏国。 |
| 《卷六十五·列传第十五·长孙无忌传》 | 无忌又上表切让,诏报之曰:"昔黄帝得力牧而为五帝先,夏禹得咎繇而为三王祖,齐桓得管仲而为五伯长。" |
| 《卷七十一·列传第二十一·魏征传》 | 采尧、舜之诽谤,追禹、汤之罪己;惜十家之产,顺百姓之心。 |
| 《卷七十二·列传第二十二·李百药传》 | 每宪司谳罪,尚书奏狱,大小必察,枉直咸申,举断趾之法,易大辟之刑,仁心隐恻,贯彻幽显,大禹之泣辜也。正色直言,虚心受纳,不简鄙陋,无弃刍荛,帝尧之求谏也。 |
| 《卷七十三·列传第二十三·令狐德棻传》 | 又问曰:"禹、汤何以兴?桀、纣何以亡?"德棻对曰:"《传》称:'禹、汤罪己,其兴也勃焉;桀、纣罪人,其亡也忽焉。'" |
| 《卷七十四·列传第二十四·马周传》 | 今陛下虽以大功定天下,而积德日浅,固当思隆禹、汤、文、武之道,广施德化,使恩有余地,为子孙立万代之基,岂欲但令政教无失,以持当年而已! |
| 《卷七十八·列传第二十八·张行成传》 | 太宗尝临轩谓侍臣曰:"朕所以不能恣情欲,取乐当年,而励节苦心,卑宫菲食者,正为苍生耳。……舜、禹、汤、武有稷、契、伊、吕,四海乂安。" |
| 《卷八十·列传第三十·褚遂良传》 | 1. 十七年,太宗问遂良曰:"舜造漆器,禹雕其俎,当时谏舜、禹者十余人。食器之间,苦谏何也?"遂良对曰:"雕琢害农事,纂组伤女工。首创奢淫,危亡之渐。漆器不已,必金为之;金器不已,必玉为之。所以诤臣必谏其渐,及其满盈,无所复谏。"太宗以为然。<br>2. 伏惟陛下圣德无涯,威灵远震,遂平高昌,破吐浑,立延陀,灭颉利。轻刑薄赋,庶事无壅,菽粟丰贱,祥符累臻。此则尧、舜、禹、汤不及陛下远矣。 |
| 《卷八十九·列传第三十九·狄仁杰传》 | 翰荐名于朝,徵为冬官侍郎,充江南巡抚使。吴、楚之俗多淫祠,仁杰奏毁一千七百所,唯留夏禹、吴太伯、季札、伍员四祠。 |

续表

| 卷次、篇目 | 内容节录 |
| --- | --- |
| 《卷九十四·列传第四十四·卢藏用传》 | 臣闻土阶三尺,茅茨不剪,采椽不斫者,唐尧之德也;卑宫室,菲饮食,尽力于沟洫者,大禹之行也;惜中人十家之产,而罢露台之制者,汉文之明也。 |
| 《卷一百·列传第五十·王丘传》 | 昔咎繇与禹言曰:"在知人,在安人。"此皆念存邦本,光于帝载,乾乾夕惕,无忘一日。 |
| 《卷一百一十九·列传第六十九·杨绾传》 | 且夏有天下四百载,禹之道丧而殷始兴焉;殷有天下六百祀,汤之法弃而周始兴焉;周有天下八百年,文、武之政废而秦始并焉。 |
| 《卷一百三十二·列传第八十二·卢抱真传》 | 武俊设备甚严,抱真曰:"足下既不能自振数贼之上,舍九叶天子而北面臣反虏乎?乃者圣上奉天下罪己之诏,可谓禹、汤之主也。" |
| 《卷一百三十九·列传第八十九·陆贽传》 | 《诗》称"其维哲人,告之话言",又有"诲尔""听我"之恨,此皆贤人君子,叹言不见用也。故尧咨禹拜,千载一时,携手提耳,岂容易哉! |
| 《卷一百四十九·列传第九十九·令狐峘传》 | 1.故舜葬苍梧,不变其肆;禹葬会稽,不改其列。周武葬于毕陌,无丘垅之处;汉文葬于霸陵,因山谷之势。禹非不忠也,启非不顺也,周公非不悌也,景帝非不孝也,其奉君亲,皆从微薄。<br>2.况臣忝职史官,亲逢睿德,耻同华元、乐举之为不臣也,愿以舜、禹之理,纪圣猷也。夙夜悬迫,不敢不言,抵犯圣明,实忧罪谴。言行身黜,虽死犹生。 |
| 《卷一百五十三·列传第一百三·刘迺传》 | 今夫文部,既始之以抡材,终之以授位,是则知人官人,斯为重任。昔在禹、稷、皋陶之众圣,犹曰载采有九德,考绩以九载。 |
| 《卷一百五十七·列传第一百七·王彦威传》 | 彦威奏曰:"据礼经,三代之制,始封之君,谓之太祖。太祖之外,又祖有功而宗有德,故夏后氏祖颛顼而宗禹,殷人祖契而宗汤,周人郊祀后稷,祖文王而宗武王。" |
| 《卷一百六十·列传第一百一十·韩愈传》 | 伏以佛者,夷狄之一法耳。自后汉时始流入中国,上古未尝有也。昔黄帝在位百年,年百一十岁;……帝舜及禹年皆百岁。此时天下太平,百姓安乐寿考,然而中国未有佛也。 |

续表

| 卷次、篇目 | 内容节录 |
| --- | --- |
| 《卷一百七十四·列传第一百二十四·李德裕传》 | 其《宵衣箴》曰:"先王听政,昧爽以俟。鸡鸣既盈,日出而视。伯禹大圣,寸阴为贵。光武至仁,反支不忌。无俾姜后,独去簪珥。彤管记言,克念前志。" |
| 《卷一百八十七·列传第一百三十七·苏安恒传》 | 陛下钦圣皇之顾托,受嗣子之推让,应天顺人,二十年矣。岂不思虞舜褰裳,周公复辟,良以大禹至圣,成王既长,推位让国,其道备焉! 故舜之于禹,是其族亲;且举成王,不离叔父。 |
| 《卷一百九十二·列传第一百四十二·卢鸿一传》 | 昔在帝尧,全许由之节;缅惟大禹,听伯成之高。则知天子有所不臣,诸侯有所不友,"遁"之时义大矣哉! |
| 《卷一百九十七·列传第一百四十七·东女国》 | 史臣曰:禹画九州,周分六服,断长补短,止方七千,国赋之所均,王教之所备,此谓华夏者也。 |

《旧唐书》记载的禹迹、禹功与禹德在二十四史中并无特别的创见,但与之前所记载的相比是最为全面、深入的。其一,举凡大禹治水及其禅让、忧勤、惜时、节用、罪己、任贤,在儒家道统中之地位,以及后代祭禹丧葬仪制,《旧唐书》几乎无不道及。譬如,上表所列大禹罪己一事,至少在《懿宗本纪》《魏征传》《令狐德棻传》《卢抱真传》中都出现了,在数量、频率上达到新高。

其二,原正史中的《礼志》,在《旧唐书》中更名曰《礼仪志》,共七卷。该志集中探讨并明确古代君王比如大禹的宗庙祭祀制度。本来《礼记·王制》已指出,天子之庙制是"夏则五庙,无太祖,禹与二昭二穆而已"。《礼仪六》援述工部郎中张荐等议曰:"如夏后氏以禹始封,遂为不迁之祖。故夏五庙,禹与二昭二穆而已。据此,则鲧之亲尽,其主已迁。左氏既称'禹不先鲧',足明迁庙之主中属尊于始封祖者,亦在合食之位矣。"《礼仪四》又谓:"夏禹,伯益配,祭于安邑。……三年一祭,以仲春之月。牲皆用太牢。祀官以当界州长官,有故,遣上佐行事。"经此解读,则夏五庙,祀禹的时地、规格与仪范就简明易晓了。

## 六、《宋史》中的大禹

《宋史》是二十四史中卷帙最多的官修纪传体断代史,包括本纪四十七卷、志一百六十二卷、表三十二卷、传二百五十五卷,总计四百九十六卷。随着程朱理学的创立、发展,特别是《宋史》中儒林传、道学传的设立,禹学至宋代也出现了一个新的高点。为论述方便,我们先节录相关内容于下:

| 卷次、篇目 | 内容节录 |
| --- | --- |
| 《卷二·本纪第二·太祖二》 | (四年九月)丙午,诏吴越立禹庙于会稽。 |
| 《卷八·本纪第八·真宗三》 | 六月丙午,太白昼见。亳州二龙见禹祠。 |
| 《卷三十六·本纪第三十六·光宗》 | (绍熙三年)冬十月壬寅,修大禹陵庙。 |
| 《卷六十一·五行志第十四》 | 人君致福之道,有大于恐惧修省者乎?昔禹致群臣于会稽,黄龙负舟,而执玉帛者万国。 |
| 《卷九十一·河渠志第四十四·河渠一》 | 吞纳小水以百数,势益雄放,无崇山巨矶以防闲之,旁激奔溃,不遵禹迹。……臣请自汲郡东推古故道,挟御河,较其水势,出大伾、上阳、太行三山之间,复西河故渎,北注大名西、馆陶南,东北合赤河而至于海。 |
| 《卷九十一·河渠志第四十四·河渠一》 | 鲧障洪水,九年无功,禹得《洪范》五行之书,知水润下之性,乃因水之流,疏而就下,水患乃息。然则以大禹之功,不能障塞,但能因势而疏决尔。今欲逆水之性,障而塞之,夺洪河之正流,使人力斡而回注,此大禹之所不能。 |
| 《卷九十三·河渠志第四十六·河渠二》 | 帝谓辅臣曰:"夫水之趋下,乃其性也,以道治水,则无违其性可也。如能顺水所向,迁徙城邑以避之,复有何患?虽神禹复生,不过如此。"辅臣皆曰:"诚如圣训。" |

续表

| 卷次、篇目 | 内容节录 |
|---|---|
| 《卷九十三·河渠志第四十六·河渠三》 | 1. (赵)偁之言曰："禹之治水,自冀北抵沧、棣,始播为九河,以其近海无患也。"六月,右正言张商英奏言："元丰间河决南宫口,讲议累年,先帝叹曰：'神禹复生,不能回此河矣。'……"昔禹之治水,不独行其所无事,亦未尝不因其变以导之。<br>2. 禹导河自积石至龙门,南至华阴,东至砥柱。……禹以大河流泛中国,为害最甚,乃于贝丘疏二渠,以分水势……禹又于荥泽下分大河为阴沟,引注东南,以通淮、泗。<br>3. 然则禹力疏凿以分水势,炀帝开畎以奉巡游,虽数湮废,而通流不绝于百代之下,终为国家之用者,其上天之意乎? |
| 《卷一百零五·礼志第五十八·礼八》 | 1. 又诏："先代帝王,载在祀典,或庙貌犹在,久废牲牢,或陵墓虽存,不禁樵采。其太昊、炎帝、黄帝、高辛、唐尧、虞舜、夏禹、成汤……各置守陵五户,岁春秋祠以太牢。"<br>2. 绍兴元年,命祠禹于越州,及祠越王勾践,以范蠡配。 |
| 《卷一百零六·礼志第五十九·礼九》 | 1. 兵部尚书张昭等奏："谨案尧、舜、禹皆立五庙,盖二昭二穆与其始祖也。有商建国,改立六庙,盖昭穆之外,祀契与汤也。周立七庙,盖亲庙之外,祀太祖与文王、武王也。"<br>2. 同判太常寺兼礼仪事张师颜等议："昔商、周之兴,本于契、稷,故奉之为太祖。后世受命之君,功业特起,不因先代,则亲庙迭毁,身自为祖。郑玄云：'夏五庙无太祖,禹与二昭二穆而已。'张荐云：'夏后以禹始封,遂为不迁之祖'是也。" |
| 《卷一百一十九·礼志第七十二·礼二十二》 | 嘉祐四年,著作郎何鬲言："昔舜受尧、禹受舜之天下,而封丹朱、商均以为国宾。周、汉以降,以及于唐,莫不崇奉先代,延及苗裔。本朝受周天下,而近代之盛莫如唐,自梁以下,皆不足以崇袭。臣愿考求唐、周之裔,以备二王之后,授以爵命,封县立庙,世世承袭,永为国宾。" |

续表

| 卷次、篇目 | 内容节录 |
| --- | --- |
| 《卷一百二十六·礼志第七十九·乐一》 | 徽宗锐意制作,以文太平,于是蔡京主魏汉津之说,破先儒累黍之非,用夏禹以身为度之文,以帝指为律度,铸帝鼒、景钟。乐成,赐名《大晟》,谓之雅乐。 |
| 《卷一百二十七·礼志第八十·乐二》 | 惟歌者本用中声,故夏禹以声为律,明人皆可及。 |
| 《卷一百二十八·礼志第八十一·乐三》 | 三年正月,汉津言曰:"臣闻黄帝以三寸之器名为《咸池》,其乐曰《大卷》,三三而九,乃为黄钟之律。禹效黄帝之法,以声为律,以身为度,用左手中指三节三寸,谓之君指,裁为宫声之管。" |
| 《卷一百二十九·礼志第八十二·乐四》 | 汉津曰:"黄帝、夏禹之法,简捷径直,得于自然,故善作乐者以声为本。若得其声,则形数、制度当自我出。今以帝指为律,正声之律十二,中声之律十二,清声凡四,共二十有八"云。 |
| 《卷一百四十九·舆服志第一百零二·舆服一》 | 1. 夫舆服之制,取法天地,则圣人创物之智,别尊卑,定上下,有大于斯二者乎!舜命禹曰:"予欲观古人之象,日、月、星辰、山、龙、华虫作会,宗彝、藻、火、粉米、黼、黻、絺绣,以五采彰施于五色,作服,汝明。"<br>2. 又言禹"致美乎黻冕"。而论冕以周为贵,是周之文胜于夏也。 |
| 《卷二百六十二·列传第二十一·窦贞固传》 | 论者以天子建国,各从其所起,尧自唐侯,禹生大夏是也。 |
| 《卷二百九十三·列传第五十二·王禹偁传》 | 凡议帝王之盛者,岂不曰尧、舜之时,契作司徒,咎繇作士,伯夷典礼,后夔典乐,禹平水土,益作虞官。委任责成,而尧有知人任贤之德。 |
| 《卷三百一十四·列传第七十三·范纯仁传》 | 乃作《尚书解》以进,曰:"其言,皆尧、舜、禹、汤、文、武之事也。治天下无以易此,愿深究而力行之。" |
| 《卷三百三十六·列传第九十五·司马光传》 | 对曰:"宁独汉也,使三代之君常守禹、汤、文、武之法,虽至今存可也。汉武取高帝约束纷更,盗贼半天下;元帝改孝宣之政,汉业遂衰。由此言之,祖宗之法不可变也。" |

续表

| 卷次、篇目 | 内容节录 |
|---|---|
| 《卷三百四十四·列传第一百零三·王觌传》 | 时任事者多乖异不同,觌言:"尧、舜、禹相授一道,尧不去四凶而舜去之,尧不举元凯而舜举之,事未必尽同……至于时异事殊,须损益者损益之,于理固未为有失也。" |
| 《卷三百七十二·列传第一百三十一·沈与求传》 | 两浙转运副使徐康国自温州进发宣和间所制间金、销金屏障什物,与求奏曰:"陛下俭侔大禹,今康国欲以微物累盛德,乞斥而焚之,仍显黜康国。"从之。 |
| 《卷三百七十四·列传第一百三十三·胡铨传》 | 入对,言:"少康以一旅复禹绩,今陛下富有四海,非特一旅,而即位九年,复禹之效尚未赫然。" |
| 《卷三百八十九·列传第一百四十八·尤袤传》 | 袤在掖垣,首言:"夫道学者,尧、舜所以帝,禹、汤、武所以王,周公、孔、孟所以设教。近立此名,诋訾士君子,故临财不苟得,所谓廉介,安贫守分,所谓恬退,择言顾行,所谓践履,行己有耻,所谓名节,皆目之为道学。" |
| 《卷四百零五·列传第一百六十四·刘黻传》 | 尧、舜、禹、汤、文、武之兢业祗惧,终始忧勤,……直以陛下为不足以望尧、舜、禹、汤、文、武之主,而以汉武、明皇待陛下也。 |
| 《卷四百二十七·列传第一百八十六·程颢传》 | 居职八九月,数论时政,最后言曰:"智者若禹之行水,行其所无事也;舍而之险阻,不足以言智。" |
| 《卷四百三十八·列传第一百九十七·王柏传》 | 又曰:"大禹得《洛书》而列九畴,箕子得九畴而传《洪范》,范围之数,不期而暗合。《洪范》者,经传之宗祖乎!'初一曰五行'以下六十五字为《洪范》,'五皇极'以下六十四字为皇极经,此帝王相传之大训,非箕子之言也。" |
| 《卷四百四十·列传第一百九十九·夏侯嘉传》 | 若禹会涂山,武巡牧野,千出百会,咸处麾下。……上帝降鉴,巨人斯作,乃命玄夷,授禹之机。 |

续表

| 卷次、篇目 | 内容节录 |
| --- | --- |
| 《卷四百四十三·列传第二百零二·苏洵传》 | 其有机也，是以有腹心之臣。禹有益，汤有伊尹，武王有太公望，是三臣者，闻天下之所不闻，知群臣之所不知。禹与汤武倡其机于上，而三臣者和之于下，以成万世之功。 |
| 《卷四百六十二·列传第二百二十一·魏汉津传》 | 崇宁初犹在，朝廷方协考钟律，得召见，献乐议，言得黄帝、夏禹声为律、身为度之说。……后即铸鼎之所建宝成殿，祀黄帝、夏禹、成王、周、召，而良、汉津俱配食。 |
| 《卷四百七十八·列传第二百三十七·西蜀孟氏》 | 稽至德于勋、华，体深仁于汤、禹。……驰子牟魏阙之心，奉伯禹涂山之会。 |

禹学至宋代而再兴，其典型标志是大禹在儒家的传道谱系中确立了自己的地位。儒家的传道谱系是指道统。道统之说滥觞于孔孟，韩愈继而成之，至朱熹而总其说。《论语·泰伯》篇曰："大哉，尧之为君也！……巍巍乎，舜、禹之有天下也，而不与焉。"在儒家创始人孔子心目中，大禹因治水而救民族于危难之中，故他与尧、舜一同被视为理想的圣王君主。孟子私淑孔子，也对大禹治水方法与业绩称叹不已："由尧、舜至于汤，五百有余岁，若禹、皋陶则见而知之，若汤则闻而知之。……由文王至于孔子，五百有余岁，若太公望、散宜生则见而知之，若孔子则闻而知之。"孔孟二人虽未明言道统，但他们相继举述尧、舜、禹、商汤、文王等后来成为道统中的圣人，故可视为道统论的先声。下及唐代，韩愈为"求圣人之志"，"明先王之道"，以排斥佛老之说，于是在《原道》中正式提出对后世儒学发展影响深远的道统论。其文曰："尧以是传之舜，舜以是传之禹，禹以是传之汤，汤以是传之文、武、周公，文、武、周公传之孔子，孔子传之孟轲。轲之死，不得其传焉。"当然，韩愈隐然是以续绝学、上承道统自居的。及至朱熹出，他认为儒家的道统形成于尧、舜、禹三代"允执其中"的承传，此后圣圣相传，由商汤、文王、武王、周公、召公传至孔子，下及孟子，而宋初周敦颐及程颢、程颐兄弟又上承孟子；他本人则又继周、程为儒家正统。以是，《宋史》中多有强调在儒家的道统谱系中，大禹是一个不可或缺的关键性人物。这里以尤袤的意见最有代表性，他

说:"夫道学者,尧、舜所以帝,禹、汤、武所以王,周公、孔、孟所以设教。近立此名,诋訾士君子,故临财不苟得,所谓廉介,安贫守分,所谓恬退,择言顾行,所谓践履,行己有耻,所谓名节,皆目之为道学。"

## 七、《明史》中的大禹

清初,经过三度修纂而成的《明史》,共三百三十六卷,在二十四史中部头仅次于《宋史》,但是质量就远胜了——史料来源充足,体例精详,行文简练概况,叙事完整流畅,是后人学习明朝历史的基本读物。就大禹文化而言,其集中记载于《明史》之志书与人物传记中。兹特制表如下,以便于阅读:

| 篇目 | 内容节录 |
| --- | --- |
| 《卷九本纪九·宣宗》 | 庚辰,减司苑局蔬菜及苇蒲等物,曰:"大禹恶衣菲食,朕安可以园蔬累民?" |
| 《卷二十四本纪二十四·庄烈皇帝二》 | (刘)宗周曰:"御外亦以治内为本,内治既修,则远人自服,益赞禹以惟德动天,而卒致干羽之化。" |
| 《卷四十三志十七·礼一》 | (洪武)四年,礼部奏,按历代祭祀,斋戒日期不一。……夏禹受山神书,斋三日。 |
| 《卷四十七志二十一·礼三》 | 汉元始中,以夏禹配食官社,后稷配食官稷。……汉尝易以夏禹,而夏禹今已列若帝王之次,弃稷亦配先农。 |
| 《卷四十九志二十六·礼四》 | 1.洪武三年,遣使访先代陵寝,仍命各行省具图以进,凡七十有九。礼官考其功德昭著者,曰伏羲,神农,黄帝,少昊,颛顼,唐尧,虞舜,夏禹……凡三十有六。各制衮冕,函香币。遣秘书监丞陶谊等往修祀礼,亲制祝文遣之。每陵以白金二十五两具祭物。陵寝发者掩之,坏者完之。庙敝者葺之。无庙者设坛以祭。仍令有司禁樵采。岁时祭祀,牲用太牢。<br>2.四年,礼部定议,合祀帝王三十五。……在浙江者二:会稽祀夏禹、宋孝宗。……岁祭用仲春、仲秋朔。于是遣使诣各陵致祭。陵置一碑,刊祭期及牲帛之数,俾所在有司守之。已而命有司岁时修葺,设陵户二人守视。又每三年,出祝文、香帛,传制遣太常寺乐舞生赍往所在,命有司致祭。 |

续表

| 篇目 | 内容节录 |
|---|---|
| 《卷五十志二十四·礼四》 | 六年，帝以五帝、三王及汉、唐、宋创业之君，俱宜于京师立庙致祭，遂建历代帝王庙于钦天山之阳。仿太庙同堂异室之制，为正殿五室：中一室三皇，东一室五帝，西一室夏禹、商汤、周文王，……每岁春秋仲月上旬甲日致祭。 |
| 《卷五十志二十六·礼八》 | 四年，谕中书省臣曰："至尧、舜、禹，皆圣人，有功天下后世，又不立庙，此何说也？……圣师之祭，始于世宗。奉皇师伏羲氏、神农氏、轩辕氏，帝师陶唐氏、有虞氏，王师夏禹王……先是，洪武初，司业宋濂议欲如建安熊氏之说，以伏羲为道统之宗，神农、黄帝、尧、舜、禹、汤、文、武，以次列焉。秩祀天子之学，则道统益尊。" |
| 《卷五十一志二十七·礼十二》 | 册文曰："惟永乐元年，岁次癸未，六月丁未朔，越十一日丁巳……臣闻俊德赞尧，重华美舜，禹、汤、文、武，列圣相承，功德并隆，咸膺显号。……伏惟神灵陟降，阴骘下民，覆帱无极，与天常存。" |
| 《卷五十八志三十二·礼十六》 | 洪武元年，中书省臣会官议奏，王者遣将，所以讨有罪，除民害也。《书》称大禹徂征，《诗》美南仲薄伐。 |
| 《卷八十五志五十九·河渠一》 | 1.议者多主北流，复禹故迹，糜财劳众，竟无成功。<br>2.汉瓠子犹道河北行，复禹旧迹，而梁楚地得底定。 |
| 《卷一百二十·贝琼传》 | 宋濂之为司业也，建议立四学，并祀舜、禹、汤、文为先圣。太祖既绌其说，琼复为《释奠解》驳之，识者多是琼议。 |
| 《卷一百三十七·钱唐传》 | 侍郎程徐亦疏言："古今祀典，独社稷、三皇与孔子通祀。天下民非社稷、三皇则无以生，非孔子之道则无以立。尧、舜、禹、汤、文、武、周公，皆圣人也。" |
| 《卷一百七十九·列传第三十·叶伯臣传》 | 洪武九年上书曰："臣伏读圣谕有云：迩者五星紊度，日月相刳，夙夜思，惟咎在朕躬。……于是，海内闻之欢呼雷动，皆曰：此禹汤罪己之道也。" |

续表

| 篇目 | 内容节录 |
| --- | --- |
| 《卷一百九十四·列传第四十五》 | 访求审乐之儒,大备百王之典,作乐书一经以惠万世。尊祀伏羲、神农、黄帝、尧、舜、禹、汤……于太学。 |
| 《卷一百五十八·徐有贞传》 | 有贞自撰《武功伯券辞》云"缵禹成功",又自择封邑武功。禹受禅为帝,武功者曹操始封也。有贞志图非望。 |
| 《卷一百七十一·商辂传》 | 其于君也,既知禹、汤、文、武之所以兴,又知桀、纣、幽、厉之所以替,而趋避审矣。 |
| 《卷一百七十六·章懋传》 | 懋与同官黄仲昭、检讨庄昶疏谏曰:"张灯岂尧、舜之道,诗词岂仁义之言?若谓烟火细故不足为圣德累,则舜何必不造漆器,禹何必不嗜旨酒,汉文何必不作露台?古帝王慎小谨微必矜细行者,正以欲不可纵,渐不可长也。" |
| 《卷一百八十八》 | 昔禹戒舜曰:"毋若丹朱傲,惟慢游是好。" |
| 《卷二百六十七·列传第一百一十八·林俊传》 | 臣闻修养之说,佛氏之教,其事不见于尧、舜、禹、汤、文、武之世,其害每见于汉唐宋晚近之君,鉴戒昭然,所可考镜。 |
| 《卷二百七十·列传第九十五·杨思忠传》 | 夫洚水、三苗不足为累者,以尧、舜兢业于上,而禹、皋诸臣分忧于下也。 |
| 《卷二百二十六·列传第一百一十四·海瑞传》 | 1. 自古圣贤垂训,修身立命曰"顺受其正"矣,未闻有所谓长生之说。尧、舜、禹、汤、文、武,圣之盛也,未能久世,下之亦未见方外士自汉、唐、宋至今存者。<br>2. 陛下诚知斋醮无益,一旦翻然悔悟,日御正朝,与宰相、侍从、言官讲求天下利害,洗数十年之积误,置身于尧、舜、禹、汤、文、武之间,使诸臣亦得自洗数十年阿君之耻,置其身于皋、夔、伊、傅之列,天下何忧不治,万事何忧不理。此在陛下一振作间而已。 |
| 《卷二百四十七·列传第九十八·曹璘传》 | 愿陛下日御讲殿,与儒臣论议,庶几大禹惜阴之意。 |

续表

| 篇目 | 内容节录 |
|---|---|
| 《卷二百三十四》 | 去岁两宫灾,诏示天下,略无禹、汤罪己之诚,文、景蠲租之惠,臣已知天心之未厌矣。比大工肇兴,伐木榷税,采石运瓷,远者万里,近者亦数百里。小民竭膏血不足供费,绝筋骨不足任劳,鬻妻子不能偿贷。加以旱魃为灾,野无青草,人情胥怨,所在如仇。 |
| 《卷二百五十五·列传第一百四十三·刘宗周传》 | 时枢辅诸臣多下狱者,宗周言:"国事至此,诸臣负任使,无所逃罪,陛下亦宜分任咎。禹、汤罪己,兴也勃焉。……今日当开示诚心,为济难之本,御便殿以延见士大夫,以票拟归阁臣,以庶政归部、院,以献可替否予言官。" |
| 《卷二百五十五·黄道周传》 | 居久之,福王监国,用道周吏部左侍郎。……明年三月,遣祭告禹陵。濒行,陈进取策,时不能用。 |

在明代的政治生活中,礼仪之争引人注目。《礼记·祭统》曰:"夫祭者,非物自外至者也,自中出,生于心也,心怵而奉之以礼。"因此,祭禹是中国历代王朝祀典中的一项重要内容。《明史》一方面强化其在儒家道统中的地位,另一方面就是论证、设定祀禹的仪式,以付诸实施。《史记》记载,禹会诸侯后,东巡至会稽而崩,遂葬于会稽山麓。因此,累朝祀典,凡祭禹陵必于会稽山。禹子启祭父,开祭禹祀典之先例,为国家祭祀的雏形。降及有明一代,祭禹的意义不菲,次数不减而增,规格也日高。早在洪武三年,明廷即遣使访查先代七十九座陵寝,其中三十六位功德昭著者可享受祭奠。为此,官方为各制衮冕,函香币,遣使往修祀礼,亲制祝文遣之。又规定祭物品类,或修葺敝坏的陵寝,禁止樵采,而岁时祭祀则用太牢。次年,礼部规定祀禹时需斋戒三天,又议定合祀帝王三十五人,在浙江的是会稽祀夏禹、宋孝宗,并详明规定致祭礼节。以上所述即是《明史》所记大禹文化别具一格之所在,相关内容可参上表中的记载。

【学习提示】

从先秦至清代,历代典籍都有关于大禹的记载,尤其是史书,对大禹的记载更是详细。先秦历史典籍,如《尚书》《左传》《竹书纪年》《国语》《战国策》等都记载了大禹,其中《尚书》对大禹的记载最为详尽。汉代历史典籍,如《史记》《淮南子》《汉书》《吴越春秋》《越绝书》等都记载了大禹,其中《史记》对大禹的记载最为系统全面。值得注意的是,汉代史书对大禹的记载有的带有神话色彩。汉代以后的史书,如《后汉书》《三国志》《晋书》《旧唐书》《宋史》《元史》《明史》等也广泛记载了大禹,但基本上是沿袭先秦两汉的文献记载。综观历代史书对大禹的记载,主要是将大禹作为历史人物来记述的,较少神话色彩。从《史记》至《明史》等正史记载来看,有两点值得注意:其一,大禹是人君,是历史人物,已褪去今本《竹书纪年》及《淮南子》《吴越春秋》等浪漫想象的神性;其二,正史中援引大禹典故,往往具有"前事不忘,后事之师",甚或惩前毖后的寓意,又或是借以美化当代帝王,而具有政治宣传的色彩。在大禹史料的选取上,由于前后相承,所以正史间没有泾渭判然之别,而只有剪裁侧重点的不同;神话传说性递减,正统性意味渐浓,其间渗透着官方的意识形态、道德取向。总之,从汉代至清代,正史中的大禹是立体化的历史人物形象,品格多样、全面,尤其是时代性鲜明突出。比如,《后汉书》中的大禹记载多出自诏令、奏疏,而《三国志》则将大禹与其时求贤似渴、知人善任的要求建立联系。又如,《晋书》通过大禹的羌族血统来论证"华夷一家"与少数民族政权的正当性,而《南北史》中的"禹步"反映了道教兴盛及禹与道教、道家的关系,等等。因此,我们在学习正史中的大禹形象与文化时,既要把握史书前后相承的历时性特征,也要弄清探明各个时代的特性,从而将二者结合起来,方能建立起系统的、立体的大禹文化。

**【拓展资料】**

1.《禹贡》的历史价值

尽管学者们对于《禹贡》的创作年代没有一致的意见,但大多数学者都认为《禹贡》是一篇价值很高的著作。文中详细地记载了古代政治制度、九州的划分、山川的方位和脉络、物产分布、土壤性质等等,总结了古代劳动人民对土壤的深刻认识以及水土治理的丰富经验,内容是十分丰富的。再加上体系之完整、结构之严密,诚为远古时代不可多得的地理名著。尤其可贵的是,《禹贡》在内容上基本上抛弃了神话迷信的成分,其中记载大都凿凿有据,因而开创了地理学征实派的先河,对后世地理学的发展,有一定的影响,因此这篇文献数千年来一直受到人们的重视。就我国而言，历代研究《禹贡》的学者，不下数百家，著述十分丰富。其中的代表作有程大昌的《禹贡论》及《禹贡山川地理图》，傅寅的《禹贡说断》等。清代的学者胡渭，又总结了前人的研究成果，详加考证，写成《禹贡锥指》一书，更是研究《禹贡》的重要论著。近代，由于科学事业的发展，不仅一些历史学者研究它，一些自然科学界的学者也在研究它。学者们分别从不同方面对《禹贡》作了深入的探讨，成就更是大大地超过前人。

（选自王世舜、王翠叶译注：《尚书》，北京：中华书局2012年版，第54页）

2. 大禹生成史的学术与文献考察的编撰

本书下编主要做了如下工作：首先，以李零先生所制《现存先秦两汉古籍书一览表》为据，将先秦典籍中关于大禹的史料予以撷英，并以可征之最佳注疏本对其予以分析注释、明列页码、标示版本；其次，对搜集来的资料进行系统分类，内容包括六艺经传、史书、子书（儒、墨、道、法、名家、杂家、其他）、诗赋、术数书、方技六大门类。通过上述文献的整理与回顾，我们力图为读者展示历史记忆中的大禹形象。这一历史记忆不仅是我们考察大禹的文献资料，更是我们探索中国早期国家及早期文明的历史依据。

总之，大禹文献（先秦篇）的辑录、分类与注释，不仅有益于学人检索利用，而且对我们追溯大禹史源，区分神话与历史事实，确定历史信仰的逻辑表述，重构大禹文化均具有重要的学术价值。如果说本书上编关于大禹生成史的学术考察是一座富丽堂皇的宫殿的话，那么，下编关于大禹文献的辑录、分类与注释，将是这座宫殿的最为坚实的基石。二者一体同构，均是大禹研究不可或缺的一环。

（选自惠翔宇、张伦敦、陶佳玮、胡彦双：《史源、神话与文化重构——大禹生成史的学术与文献考察》，成都：四川大学出版社2015年版，第102—103页）

【研习探索】

1. 比较《尚书》与《史记》对大禹的记载，说说二者的异同。
2. 哪些典籍在记述大禹时将大禹神化了？试举例说明。
3. 比较《后汉书》与《史记》《汉书》中大禹书写的沿革与演变，试析汉魏之际大禹形象的嬗变及其原因。

# 第三章　大禹的人生功绩

大禹即"伟大的禹",冠以"大",主要原因有二:一是大禹取得了卓越的功绩,如治服了洪水,划分了九州,建立了国家;二是大禹在治水与立国的过程中表现出崇高的精神和可贵的品质,成为后人学习的楷模。历代典籍中,都有关于大禹的记载,大禹文化遂成为中华文明史上最亮丽的一道风景线。

## 第一节　大禹治水

提到大禹,人们首先想到的就是大禹治水。大禹一生最主要的功绩就在于治水,大禹精神也主要体现在治水过程中。在中国历史上,洪水并不罕见,治水者也不少,但没有哪一位能像大禹一样被历史反复书写,被后人千古传颂。无论是传世文献,还是出土器物,都记载了大禹治水的事迹。

### 一、大禹治水的背景

(一)尧舜禹时期的大洪水

据先秦文献记载,在尧舜禹时期发生过一次大洪水,这次洪水具有水大、时长、地广的特点。《尚书·尧典》:"汤汤洪水方割,荡荡怀山襄陵,浩浩滔天。"《尚书·益稷》:"洪水滔天,浩浩怀山襄陵,下民昏垫。"《诗经·商颂·长发》:"洪水芒芒,禹敷下土方。"《尸子》佚文:"古者龙门未辟,吕梁未凿,河出于孟门之上,大溢逆流,无有邱陵,高阜灭之,名曰洪水。禹于是疏河决江。"《庄子·秋水》:"禹之时十年九潦。"《孟子·滕文公上》:"当尧之时,天下犹未平。洪水横流,泛滥于天下。"这些典籍对洪水的记载应该不纯属虚构。考古证据也表明,在距今4000年左右,黄河流域、淮河流域和海河流域均出现了异常的洪水现象。

至于这次洪水出现的原因,则有多种说法,一种比较可信的说法是,当时气候突变,降雨增多,导致包括黄河流域在内的广大地区暴发洪水。

(二)共工、鲧治水失败

禹并不是治水的第一个人,在禹之前,共工和鲧等都治过洪水。

《国语·周语下》载:"灵王二十二年,谷、洛斗,将毁王宫。王欲壅之,太子晋谏曰:'不可。晋闻古之长民者,不堕山,不崇薮,不防川,不窦泽。……昔共工弃此道也,虞于湛乐,淫失其身,欲壅防百川,堕高堙庳,以害天下。皇天弗福,庶民弗助,祸乱并兴,共工用灭。其在有虞,有崇伯鲧,播其淫心,称遂共工之过,尧用殛之于羽山。'"《国语》的记载表明,共工和鲧由于没有遵从"不堕山,不崇薮,不防川,不窦泽"的治水方法,加之"淫失其身",导致治水失败。《尚书·尧典》记载,面对滔天洪水,尧采用"四岳"的意见,任命鲧去治水,结果"九载绩用弗成"。《尚书·洪范》载有箕子的话:"我闻在昔鲧陻洪水,汩陈其五行,帝乃震怒,不畀洪范九畴,彝伦攸斁,鲧则殛死,禹乃嗣兴。"这表明鲧治水失败主要是扰乱了五行的运行规律,因此天帝不给他九种大法。《尚书·舜典》也记载"殛鲧于羽山"。关于"殛",一说为流放,一说为诛杀。

共工和鲧治水失败在某种程度上表明洪水不易治理。鲧是禹的父亲,鲧治水失败给禹带来一种巨大的心理压力。《史记·夏本纪》说:"禹伤先人父鲧功之不成受诛,乃劳身焦思,居外十三年,过家门不敢入。"为了治服罕见的大洪水,拯救天下苍生,同时也为了洗刷家族的耻辱,大禹不得不全身心投入治水工作中去。

## 二、大禹治水的方法

一般人认为大禹是用疏导的方法来治水,这种观点没错,但不全面。治理洪水是一项系统而复杂的工程,需要因地制宜地运用多种方法,仅凭疏导难以完成治水任务。即便是在当代,依靠精确监测与现代化机械,在抗洪时也不是一味疏导,更多的时候还是堵。在五行中,土能克水,这是一种正确的思想,所以有"水来土掩"的说法。疏与堵作为两种主要的治水方法,二者并无优劣高下之分。大禹在治水过程中,实际上综合运用了多种方法,主要有:

**勘测。** 要治理洪水,排除水患,首先就要对洪水区进行全面考察与实地勘测,然后做出决策。可以说,勘测是治水的前提。从文献记载来看,大禹在治水过程中进行过实地勘测。《尚书·禹贡》:"禹敷土,随山刊木,奠高山大川。"《尚书·益稷》也提到"随山刊木"。《尚书译注》:"刊,砍削木桩,插在山路上以作道路标。"[1]"随山刊木",《史记·夏本纪》引作"行山表木",语意更明确。大禹顺着山势开辟道路,砍削树木作为标记,这就是实地勘察。《史记·夏本纪》载大禹治水"左准绳,右规矩"。"准绳"与"规矩"应是原始测量工具。"准绳"是用来测量直线的,"规矩"是用来测量方圆的,其中"规"是测量圆形的工具,"矩"是测量方形的工具。

**疏导。** 文献中记载大禹治水,很多时候运用了"疏""导"或与之相近的词。例如,《尚书·禹贡》在叙述大禹治水时,使用"导"多达11次:"导岍及岐""导嶓冢至于荆山""导弱水""导黑水""导河积石""嶓冢导漾""岷山导江""导沇水""导淮自桐柏""导渭自鸟鼠同穴""导洛自熊耳"。《尚书·益稷》:"予决九川距四海,浚畎浍距川。""决"与"浚"都是疏通的意思。《尸子》佚文:"禹于是疏河决江。"《孟子·滕文公上》:"禹疏九河,瀹济漯,而注诸海;决汝汉,排淮泗,而注之江。"关于"瀹",朱熹注:"亦疏通之意。"《国语·周语下》记载大禹"疏川导滞""决汨九川"。这些文字记载表明大禹治水很多时候采取的是疏导的方法。

**堵塞。** 堵塞原本就是一种行之有效的治水方法。关于鲧禹治水,文献中提到的"堙""陻""湮"都是指堵塞。大禹治水也采用过堵塞的方法。《山海经·海内经》:"洪水滔天,鲧窃帝之息壤以堙洪水,不待帝命。帝令祝融杀鲧于羽郊。鲧复生禹,帝乃命禹卒布土以定九州。"禹所布之"土"应仍为息壤。《淮南子·地形》:"禹乃以息土填洪水,以为名山。""息土"就是"息壤",一种能自行生长的土壤。《庄子·天下》:"墨子称道曰:'昔禹之湮洪水,决江河而通四夷九州也,名山三百,支川三千,小者无数。'"从墨子的话可以看出禹治水时堵与疏并用。遂公盨铭文记载大禹治水"堕山濬川",也应该是堵与疏并用。

**钟水。**《国语·周语下》记载大禹"钟水丰物""陂鄣九泽"。"钟"有聚集意,"钟水"是指让小水流聚集起来成为一片大的水域,类似于现在的水塘、水库。"钟水"可以灌溉周围的田地,发展农业生产,从而实现"丰物"。"陂鄣九

---

[1] 李民、王健:《尚书译注》,上海:上海古籍出版社2004年版,第45页。

泽"是指筑堤保护九州沼泽,本质上也是"钟水"。"钟水"是一种因地制宜的治水方法,能够化有害为有利,体现了大禹治水的智慧。

综上可知,大禹在治水过程中,灵活运用了多种方法,疏、堵、钟、障相结合,其中最有创新最具特色的是疏导。后人总结大禹治水成功的原因,认为很重要的一点就是使用了疏导的方法。疏导作为一种治水方法,后来上升为一种工作方法并具有普遍的应用价值。例如,在学校,老师和行政人员在教育学生的过程中,不能一味地采取管制、打击的措施,而应该改用疏导的方法,因材施教,发现学生的特长,尊重学生的个性,培养学生的兴趣,引导学生走上健康发展的道路。

## 三、大禹治水的时间与空间

(一)大禹治水的时间

关于大禹治水的时间,有七年、八年、十年、十三年等不同说法。

《吴越春秋·越王无余外传》:"禹伤父功不成,循江溯河,尽济甄淮,乃劳身焦思以行,七年,闻乐不听,过门不入。"

《孟子·滕文公上》:"当是时也,禹八年于外,三过其门而不入,虽欲耕,得乎?"

《尸子》佚文:"禹于是疏河决江,十年不窥其家,手不爪,胫不生毛,生偏枯之病,步不相过,人曰禹步。"

《史记·夏本纪》:"禹伤先人父鲧功之不成受诛,乃劳身焦思,居外十三年,过家门不敢入。"

不管是哪一种说法,大禹治水的时间都是漫长的。如果再加上鲧治水的九年,可推知洪水肆虐了很长时间,的确难以被治服。

(二)大禹治水的空间

大禹治水的空间即大禹治水的活动范围。关于大禹治水的范围,也存在不同看法,有的认为大禹治水限于一隅,有的认为大禹治水遍及九州。后一种说法更可取。

在先秦典籍中,《尚书·禹贡》对大禹治水的记载最为翔实可信,书中记载了大禹导山导水的具体内容:

导岍及岐,至于荆山,逾于河。壶口、雷首,至于太岳。厎柱、析城,至于王屋。太行、恒山,至于碣石,入于海。

西倾、朱圉、鸟鼠,至于太华;熊耳、外方、桐柏,至于陪尾。

导嶓冢至于荆山;内方至于大别。

岷山之阳,至于衡山,过九江,至于敷浅原。

导弱水,至于合黎,余波入于流沙。

导黑水,至于三危,入于南海。

导河积石,至于龙门;南至于华阴;东至于厎柱;又东至于孟津,东过洛汭,至于大伾;北过降水,至于大陆;又北播为九河,同为逆河,入于海。

嶓冢导漾,东流为汉,又东为沧浪之水;过三澨,至于大别;南入于江。东汇泽为彭蠡;东为北江,入于海。

岷山导江,东别为沱;又东至于澧,过九江,至于东陵,东迤北会于汇;东为中江,入于海。

导沇水,东流为济,入于河,溢为荥;东出于陶丘北,又东至于菏;又东北会于汶;又北东入于海。

导淮自桐柏,东会于泗、沂,东入于海。

导渭自鸟鼠同穴,东会于沣,又东会于泾;又东过漆、沮,入于河。

导洛自熊耳,东北会于涧、瀍;又东会于伊,又东北入于河。

导山是指疏通治水的道路。上面提到开凿的山有岍、岐、(北)荆山、壶口、雷首、太岳、厎柱、析城、王屋、太行、恒山、碣石、西倾、朱圉、鸟鼠、太华、熊耳、外方、桐柏、陪尾、嶓冢、(南)荆山、内方、大别、岷山、衡山、敷浅原,共二十七座。导山是为导水做准备的。大禹所导之水主要有弱水、黑水、黄河、漾水、长江、沇水、淮水、渭水、洛水九大河流和水系。

司马迁在撰写《史记·夏本纪》时,大量参考《禹贡》的内容。《夏本纪》所载"道九山""道九川"的内容,基本上采自《禹贡》。司马迁是一位严谨的学者,在他看来,《禹贡》的内容真实可信,可资参考借鉴。

《山海经·中山经》:"禹曰:天下名山,经五千三百七十山,六万四千五十六里,居地也。"可见大禹为了治水走过很多山川。

《上海博物馆藏战国楚竹书》(二)有《容成氏》一篇,也载有大禹治水,内容虽不及《禹贡》详细,但可与《禹贡》对照,弥足珍贵。现抄录如下:

禹亲执耒耜,以陂明都之泽,决九河之阻,于是乎夹州、徐州始可处。禹通淮与沂,东注之海,于是乎竞州、莒州始可处也。禹乃通蒌与汤,东注之海,于是乎蕅州始可处也。禹乃通三江五湖,东注之海,于是乎荆州、扬州始可处也。禹乃通伊、洛,并瀍、涧,东注之河,于是乎豫州始可处也。禹乃通泾与渭,北注之河,于是乎虘州始可处也。

出土文献与传世文献有着惊人的相似之处,可知禹治九州之水于史不虚。

## 四、大禹治水的结果

《尚书·禹贡》载大禹治水的结果是:

"冀州:既载壶口,治梁及岐。既修太原,至于岳阳。覃怀底绩,至于衡漳。……恒、卫既从,大陆既作。"意思是冀州壶口的治水工程结束后,就治理梁山和岐山。太原一带治理完成后,就到太岳山的南面。覃怀的治水工程完成后,就治理横流的漳河。……恒水、卫水的河道已经疏通,大陆泽也治理完成。

"兖州:九河既道,雷夏既泽,灉、沮会同。桑土既蚕,是降丘宅土。"意思是兖州一带黄河下游众多河道已经疏通,雷夏湖已经形成,灉水、沮水在这里合流。土地已经能够种植桑树,饲养家蚕,人们从小土山上搬到平地居住。

"青州:嵎夷既略,潍、淄其道。"意思是青州嵎夷地区治理完成后,就疏导潍水、淄水。

"徐州:淮、沂其乂,蒙羽其艺,大野既猪,东原底平。"意思是徐州的淮河、沂水治理完成后,蒙山、羽山一带就可以耕种了,大野泽汇集四方水流,东原地区的水患解除了。

"扬州:彭蠡既猪,阳鸟攸居。三江既入,震泽底定。篠簜既敷,厥草惟夭,厥木惟乔。"意思是扬州的彭蠡泽已汇集了许多水流,北方的候鸟来此栖息。长江下游的河流流入大海,震泽的治水工程完工。这一带到处生长着大小竹子,野草茂盛,树木高大。

"荆州：江、汉朝宗于海，九江孔殷，沱、潜既道，云土梦作乂。"意思是荆州一带的长江、汉水像诸侯朝见天子一样奔向大海，众多河流汇集在洞庭湖，水势盛大，长江的支流沱江、汉水的支流潜江都已经疏通，云梦泽的水患解除可以耕种了。

"豫州：伊、洛、瀍、涧既入于河，荥波既猪，导菏泽，被孟猪。"意思是豫州一带的伊水、洛水、瀍水、涧水疏通后流入黄河，荥泽汇集了众多水流，疏通了菏泽，水大时可以漫溢流入孟猪泽。

"梁州：岷、嶓既艺，沱、潜既道，蔡、蒙旅平，和夷厎绩。"意思是梁州的岷山、嶓冢山一带治理好了，已经能够种植庄稼，沱江、潜江都已疏通，蔡山、蒙山一带治理好了，和夷地区的工程也取得了成功。

"雍州：弱水既西，泾属渭汭，漆、沮既从，沣水攸同。荆、岐既旅，终南、惇物，至于鸟鼠。原隰厎绩，至于猪野。三危既宅，三苗丕叙。"意思是雍州的弱水疏通后，向西流去，泾水疏通后流入渭水，漆水、沮水疏通后流入渭水，沣水也流入渭水。荆山、岐山治理完成，终南山、惇物山一直到鸟鼠山都得到了治理。平原和低洼处的治理工程也取得成功，一直到猪野泽都治理完成。三危山治理后可以居住了，三苗安定后就变得顺从了。

《禹贡》最后总结说："九州攸同，四隩既宅，九山刊旅，九川涤源，九泽既陂，四海会同。"大意是九州的导山导水工程全部结束，水患完全消除，海内的贡道都畅通无阻了。"禹锡玄圭，告厥成功。"意思是舜赐给禹玄色的美玉，宣告天下治水成功。

大禹凿山导水能够取得成功，究其原因，主要有以下几点：

**治水方法得当。** 做任何事情，方法很重要，方法得当，可以起到事半功倍的效果。治水也是如此。共工、鲧用堵塞的方法治水而以失败告终，大禹从中吸取经验教训，采用更灵活的方法来治水。《国语·周语下》载："其后伯禹念前之非度，厘改制量，象物天地，比类百则，仪之于民，而度之于群生，共之从孙四岳佐之，高高下下，疏川导滞，钟水丰物，封崇九山，决汨九川，陂鄣九泽，丰殖九薮，汩越九原，宅居九隩，合通四海。"这一段话就提到了多种治水方法。大禹凿山导水的做法，当是前人未曾采用的因势利导的治水方法。可以说，在治水方法上，大禹做出了创新。

**以德治水。**《尚书·益稷》载有大禹的自述:"娶于涂山,辛壬癸甲。启呱呱而泣,予弗子,惟荒度土功。"大禹结婚三四天后就离开了妻子,儿子启出生了也无暇顾及,唯恐"荒度土功"。《庄子·天下》:"禹亲自操橐耜而九杂天下之川。腓无胈,胫无毛,沐甚雨,栉疾风,置万国。禹大圣也,而形劳天下也如此。"相传大禹治水积劳成疾,走路跛行,人称"禹步"。大禹治水三过家门而不入,成为千古流传的典故。作为治水的领导者,大禹身先士卒,敬业奉公,吃苦耐劳,勤俭节约,表现出崇高的品德。《论语·泰伯》中孔子评价大禹:"禹,吾无间然矣。菲饮食而致孝乎鬼神,恶衣服而致美乎黻冕,卑宫室而尽力乎沟洫。禹,吾无间然矣。"大禹吃得很差,却把祭品办得很丰盛;穿得很差,却把祭服做得很漂亮;住得很差,却把精力都用在沟渠水利上。所以孔子反复说道:"禹,我对他没有批评了。"《国语·鲁语上》:"鲧鄣洪水而殛死,禹能以德修鲧之功。"可以说,大禹是以德治水,他在治水过程中为众人树立了榜样。"大禹治水成功的关键不在'术',而在'德'也。"①

**团结众人。** 治理洪水是一项复杂的工程,需要众人团结合作、齐心协力才能完成,仅凭一人之力是不可能治服洪水的。团结就是力量,团结才能胜利。大禹治水成功是团结众人共同努力的结果。《尚书·益稷》中,大禹提到了两个重要人物,即益和稷,他们是大禹治水的得力助手。在《尚书·舜典》中,益被任命为虞人,即负责掌管山泽禽兽。《益稷》载"益奏庶鲜食",这是说在治水过程中益为人们提供了肉食。稷又名弃。在《舜典》中,弃被任命为农官,"播时百谷"。《益稷》载"稷播,奏庶艰食鲜食",这是说在治水过程中稷为人们提供了粮食和肉食。除了益和稷,辅佐大禹治水的还有契和四岳等。《史记·殷本纪》载:"契长而佐禹治水有功。"《国语·周语下》载大禹治水"共之从孙四岳佐之"。除了几位得力助手,大禹主要还是依靠人民群众来治水。《史记·夏本纪》载:"禹乃遂与益、后稷奉帝命,命诸侯百姓兴人徒以傅土,行山表木,定高山大川。""诸侯百姓"才是治水的主力军。

---

① 孙庆伟:《鼏宅禹迹:夏代信史的考古学重建》,北京:三联书店2018年版,第94页。

## 五、大禹治水的作用与影响

大禹为了平治洪水，历经千山万水，走过大江南北，足迹遍布中国，因此大禹对各地的山川、物产较为了解。治水成功后，大禹将中国划分为九大州，便是顺理成章的事。这样，人们对中国版图就有了一个更清晰的认识。在划定九州的同时，又根据各州的土壤性质、田地等级、物产分布来确定贡赋等级与贡物类别。这为后来国家赋税征收提供了依据与参考。

洪水退却后，留下大片松软、肥沃的土地，这为发展农业生产提供了前提。《孟子·滕文公上》在记述大禹治水时说："然后中国可得而食也。"意谓大禹治水成功后中原地区才可以耕种并收获粮食。在治水过程中积累的防洪排涝的经验，同样也适用于农业生产。《吕氏春秋·勿躬》和《淮南子·本经训》都提到"伯益作井"。《说文解字》在"井"字下亦云："古者伯益初作井。"伯益是大禹治水的得力助手。伯益发明井，不仅给人们的生活带来了便利，也为农业灌溉创造了条件。《史记·夏本纪》载："令益予众庶稻，可种卑湿。"此处明确提到在低洼潮湿处种植水稻，说明当时人们已掌握了水稻栽培与种植技术。民以食为天，当农业发展起来后，人民的生活也就变得安定了。

在大禹治水的过程中，华夏与东夷两大部落密切合作，大禹治水的得力助手皋陶和益就是东夷部落的首领。大禹最后被葬于东方，具体位置在今浙江绍兴会稽山。苗蛮部落对治水采取不合作的态度，大禹就对其进行征伐与放逐。这样，大禹治水还促进了华夏、东夷、苗蛮这些不同部落集团的融合，为夏代国家政权的建立打下了坚实的基础。

总之，大禹治水对于划分九州、确定贡赋、发展农业生产、建立国家政权都具有重要作用和意义。

大禹治水还对后世产生了广泛而深远的影响。因治水有功，舜将帝位传给禹，禹的儿子启也因此有机会继承王位。大禹治水成功后成为英雄，成为楷模。《尚书·立政》中周公希望"文子文孙"（文王的子孙）能够"陟禹之迹，方行天下"。人们也希望建立像大禹那样的功绩。《左传·昭公元年》："美哉禹功，明德远矣。……子盍亦远绩禹功，而大庇民乎？"大禹治服了洪水，开辟了土地，故后人常把中国的疆域称为"禹迹""禹域""禹甸"。大禹治水的事迹成为一个典型例子而被人们传颂,大禹治水的精神也成为中华民族精神的代表。"歌颂禹的文字连篇累牍,极尽赞美之言,成为中国文化史上的一个奇观。"①以大禹治水为题材的文学、美术、歌曲、舞蹈、戏剧等艺术创作大量出现。后人追忆大禹,崇拜大禹,祭祀大禹——大禹已然成为一个文化符号。

大禹处于中国历史由传说走向信史的时代,大禹治水成功并建立国家政权后,中华文明史也掀开了新的篇章。

大禹治水不只是对中国有深远影响,对周边国家,如日本、韩国等也有很大影响。例如在日本,大禹被奉为"治水神"。

# 第二节　大禹佐治

治服洪水是大禹最重要的人生功绩,这是大禹作为帝舜的臣子的重大贡献。大禹之前担任司空,在治水成功之后,经"四岳"举荐,大禹又做了"百揆"(总管一切事务的官职),在更高的位置上辅佐帝舜。《尚书·舜典》载:

舜曰:"咨!四岳。有能奋庸熙帝之载,使宅百揆,亮采惠畴?"佥曰:"伯禹作司空。"帝曰:"俞!咨禹,汝平水土,惟时懋哉!"禹拜稽首,让于稷、契暨皋陶。帝曰:"俞!汝往哉!"

《史记·夏本纪》也记载了此事:

尧崩,帝舜问四岳曰:"有能成美尧之事者使居官?"皆曰:"伯禹为司空,可成美尧之功。"舜曰:"嗟,然!"命禹:"女平水土,维是勉之。"禹拜稽首,让于契、后稷、皋陶。舜曰:"女其往视尔事矣。"

大禹很谦让,但终究没有推脱掉"百揆"这一官职。于是,大禹开始了全面辅佐帝舜的国家管理工作。下面择其要者简述之。

---

① 杨善群:《大禹治水地域与作用探论》,《学术月刊》2002年第10期。

## 一、划分九州

《左传·襄公四年》云:"芒芒禹迹,画为九州,经启九道。"大禹在治水成功后,将中国划分为九大州。禹定九州具有重要的历史作用与意义,对后世也产生了深远的影响。

(一)《尚书·禹贡》载有禹定九州的名称与大致范围

1. 冀州。《禹贡》首先提到冀州。《史记·夏本纪》载:"禹行自冀州始。"这是说大禹治水是从冀州开始的。冀州是尧、舜的宅都之地,故禹治水平土自冀州始。冀州包括今山西全省、河北西北部、河南北部以及辽宁西部一带。

2. 兖州。"济、河惟兖州",意思是济水与黄河之间是兖州。兖州大致包括今山东西部、河北东南部、河南东北部。

3. 青州。"海岱惟青州",意思是渤海和泰山之间是青州。青州大致包括今山东省及辽宁省辽河以东。

4. 徐州。"海岱及淮惟徐州",意思是黄海、泰山南及淮河一带是徐州。徐州包括今山东南部、江苏北部、安徽北部。

5. 扬州。"淮海惟扬州",意思是淮河与黄海之间是扬州。扬州包括今浙江、江西、福建全境,以及江苏、安徽、河南南部,湖北东部和广东北部。

6. 荆州。"荆及衡阳惟荆州",意思是荆山到衡山南面是荆州。荆州包括今湖北中南部、湖南中北部及四川和贵州一部分。

7. 豫州。"荆河惟豫州",意思是荆山到黄河之间是豫州。豫州包括今河南黄河以南、湖北北部、山东西南部、安徽西北部。

8. 梁州。"华阳、黑水惟梁州",意思是华山南面与黑水之间是梁州。梁州包括今四川东部、陕西南部、甘肃南部。

9. 雍州。"黑水、西河惟雍州",意思是黑水到西河一带是雍州。雍州大致包括今陕西中部和北部、甘肃大部。

需要说明的是,文献中所载九州名称不一。楚竹书《容成氏》所载九州为夹州、徐州、竞州、莒州、藕州、荆州、扬州、豫州、虘州。《周礼·夏官·职方氏》所载九州为扬州、荆州、豫州、青州、兖州、雍州、幽州、冀州、并州。《尔雅·释地》所载九州为冀州、豫州、雍州、荆州、扬州、兖州、徐州、幽州、营州。《吕氏春秋·

有始览》所载九州为豫州、冀州、兖州、青州、徐州、扬州、荆州、雍州、幽州。其中，对后世影响最大的还是《禹贡》所载九州。《史记·夏本纪》所述九州就采自《禹贡》，而《汉书·地理志》所述九州又采自《史记·夏本纪》。

(二)关于禹定九州，虽然有些具体问题还存在争议，但它所具有的重要意义，却是无可争辩的

1.禹定九州促进了"大一统"思想的形成。中国自古以来幅员辽阔，山川各异，民族众多。面对广袤的疆域，人们总是渴望统一。禹定九州后出现的"九州攸同""四海会同"，即是一种统一的局面。自此以后，"大一统"思想观念逐渐形成并深入人心。后人在使用"九州"这个词时，往往不计较九州的具体所指，而是泛指中国。例如，《楚辞·离骚》："思九州之博大兮，岂惟是其有女？"宋代陆游《示儿》："死去元知万事空，但悲不见九州同。"清代龚自珍《己亥杂诗·其二百二十》："九州生气恃风雷，万马齐暗究可哀。"这几处的九州均指中国。在中国历史上，尽管经历了几个分裂时期，但人们始终渴望"大一统"，因此历史总的趋势是统一的。

2.禹定九州为汉代的州郡制奠定了基础。可以肯定的是，禹时的九州非行政区域，而是一种自然区划。九州作为行政区域，始于汉代。汉武帝时，为了加强中央集权制，将全国划分为十三个刺史部，在给每个刺史部取名时，就借用了《禹贡》九州的名称，只是改梁州为益州，改雍州为凉州。

3.禹定九州有利于商业与贸易的发展。从《禹贡》记载来看，九州物产丰富，有自然产品，如木材、玉石、海产品；也有人工产品，如丝绸、葛布。当洪水退去，陆地扩大，交通变得便利后，九州的特产就可以相互交换，人们可以各取所需，这样商业就慢慢发展起来了。禹会天下诸侯，执玉帛者万国，可见当时商业与贸易已经很繁荣。

4.禹定九州为制定民族政策提供了借鉴。九州大多有夷、戎等少数民族杂居，如冀州有"岛夷"，青州有"嵎夷""莱夷"，徐州有"淮夷"，扬州有"岛夷"，梁州有"和夷"，雍州有"三苗"，还有"昆仑""析支""渠搜"等西戎国家。大禹能让汉族与夷、戎等少数民族和平共处，并让少数民族进贡特产，这为今天处理民族关系、制定民族政策提供了借鉴。现在中国有五十六个民族，我们也要让这五十六个民族亲如一家。

## 二、确定贡赋

大禹在划分九州的基础上,又根据各州的实际情况确定贡赋。《禹贡》载有禹定贡赋的具体内容,主要包括:

(一)土壤性质、田地等级与贡赋等级

分辨土壤性质,分清田地等级,确定贡赋等级是纳贡的前提。九州的土壤性质、田地等级与贡赋等级各不相同,下面分别予以说明。

1. 冀州。"厥土惟白壤,厥赋惟上上,错,厥田惟中中。"冀州的土质是柔软的白壤,贡赋为一等赋税,间杂二等赋税,田地等级属第五等。

2. 兖州。"厥土黑坟,……厥田惟中下,厥赋贞,作十有三载乃同。"兖州的土质是肥沃的黑土,田地等级属第六等,贡赋为九等赋税,耕作了十三年后才能和其他州的赋税相同。

3. 青州。"厥土白坟,海滨广斥。厥田惟上下,厥赋中上。"青州的土质是白土,沿海广大地区是盐碱地。田地等级属第三等,贡赋为四等赋税。

4. 徐州。"厥土赤埴坟,……厥田惟上中,厥赋中中。"徐州的土质是棕色的黏土,田地等级属第二等,贡赋为五等赋税。

5. 扬州。"厥土惟涂泥,厥田惟下下,厥赋下上上错。"扬州的土质是潮湿的泥地,田地等级属第九等,贡赋为七等赋税,间杂六等赋税。

6. 荆州。"厥土惟涂泥,厥田惟下中,厥赋上下。"荆州的土质是潮湿的泥地,田地等级属第八等,贡赋为三等赋税。

7. 豫州。"厥土惟壤,下土坟垆。厥田惟中上,厥赋错上中。"豫州的土质是石灰性冲积黄土,土的下层是黑色硬土。田地等级属第四等,贡赋为二等赋税,间杂一等赋税。

8. 梁州。"厥土青黎,厥田惟下上,厥赋下中三错。"梁州的土质是黑色的沃土,田地等级属第七等,贡赋为八等赋税,间杂七等与九等赋税。

9. 雍州。"厥土惟黄壤,厥田惟上上,厥赋中下。"雍州的土质是黄色泥土,田地等级属第一等,贡赋为六等赋税。

(二)贡物类别与进贡路线

九州物产不同,因此贡物类别不同。九州山川各异,地理条件不同,因此进贡路线也不同。

1. 冀州。"岛夷皮服,夹右碣石入于河。"冀州依靠东方沿海的夷人进贡皮服,进贡路线是从碣石附近沿海逆河而来。

2. 兖州。"厥贡漆丝,厥篚织文。浮于济、漯,达于河。"兖州的贡物是漆和丝,还有装在竹筐里的被染成各种花纹的丝织品。进贡路线是从济水和漯水乘船到达黄河。

3. 青州。"厥贡盐絺,海物惟错。岱畎丝枲,铅松怪石。莱夷作牧。厥篚檿丝。浮于汶,达于济。"青州的贡物是盐、细葛布,还有种类繁多的海产品。泰山山谷地区有丝、麻、锡、松和奇特的石头。进贡路线是乘船从汶水直入济水。

4. 徐州。"厥贡惟土五色,羽畎夏翟,峄阳孤桐,泗滨浮磬,淮夷蚌珠暨鱼,厥篚玄纤缟。浮于淮、泗,达于河。"徐州的贡物是五色土,以及羽山山谷地区的长尾野鸡、峄山以南的特产桐木、泗水河畔的制磬石料、淮夷地区的蚌珠和鱼,还有用竹筐装着的黑色细绸、白色绢。进贡路线是乘船从淮水经泗水到达黄河。

5. 扬州。"厥贡惟金三品,瑶、琨、篠、簜、齿、革、羽、毛、惟木,岛夷卉服。厥篚织贝,厥包橘柚,锡贡。沿于江海,达于淮、泗。"扬州的贡物是黄铜、青铜、红铜,美玉、美石、小竹、大竹、象牙、兽皮、鸟羽以及木材,沿海夷人穿草编织的衣帽鞋子。用竹筐装着锦丝织品,把橘子、柚子包起来,待命而贡。进贡路线是乘船从长江、黄海直达淮水、泗水。

6. 荆州。"厥贡羽、毛、齿、革、惟金三品,杶、干、栝、柏,砺、砥、砮,丹,惟箘簬楛。三邦厎贡厥名,包匦菁茅,厥篚玄纁玑组,九江纳锡大龟。浮于江、沱、潜、汉,逾于洛,至于南河。"荆州的贡物是鸟羽、旄牛尾、象牙、犀牛皮、黄铜、青铜、红铜,椿树、柘木、桧树、柏树、磨刀石、制箭镞的砮石、朱砂,还有竹笋、美竹、楛树。州内各国进贡自己的特产,用匣子包好菁茅,用竹筐装上黑色、橘红色的丝绸带子和珍珠,九江一带还待命贡献祭祀用的神龟。进贡路线是先从长江支流沱江,进入汉水支流潜江,到达汉水,然后登岸,由陆路到洛水,最后进入黄河。

7. 豫州。"厥贡漆、枲、絺、纻,厥篚纤、纩,锡贡磬错。浮于洛,达于河。"豫州的贡物为漆、大麻、细葛布、纻麻,用竹筐装着的细锦,还有待命进贡的石磬和治玉石。进贡路线是从洛水到达黄河。

8. 梁州。"厥贡璆、铁、银、镂、砮、磬,熊、罴、狐、狸织皮。西倾因桓是来,浮于潜,逾于沔,入于渭,乱于河。"梁州的贡物为美玉、铁、银、坚铁、石箭镞、磬,以及熊、马熊、狐、狸四种兽皮。西倾山一带的贡物顺着桓水前来,进贡路线是经潜水进入沔水,然后舍舟登陆,陆行至渭水,由渭水横渡入黄河。

9. 雍州。"厥贡惟球、琳、琅玕。浮于积石,至于龙门西河,会于渭汭。织皮昆仑、析支、渠搜,西戎即叙。"雍州的贡物为美玉、美石和珠宝。进贡路线是从积石山附近的黄河,到达龙门一带的黄河,与从渭水进入黄河的船只相会。昆仑、析支、渠搜等西戎国家要按照规定进贡皮制衣料。

(三)"五服"制度

"五服"制度是指古代在天子领地外围,每五百里划分为一个服役地带,包括甸服、侯服、绥服、要服、荒服。《国语·周语上》云:"夫先王之制,邦内甸服,邦外侯服,侯、卫宾服,蛮、夷要服,戎、狄荒服。甸服者祭,侯服者祀,宾服者享,要服者贡,荒服者王。日祭、月祀、时享、岁贡、终王,先王之训也。"《禹贡》载有"五服"制度的具体内容:

　　五百里甸服。百里赋纳总,二百里纳铚,三百里纳秸服,四百里粟,五百里米。

　　五百里侯服。百里采,二百里男邦,三百里诸侯。

　　五百里绥服。三百里揆文教,二百里奋武卫。

　　五百里要服。三百里夷,二百里蔡。

　　五百里荒服。三百里蛮,二百里流。


上面几段话的大意是:

天子都城以外五百里范围被称作甸服。相距都城一百里范围的,将庄稼割下完整地送来缴纳赋税;相距二百里范围的,缴纳穗头作为赋税;相距三百里范围的,缴纳带有外壳的谷物作为赋税;相距四百里范围的,缴纳粗米作为赋税;相距五百里范围的,缴纳细米作为赋税。

甸服以外五百里范围被称为侯服。距侯服百里范围的大夫采邑,人民替天子服各种差役;距二百里范围的男邦小国人民,为天子负担一定的差役;距三百里范围以外诸侯国的人民,为天子警戒放哨。

侯服以外五百里范围被称为绥服。距绥服三百里范围以内设立掌管文教的官员来推行教化,另外二百里范围内的人民要武装起来,保卫天子。

绥服以外五百里范围被称为要服。距要服三百里范围内的人民要逐步改变风俗,另外二百里范围内的人民可以减免赋税。

要服以外五百里范围被称为荒服。距荒服三百里范围内的人民因俗而治,简化礼节,另外二百里范围内的人民任其自由迁徙,不管他们是否缴纳贡赋。

《史记·夏本纪》采用了《禹贡》"五服"制度,可见司马迁也是认可"五服"制度的。"'五服'五百里等距和甸服以下以百里等距的结构模式,实际上是具有区位思想萌芽的、以都城为中心的纯粹的农业圈层地带结构设计。"①

大禹制定的朝贡与纳税制度是大一统国家形成和发展的重要基石,对后世产生了深远的影响。后代贡赋征收基本上是沿用大禹的这种思路与设计,只是具体制度有所不同。时至今日,不同地方赋税也不一样。

### 三、征伐三苗

在古代华夏、东夷、苗蛮三大部落集团中,三苗是苗蛮集团中重要的一支。三苗的活动中心在今湖北、湖南、江西等地。《史记·五帝本纪》:"三苗在江淮、荆州数为乱。"《战国策·魏策一》:"昔者,三苗之居,左彭蠡之波,右有洞庭之水,文山在其南,而衡山在其北。恃此险也,为政不善,而禹放逐之。"三苗恃山水之险而"为政不善",禹于是征伐三苗。

不只是在禹的时代,早在尧舜时期,三苗就已作乱。《尚书·舜典》载尧"窜三苗于三危"。《尚书·益稷》载有禹对舜讲的话:"各迪有功,苗顽弗即工。帝其念哉。"说的是禹希望舜把苗民不服从统治这件事放在心上。虽然尧时已把三苗驱逐到了三危,但问题并没有完全解决,直到禹时才彻底征服三苗。

《墨子·兼爱下》载有禹征三苗时所发布的《禹誓》:

  禹曰:"济济有众,咸听朕言。非惟小子,敢行称乱,蠢兹有苗,用天之罚。若予既率尔群对诸群,以征有苗。"

---

① 钱宗武、杜纯梓:《尚书新笺与上古文明》,北京:北京大学出版社2004年版,第80页。

《尚书·大禹谟》载有禹征三苗的详细经过：

帝曰："咨，禹！惟时有苗弗率，汝徂征！"

禹乃会群后，誓于师曰："济济有众，咸听朕命！蠢兹有苗，昏迷不恭，侮慢自贤，反道败德。君子在野，小人在位。民弃不保，天降之咎。肆予以尔众士，奉辞伐罪。尔尚一乃心力，其克有勋。"

三旬，苗民逆命。益赞于禹曰："惟德动天，无远弗届。满招损，谦受益，时乃天道。帝初于历山，往于田，日号泣于旻天，于父母，负罪引慝；祗载见瞽瞍，夔夔斋慄。瞽亦允若。至诚感神，矧兹有苗？"

禹拜昌言曰："俞！"

班师振旅。帝乃诞敷文德，舞干羽于两阶。七旬，有苗格。

据《墨子·非攻下》所载，禹征三苗时得到了上天和神的帮助，具体经过如下：

昔者三苗大乱，天命殛之，日妖宵出，雨血三朝。龙生于庙，犬哭乎市。夏冰，地坼及泉。五谷变化，民乃大振。高阳乃命玄宫，禹亲把天之瑞令，以征有苗。四电诱祗，有神人面鸟身，若瑾以侍。搤矢有苗之祥，苗师大乱。后乃遂几。禹既已克有三苗，焉磨为山川，别物上下，卿制大极，而神民不违，天下乃静，则此禹之所以征有苗也。

上面的记载虽然带有神话色彩，但也说明是大禹平定了三苗的叛乱。大禹战胜三苗后，重新划分了山川，区分了事物的上下之别，节制四方，神民和顺，天下安定。

《吕氏春秋·离俗览·上德》载："三苗不服，禹请攻之，舜曰：'以德可也。'行德三年，而三苗服。"《韩非子·五蠹》："当舜之时，有苗不服，禹将伐之。舜曰：'不可。上德不厚而行武，非道也。'乃修教三年，执干戚舞，有苗乃服。"《荀子·成相》："禹劳心力，尧有德，干戈不用三苗服。"这些记载都表明大禹伐三苗,并没有一味使用武力,而是修文德,舞干羽,感化三苗而使之自动归服。

禹征三苗实际上反映了华夏集团与苗蛮集团的矛盾冲突,最后是华夏集团取得了胜利。战后,华夏集团与苗蛮集团在血统、文化上进一步融合,这对华夏民族的形成具有重要意义。

### 四、进谏献言

大禹做了"百揆"之后,辅佐帝舜,一人之下万人之上,其身份实际上相当于后世的宰相。他不唯帝舜马首是瞻,而是积极思考君臣关系和君民关系,积极进谏,致力于在上下级之间建构一种各司其职、各就各位,相互理解和支持的和谐关系,推进国家的建设和进步。

《尚书·大禹谟》载有禹和帝舜、益的对话:

> 曰若稽古,大禹曰文命,敷于四海,祗承于帝。曰:"后克艰厥后,臣克艰厥臣,政乃乂,黎民敏德。"
>
> 帝曰:"俞!允若兹,嘉言罔攸伏,野无遗贤,万邦咸宁。稽于众,舍己从人,不虐无告,不废困穷,惟帝时克。"
>
> 益曰:"都!帝德广运,乃圣乃神,乃武乃文。皇天眷命,奄有四海,为天下君。"
>
> 禹曰:"惠迪吉,从逆凶,惟影响。"
>
> 益曰:"吁!戒哉!儆戒无虞,罔失法度,罔游于逸,罔淫于乐。任贤勿贰,去邪勿疑,疑谋勿成,百志惟熙。罔违道以干百姓之誉,罔咈百姓以从己之欲。无怠无荒,四夷来王。"
>
> 禹曰:"于!帝念哉!德惟善政,政在养民。水、火、金、木、土、谷惟修;正德、利用、厚生惟和,九功惟叙,九叙惟歌。戒之用休,董之用威,劝之以九歌,俾勿坏。"

从上述对话可以看出,大禹对于国家治理有自己的看法。大禹认为,君主能够认识到当君主的艰难,臣子能够认识到做臣子的艰难,政事就能够治理,民众也就会修德为善了。顺从善道就吉利,顺从恶道就凶险。德政才是美好的政治,美好的政治在于使百姓生活得更好。水、火、金、木、土、谷"六府"都要整治好。端正人的品行,发展生产和贸易,使人们拥有丰厚的生活资料,这三件事都要办好。这样,百姓就和睦了。九个方面的工作都要做得井井有条,这样,百姓就会歌颂君王。以美好的东西来劝诫民众,用刑威来监督他们,用歌谣来劝勉他们,不要使他们败坏德政。

"帝念哉"表明这些话也是对帝舜的谏言。也正是因为有大禹和益等人的进谏,舜的统治才实现了和平安定。

《尚书》中的《皋陶谟》《益稷》(《今文尚书》将这两篇合为一篇,《史记·夏本纪》也转述了这两篇的内容)载有舜与大禹、皋陶等人的对话,这是后代史官追述先民的议事会议记录,从中可以看出大禹的谏言以及其中包含的治国思想。

《皋陶谟》主要记录了皋陶与大禹的谈话,部分内容摘录如下:

> 皋陶曰:"都!在知人,在安民。"禹曰:"吁!咸若时,惟帝其难之。知人则哲,能官人。安民则惠,黎民怀之。能哲而惠,何忧乎驩兜?何迁乎有苗?何畏乎巧言令色孔壬?"

所谓"知人",即知人善任;所谓"安民",即安抚人民。皋陶认识到了"知人"与"安民"的重要性,禹则进一步阐述了皋陶的思想,认为知人善任者才是明智的人,明智的人才能用人得当;安抚人民才算仁慈,民众才会怀念他。能够做到明智而仁慈,就不用害怕驩兜、有苗以及巧言令色的人。

皋陶还阐述了"九德"的内容,即"宽而栗,柔而立,愿而恭,乱而敬,扰而毅,直而温,简而廉,刚而塞,强而义",申明了"五典""五礼""五服""五刑"的重要性,最后问禹:"朕言惠可厎行?"禹曰:"俞!乃言厎可绩。"这表明禹完全赞同皋陶的话,并认为按照皋陶说的去实行,一定会取得成绩的。

《益稷》记录了舜与皋陶、大禹、夔等人的对话,其中涉及大禹谏言的对话如:

> 禹曰:"都!帝,慎乃在位。"帝曰:"俞!"禹曰:"安汝止,惟几惟康。其弼直,惟动丕应。徯志以昭受上帝,天其申命用休。"

帝曰："吁！臣哉邻哉,邻哉臣哉。"禹曰："俞！"

　　帝曰："臣作朕股肱耳目。……"

　　禹曰："俞哉！帝,光天之下,至于海隅苍生,万邦黎献,共惟帝臣。惟帝时举,敷纳以言,明庶以功,车服以庸,谁敢不让,敢不敬应？帝不时,敷同日奏,罔功。"

　　上面的对话主要讨论君臣关系以及君臣各自应当遵循的准则。"臣哉邻哉,邻哉臣哉",意谓正直的大臣是君王最亲近的人。做君王的,应当谨慎地对待自己的职位,任用正直、贤能的人做大臣,广泛听取群众的意见,赏罚分明；做臣子的,应当尽力辅佐君王,充当君王的"股肱耳目"。

　　从上述对话可以看出,帝舜与大禹在治国方面具有广泛的共识,大禹的谏言也得到了帝舜的认可。

　　大禹的治国思想无疑是正确的,不仅对古代社会治理具有重要作用,而且对当今国家治理也具有借鉴意义。应当选拔清正、廉洁、贤能的人为干部,让他们带领人民群众发展经济,建设社会主义强国。要从人民群众最关心、最直接、最现实的问题入手,做好各项保障和改善民生工作,不断提高人民生活水平,增强人民群众的幸福感、获得感。近年来,党中央大力开展的反腐败斗争,就是要肃清党内的蛀虫,保持党的先进性与纯洁性,从而更好地为人民谋福祉,实现国家长治久安。

## 第三节　大禹建国

　　夏王朝是我国第一个朝代,是中国历史由传说时期走向信史时代的转折点。夏王朝的开创者,一般被认为是大禹。大禹在治服洪水、划定九州后,便采取一系列措施来建立国家。夏王朝约从公元前2070年开始,至公元前1600年结束,存在了400多年。为了建立并巩固国家政权,大禹采取了一系列措施,主要有：

### 一、会合诸侯

　　《左传·哀公七年》："禹合诸侯于涂山,执玉帛者万国。"大禹之所以在涂山会合诸侯,主要原因有两点:一、禹是娶涂山氏之女为妻的。《尚书·益稷》中,大禹自述"娶于涂山"。二、涂山也是大禹治水的重点区域。关于涂山地望,说法不一,比较可信的说法是涂山在今安徽蚌埠,又名当涂山。成书于晋代的《太康地志》载涂山"西南又有禹会村,盖禹会诸侯之地",今蚌埠西郊的涂山南麓确有"禹会村"。考古发掘表明,禹会村遗址在年代、特征等方面与"禹合诸侯"的文献记载高度吻合,这对于确定大禹事迹及探索中国古代文明起源都具有重要意义。

除了在涂山会合诸侯,大禹还在会稽山召集诸侯。古本《竹书纪年》载:"(禹)八年春,会诸侯于会稽,杀防风氏。"《国语·鲁语下》载有孔子与吴国宾客的对话,其中也提到禹会诸侯于会稽山及杀防风氏之事。

仲尼曰:"丘闻之:昔禹致群神于会稽之山,防风氏后至,禹杀而戮之,其骨节专车。此为大矣。"客曰:"敢问谁守为神?"仲尼曰:"山川之灵,足以纪纲天下者,其守为神;社稷之守者,为公侯。皆属于王者。"客曰:"防风何守也?"仲尼曰:"汪芒氏之君也,守封、嵎之山者也,为漆姓。在虞、夏、商为汪芒氏,于周为长狄,今为大人。"

上面提到的封、嵎皆为山名,在今浙江德清。防风氏是汪芒氏之君,且是守护封山、嵎山的人,可以称为"神"。这样一位部落首领,仅仅因为集会迟到,就被大禹杀掉了,可见大禹在当时具有很大的权力。金景芳《中国奴隶社会史》认为:"禹会诸侯竟能轻易杀掉一个部落酋长,这种显然不平等的关系的出现,说明一种在氏族之外并凌驾于氏族制度之上的权力在慢慢地产生。诚然,禹还不是文明时代的专制君主,他诛杀部落酋长的事情也绝不会多见,但是,这种超越氏族的权力既然已在对待联合体中不同族系的部落上首先表现出来,那么真正的国家权力的最终形成,也只是时间问题了。这既是历史发展的必然结果,也是历史发展的客观需要。"[①]

---

① 金景芳:《中国奴隶社会史》,上海:上海人民出版社1983年版,第16—17页。

## 二、定都阳城

关于禹都,说法不一。从文献记载来看,有阳翟、阳城、平阳三种说法。

### (一)阳翟

《汉书·地理志》"颍川郡阳翟县"下班固云:"夏禹国。周末韩景侯自新郑徙此。"唐代颜师古注引应劭《汉书音义》:"夏禹都也。"《史记·夏本纪》正义引《帝王纪》:"禹受封为夏伯,在豫州外方之南,今河南阳翟是也。"《水经注》"颍水"下云:"颍水……经阳翟县故城北,夏禹始封于此为夏国。"

### (二)阳城

《孟子·万章上》:"禹避舜之子于阳城。"《史记·夏本纪》:"禹辞辟舜之子商均于阳城。"《汉书·地理志》颜师古注引臣瓒云:"《世本》禹都阳城,《汲郡古文》亦云居之,不居阳翟也。"

### (三)平阳

《史记·封禅书》正义引《世本》:"夏禹都阳城,避商均也。又都平阳。或在安邑,或在晋阳。"《水经注·涑水》:"安邑,禹都也。禹娶涂山氏女,思恋本国,筑台以望之。"

关于禹都,我们可以这样说:阳翟在今河南禹州,是禹受封立国的始居之地;阳城在今河南登封,是禹避舜子商均的临时居地,禹在此地受禅即位;平阳在今山西夏县,禹即位后曾一度都于平阳。

阳城可以说是最重要的禹都。据考古发现,王城岗遗址即故阳城,具体位置在今河南嵩山南麓登封市告成镇西北的五渡河西岸岗地上。1975—1977年,考古队在王城岗遗址发掘出两座龙山时期的城址。两城分列东西,东城的西墙就是西城的东墙。东城东临五渡河,其东部已被河水冲毁,仅残存东南城角的基槽。西城地势略高,城址保存相对完整,呈正方形,每边长约90米,城内面积约1万平方米。与王城岗遗址一河之隔的东周阳城遗址发现了印有"阳城"和"阳城仓器"的战国陶器,这表明夏代阳城和东周阳城均在今登封市告成镇一带。2002—2005年,考古队又对王城岗遗址进行了发掘,发现了一座更大的龙山城址,包括城墙和城壕。城址东南部损毁严重,西北部保存相对完好。北城墙残长350米,复原长600米;西城墙复原长580米。北城壕保存完整,长620米;西城壕残长130米,复原长600米。整个城址复原面积达34.8万平方米。先前所发掘的两座小城只是后来发掘的大城东北角的一小部分,但大城的修筑年代晚于小城。关于小城与大城的关系,有人认为:"王城岗小城有可能为'鲧作城',而王城岗大城有可能即是'禹都阳城'。"①

## 三、铸造九鼎

《说文解字》:"鼎,三足两耳,和五味之宝器也。昔禹收九牧之金,铸鼎荆山之下。入山林川泽,螭魅蜽蚎莫能逢之,以协承天休。"鼎为古代炊器,又为盛熟牲之器。多用青铜或陶土制成。圆鼎两耳三足,方鼎两耳四足。

《史记·孝武本纪》:"闻昔大帝兴神鼎一,一者一统,天地万物所系终也。黄帝作宝鼎三,象天地人也。禹收九牧之金,铸九鼎,皆尝鬺烹上帝鬼神。遭圣则兴,迁于夏商。"由此可见,制作鼎的历史十分悠久,经历了从"神鼎"到"宝鼎",再到"九鼎"的历史变迁。《左传·宣公三年》:"昔夏之方有德也,远方图物,贡金九牧,铸鼎象物,百物而为之备,使民知神、奸。故民入川泽山林,不逢不若。螭魅罔两,莫能逢之,用能协于上下以承天休。"这说明大禹曾让人把远方的东西画成图像并镌刻于鼎身之上,让百姓知道神物和怪物,他们进入川泽山林时,就不会碰上螭魅魍魉这些鬼怪,因而能够使上下和谐,以承受上天的福佑。可见,九鼎体现了大禹天下为公、为民造福的美德。

自禹之后,历商至周,鼎为传国之重器,后遂成为国家权力和王位的象征。《左传·宣公三年》载楚子问鼎之大小轻重,对方答道:"周德虽衰,天命未改,鼎之轻重,未可问也。"楚子问鼎意味着他有篡夺天子王位的野心。"问鼎"后来成为一个典故词,并产生"问鼎中原""问鼎之心"这两个成语。

关于铸九鼎,稍晚于《左传》的《墨子·耕柱》却说铸造者不是大禹,而是其子夏启:"昔者夏后开使蜚廉折金于山川,而陶铸之于昆吾;是使翁难雉乙卜于白若之龟,曰:'鼎成三足而方,不炊而自烹,不举而自臧,不迁而自行。以祭于昆吾之墟。上乡!'"此处说夏后开(即夏启)铸九鼎所用的铜材不是九州牧所贡的金,而是由蜚廉采矿所得。但无论是大禹铸鼎还是夏启铸鼎,从二里头遗址、

---

① 方燕明:《登封王城岗城址的年代及相关问题探讨》,《考古》2006年第9期。

东下冯遗址考古发掘出土的青铜器可以知道夏初是有铸鼎技术的。

作为传国重器,九鼎在夏亡后迁于商,商亡后迁于周,周亡后入于秦,后不知去向。《左传·宣公三年》载:"桀有昏德,鼎迁于商,载祀六百。商纣暴虐,鼎迁于周。"《史记·封禅书》云:"其后百二十岁而秦灭周,周之九鼎入于秦。"又云:"遭圣则兴,鼎迁于夏商。周德衰,宋之社亡,鼎乃沦没,伏而不见。""或曰宋太丘社亡,而鼎没于泗水彭城下。"《水经注·泗水》:"周显王四十二年,九鼎沦没泗渊,秦始皇时而鼎见于斯水。始皇自以德合三代,大喜,使数千人没水求之,不得,所谓鼎伏也。"后来"泗水取鼎"就成了汉画像石中常见的故事题材。也有说商灭夏后毁九鼎而重铸,周灭商后又毁而重铸,即所谓"革故鼎新"。武则天、宋徽宗还曾铸造过九鼎,由此可以看出大禹铸九鼎的影响至为深远。

### 四、建造世室

《礼记·月令》:"天子居明堂太庙。"明堂在夏代被称作世室。大禹建立夏朝后,即兴建世室。古代氏族联盟首长观天、议事、祭祀的场所,黄帝时代叫合宫,颛顼时代叫玄宫,尧舜时代叫总章,夏代叫世室,周代称明堂。《戴东原集》卷二《明堂考》说:"王者而后有明堂,其制盖起于古远。夏曰世室,殷曰重屋,周曰明堂,三代相因,异名同实。"

关于夏代世室的规模和建制,《考工记·匠人》说:"夏后氏世室,堂修二七,广四修一。五室,三四步,四三尺。九阶。四旁两夹窗。白盛。门堂三之二,室三之一。"意思是,夏后氏的世室,堂前后深七步,宽是深的四倍。整个大堂分为五个大室,每室四步见方,每边都有三个四步见方;每边都有四道墙,每道墙厚三尺,每边都有四个厚三尺。世室四面有九层台阶。四面有门,每门两旁各有一窗相夹。用白灰刷墙。门堂的面积是正堂的三分之二,堂后的室是正堂的三分之一。

大禹修建世室,是继治水之后的又一大工程。作为集会议事、朝会诸侯的布政之宫和祭祀活动的庙堂,世室集政事、宗教、教化为一体,另外也有天文观测的功能,还摆放测日影的八尺之竿(表)以及有规、矩、准、绳等仪器。世室的具体功能可从后世的明堂制度中窥知。清代阮元在《明堂论》中说:"明堂者,天之所居之初名也。是故祀上帝则于是,祭先祖则于是,朝诸侯则于是,养老尊贤教国子则于是,飨射献俘馘则于是,治天文告朔则于是,抑且天子寝食恒于是,此古之明堂也。"①大禹所建的世室,上承黄帝的合宫、颛顼的玄宫、尧舜的总章,下启周代的明堂,在政治、文教方面具有举足轻重的作用,对于国家治理具有重要意义。

**【学习提示】**

提到大禹,人们首先想到的就是大禹治水三过家门而不入。大禹最大的功绩就是治服了洪水。在中国历史上,洪水并不罕见,治水者也不少,但没有哪一位能像大禹这样被历史反复书写,被后人千古传颂。除了治水,大禹还划分了九州,根据各州情况制定了贡赋,平定了三苗的叛乱,最后定都阳城,建立了我国历史上第一个统一的王朝——夏朝。作为臣子,大禹兢兢业业,佐舜有功;作为君王,大禹勤政为民,实现了国家的长治久安。总之,大禹治水建国,掀开了中华文明史新的篇章,功莫大焉。

**【拓展资料】**

1. 大禹历史书写的演变

先秦时期,大禹传说集中出现于"史书"和"子书"中,叙述者都将大禹传说作为上古时期的重要史事加以记述和描绘,但叙述的内容却因叙述者所代表的学派和立场不同而有所不同。汉代以后,随着作为帝王典范的大禹形象的定型,对于大禹传说的改造又有了新的变化:第一,东汉时期兴起的纬学思想继承了先秦时期大禹传说固有的天德观念,并将大禹传说本身所具有的神奇因素作为天命的征兆,从而附会出许多符瑞故事,大禹逐渐被当作了谶纬符瑞思想的载体和符号;第二,神仙道教学者对大禹传说中的神奇因素进行了改造,为实现自神其教的目的而将其纳入道教体系和仙话范畴,使大禹传说成为道教传播的工具和手段;第三,大禹传说受到了文学家的青睐,在许多笔记故事、通俗小说和诗歌作品中,大禹以一种文学形象得以再生,并由此衍生出许多新的形象和故事。

(孙国江:《大禹传说研究综述与前景展望——以中国叙事文化学为依据》,《天中学刊》2016年第3期)

---

① 阮元:《揅经室集》,北京:中华书局1993年版,第57页。

2.夏朝的年代、疆土及其灭亡

按照古书记载,夏朝国王姓姒,从禹开始,到桀灭亡,共传14代,17王。《竹书纪年》说,夏代延存471年。《三统历》说,夏代共432年。由此可知,夏代历时四五百年光景,自公元前21世纪至公元前16世纪。夏朝的疆土,大致西起今河南西部和山西南部,东面抵达今河南、河北和山东三省交界处,而河南西部则是夏王朝活动的中心地带。

夏的都城经常迁徙,相传禹建都阳城(可能在今河南登封境内),后又迁往阳翟(今河南禹县)。启放弃阳翟西迁,定都在安邑(今山西夏县)。以后夏的都城大致在伊水、洛水流域,即今河南巩县到洛阳一带,至于具体的城址所在,还有待于今后的发掘研究。……

夏朝从孔甲开始,社会矛盾日甚一日。孔甲好事鬼神,生活淫乱,激起人民不满,诸侯乘机叛夏,夏王朝从此走向衰败的道路。孔甲以后三世是桀(履癸),桀更为荒唐不堪。他作琼宫,筑瑶台,多求美女以充后宫,"乃大淫昏"(《尚书·多方》)。《史记·夏本纪》说:"桀不务德而武伤百姓,百姓弗堪。"因此,人民非常痛恨他,指着天空骂道:"时日曷丧(你这太阳何时灭亡)?予及汝偕亡(我宁愿同你一起灭亡)!"(《尚书·汤誓》)这说明当时阶级矛盾达到了尖锐的程度。这时商族已很强大,逐步渗入夏朝的统治区,最后商汤发起了灭夏的战争,桀战败逃走,死于南巢(今安徽寿县东南),夏朝灭亡。

(张仁忠:《中国古代史》,北京:北京大学出版社2006年版,第25、27页)

【研习探索】

1.大禹治水所采取的疏导方法在实际工作中有何应用价值?
2.查阅资料,谈谈中国古代的鼎文化。
3.谈谈大禹的历史贡献及其历史地位。

# 第四章　大禹与中国早期政治

大禹是与尧、舜齐名的贤圣帝王,建立了中国第一个奴隶制王朝——夏朝,其最卓著的功绩就是治水和立国。他划九州,铸九鼎,五音听政,闻善则拜,允执厥中,是古代著名的政治家。"中山先生曰:'政'就是众人的事,'治'就是管理,管理众人的事,就是政治。"①可见,人民是国家的根本,是政治得以存在的基础和凭依。大禹建立夏王朝后,以其民为邦本、精一执中的政治理念,划分九州、五音听政等一系列政治作为,彰显了其德政、勤政、廉政等政治特征,并客观上推动了由"公天下"而"家天下"的转化,一定程度上影响了中国历史的进程。

## 第一节　大禹的政治智慧

大禹的政治智慧在他辅佐帝舜时就已经显现,在他建立夏朝后全面呈现。这在我国第一部保存最完整的记言体史书《尚书》中有具体记载。《尚书》是记述尧舜至春秋秦穆公时期历代帝王政事的散文典籍,其中《大禹谟》《洪范》《五子之歌》等篇集中体现了大禹的政治理念和政治智慧,虽出于后人的追记,但早已成为不刊之论,对后世儒家乃至中国传统政治影响很大。我们在前面的章节中实际上已经涉及一些,但大禹的政治智慧,还有如下几点值得注意:

### 一、九功惟叙

据《尚书·大禹谟》载,舜晚年有一次与禹和益讨论治国方略,禹提出了六府三事的治国总纲,"德惟善政,政在养民。水、火、金、木、土、谷,惟修;正德、利

---

① 严耕望:《中国政治制度史纲》,上海:上海古籍出版社2013年版,第1页。

用、厚生、惟和。九功惟叙,九叙惟歌"①。意即帝德应当使政治美好,政治在于养民。六种生活资料:水、火、金、木、土、谷,应当治理,正德、利用、厚生三件利民的事应当配合,这九件事应当理顺,九事理顺了应当歌颂。舜深以为然,说:"俞！地平天成——六府三事允治,万世永赖,时乃功。"②意即只有地平天成,大地平静不发生灾难,上天成全不给予警示,六个国计民生部门的工作和三个方面的社会事业都能切实有效地治理到位,并成为万世永赖、长治久安的扎实基础,这才是真正的功绩。

"六府三事",有的专家解释为六件实事和三项原则。"水"即治水,"火"即制作熟食,"金"即发展冶铜,"木"即治理山林,"土"即建筑,"谷"即发展农业,合称"六府"。"正德"以率下,即上层德正才能教化民德;"利用"以阜财,即厉行节俭、反对奢靡才能使财物为利民之用;"厚生"以养民,即为民谋福祉,三者合称为"三事"。匡正社会价值观念和利益关系,充分开发利用各种自然资源,不断提高人民生活水平,这三个方面的事业必须协调合宜,缺一不可。

大禹执政后,还设置部门对官员进行管理,分管水、火、金、木、土、谷这六个部门,称"六卿",其工作必须修明有为,逐一到位。"九功"的工作到位了,还要用诗歌、乐舞等文艺形式、文艺作品加以歌颂宣扬,以劝勉引导百姓,绝不能使君王的善政遭到践踏,受到破坏。大禹"九功惟叙"的治国思想为后代治国奠定了思想基础。

## 二、允执厥中

大禹得到天下后,立中央熊旗,治国秉持中道,听政三年而天下大治。上海博物馆馆藏的《容成氏》载:"禹听政三年,因民之欲,会天地之利矣。是以近者悦治,而远者自至,四海之内及四海之外,皆请供,禹然后始为之旗号,以辨其左右,思民毋惑。东方之旗以日,西方之旗以月,南方之旗以蛇,中正之旗以熊,北方之旗以鸟。"

舜曾告诫大禹:"天之历数在汝躬,汝终陟元后。人心惟危,道心惟微;惟精

---

① 蔡沈注:《书经》,上海:上海古籍出版社1987年版,第12页。
② 蔡沈注:《书经》,上海:上海古籍出版社1987年版,第12页。

惟一,允执厥中。"①意即大禹你最终要继位为君,但人心是危险难测的,道心是幽微难明的,只有自己一心一意,精诚恳切地秉行中正之道,才能治理好国家。有专家认为,"允执厥中"原意应是强调"顺应天数","道心惟微"的原意是指对"天道"变化需要精微地测占,"人心"总是对天道畏惧担忧,而"道心"才是"人心"的根本依赖。因此只有"允执厥中",才能顺应天意,才能合乎人心。

"人心惟危,道心惟微;惟精惟一,允执厥中",史称"虞廷十六字",又被儒家奉为"十六字心传",现在也有专家称其为中华心法,它是中国传统文化的核心思想。"允执厥中"指言行符合不偏不倚的中正之道,要稳妥地把握好中正的尺度。"允执厥中",亦称"执中"。《孟子·尽心上》:"子莫执中,执中为近之,执中无权,犹执一也。"赵岐注:"执中和近圣人之道。"汉刘向《说苑·修文》:"南者生育之乡,北者杀伐之域,故君子执中以为本。"宋朱熹《中庸章句序》:"君子时中,则执中之谓也。"大禹"允执厥中"的思想对后世影响深远,儒家的中庸之道就与其一脉相传。

"允执厥中"是以大禹为代表的中华民族祖先的智慧,而欹器则是"允执厥中"思想的最好体现。《荀子·宥坐》有关于欹器的最早记载:"孔子观于鲁桓公之庙,有欹器焉。孔子问于守庙者曰:此为何器?守庙者曰:此盖为宥坐之器。孔子曰:吾闻宥坐之器,虚则欹,中则正,满则覆。孔子顾弟子曰:注水焉。弟子挹水而注之,果中而正,满而覆,虚而欹。孔子喟然而叹曰:吁!恶有满而不覆者哉!"欹器有个特点:当它空虚不盛一点水时,只能欹斜地放着而无法端正地放置,把它扶正后,一放手它就又歪斜在一边,此即所谓"虚则欹"。而这容器被注入适量的水后,就可端正地摆放在那里,此即"中则正"。但在容器中注水又不可太满。水太多了,它又会自动向另一侧翻倒,而使水都倒了出来,此即所谓的"满则覆"。鲁国之君把这奇异的容器放在宗庙中作为"座右铭",目的在于提醒自己,万事都要采取中庸之道,适可而止,切不可过分,慎防"满而覆"。直至清末,故宫太和殿的龙案上还摆放有欹器,时时警戒皇帝治国要"允执厥中"。

---

① 蔡沈注:《书经》,上海:上海古籍出版社1987年版,第13—14页。

## 三、洪范九畴

大禹的政治智慧集中体现在《尚书·洪范》中。"洪范"本义为治理洪水的规范,大禹又据此制定出治理天下的九章大法,即"洪范九畴"。"鲧则殛死,禹乃嗣兴,天乃锡禹洪范九畴,彝伦攸叙。初一曰五行,次二曰敬用五事,次三曰农用八政,次四曰协用五纪,次五曰建用皇极,次六曰乂用三德,次七曰明用稽疑,次八曰念用庶征,次九曰向用五福,威用六极。"①"洪范九畴"乃禹治国之大政方略,所谓"畴",就是"基本原则"。第一畴即"五行"。"五行:一曰水,二曰火,三曰木,四曰金,五曰土。水曰润下,火曰炎上,木曰曲直,金曰从革,土爰稼穑。润下作咸,炎上作苦,曲直作酸,从革作辛,稼穑作甘。"②重点阐述宇宙间客观物质的五个类别及对应的五种基本性状,旨在告诫君主要尊重自然法则、客观规律。第二畴是"五事"。"五事,一曰貌,二曰言,三曰视,四曰听,五曰思。貌曰恭,言曰从,视曰明,听曰聪,思曰睿。恭作肃,从作乂,明作哲,聪作谋,睿作圣。"③重点强调君主要想树立威严,让臣民敬仰,应当恪守五个方面的操行。第三畴是八政。"一曰食,二曰货,三曰祀,四曰司空,五曰司徒,六曰司寇,七曰宾,八曰师。"④君王设官分职,要管理好八大政务,即农业、财贸、祭祀、工程、教育、司法、礼宾、军事等八个方面的施政举措。第四畴是五纪。"一曰岁,二曰月,三曰日,四曰星辰,五曰历数。"⑤即协调社会生产和生活秩序,要综合运用五种纪年记农时的方法,强调国君要重视天象观测,按时颁布历法,保证老百姓正常从事农业生产。第五畴是皇极。"皇建其有极,敛时五福,用敷锡厥庶民。"⑥即树立皇极的威信,并建立遴选官员和赏罚的标准。第六畴是三德。"一曰正直,二曰刚克,三曰柔克。"⑦即治理众民要以"正直"为本,同时在必要时又要刚柔并用,或

---

① 蔡沈注:《书经》,上海:上海古籍出版社1987年版,第12页。
② 蔡沈注:《书经》,上海:上海古籍出版社1987年版,第12页。
③ 蔡沈注:《书经》,上海:上海古籍出版社1987年版,第12页。
④ 蔡沈注:《书经》,上海:上海古籍出版社1987年版,第12页。
⑤ 蔡沈注:《书经》,上海:上海古籍出版社1987年版,第12页。
⑥ 蔡沈注:《书经》,上海:上海古籍出版社1987年版,第12页。
⑦ 蔡沈注:《书经》,上海:上海古籍出版社1987年版,第12页。

者以刚制胜,或者以柔制胜。第七畴是稽疑。"择建立卜筮人,乃命卜筮,曰雨,曰霁,曰蒙,曰克,曰贞,曰悔……"①即阐述决策行动之前要解决困惑,排除疑虑,澄清模糊认识,最大限度地达成思想共识。第八畴是庶征。"曰雨,曰旸,曰燠,曰寒,曰风,曰时……"②强调君主要通过各种天气征象进行省察反思,通过雨、旸(晴)、燠(暖)、寒、风等气候变化以判断年景和收成,这是国君政治得失的征兆。第九畴是五福、六极。"五福,一曰寿,二曰富,三曰康宁,四曰攸好德,五曰考终命。六极,一曰凶短折,二曰疾,三曰忧,四曰贫,五曰恶,六曰弱。"③以五福劝导人们向善,以六极警戒和阻止人们从恶,阐明国君掌控五福、六极,用于赏罚,引导人民趋利避害。《洪范》系统地阐述了古代中国的治国之道,并对后世治国产生了深远的影响。

## 四、重视祭祀

大禹与神农、后稷并称为中华民族的农业始祖,有专家称其为"兴农先师"④。神农与伏羲、女娲并称为"三皇",《白虎通》:"古之人民,皆食禽兽肉。至于神农,人民众多,禽兽不足。于是神农因天之时,分地之利,制耒耜,教民农作,神而化之,使民宜之,故谓之神农也。"《史记·补三皇本纪》:"神农氏始作蜡祭。"蜡,后世亦作"腊",因为农作物至冬天收藏完毕,接着举行祭祀,时间已在十二月,亦称"腊月",腊祭那天亦称"腊日"。把庆祝农业丰收的祭祀典礼,说成是神农首创,同神农氏发明耒耜,教民种植五谷是一致的。《淮南子·主术训》则有不同的述说:"昔者,神农之治天下也……甘雨时降,五谷繁殖,春生、夏长、秋收、冬藏,月省时考,岁终献功,以时尝谷,祀于明堂。"这段文字可以理解为明堂是神农以前即已存在的祭祀场所,蔡邕《明堂月令章句》:"明堂者,天子太庙,所以祭祀。夏后氏世室,殷人重屋,周人明堂。"

社祀是原始土地自然崇拜的一种形式,自古以土地之神为社神。大禹治水

---

① 蔡沈注:《书经》,上海:上海古籍出版社1987年版,第12页。
② 蔡沈注:《书经》,上海:上海古籍出版社1987年版,第12页。
③ 蔡沈注:《书经》,上海:上海古籍出版社1987年版,第12页。
④ 梦佳:《"禹道"千古——记叶毓山先生在汶川绵虒所造之大禹雕塑》,《雕塑》2010年第5期。

成功,土地复得耕种,故被祀为社神。《尚书·吕刑》:"乃命三后,恤功于民。伯夷降典,折民惟刑;禹平水土,主名山川;稷降播种,农殖嘉谷。"《荀子·成相篇》:"禹傅土,平天下,躬亲为民行劳苦。"《史记·封禅书》:"自禹兴而修社祀,后稷稼穑故有稷祠,郊社所从来尚矣。"《淮南子·氾论训》:"故炎帝于火而死为灶,禹劳天下而死为社,后稷作稼穑而死为稷。"可见,禹"死为社",社祀就是祭祀禹。贵州布依族"访己"祭祀社神,就是古代祭祀社神禹的遗俗。"布依族六月六节来源于古代传说六月六日为禹生辰和于是日祭祀禹的风俗;布依族六月六'访己'祭祀社神就是祭祀宗神大禹。"①

后稷是周部族的始祖,因其教会人们种庄稼,故被后人尊奉为谷神、农业神。周人以稷为始祖,以稷为谷神,以社稷为国家的象征。《孟子》:"后稷教民稼穑,树艺五谷,五谷熟而民人育。"《国语·鲁语上》:"夏之兴也,周弃继之,故祀以为稷。"《史记·周本纪》:"好耕农,相地之宜,宜谷者稼穑焉,民皆法则之。帝尧闻之,举弃为农师,天下得其利,有功。帝舜曰:'弃,黎民始饥,尔后稷播时百谷。'封弃于邰,号曰后稷,别姓姬氏。"大禹治水时,"命后稷予众庶难得之食,食少,调有余相给,以均诸侯"。后稷"教民稼穑",后世认为是"缵禹之绪"②。2017年6月21日至23日,习近平总书记在山西考察调研,在谈到农耕文明起源时提到"后稷教民稼穑于稷山"。山西稷山稷王庙是中国历史上规模最大、档次最高、保存最完整的一处专祀谷神后稷的庙宇。史载后稷教稼有功,被封于邰(今陕西武功县),武功古城亦存有教稼台。陕西杨凌相传也是后稷教民稼穑之地,1934年,于右任先生和杨虎城将军在这里建立了西北农林专科学校,此即西北农林科技大学的前身。

后来,社稷合称而指国家,社神是大禹,稷神为后稷,后世也多将两人并称,合祀。《论语》:"禹稷躬稼而有天下。""昔禹平水土,后稷教稼,各享国祚数百年,此种德收福,千古不易之理也。"③武汉晴川阁今存禹稷行宫,南通三余镇有禹稷庙,河津连伯高禖庙受宋真宗大祭后土祠的影响,也一度改称"后土禹稷

---

① 谷因:《祭祀大禹:布依族"六月六"节探源》,《贵州民族学院学报》(社会科学版),1996年第1期。
② 《十三经注疏》,上海:上海古籍出版社1997年版,第614页。
③ 常松木:《登封大禹神话传说》,郑州:河南文艺出版社2014年版,第349页。

庙",高禖庙正殿主祀女娲,左为大禹,右为后稷。陕西汉中城固五门堰有禹稷殿,其《重修太白楼碑记》:"堰有寺曰龙门,旧祀禹稷乔高二公,以为民祈谷。"①《五门堰合祀蒲公乔公高公叙》碑:"今堰庙祀典,禹、稷、太白之神,于开水日祀之;平水王之神,六月六日祀之……就禹稷殿中,虔设祭品。"②

伯益和后稷一样,都是大禹治水的助手。后稷被奉为谷神,伯益后世则被祀为虫王。据说伯益属于东夷部落的飞鸟族,能听懂鸟的语言,善驯鸟兽,后为虞官,因助大禹治水有功,被禹选为继承人。相传禹去世后,夏启借机篡权并杀害了伯益,伯益死后九州大地虫害严重,夏启担心是伯益作法,便将他封为虫王。③《史记·秦本纪》记载:"佐舜调驯鸟兽,鸟兽多驯服,是为柏翳。"《广博物志》曰:"夫伯益当日,佐禹治水,调驯鸟兽,是有百虫之称。"因为伯益经常和鸟兽打交道,可以管理一切鸟、兽、虫类,被称为鸟兽之长,故被后世尊为保佑人们免遭猛兽蝗虫伤害的神灵——"百虫将军",被民间敬为虫王爷。为祈求虫王保佑庄稼不受虫害,各地都建有虫王庙或虫王殿,如河南登封东刘碑、文村、告成,博爱酒奉村,巩义侯地村等。《说嵩·广博物志》曰:"伯益字隤敳,为唐泽虞臣,是为百虫将军。今巩、洛、嵩山有百虫将军是也。自汉有之。"清顺治十六年(1659)《密县志》:"虫王祠:即百虫将军,乃烈山泽之伯益也。岁祀,令必躬临,祠祀最古。在邑东云岩宫北一里,顺治六年,知县李芝兰重建。"也有将后稷、伯益合祭的,如山西绛州稷益庙。

## 第二节 大禹的政治措施

大禹上承尧舜,下启商汤、周文王,是中国古代著名的政治家,具有杰出的政治才能。他划分九州,铸造九鼎,建造世室,五音听政,征伐三苗,这一系列政治作为进一步巩固了奴隶制王权,初步奠定了夏王朝版图的基础,为华夏民族的形

---

① 鲁西奇、林昌丈:《汉中三堰——明清时期汉中地区堰渠水利与社会变迁》,北京:中华书局2011年版,第214页。
② 鲁西奇、林昌丈:《汉中三堰——明清时期汉中地区堰渠水利与社会变迁》,北京:中华书局2011年版,第213页。
③ 常松木:《登封大禹神话传说》,郑州:河南文艺出版社2014年版,第237—239页。

成做出了巨大贡献。

## 一、任贤使能

致天下之治者在人才，人才是治国的基础。《贞观政要》："为政之要，惟在得人。用非其才，必难致治。"九德指贤人所具备的九种优良品格。大禹选贤任能，注重九德，《尚书·皋陶谟》："皋陶曰：'都，亦行有九德，亦言其人有德，乃言曰载采采。'禹曰：'何？'皋陶曰：'宽而栗、柔而立、愿而恭、治而敬、扰而毅、直而温、简而廉、刚而实、强而义，彰厥有常，吉哉！'"即选拔的人才要具备宽宏大量而又行事谨慎、性情温和而又有独立主见、老实厚道而又严肃负责、富有才干而又办事慎重认真、耐心和顺而又刚毅果断、为人耿直而又和气、志向远大而又行为不苟、刚正不阿而又实事求是、能力强而又能协调好关系的品格。

大禹治水时，伯益、后稷、大章、竖亥等是其得力助手。《荀子·成相》："禹傅土，平天下，躬亲为民行劳苦，得益、皋陶、横革、直成为辅。"《吕氏春秋·求人》："陶、化益、直窥、横革、之交五人佐禹。"《列子·汤问》："大禹行而见之，伯益知而名之，夷坚闻而志之。"《淮南子》："禹乃使大章步自东极至于西极，二亿三万三千五百里七十步；使竖亥步自北极至于南极，二亿三万三千五百七十步。"《宋史》所载的《大禹治水玄奥录》一书中认为大禹有六个助手：黄魔、大翳、虞律、炎璋、童律、乌木田。总之，大禹在这些精兵强将的辅佐下，治水才得以大功告成。而大禹治理天下，则有七位大臣。《绎史》引《鹖子》："禹之治天下也，得皋陶，得杜子业，得既子，得施子黯，得季子宁，得然子湛，得轻子玉。得七大夫以佐其身，以治天下。"当然，舜所举用的八元、八恺和二十二位贤臣中相当一部分如弃、伯益等亦为大禹重用。

大禹重视人才，任贤使能，还闻善则拜，礼贤下士。"禹闻善言，则拜。"[1]《荀子·大略》："禹见耕者耦，立而式，过十室之邑，必下。"《大戴礼记·曾子制言下》："是故昔者禹见耕者五耦而式，过十室之邑则下，为秉德之士存焉。"意即大禹不耻下问，即便经过一个只有十户人家的小村落，只要听说有德高望重之人，就会下车拜访求教。《吕氏春秋·谨听》："昔者禹一沐而三捉发，一食而三起，

---

[1] 《十三经注疏》，上海：上海古籍出版社1997年版，第2488页。

以礼有道之士,通乎己之不足也。"大禹如此礼贤下士,堪为后世楷模。

## 二、五音听政

大禹在庭堂上悬置鼓、钟、铎、磬、鞀五种乐器,凭借聆听这五种乐器的声音处理政事,这是在尧置敢谏鼓、舜设诽谤木的基础上为了广开言路、广泛听取民意而进行的政务创新,史称"五音听治",又称"五音听政"。《淮南子·氾论训》:"禹之时,以五音听治,悬钟鼓磬铎,置鞀,以待四方之士。为号曰:教寡人以道者击鼓,谕寡人以义者击钟,告寡人以事者振铎,语寡人以忧者击磬,有狱讼者摇鞀。"意即能教"我"以道的人击鼓,能谕"我"以义的人击钟,能告知"我"以事的人振铎,能语"我"以忧的人击磬,有狱讼的人摇鞀。《淮南子·氾论训》还记载了大禹五音听政时的勤政事迹:"当此之时,一馈而十起,一沐而三捉发,以劳天下之民。"说大禹吃一顿饭居然有十次停下来,接见来访的百姓;沐浴的时候至少三次把头发擦干绾结起来去接见来访的民众。《艺文类聚》卷十一记载了大禹的一句话:"吾不恐四海之士留于道路,而恐其留于吾门也。"意即不担心老百姓停留在路上,反倒担心他们都停留在"我"的门前,因为如果老百姓都停留在门前,说明他们的意见无法上达,他们的事情不能及时得到处理。由此可以看出大禹五音听政的良苦用心,就是要广开言路,使民情顺畅便捷地上达,使老百姓的意见建议得到高效及时的处理。

在张居正《帝鉴图说·圣哲芳规》中,五音听政又被称为"揭器求言"。作为大禹了解民情、听取民意的特殊方式,五音听政与帝尧时立谤木、置谏鼓相比,指向性更加明确。

## 三、制定典则

《尚书·五子之歌》其四:"明明我祖,万邦之君。有典有则,贻厥子孙。关石和钧,王府则有。荒坠厥绪,覆宗绝祀!"意即大禹是万邦之君,制定治理国家的典章法令,传给他的子孙;征赋和计量平均,王家府库丰殷。现在废弃他的传统,就断绝祭祀,危及宗亲!《史记·夏本纪》:"禹为人敏给克勤,其德不违,其仁可亲;声为律,身为度,称以出,亹亹穆穆,为纲为纪。"这些都说明大禹制定了典、则、纲、纪。"皋陶于是敬禹之德,令民皆则禹。不如言,刑从之。"①大禹治水成功后,皋陶即让民众以大禹为楷模立身行事。

大禹制定的典则,最重要的莫过于法制。《左传·昭公六年》:"夏有乱政,而作禹刑。"后人大多将禹刑或夏刑作为夏朝法律的总称。《唐律疏议·名例律》:"夏刑三千条。"郑玄注《周礼》:"大辟二百,膑辟三百,宫辟五百,劓墨各千。"大禹制定法律,令民遵照执行。《吴越春秋》:大禹"造井示民,以为法度。""井"就是法律,将法律公布于众,令民遵守。"封有功,爵有德,恶无细而不诛,功无微而不赏。"②这说明大禹不仅赏罚分明,而且执法有度。《尚书·大禹谟》:"罚弗及嗣,赏延于世。宥过无大,刑故无小;罪疑惟轻,功疑惟重;与其杀不辜,宁失不经;好生之德,洽于民心,兹用不犯于有司。"意即大禹时期刑罚不株连子孙,赏赐却要延续到后代。对过失犯罪,无论多大都能宽恕;对故意犯罪,无论多小都要惩罚。遇有疑之罪从轻论处,功劳有疑则从重赏赐。《左传·襄公二十六年》:"故《夏书》曰:'与其杀不辜,宁失不经。'"意即与其杀害无罪之人,宁愿放纵有罪之人。这种罚弗其嗣、罚必当罪、审慎恤刑的司法理念,使得民心和谐,减少违法犯罪。

《尚书·甘誓》:"左不攻于左,汝不恭命,右不攻于右,汝不恭命,御非其马之正,汝不恭命。用命赏于祖,弗用命戮于社,予则孥戮汝。"《甘誓》是夏启即位后兴兵讨伐有扈氏所作的军前动员令,并严令全军将士奋勇杀敌,且将按功行赏、论罪行罚。凡是作战有功的"用命"之士,都将在祖庙受到奖赏;凡是消极怠慢的"弗用命"者,都将在社坛受杀身诛妻戮子之刑。因此,《甘誓》堪称中国古代最早的军法。

大禹还颁布了保护生态的法令,史称"禹禁"。《逸周书·大聚篇》:"春三月,山林不登斧,以成草木之长。夏三月,川泽不入网罟,以成鱼鳖之长。且以并农力,执成男女之功。"可见,早在大禹时期,人们就意识到环境和资源保护的重要性,认识到保护好自然环境和资源,就可以给人们带来取之不尽、用之不竭的巨大财富,并开始运用相应的法律规定来规范人们的行为。大禹的这一保护自

---

① 司马迁:《史记》,北京:中华书局2006年版,第10页。
② 赵晔著,徐天祜音注:《吴越春秋》,南京:江苏古籍出版社1986年版,第84页。

然资源和环境的禁令,被后来的统治者所继承。

### 四、严惩违纪

大禹治水时,即制定了严格的纪律,对一些不听号令的部属进行严惩。河南登封流传有大禹治水时增修刑律、焦山斩甥、将功折罪的系列故事。相传大禹的外甥庚辰因贪睡而使颍河蛟龙逃窜,大禹在焦山要处斩庚辰,后经伯益等求情,遂命庚辰将功折罪,继续捉拿蛟龙。① 河南桐柏亦流传有大禹的外甥、太阳神的后代庚辰,因捉住淮河水妖无支祁而居功自傲盘踞太阳城,不服调令被大禹处斩的故事。②

防风氏,又称汪芒氏,是巨人族,有三丈三尺高,是大禹时期防风部落首领。《路史·国名纪》注引《吴兴记》:"吴兴西有风山,古防风国也。下有风渚,今在武康东十八里。天宝改曰防风山,禹山在其东二百步。"大禹在会稽山会盟诸侯,召开庆功大会,一说防风氏故意迟到,一说防风氏在途中正好遇到洪水,他为了救助灾民而迟到。大禹为了严惩违纪,命令杀掉防风氏。《国语》:"昔禹致群神于会稽之山,防风氏后至,禹杀而戮之。"《吴越春秋》:"周行天下,归还大越,登茅山以朝四方,君臣观示。中州诸侯,防风后至,斩以示众,示天下悉属禹也。"禹王杀防风氏的主要目的在于杀一儆百,借以削弱扬州的部族势力,有利于巩固夏王朝的统治地位。《路史·卷二十二》:"防风氏后至,戮之以徇于诸侯,伐屈骜,攻曹魏,而万国定。"按此,禹杀防风氏乃是立国之纲纪,以警戒诸侯。今浙江德清、绍兴,安徽蚌埠一带皆有与大禹处斩防风氏相关的传说和遗迹。

## 第三节 大禹时期的政治制度

大禹时期,一些政治制度已具雏形。"国家是一个大人群,要有个大机构来管理,这类大机构被称为政府。政府的组织及其职权的运用与人事安排,就是政

---

① 韩有治:《嵩山民间故事》,香港:天马出版公司2001年版,第33—45页。
② 张振犁编著:《中原神话通鉴》,开封:河南大学出版社2017年版,第1169—1170页。

治制度。"①广义的政治制度包括国家体制、政府组织、人才任用,以及关于法律、教育、经济、财政、军事、社会等的制度。大禹时期,除继承尧舜时的禅让制、巡狩制之外,为了加强和巩固统治,还建立了由六卿统领的国家统治机构、军队,同时还制定刑法和贡赋制度等。

## 一、禅让制

禅让制是中国原始社会部落联盟民主推举首领的制度。禅让制最早见于《尚书》,主要存在于尧舜禹时期,尧禅让帝位给舜,舜又禅让帝位于禹。"天与贤,则与贤;天与子,则与子……孔子曰:'唐虞禅,夏后殷周继,其义一也。'"②《墨子》中《尚贤》《尚同》两篇也主张贤人执政,不仅是三公,就是天子也可选天下贤者而立之。《墨子·尚贤》:"古者舜耕于历山,陶河滨,渔雷泽,尧得之服泽之阳,举以为天子,与接天下之政,治天下之民。"禹后来也相继举皋陶、伯益为继承人,而伯益被夏启攻杀,禅让制终止。

《论语》:"尧曰:'咨!尔舜。天之历数在尔躬,允执其中。四海困穷,天禄永终。'舜亦以命禹。"《史记》:"昔者,尧荐舜于人,而天受之;暴之于民,而民受之……尧崩,三年之丧毕,舜避尧之子于南河之南,天下诸侯朝觐者,不之尧之子而之舜;讼狱者,不之尧之子而之舜;讴歌者,不讴歌尧之子而讴歌舜。故曰:'天也。'夫然后之中国,践天子位焉。"这是尧禅让于舜的明确记载。禅让之前,尧对舜还进行了一系列考察,兹不赘述。而禅让的目的是选贤而"利天下",郭店楚墓竹简《唐虞之道》:"唐虞之道,禅而不传。尧舜之王,利天下而弗利也。禅而不传,圣之盛也。利天下而弗利也,仁之至也。故昔贤仁圣者如此。身穷不贪,没而弗利,穷仁矣。必正其身,然后正世,圣道备矣。故唐虞之道,禅也。"但是,尧、舜分别禅让于舜、禹之前,也曾考虑过其他人选。《庄子·让王篇》:"尧以天下让许由,许由不受。又让于子州支父。"《列子·杨朱篇》:"昔者,尧舜伪以天下让许由、善卷,而不失天下,享祈百年。"而据《庄子·让王》记载,舜也曾先后让天下于子州支父、善卷、石户之农、北人无择等。但尧舜禹相继禅让是主

---

① 严耕望:《中国政治制度史纲》,上海:上海古籍出版社2013年版,第1页。
② 朱熹:《四书章句集注》,北京:中华书局1983年版,第308—309页。

流观点。

关于舜禅让帝位于禹,《尚书·大禹谟》记载至为详细:

> 帝曰:"来,禹!降水儆予,成允成功,惟汝贤。克勤于邦,克俭于家,不自满假,惟汝贤。汝惟不矜,天下莫与汝争能,汝惟不伐,天下莫与汝争功。予懋乃德,嘉乃丕绩,天之历数在汝躬,汝终陟元后。人心惟危,道心惟微;惟精惟一,允执厥中。无稽之言勿听,弗询之谋勿庸。可爱非君?可畏非民?众非元后,何戴?后非众,罔与守邦?钦哉!慎乃有位,敬修其可愿,四海困穷,天禄永终。惟口出好兴戎,朕言不再。"
>
> 禹曰:"枚卜功臣,惟吉之从。"
>
> 帝曰:"禹!官占惟先蔽志,昆命于元龟。朕志先定,询谋佥同,鬼神其依,龟筮协从,卜不习吉。"禹拜稽首,固辞。
>
> 帝曰:"毋!惟汝谐。"
>
> 正月朔旦,受命于神宗,率百官若帝之初。

这里,舜禅让帝位于禹有两大原因:第一,大禹治水成功,克勤克俭,不矜不伐,贤能俱备;第二,"天之历数在汝躬",又经过占卜。另外,舜还将"人心惟危,道心惟微;惟精惟一,允执厥中"十六字心法传给了禹。

《史记·五帝本纪》:"舜之商均亦不肖。舜乃豫荐禹于天。十七年而崩。三年丧毕,禹亦乃让舜子,如舜让尧子。诸侯归之,然后禹践天子位。"《史记·夏本纪》:"帝舜荐禹于天,为嗣。十七年而帝舜崩。三年丧毕,禹辞辟舜之子商均于阳城。天下诸侯皆去商均而朝禹。禹于是遂即天子位,南面朝天下,国号曰夏后,姓姒氏。"《吴越春秋·越王无余外传》:"尧禅位于舜,舜荐大禹,改官司徒,内辅虞位,外行九伯。舜崩,禅位命禹。禹服三年,形体枯槁,面目黎黑,让位商均,退处阳山之南,阴阿之北。万民不附商均,追就禹之所,状若惊鸟扬天,骇鱼入渊,昼歌夜吟,登高号呼,曰:'禹弃我,如何所戴?'禹三年服毕,哀民,不得已,即天子之位。"《竹书纪年》:"三十三年春正月,夏后受命于神宗。遂复九州。"这里,又叙述了禹遵禅让旧制而必做的两件事情:一是守丧三年,二是避帝之子。再者,大禹也如舜一样得到了诸侯的拥护才即天子位的。

后来,大禹又遵旧制推荐皋陶并授以政,结果皋陶先禹而逝。"帝禹立而举皋陶荐之,且授政焉,而皋陶卒。封皋陶之后于英、六,或在许。而后举益,任之政。"①史载,禹曾五让天下共主之位于皋陶。上博简《容成氏》:"禹有子五人,不以其子为后,见皋陶之贤也,而欲以为后。皋陶乃五让以天下之贤者,遂称疾不出而死。"皋陶去世后,大禹又举伯益并授之以政。《墨子·尚贤上》:"禹举益于阴方之中,授之政,九州成。"《夏本纪》:"十年,帝禹东巡狩,至于会稽而崩。以天下授益。"伯益虽亦在大禹去世后避让大禹之子夏启,但这次却没有顺着以前的历史轨迹,而是诸侯们争相朝拜夏启,最终夏启继天子位。

　　自古以来,人们对禅让制多有质疑。最早提出疑问的是荀子。《荀子·正论》:"夫曰尧舜禅让,是虚言也,是浅者之传,陋者之说也,不知逆顺之理。"而孟子对禅让也存疑,《孟子·万章上》:"舜居尧之宫,辟尧之子,是篡也,非天欲也。"战国末年的韩非,不但不承认有禅让这回事,反而说舜和禹之所以能继承帝位,是"臣弑君"的结果。《韩非子·说疑》:"舜逼尧,禹逼舜,汤放桀,武王伐纣,此四王者,人臣弑其君者也。"唐代的刘知几在他所著的《史通》中引《汲冢琐语》说"舜放尧于平阳",又说舜是被禹赶到苍梧而死的。稍后的《史记正义》作者司马贞,引《竹书纪年》说:"尧德衰,为舜所囚。舜囚尧,复偃塞丹朱,使父子不得相见也。"孟子则把禅让归结为天意,《孟子·万章上》:"万章曰:'尧以天下与舜,有诸?'孟子曰:'否。天子不能以天下与人。''然则舜有天下也,孰与之?'曰:'天与之。'……舜相尧二十有八载,非人之所能为也,天也。尧崩,三年之丧毕,舜避尧之子于南河之南。天子诸侯朝觐者,不之尧之子而之舜,讼狱者,不之尧之子而之舜,讴歌者,不讴歌尧之子而讴歌舜。故曰:'天也。'夫然后之中国践天子位焉,而居尧之宫。逼尧之子:是篡也,非天与也。泰誓曰:'天视自我民视,天听自我民听。'此之谓也……万章问曰:'人有言:至于禹而德衰,不传于贤而传于子,有诸?'孟子曰:'否,不然也。天与贤,则与贤;天与子,则与子。'昔者舜荐禹于天,十有七年;舜崩,三年之丧毕,禹避舜之子于阳城;天下之民从之,若尧崩之后不从尧之子而从舜也……丹朱之不肖,舜之子亦不肖;舜之相尧,禹之相舜也,历年多,施泽于民久。启贤,能敬承继禹之道;益之相禹也,历年少,施泽

---

① 司马迁:《史记》,北京:中华书局2006年版,第10页。

于民未久。舜、禹、益相去久远,其子之贤不肖,皆天也,非人之所能为也,莫之为而为者,天也;莫之致而至者,命也。匹夫而有天下者,德必若舜、禹,而又有天子荐之者。"而有些学者结合乌桓、鲜卑、契丹、蒙古等民族的发展史加以考证,认为推行首领确是一种部落选举的方式,但华夏民族上古时期的推选,被后人粉饰成了禅让。

综合上述,禅让制作为中国政治史上的美谈,一直为后世津津乐道。禅让制的方式是和平、民主的推选,有利于部落联盟的团结,不是个人权力的转移,体现了"以人为本,任人唯贤"的思想。

## 二、巡狩制

"狩",甲骨文、金文中写作"兽",其义与狩猎活动有关。远古时期,部族首领巡视狩猎和采集区域,划定本族区域边界,督促并参与经济生产等行为,这应是巡狩制度的萌芽。巡狩制度是早期君主直接参与国家管理的重要形式,贯穿于夏商周早期国家的历史,一方面借助巡狩巡视王畿内外地方治绩,劝导农业和体察民情,贯彻社会管理的国家职能;另一方面君主在"天子-诸侯"的国家体制下巡狩四方,炫耀武力,成为监督各族邦职事与贡赋、维系天子与诸侯臣属关系的重要举措。巡狩制度秦汉以降演变为行政视察制度。

《孟子·告子》:"天子适诸侯,曰巡狩;巡狩者,巡其所守也。诸侯朝于天子,曰述职;述职者,述其所职也。"《史记·五帝本纪》曾记载黄帝巡狩:"东至于海,登丸山,及岱宗。西至于空桐,登鸡头。南至于江,登熊、湘。北逐荤粥,合符釜山,而邑于逐鹿之阿。"还记载舜帝巡狩:"岁二月,东巡狩,至于岱宗,柴,望秩于山川。遂见东方君长,合时月正日,同律度量衡。修五礼,五玉三帛二生一死贽。如五器,卒乃复。五月,南巡狩。八月,西巡狩。十一月,北巡狩。归,至于祖祢庙,用特牛礼。五岁一巡守,群后四朝。"[1]通过巡狩,柴祭天帝,望祀山川,观问民风好恶,考正律历与礼乐制度等,并对四方诸侯的行为进行考核。《孟子》也记载了夏代君王巡狩:"天子适诸侯曰巡狩,巡狩者巡所守也……春省耕而补不足,秋省敛而助不给。夏谚曰:'吾王不游,吾何以休?吾王不豫,吾何以

---

[1] 司马迁:《史记》,北京:中华书局2006年版,第3页。

助？一游一豫，为诸侯度。'"

大禹承帝舜之制，也应是五岁一巡狩。史载大禹主要有两次大规模的巡狩活动。一次是巡狩苍梧。据《册府元龟·宰辅部》载："昔禹巡狩苍梧，见市杀人，下车而哭之曰：万方有罪，在予一人。"①这次巡狩，《吴越春秋》记载得更为详细："南到计于苍梧，而见缚人，禹拊其背而哭。益曰：'斯人犯法，自何如此，哭之何也？'禹曰：'天下有道，民不罹辜。天下无道，罪及善人。吾闻，一男不耕，有受其饥；一女不桑，有受其寒。吾为帝统治水土，调民安居，使得其所，今乃罹法如斯，此吾德薄，不能化民证也，故哭之悲耳。'"这也是成语"下车泣罪"的来源。

另一次是南巡会稽。《史记·夏本纪》："十年，帝禹东巡狩，至于会稽而崩。"《墨子·节葬下》："禹东教乎九夷，道死，葬会稽之山。"《竹书纪年》："八年春，会诸侯于会稽，杀防风氏……秋八月，帝陟于会稽。"《吴越春秋》："三载考功，五年政定，周行天下，归还大越。登茅山以朝四方群臣，观示中州诸侯，防风后至，斩以示众，示天下悉属禹也。乃大会计治国之道。内美釜山州慎之功，外演圣德以应天心。"这次巡狩，主要是会计诸侯之功，而杀防风氏则彰显了王权。《吴越春秋》记载大禹还有一次巡狩，曾有黄龙负舟之事："禹济江，南省水理，黄龙负舟，舟中人怖骇，禹乃哑然而笑曰：我受命于天，竭力以劳万民。生，性也；死，命也。尔何为者？颜色不变。谓舟人曰：此天所以为我用。龙曳尾舍舟而去。"此乃神话，可置不论。

《吴越春秋》还记载大禹曾巡狩五岳四渎："禹乃东巡，登衡岳，血白马以祭……禹退又斋三月，庚子登宛委山，发金简之书……遂巡行四渎。与益、夔共谋，行到名山大泽，召其神而问之山川脉理、金玉所有、鸟兽昆虫之类，及八方之民俗、殊国异域、土地里数：使益疏而记之，故名之曰《山海经》。"这是指大禹治水期间踏遍九州，其衍生品则是《山海经》。《山海经》实是后世的作品，据学者王红旗研究，其中的《五藏山经》与大禹治水关系密切。

---

① 栾贵明主编：《夏商周三代帝王集》，北京：新世界出版社2017年版，第28页。

### 三、职官制

中国古代职官制度源远流长,如黄帝以云为官,炎帝以火为官,太昊以龙为官。到了尧舜之际,官名逐渐增多,据《尚书》记载,舜曾命禹任司空,主管平水土;弃任后稷,主管农事;契任司徒,主管教化;皋陶任士,主管刑罚;垂任共工,主管百工;益任虞,主管山林川泽;伯夷任秩宗,主管祭祀,夔典乐;龙任纳言,主管发布命令等。"《尚书》许多篇章是后人据传说追记的,事有出入,但亦不可以因此全然否定其中所记官名官制的存在。"①《史记·五帝本纪》亦载:"皋陶为大理,平民各伏得其实;伯夷主礼,上下咸让;垂主工师,百工致功;益主虞,山泽辟;弃主稷,百谷时茂;契主司徒,百姓和亲;龙主宾客,远人至。"这些人在《尚书》中均有记载,是专门负责具体事务的主管人员。

《通典·职官》:"夏后之制,亦置六卿。其官名次,犹承虞制。"《礼记》:"夏后氏官百,天子有三公、九卿、二十七大夫、八十一元士。"夏朝初期,大禹应承舜制,也建立了一套职官制度,只是官员的数量增加了不少。《尚书·周官》:"唐虞稽古,建官惟百。内有百揆、四岳,外有州牧、侯伯。庶政惟和,万国咸宁。夏商官倍,亦克用乂。"夏初,君主称"后"。《说文解字》说"后者君也"。《史记》:"禹于是遂即天子位,南面朝天下,国号曰夏后,姓姒氏。"由此可知,大禹是夏朝第一代"夏后"。中央政府应设有类似于百揆的摄政,皋陶、伯益曾先后被"授政""任之政"。除摄政外,还设有六卿三正。六卿一说是"六事之人",即六军之主将。《尚书·甘誓》:"大战于甘,乃召六卿。王曰:嗟!六事之人,予誓告汝……"孔传:"天子六军,其将皆命卿。"一说是主管"水、火、金、木、土、谷"六个机构的官员,"地平天成,六府三事允治,万世永赖,时乃功"②。至于周代,六卿已成定例。《汉书·百官公卿表上》:"夏殷亡闻焉,周官则备矣。天官冢宰,地官司徒,春官宗伯,夏官司马,秋官司寇,冬官司空,是为六卿,各有徒属职分,用于百事。"

---

① 聂崇岐:《中国历代官制简述》,转引自《宋史丛考》,上海:商务印书馆1947年版,第30页。

② 蔡沈注:《书经》,上海:上海古籍出版社1987年版,第12页。

另外，夏初"正"是官吏的通称，有车正掌管车服，庖正掌管膳食，牧正掌管畜牧，都是直接为王室服务的官吏。夏初奚仲曾任车正，《左传·定公元年》："薛宰曰：'薛之皇祖奚仲，居薛，以为夏车正。'"杜预注："奚仲为夏禹掌车服、大夫。"《中国人名大辞典》载："奚仲，[夏]禹之臣。初黄帝作车，少昊加牛，奚仲加马。乃命仲为车正，建绥旆以别尊卑等级。"少康曾任有虞氏的庖正、牧正。《左传·哀公元年》："后缗方娠，逃出自窦，归于有仍，生少康焉，为仍牧正。"杜预注："牧官之长。"同书又载：少康"逃奔有虞，为之庖正"。杜预注："庖正，掌膳羞之官。"《尚书·甘誓》："威侮五行，怠弃三正。"此处"三正"应是主管政事的大臣，可能不同于上述车正、牧正和庖正，应指主管政事的高层次官员，"怠弃三正"是说有扈氏怠慢嫌弃朝中重臣，因此夏启要以此为借口讨伐。另外，也有说此处"怠弃三正"是指怠慢甚至抛弃夏朝颁布的历法。

除中央官职外，夏代应还有一些地方官职，如葛、韦、顾、昆吾等部族的首领"伯"，统掌一州的地方官员"牧"以及"师"等。大禹，史书多称伯禹，《尚书·尧典》："伯禹作司空。"《国语·周语下》："其在有虞，有崇伯鲧，播其淫心，称遂共工之过，尧用殛之于羽山。其后伯禹念前之非度，厘改制量，象物天地，比类百则，仪之于民。"《说文解字·人部》："伯，长也。"后世先秦文献的注疏中也多将"伯"解释为"诸侯之长"。如《周礼·周官》："九命作伯。"郑司农注："长诸侯为方伯。"贾公彦疏："伯，长也，是一方之长也。""'伯'作为严格意义上的五等爵称中的一种，其发生的时代似当晚在东周时期，故知以上所云伯为鲧、禹之爵称，颇不足信。事实上，伯鲧、伯禹之'伯'当为古代部落首长的称号。"①

《尚书·尧典》："咨十有二牧曰：'食哉惟时。'"孔颖达疏："州牧，得监一州诸侯。"黄度云："《禹贡》九州，冀、青、兖、徐、扬、梁、雍，皆有戎夷，统于牧伯，以为外臣。"《尚书·益稷》："弼成五服，至于五千，州有十二师。"孔颖达疏引郑玄语："九州，州立十二人为诸侯师，以佐牧……其制，特置牧，以诸侯贤者为之。师，盖百国一师，州有十二师，则州行二百国也。"由上可知，尧舜禹时期的"牧"是统掌一州的地方官员，由于一州之中有大小诸侯之国千数，故又在"牧"下设置"师"，负责管理教化百个诸侯国。"'牧'为州长，其政治地位则低于'伯'，高

---

① 周书灿：《中国早期国家结构研究》，北京：人民出版社2002年版，第12页。

于一般诸侯,在'师'的协助下管理着一州的各项事务。"①

在官员的考核方面,尧舜禹时代已制定出相当详细的标准。《尚书大传》云:"《书》曰:'三载考绩,三考黜陟幽明。'其训曰,三岁而小考者,正职而行事也。九岁而大考者,黜无职而赏有功也。"这说明每三年考核一次为"小考",九年任职期满为"大考"。大考成绩优异者可以升迁,否则就可能降职或受到严厉的处罚,如鲧治水九年无功而被杀。《史记·夏本纪》:"或言禹会诸侯江南,计功而崩,因葬焉,命曰会稽。会稽者,会计也。"这段话即包含有政绩考核的意思,其中"计"就是要对贡赋的征收进行计算与考核。《吴越春秋·越王无余外传》:"三载考功,五年政定,周行天下,归还大越。"这说明大禹时实行每三载考核一次官员的制度。《尚书·立政》:"古之人迪惟有夏,乃有室大竞,吁俊,尊上帝迪,知忱恂于九德之行。乃敢告教厥后曰:'拜手稽首后矣!'曰:'宅乃事,宅乃牧,宅乃准,兹惟后矣。谋面用丕训德,则乃宅人,兹乃三宅无义民。'"意即夏代用"三宅"之法考核官吏,君王要求卿大夫长久地尊重上帝的教导,诚心地相信九德的准则,要求他们各司其职:管理政务的能认真地管理臣民,使之安居乐业;负责司法的能够做到执法历代官制公平合理,而不是以貌取人和根据个人的喜好用人。

与职官制度相应的是,大禹时还有朝会制度。贾谊《新书·修政语上》:"诸侯朝会,而禹亲报之,故是以禹一皆知其国也。其士月朝,而禹亲见之,故是以禹一皆知其体也。然且大禹其犹大恐,诸侯会,则问于诸侯曰:'诸侯以寡人为骄乎?'朔日士朝,则问于士曰:'诸大夫以寡人为汰乎?其闻寡人之骄之汰耶,而不以语寡人者,此教寡人之残道也,灭天下之教也,故寡人之所怨于人者,莫大于此也。'"意即每月朔日的朝会上,大禹就会问大夫们:"一个月来发现我有什么过失?有独断专行、损公利己的言行吗?有奢侈浮华、骄傲自满的事情吗?"这足见大禹严于律己、知过必改的精神。禹都阳城王城岗遗址位于河南省登封市八方村,而八方村之得名即与朝会有关。"八方村:传说夏都于王城岗时,每月

---

① 乔凤歧:《尧舜禹时代的国制度略论》,转引自刘家思主编:《大禹与中国传统文化研究》(第一辑),合肥:安徽文艺出版社2017年版,第121页。

三、六、九日八方诸侯在此听诏,会见禹王,故取名。"①

### 四、开创世袭制

禅让制之后的王位继承制度是世袭制,即"家天下"。世袭制是历史发展到一定阶段的产物,是与由原始社会末期的父系家长制演变而来的宗法制度结合在一起的,是以嫡长子继承制为基本特点的权力分配制度。

大禹相继禅让帝位于皋陶、伯益,但最后其子夏启却继承了帝位。夏启继承帝位的原因,主要有两种说法:第一是夏启深孚众望,在人们心目中比伯益威望高。"三年之丧毕,益让帝禹之子启,而辟居箕山之阳。禹子贤,天下属意焉。及禹崩,虽授益,益之佐禹日浅,天下未洽。故诸侯皆去益而朝启,曰:'吾君帝禹之子也。'于是启遂即天子位,是为夏后帝启。"②"禹崩,传位与益。益服三年,思禹未尝不言。丧毕,益避禹之子启于箕山之阳,诸侯去益,而朝启,曰:吾君,帝禹子也。启遂即天子之位,治国于夏。"③第二是夏启夺位。"益干启位,启杀之。"④夏启继位后,又找借口杀掉了伯益。实际上,世袭制在尧舜时已有端倪。尧子丹朱不肖而禅让于舜,但舜仍避让丹于南河。而舜继尧之位,也是经历了长期考验的。尧在位七十年后,有人推荐丹朱继位,尧不同意,大家又都推举虞舜,尧把自己的两个女儿娥皇、女英嫁给舜,并考验了二十八年才将帝位禅让给舜。舜子商均没有功劳而禅让于禹,禹则避让商均于阳城。而禹禅让于伯益,伯益避让启于箕山之阳,只是伯益避让之地在禹、启的老家阳城的地域之内,而非在其根据地东夷,这才给了夏启继位的机会。

禹禅让伯益也被一些史家认为是名传益而实传启。《战国策·燕策》:"禹授益而以启为吏,及老,而以启为不足任天下,传之益也。启与支党攻益而夺之天下,是禹名传天下于益,其实令启自取之。"《史记·燕世家》:"禹荐益,已而以启人为吏。及老,而以启人为不足任乎天下,传之于益。已而启与交党攻益,夺

---

① 《告成镇志》编纂委员会编:《告成镇志》,郑州:河南人民出版社2007年版,第51页。
② 司马迁:《史记》,北京:中华书局2006年版,第10页。
③ 赵晔著,徐天祜音注:《吴越春秋》,南京:江苏古籍出版社1986年版,第85页。
④ 王国维撰,黄永年校点:《古本竹书纪年辑校·今本竹书纪年疏证》,沈阳:辽宁教育出版社1997年版,第2页。

之。天下谓禹名传天下于益,已而实令启自取之。"

由禅让制到世袭制是历史发展的产物,是农耕时代特有的生产力发展到一定阶段的必然选择,因为农业需要集中管理,需要稳定的社会环境,需要稳定的政权统治。夏启继位,终结了中国原始社会的禅让制,开启了父传子家天下的时代,宣告了原始社会的结束,开启了奴隶制社会,这对当时的社会来讲是有积极意义的。因为禅让制出现在生产力水平极低的原始社会,当时采取氏族公社制度,政治上"公天下"。生产力提高后,剩余产品出现了,私有制也就应运而生。而"家天下"的世袭制是与私有制相适应的,所以说世袭制取代禅让制是历史的进步。夏朝是《史记》中记载的第一个世袭制朝代,开创了中国近四千年世袭制的先河。但在今天看来,世袭制是有历史局限性的,不符合现代民主制度,而用选举制取代世袭制,用任期制取代终身制是符合历史潮流的。

## 第四节　大禹时期的政治特点

大禹时期,政治清明,人民克勤克俭,官员任人唯贤,形成了儒家推崇的贤明政治。

### 一、为政以德

大禹为政以德为首。《尚书·大禹谟》:"正德,利用,厚生,九功惟叙,九叙惟歌。戒之用休,董之用威,劝之以九歌。"大禹认为平治天下三件大事中,"正德"居于首位,是"利用""厚生"的前提,君王要自正其德,正己以治民,而对百姓要重教化,轻惩罚,要用美好的德政感化和劝诫百姓。大禹认为皋陶"迈种德,德乃降,黎民怀之"[1],并十分赞赏皋陶"允迪厥德""慎厥身,修思永,惇叙九族,庶明励翼"[2]的主张,意即君王要诚实地履行其德行,并谨慎其身,坚持不懈地修身,就能使近亲惇厚顺从,使贤人勉力辅佐。皋陶还曾向大禹建议表彰、任用具有九种美德的人,九德即"宽而栗,柔而立,愿而恭,乱而敬,扰而毅,直而温,简

---

[1] 蔡沈注:《书经》,上海:上海古籍出版社1987年版,第12页。
[2] 蔡沈注:《书经》,上海:上海古籍出版社1987年版,第15页。

而廉,刚而塞,强而义"①。由此可见,大禹不仅强调君王要自正其德,大臣及民众也要具备九德。大禹下车泣罪的故事一方面体现了他为政之宽仁,另一方面体现了要以君王之德教化、感化民众。而其伐三苗时,大禹听从伯益建议班师振旅,最终感化了苗民,使其自动归服。舜也赞誉大禹"不自满假,惟汝贤。汝惟不矜,天下莫与汝争能,汝惟不伐,天下莫与汝争功。予懋乃德,嘉乃丕绩"②。意即大禹不自满自大,不夸耀己功,因此赞美大禹的德行,嘉许大禹的功绩。《淮南子》:"禹知天下之叛也,乃坏城平池,散财物,焚兵甲,施之以德,海外宾伏,四夷纳职,合诸侯于涂山,执玉帛者万国。"大禹正是靠德来感化民众的。绍兴大禹陵的禹庙有副对联:"江淮河汉思明德,精一危微见道心。"此联可谓对大禹德政最好的概括。

## 二、为政以勤

大禹治水时,闻乐不听,过门不入,冠挂不顾,履遗不拾。《太平御览·皇王部二》:"禹,治洪水冠挂不顾者,不以下忧累其上也。"《庄子·天下》:"禹,亲自操橐耜,而九杂天下之川,腓无胈,胫无毛,沐甚雨,栉疾风,置万国。"故而舜帝赞誉他"地平天成,六府三事允治,万世永赖,时乃功……降水儆予,成允成功,惟汝贤。克勤于邦,克俭于家"③。摄政后,大禹更是勤于政事,毫不懈怠。《淮南子·氾论训》记载了大禹五音听治时的勤政事迹,"当此之时,一馈而十起,一沐而三捉发,以劳天下之民"。意即大禹吃一顿饭居然有十次停下来,接见来访的百姓;沐浴一次,有三次把头发擦干绾结起来,去接见来访的民众。大禹勤政的事迹见于各种文献。《帝王世纪》:"劳身勤苦,不重径尺之璧。"《论语·泰伯》:"卑宫室而尽力乎沟洫。禹,吾无间然矣!"《群书治要·鬻子》:"禹尝据一馈而七起,日中而不暇饱食。曰:吾不恐四海之士留于道路,吾恐其留吾门廷也是以四海之士皆至,是以禹朝廷间可以罗雀者。"

---

① 蔡沈注:《书经》,上海:上海古籍出版社1987年版,第16页。
② 蔡沈注:《书经》,上海:上海古籍出版社1987年版,第13页。
③ 蔡沈注:《书经》,上海:上海古籍出版社1987年版,第12—13页。

## 三、为政以廉

大禹为政俭约自奉,廉洁自律。《墨子》引《夏书》:"禹七年水,此其离凶饿甚矣,然而民不冻饿者,何也?其生财密,其用之节也。"《尚书·大禹谟》:"惟汝贤!克勤于邦,克俭于家,不自满假,惟汝贤!"《论语》:"禹,吾无间然矣。菲饮食而致孝乎鬼神,恶衣服而致美乎黻冕;卑宫室而尽力乎沟洫。""正德,利用,厚生"三事中的"利用"即利民之用,就是指要勤俭节约,将钱财用于为民兴利除弊。大禹的俭约还体现在薄葬上。《吴越春秋》中《越王无余外传第六》:"命群臣曰:吾百世之后,葬我会稽之山,苇椁桐棺,穿圹七尺,下无及泉,坟高三尺,土阶三等。"《越绝书》:"(禹)因病亡死,葬会稽。苇椁桐棺,穿圹七尺,上无漏泄,下无即水。坛高三尺,土阶三等,延袤一亩。"同时,大禹不重径尺之璧,将诸侯们进贡之铜铸为九鼎,以象征九州而防奸邪。戒酒防微的故事也反映了大禹近乎苛求的严于律己的精神。大禹陵的禹庙有副对联:"卑宫菲食胼胝勤,洁行俭风泉涧涵。"此联亦是对大禹清廉、节俭的最好评价。

## 四、为政以仁

大禹为政,始终以民为贵,以民为本,以民众利益为依归。"正德,利用,厚生"三事中,"厚生"即"厚民之生",就是要轻徭薄役,使人们丰衣足食。大禹心系民生,设身处地为百姓着想。"禹思天下有溺者,由己溺之也;稷思天下有饥者,由己饥之也,是以如是(拯救人民)其急也。"[①]《太平御览》:"禹见耕者五耦而式,过十室之邑而下,见山仰之,见谷俯之。"《御批通鉴辑览》记载,大禹出行时,看见人们耕田,如果拉犁的人手不够,他就要走下车来,与农夫结对,帮他们拉犁,体验耕作的辛苦,打听收成的好坏。

总之,大禹有高超的政治智慧,其以民为本,事九功,叙九畴,执中道,对后世影响巨大。其划九州,铸九鼎,任贤使能,五音听治,制定典则,严惩违纪等政治作为,客观上加强了王权,巩固了统治,为华夏民族的融合、统一奠定了基础。其坚持和推行的禅让制、巡狩制、职官制以及法律制度等在中国政治制度史上具有

---

① 《十三经注疏》,上海:上海古籍出版社1997年版,第2731页。

举足轻重的作用，其为政呈现出了德政、勤政、廉政、仁政、贤政等特点。大禹为政的理念、事功、制度可能被后世儒家美化而有所提升，但其为政之特点绝非捕风捉影，并为后世所传承且发扬光大，产生了极其深远的影响。

**【学习提示】**

大禹是与尧舜齐名的古代先贤，与周公、孔子并称为儒家三圣，《尚书》中的《大禹谟》《洪范》等篇集中体现了大禹的政治理念和政治智慧。《尚书·大禹谟》载，舜晚年有一次与禹和益讨论治国方略，大禹提出了"六府三事"的治国总纲，"九功惟叙"的治国思想为后代治国奠定了思想基础。"人心惟危，道心惟微；惟精惟一，允执厥中"，史称"虞廷十六字"，又被儒家奉为"十六字心传"，集中体现了大禹的中和思想。大禹时期，一些政治制度已具雏形，禅让制、巡狩制、职官制等基本完备。大禹为政呈现出了为政以德、为政以勤、为政以廉、为政以仁等特点，其为政的理念、事功、制度为后世所传承并发扬光大，产生了极其深远的影响。本章主要介绍大禹的政治智慧、政治作为、政治制度、为政特点，旨在使大家了解大禹"六府三事"的治国总纲、"允执厥中"的中正之道、"五音听政"的作风、"造井示民"的治国之道、任贤使能的用人之法等。

**【拓展资料】**

1. 夏代的文化

夏代的农业有了进步，随着农业生产的进步，天文历法知识也逐渐积累起来，因为天文历法和农业生产有密切关系。

对天象进行观测，可能夏代已很重视，因而留下一些天象观测的传闻，或许是记录。《左传》所引用的一段《夏书》中，记录有一年发生了日食，这是我国最早的，也是世界上最早的日食记录。《竹书纪年》记载夏桀十年"夜中星陨如雨"，这是世界上最早的流星雨的记录。

春秋时孔子曾主张"行夏之时"，可见夏代已有历法。战国时编纂流传下来的《夏小正》一书（保存在《大戴礼记》中），可能就保存着一部分夏代历法。

夏代已有天干纪日法，即用甲、乙、丙、丁、戊、己、庚、辛、壬、癸十个天干周而复始地来记日。夏代末期的帝王有孔甲、胤甲、履癸等，都用天干为名，就是有力的证明。

夏代还有关于地震的传闻或记录。《竹书纪年》记载夏末帝发七年泰山发生地震,这是世界上最早的地震记录。

(选自张仁忠:《中国古代史》,北京:北京大学出版社2006年版,第28页)

2. 夏朝的政军机构

《左传·哀公七年》载:"禹会诸侯于涂山,执玉帛者万国。""涂山之会"表示众多部落承认了禹的统治,标志着夏王朝的建立。

大禹要管理国家,必然要建置政军机构,设立官职。史称"夏后氏官百"。夏王朝的最高首脑称为"王"或"后",父子或兄弟相传,是古人所谓"家天下"的开始。从传世文献看,夏朝的政治机构相当庞大。在夏王之下有掌政事的"三正",有为天子辅臣的"疑""丞""辅""弼"四邻,有为国君亲近左右官员的六事(即六吏、六卿),有掌历法的"羲和"(又称"太史"),掌诉讼的"大理",掌音乐的"瞽",掌管教育贵族子弟的"官师""国老",掌出使的"道人",掌收取贡赋的"啬夫",掌管山泽的"虞人",掌畜牧的"牧正",掌养龙的"御龙",掌管夏王膳食的"庖正",掌管夏王车辆的"车正",守卫宫门的守门者,掌王室家族事务的"臣"。夏王朝九州的划分和"甸""侯""绥""要""荒"五服的存在,说明夏朝对地方的管理是以部族首领为诸侯,称"伯"或"牧"。诸侯必须服从夏王的政令,对王朝承担贡纳、朝见、服役和随从征伐的义务。诸侯之下,有"大夫",即各大家族的族长。所以,古人说,夏王有天下,诸侯有国,大夫有家。

夏王朝有军队,是维护暴力统治的重要手段。禹征三苗,称他所统领的军队为"济济有众";启征有扈,严厉告诫所属的军队要严格听从他的指挥。足见当时已有强大的军队。夏王朝国家政权及军队的组织形式,在启讨伐有扈氏时于甘地誓师所作的誓词中可略见端倪。《甘誓》是启在战争开始之前,召集臣属,声讨有扈氏的罪行,并告诫将士,要忠于职守。立功者赏,违命者严惩不贷。启灭有扈氏之后,诸侯皆臣服。誓词中提及的六卿、六事之人,左、右、御等,皆国家官吏和军队将士的称谓。

(李殿元:《论大禹"夏"国的国家体制》,《文史杂志》2017年第2期)

【研习探索】

1. 怎样理解《尚书·大禹谟》中的"九功惟叙"?
2. 大禹"允执厥中"的思想对后世政治有哪些影响?
3. "五音听政"反映了大禹的什么治国理念?

# 第五章　大禹与中国早期经济

大禹是华夏民族的文明始祖、立国始祖，其重大功绩不仅是治理洪水，建立国家，使华夏民族由野蛮社会进入文明社会，而且他还重视发展经济。《尚书》载："禹曰：'洪水滔天，浩浩怀山襄陵，下民昏垫。予乘四载，随山刊木，暨益奏庶鲜食。予决九川距四海，浚畎浍距川。暨稷播，奏庶艰食鲜食。懋迁有无，化居。烝民乃粒，万邦作乂。'"这里表明，大禹抓住了经济在安定社会中的基础作用，显示了他的经济思想。正是在大禹的带动下，中国早期经济得到了恢复和发展，民众过上了稳定的生活，安定了社会。大禹时期的经济，主要包括农业、畜牧业、手工业、交通及贸易等方面。

## 第一节　农业

中国农业有两大源头，一是以种植黍和粟为代表的北方旱作农业，考古发掘成果表明，内蒙古赤峰西辽河上游地区兴隆沟遗址可能是粟和黍的起源地，距今8000年左右；二是以种植水稻为代表的南方稻作农业，对湖南道县玉蟾岩遗址和江西万年仙人洞与吊桶环遗址的研究结果证实，中国栽培水稻可上溯至公元前10000年左右。距今6500年前的黄河流域的西安半坡遗址出土有粟子；距今7000年前的长江流域的河姆渡遗址出土有稻谷。

### 一、考古发现

禹都阳城王城岗遗址历经多次考古发掘，1988年被国务院公布为全国重点文物保护单位，通过《登封王城岗与阳城》《王城岗考古与发现》两书记载的发掘成果，我们可以初步了解大禹时期农业发展状况。

第一,在王城岗龙山文化遗址中发现的磨制石器有铲、斧、凿、刀、镰、镞等,其中出土的石铲数量最多。方燕明等考古工作者还使用复制的石铲进行挖土等试验,其实际功效证明这些工具是当时用来从事农业生产的,表明大禹时期已由原始农业进入更为先进的粗耕农业阶段。

第二,考古工作者运用浮选法,在王城岗遗址发现龙山文化晚期的炭化农作物有粟、黍、稻、大豆等,而在相当于夏代的二里头文化地层中还出土了小麦颗粒。经过统计分析,从龙山文化晚期到二里头文化时期,王城岗遗址浮选出的农作物数量以粟为最多,大豆次之,黍居第三位,水稻排第四,而小麦最少。这说明以粟为主、黍为辅的旱作农业已开始形成,相对于单一作物的种植来说,多种作物为先民们提供了更为丰富的食物来源,使人们的生活得到了更为充分的保障。而小麦在王城岗遗址,相当于夏代的二里头文化地层中被发现,说明在洛阳皂角树二里头文化遗址中发现的小麦不是孤例。同时,水稻被发现,说明王城岗地区在龙山文化晚期有充沛的水资源,具有种植水稻的条件。这为大禹治水时"令益予众庶稻,可种卑湿"提供了佐证。

第三,王城岗城址所揭示的城墙和城壕相伴的城池布局,真实地再现了当时对水利工程和设施的应用。将五渡河水引入王城作为护城壕的水源,而后再排入颍水,如果没有高超的水利测量技术,是不可能有这样顺应自然的工程设计的。这也与《禹贡》"禹敷土,随山刊木,奠高山大川"①的记载相吻合。

## 二、注重生产

大禹治水时,注重发展农业生产。《孟子》:"当尧之时,天下犹未平。洪水横流,泛滥于天下。草木畅茂,禽兽繁殖,五谷不登。禽兽逼人,兽蹄鸟迹之道交于中国。"洪水泛滥严重妨碍了农业生产,造成了"五谷不登"的严重后果。大禹"身执耒臿,以为民先;股无胈,胫不生毛"②,率领民众,用了十三年的时间,成功治服了洪水。大禹所使用的耒耜,既是治理洪水、疏通河道的工具,又是铲土翻

---

① 李民、王健:《尚书译注》,上海:上海古籍出版社2004年版,第54页。
② 王先慎撰,钟哲点校:《韩非子集解》,北京:中华书局2003年版,第443页。

地的农具。"禹卑宫室而尽力乎沟洫。"①"浚畎浍而致之川。"②"沟洫"和"畎浍"即田间的沟渠及灌溉排水设施。禹"令益予众庶稻,可种卑湿",反映出这些沟渠及灌溉排水设施的兴修促进了水稻的种植。在水源紧缺的地区,大禹治水时的助手伯益还在总结尧舜以来经验的基础上发明了水井。《吕氏春秋·勿躬篇》:"伯益作井。"《淮南子·本经训》:"伯益作井而龙登玄云,神栖昆仑。"有了水井,不但方便了人们的日常生活,而且为旱地农田的灌溉创造了条件。

大禹治水时,将土壤按高下肥瘠划分为上、中、下等九种,这实际上是世界上最早的土壤普查活动,通过对"九州"的土壤普查,分清了土壤的品质优劣,在了解了各地不同物产后,人们可以根据不同的土壤性状,因地制宜地种植不同的农作物。中国的贡赋制度,虞夏时已经完备,现存的《尚书·禹贡》就是一部系统的夏朝税法。大禹依据九州土地的具体情况,制定贡赋的品种和数量。《尚书·禹贡序》:"禹别九州,随山浚川,任土作贡。"《史记·夏本纪》:"五百里甸服。百里赋纳总,二百里纳铚,三百里纳秸,服四百里粟,五百里米……自虞、夏时,贡赋备矣。"贡主要来自诸侯、方国和部落的赋税,有丝、棉、铜、玉、象牙等。赋是平民缴纳的实物地租,量的多少取决于所属区域和土地肥瘠情况,"庶土交正,厎慎财赋,咸则三壤成赋中邦"③。《孟子·滕文公上》:"夏后氏五十而贡,殷人七十而助,周人百亩而彻,其实皆什一也。"同时,大禹还重视"正德,利用,厚生,惟和"④。"利用"即"利民之用",即要勤俭并将钱财用于为民兴利除弊;"厚生"即"厚民之生",即要轻徭薄役,使人们丰衣足食,并将二者作为平治天下的首务。这些赋税政策有力地保障了治水大业,并为后世几千年的贡赋制度奠定了基础,为以农立国的理念的传承和延续提供了保障。

## 三、尽力沟洫

大禹执政后,更是重视农田水利建设,"尽力乎沟洫",使华夏民族由原始农

---

① 程树德:《论语集释》,北京:中华书局1990年版,第561页。
② 王利器:《新语校注》,转引自《新编诸子集成》(第一辑),北京:中华书局1986年版,第13页。
③ 王世舜、王翠叶译注:《尚书》,北京:中华书局2012年版,第87页。
④ 王世舜、王翠叶译注:《尚书》,北京:中华书局2012年版,第355页。

业进入了沟洫农业阶段。"火、水、金、木、土、谷,惟修。"①这说明大禹还设置了负责农业生产的官员谷正。正是因为大禹重视农业生产,才出现了"中国可得而食也"②及"男女耕织,不夺其时,故公家有三十年之积,私家有九年之储"③的局面。再者,大禹还十分体恤百姓。《御批通鉴辑览》:大禹"闻善言则拜,见耕者五耦而试。过十室之邑必下,为有秉德之士存焉"。意即大禹出行时,如看到耕田的人手不够,他就会下车给农夫当帮手,并询问他们收成好坏、赋税轻重、徭役多少等。这说明大禹非常重视农业生产,也与《尚书·五子之歌》中"民可近,不可下。民惟邦本,本固邦宁。予视天下愚夫愚妇,一能胜予,一人三失,怨岂在明,不见是图。予临兆民,懔乎若朽索之驭六马,为人上者,奈何不敬"的记载相符。

另外,浙江一带还流传着与大禹相关的鸟田传说。"禹崩之后,众瑞并去,天美禹德,而劳其功,使百鸟还为民田,大小有差,进退有行,一盛一衰,往来有常……余始受封,人民山居,虽有鸟田之利,租贡才给宗庙祭祀之费。"④《越绝书》:"因病亡死,葬会稽,苇椁桐棺,穿圹七尺,上无漏泄,下无积水,坛高三尺,三阶三等,延袤一亩。尚以为居之者乐,为之者苦,无以报民功,教民鸟田。"鸟田应是指越地先民对滨海河口滩涂的利用,因当时未对生态环境造成大的破坏,鸟类仍在这里栖息、觅食,田间地头都有鸟类的足迹。同时,田间水位的高低随水的进退而变化,在河水、潮水的共同作用下,时有迁移挪位,这和候鸟春去秋来的规律性迁徙行为有某种意义上的类同之处,因此越地先民形象地以鸟名田。鸟田应是大禹在越地的治水成果在先越民族经济活动中的具体体现,在我国农业科技史上具有重要的地位。

## 四、颁布历法

大禹时期,历法已较为发达。历法是中国古代天文学的核心。因农业生产活动和季节变化紧密相关,古时的农业主要靠天吃饭,故历法最初是因农业生产

---

① 王世舜、王翠叶译注:《尚书》,北京:中华书局2012年版,第355页。
② 孔丘、孟轲:《孔子·孟子》,呼和浩特:内蒙古人民出版社2009年版,第300页。
③ 杜佑:《通典》,北京:中华书局2016年版,第143页。
④ 赵晔:《吴越春秋》,南京:江苏古籍出版社1986年版,第85页。

的需要而创制的。史载,大禹治水成功后,通过观测天象,划分天空为九州七舍十六所,用来确定朝、昼、昏、夜。《太平御览》卷七引《孝经·钩命诀》:"禹时五星累累如贯珠,炳炳若联璧。"今日学者推算在公元前1953年2月中旬至3月初,黎明时分的东方地平线上,土星、木星、水星、火星和金星排成一列。这是五千年来最难得的一次五星聚(纬合宿),时间长达一个月。① 后来二十八宿分为东、南、西、北四象,每象都是七舍(宿),而朝、昼、昏、夜实际上也分东、南、西、北。其所使用的测量工具就是圭表,根据日中表影长短变化就可以测定二分二至,为更好地把握季节变化,而制定了历法。《夏小正》相传为夏代遗留之物候及农事历法,与大禹有很深的渊源。作为我国现存最早的一部完整的历法,《夏小正》是春秋时期根据大禹后裔杞国人的整理记录而成的,其内容则保留了许多夏代的东西。它按十二个月的顺序详细记载了夏代先民所观察、体验到的天象、气象、物候,形象地反映出夏代先民对时令、气候的朴素认识,为我们研究中国上古的农业和科技提供了宝贵的资料。《夏小正》是"我国现存的一部最古老的月令。它按十二月顺序,详细地记载了大自然包括天上星宿、大地生物和与之相应发生的变化,形象地反映了上古先民对时令气候的认识"②。《史记·夏本纪》:"孔子正夏时,学者多传夏小正云。"《礼记·礼运》:"孔子曰:我欲观夏道,是故至杞,而不足征也;吾得夏时焉。"郑玄笺:"得夏四时之书也,其书存者有《小正》。"杞国是夏王室后人居住国,夏代的历法在杞国保留的大部分,到春秋时被辑录成书是完全可能的,孔子与其门生很可能又做了完善和修订。宋代邢昺曰:"《夏小正》者,以虫鱼草木正十二月之节候,起于夏后氏,故曰《夏小正》。"《夏小正》已把天象、物候、气象和相应的农事活动列在一起,在其基础上,人们通过圭表测景和进一步观测天象、物候,逐步总结出了二十四节气。二十四节气是最有代表性的农业非物质文化遗产,河南登封和重庆等地流传有大禹与二十四节气的传说,2016年11月30日,二十四节气被联合国教科文组织列入《世界非物质文化遗产保护名录》。今本《竹书纪年》:"帝禹夏后氏元年壬子,帝即位

---

① 徐振韬、蒋窈窕:《五星聚合与夏商周年代研究》,北京:世界出版公司2006年版,第64—65页。

② 詹子庆:《夏史与夏代文明》,上海:上海科学技术文献出版社2007年版,第32—33页。

居冀,颁夏时于邦国。"《论语·卫灵公》载:孔子主张"行夏之时,乘殷之辂,服周之冕"。"夏时"就是夏代历法,应即《夏小正》的前身。《夏小正》中载有夏代天文历法资料,这一观点基本上已成为学界共识。"《夏小正》相传是夏代的历法……尽管这书作于西周至春秋末叶之间,也可能为春秋前期杞国人所作或春秋时居住在夏代领域沿用夏时者所作,但其中一部分确信是夏代流传下来的。"①"《夏小正》一书(就其经文言)应与《尚书》《诗经》一样,被看作是我国最古的文献资料之一","只要有部分真实,仍不失为研究夏后氏的重要材料。"②李学勤先生也认为《夏小正》极可能是夏代传下的历法,"从晚周到汉代,人们都认为《夏小正》确与夏代有关。学者认为《夏小正》是我国现存最早的,具有丰富物候知识的著作,是合乎实际的"③。

## 第二节 畜牧业

《中国农业百科全书·农业历史卷》指出,中国是世界上最早将野猪驯化为家猪的国家,也是世界上已知最早养鸡的国家,犬是中国最早驯养的家畜。考古发掘成果表明,与新石器时期相比,大禹时期以家畜利用为主的畜牧业,已经发展到了一个新的阶段。

### 一、远古时期的畜牧业

畜牧业是在原始狩猎活动的基础上形成的。人们在狩猎时,将捕获到的健康的或未受到较大伤害的动物圈养起来,渐渐地使其适应家养的环境。其过程大致经过拘禁驯化、野外放养,最后进入定居放牧这三个阶段,这样就逐步形成了早期的畜牧业。河南新郑裴李岗文化遗址已发现多达1000余头牛和猪的遗骸堆积,浙江河姆渡与罗家角两地文化遗址中发现有猪骨和猪塑像。郑州的大河村仰韶文化遗址、临潼姜寨新石器时代遗址都发现有饲养牲畜的圈栏,而且在

---

① 陈遵妫:《中国天文学史》第一册,上海:上海人民出版社2016年版,第200页。
② 沈文倬:《菿闇文存》,北京:商务印书馆2006年版,第1002页。
③ 李学勤:《夏小正新证》,转引自《古文献丛论》,上海:上海远东出版社1996年版,第212—222页。

新石器时代的遗址中也发现有马和牛的遗骨。这说明至迟在新石器时代的晚期,已有不少动物分别在中国北方和南方被驯化。传说伏羲氏已经开始饲养六畜,清代吕抚辑、蔡东藩补辑《历代兴衰演义》(二十四史通俗演义):"(太昊伏羲氏)教民作网罟,捕鱼虾,以瞻民用。又教民养马、牛、羊、鸡、犬、豕六畜,以充庖厨,且以为牺牲。"《尸子·卷下》:"虙牺氏之世,天下多盖,故教民以猎。"《史评纲要》:"养六畜,以充庖厨。"这说明当时人们驯养家畜、渔猎的目的,除将其用作肉食外,有的还被用作祭品。《三字经·训诂》中,对"此六畜,人所饲"有精辟的评述,"牛能耕田,马能负重致远,羊能供备祭器","鸡能司晨报晓,犬能守夜防患,猪能宴飨速宾",还有"鸡羊猪,畜之孳生以备食者也"。六畜各有所长,在古老的农业社会里,为人们的生活提供了基本保障。

## 二、大禹时期的畜牧业

在山东章丘城子崖、河南汤阴白营、甘肃永靖马家湾等相当于龙山文化的遗址中都出土有马的遗骨。这可以证明,至迟在距今4500年左右的龙山文化时期,在我国北方马已被普遍驯养。安阳后岗、淅川下王岗等新石器时代遗址中也发现有大量的牛的遗骨。考古发现的新石器时代中晚期的畜牧遗存,进一步说明了大禹时期畜牧业兴盛是真实可信的。

大禹时期已对动物资源进行开发与利用,方燕明先生依据河南登封王城岗、禹州瓦店遗址以及调查所获材料,认为人类开发利用的动物资源分两类,即野生动物和家畜。野生动物分为三类:1.水生动物,包括各种鱼类、螺、蚌、蚬和蟹。2.鸟类。3.哺乳动物,小型的有鼠、兔,大型的有豪猪、鹿和熊。家畜主要是猪、黄牛、山羊、绵羊和狗。仰韶文化时期,根据登封杨村、袁村、袁桥、西范店、石羊关、胡楼的调查发现,水生动物有鱼(鲶鱼)、螺(中华圆田螺)和蟹;鸟类;哺乳动物有鼠、鹿,人类饲养的有家畜猪。龙山文化晚期,主要以王城岗、瓦店遗址为代表。其中发现的水生动物有鱼、螺(中华圆田螺)、蚌(圆顶珠蚌)、蚬和蟹,小型野生哺乳动物有啮齿动物、兔、獾和鼬科动物,大型野生哺乳动物有鹿、豪猪和熊,家畜有猪、狗、黄牛、水牛和绵羊,而猪的比重占据首位。据统计,在龙山文化时期可鉴定的哺乳纲标本中,猪占总数的62.88%①。二里头文化时期,水生动物数量较龙山文化晚期有明显下降,小型野生哺乳动物有鼠、兔,大型野生哺乳动物有鹿、豪猪,被驯化的家畜以猪为主,还有狗、黄牛和绵羊。从以上遗址出土的动物骨骼资料看,颍河中上游地区从仰韶文化至二里头文化的各个时期,动物种类均丰富多样,反映了人类广泛利用动物资源的情况。根据瓦店遗址统计资料看,家畜的比例远高于野生动物,且还有不断增加的趋势。虽然各个时期的人也大量食用水生动物资源,但从所能够提供的肉食动物数量来看,水生动物资源只是当时的人获取肉食资源的补充。家畜的驯养是当时人类获取动物资源的主要方式。对比仰韶文化、龙山文化晚期和二里头文化三个主要阶段驯养家畜种类的情况可以看出,龙山文化晚期的家畜种类最丰富,包括猪、狗、黄牛和绵羊。总之,颍河中上游地区从仰韶文化开始,家畜是当时的人主要的肉食来源,另外,渔猎也是当时的人获取肉食资源的重要补充方式。到龙山文化晚期,在所获取的野生动物资源没有明显变化的情况下,饲养家畜的种类增多,黄牛和绵羊很可能是在这一时期被引入作为猪之外的重要肉食资源。从瓦店遗址的情况看,家畜在整个动物资源中所占的比例有逐步增加的趋势,除了作为食物资源之外,猪、牛和羊也被用来祭祀。另外,使用动物骨骼制作骨器的情况从仰韶文化开始在颍河中上游地区已十分普遍。很明显,从龙山文化晚期开始,颍河中上游地区的人们对动物资源的开发利用急剧增强,这与方燕明先生调查发现的聚落遗址的增加所反映的人口增长带来的消费增长是相符合的。袁靖先生曾经将新石器时代居民获取肉食资源的方式归纳为三种模式:依赖型、初级开发型和开发型②。从上述我们掌握的情况看,颍河中上游地区龙山文化晚期,人们对动物资源的开发和利用很可能已经进入成熟的"开发型"阶段。

夏代,管理畜牧的官员被称为牧正,大禹的六世孙少康在复国之前曾担任有仍氏的牧正。《左传·哀公元年》:"后缗方娠,逃出自窦,归于有仍,生少康焉,为仍牧正。"杜预注:"牧官之长。"另外,《礼记》载:"夏后氏尚黑,大事敛用昏,戎

--------

① 北京大学考古文博学院、河南省文物考古研究所:《登封王城岗考古发现与研究》(2002—2005),郑州:大象出版社2007年版,第516—535页。

② 袁靖:《论中国新石器时代居民获取肉食资源的方式》,《考古学报》1999年第1期。

事乘骊,牲用玄。殷人尚白,大事敛用日中,戎事乘翰,牲用白。周人尚赤,大事敛用日出,戎事乘骠,牲用骍。"夏代祭祀要用黑色的牺牲,这些从一个侧面反映了当时畜牧业的状况。

## 第三节 手工业

大禹时期,随着农业生产发展的需要,已经有了琢磨石器、玉器,烧制陶器,酿酒,制作骨器、蚌器,冶炼青铜器等各种手工业。

### 一、石器加工

在河南龙山文化晚期,石斧、石铲、石刀、石镰等仍是重要的生产工具。特别是在夏部族的发祥地豫西地区,随着人口的增加,居住在山间河谷盆地的居民,需要向丘陵高地发展,这就必须使用石斧等"斩之蓬松蒿莱,以启山林"。"王城岗城址中出土大量农业生产工具如石铲和石刀,它们的使用方式表明当时已有锄耕农业。"① 据李京华先生初步统计,王城岗龙山文化遗址出土石斧25件、石铲113件、石刀53件、石镰37件,另外还有蚌刀、蚌镰等。

### 二、玉器加工

玉文化包括神玉、王玉、民玉三个发展阶段,以大禹建立夏朝为标志,玉文化进入了王玉时代,祭神的大权已被王夺取。《尚书·禹贡》:"禹锡玄圭,告厥成功。"孔传:"玄,天色,禹功尽加于四海,故尧赐玄圭以彰显之,言天功成。"《汉书·王莽传上》:"伯禹锡玄圭,周公受郊祀,盖以达天之使,不敢擅天之功也。"明朝杨慎《别陈玉泉》诗:"平成绍禹绩,玄圭献尧天。"《山海经·海外西经》:"大乐之野,夏后启于此舞《九代》,乘两龙,云盖三层。左手操翳,右手操环,佩玉璜。在大运山北。"《左传·定公四年》:周初时"分鲁公(周公的儿子伯禽)以大路、大旗、夏后氏之璜、封父之繁弱、殷民六族"。《淮南子》曾四次提到夏后氏之

---

① 孙庆伟:《鼏宅禹迹——夏代信史的考古学重建》,北京:三联书店2018年版,第168页。

璜,其中《精神训》:"夫有夏后氏之璜者,匣匮而藏之,宝之至也。"《说山训》:"和氏之璧、夏后之璜,揖让而进之,以合欢;夜以投人,则为怨。时与不时。"这里将夏后之璜与和氏璧并称,作为天下之至宝。王城岗遗址还出土了琮等玉器以及绿松石器、白陶器等特殊的手工业制品。另外,稍晚于大禹时期的各齐家文化遗址已出土玉器不下千件,主要有琮、璧、钏、璜、联璜环、多孔刀、圭、斧、锛、铲、牙璋形器等。以上这些都说明大禹时期玉器加工已达到了较高的水平。

三、陶器烧制

在龙山文化晚期,陶器烧制多采用陶器出窑前的施水法,使陶器多呈灰黑色、灰色或黑色,且质地坚硬。陶器表面多施用篮纹、方格纹或绳纹等装饰。器形品种有炊器、饮器、食器和盛储器等。特别是有些造型美观、制作精湛、胎质细腻、薄如蛋壳、器表黑漆发亮的磨光黑陶器,只有具备丰富烧陶经验和高超技术的人才能烧制出来。河南豫西龙山文化中晚期遗址出土有大量灰陶、黑陶、夹砂陶等器物。登封王城岗遗址、禹州瓦店遗址出土有以觚、壶、杯、盉、鬶等为代表的精制磨光的黑陶和白陶,一般认为其应属贵族用礼器。

四、酿酒业

大禹时期,已开始酿酒。《孔丛子·儒服》:"昔有遗谚,尧舜千钟,孔子百觚;子路嗑嗑,尚饮十榼。古之圣贤,无不能饮者。"《淮南子·说林训》:"清醠之美,始于耒耜。"酒在古代向来都是用谷物酿造的,只有粮食产量增多,有了剩余的谷物,才能进行酿酒。在河南豫西龙山文化中晚期遗址出土的陶器中,有较多制作精致的鬶、觚、杯、壶等酒器。禹都阳城王城岗遗址"出土的鬶、斝、盉、觚、杯等饮器数量很多,说明当时粮食生产大有发展"①。

大禹之时,仪狄善造酒。他将酒进献给大禹,禹饮其酒,甚是甘美,遂道:"后世之人,必有因酒以致亡国者。"于是疏远仪狄,再也不许他觐见。大禹戒酒防微的故事被张居正收入《帝王图鉴》,后东传日本,今日本京都御所还有《戒酒

---

① 孙庆伟:《鼏宅禹迹——夏代信史的考古学重建》,北京:三联书店2018年版,第168页。

防微图》。《尚书·五子之歌》其二:"训有之,内作色荒,外作禽荒。甘酒嗜音,峻宇雕墙。有一于此,未或不亡。"大禹孙子太康正是因耽于酒色游猎而失国。这些皆说明夏代前期酿酒业已初具规模。

### 五、铜器加工

铜器的出现,是人类文明演化过程中的重要标志。《越绝书》:"神农之时,以石为兵……至黄帝之时,以玉为兵……禹穴之时,以铜为兵。"不少文献都有"禹铸九鼎"的记载。"新的考古成果证明,中国青铜器的起源至少可上溯到公元前3000年左右。所以,可以称得上信史的《左传·宣公三年》和《史记·楚世家》关于'禹铸九鼎'的记载应该是可信的"[1]。"禹铸九鼎"是指大禹利用各地贡献的上等的青铜铸造了九只具有各种图像的大鼎,象征"九州"。不仅《左传》《史记》对此事有记载,而且《墨子·耕柱》《易林·小畜之九》《拾遗记》等古籍资料,都说大禹曾经"铸九鼎"。大禹在治水过程中,踏遍了大河上下、大江南北的各个角落,对各地的猛兽、邪神、厉鬼了解得非常清楚。定都阳城后,诸侯们进献了很多青铜,大禹就命令在黄帝曾经铸过宝鼎的荆山(今河南灵宝铸鼎原)脚下铸造九鼎。他要求把九州的妖魔鬼怪都铸在九鼎上面,以便出行的百姓有所警惕。这九口巨鼎,一鼎对应一州,想去哪一州,又怕碰到那一州的怪物,只要预先熟记相应鼎上的图案,就可以趋吉避凶。"禹铸九鼎"从另一个侧面反映出当时冶铜业的发达。从考古学角度看,汝州煤山龙山文化中晚期遗址中,出土了炼铜坩埚残块,其中最大的一块长5.3厘米、宽4.1厘米,上面保存有六层冶铜痕迹。郑州牛寨龙山文化晚期城址中也出土了一块炼铜坩埚残片,残片上还黏附有铜碴与铜锈,经化验是属于铜锡合金的青铜遗存。[2] 特别是1980年在王城岗遗址的考古发掘中,出土了一块青铜器的残片,残宽约6.5厘米,残高约5.7厘米,壁厚约0.2厘米,经化验,残片是包含锡、铅、铜合金的青铜,可能是铜鬶的腹底部。这些说明,大禹时期已经能够铸造铜器,应进入了青铜时代。

---

[1] 李殿元:《论夏代的青铜器、文字和城堡》,《文史杂志》2014年第2期。
[2] 刘起釪、安金槐、胡厚宣、李学勤、吴荣曾:《先秦史》,北京:中国大百科全书出版社2012年版,第34页。

# 第四节　交通和物资交流

夏代的交通已有很大发展,而交通的发展促进了各地的物资交流。

## 一、交通状况

大禹治水时,劈九山,疏九河,通九道,《禹贡》中还记载了各地诸侯进贡的水运航线,"济河惟兖州。九河既道……浮于济、漯,达于河……海、岱及淮惟徐州……浮于淮、泗,达于河"。大禹治水时,"陆行乘车,水行乘船,泥行乘橇,山行乘檋",这说明大禹时期的交通工具除了船之外,还有车、橇、檋等。

《左传·定公元年》:"薛宰曰:'薛之皇祖奚仲,居薛,以为夏车正。'"两千年后西晋杜预注:"奚仲为夏禹掌车服、大夫。"清代考据家毕沅解释道:"《左传》奚仲为车正之官,尔非造车也,《尧典》云'车服以庸',则车由来久矣,盖实始于黄帝。"[1]这说明夏代已有专司车辆制造的"车正"。

在以夏文化为代表的偃师二里头遗址中发现了铜铃、圆形器、圆泡形器、牌饰、海贝等,有专家认为这可能是车马饰物。考古工作者在二里头遗址宫殿区南侧大路的早期路土之间,发现了两道大体平行的车辙痕,车辙长5米多,向东西延伸,辙沟呈凹槽状,其内可见下凹而呈现出层状堆积的路土和灰土,两辙间的距离约为1米,这是目前我国发现的最早的车的遗迹。[2] 这也从一定程度上表明了当时交通的发展状况。

## 二、物资交流

《易·系辞》《汉书·食货志》皆载,神农"日中为市,致天下之民,聚天下之货,交易而退,各得其所,而货通"。食货兴自神农之世,也符合原始农业社会时期的情况。再者,虞舜之时已"同律度量衡",这也是适应贸易或物资交流的

---

[1]　刘起釪、安金槐、胡厚宣、李学勤、吴荣曾:《先秦史》,北京:中国大百科全书出版社2012年版,第34页。
[2]　王星光:《试论中国牛车、马车的本土起源》,载《中国农史与环境史研究》,郑州:大象出版社2012年版。

需要。

考古发掘证实，以王城岗为核心的登封聚落群基本不见外来文化因素，而以瓦店为核心的禹州聚落群内外交流都比较密切，除了本地的王湾三期文化因素之外，还掺杂了大量来自东方海岱龙山文化和南方石家河文化的元素，这很可能与人口迁徙或物品交换有关。瓦店遗址出土的玉鸟形器与长江中游的石家河文化流行的"鹰首玉笄"相类，二者应有交流关系，所发现的玉料中也有非本地出产者，或系由外地输入。

二里头遗址墓葬和灰坑中出土的贝、玉与松绿石装饰品，都不是当地出产，也必定是经由贸易、交换等手段从外地运来的。其中若干显然不像是用于装饰的，例如海贝以及仿照海贝所制造的石贝与骨贝，而似作为交易媒介的货币。《盐铁论·错币篇》所云"夏后以玄贝"为货币，大致上是可信的。这说明夏朝时，人们开始使用货币来作为一般等价物进行商品交易。

概而论之，中国自古以农立国，农业对中华文明的形成、发展和延续具有至关重要的作用。大禹时期"五谷"已开始在以中岳嵩山为核心的黄河中下游流域得以栽培。大禹在治水时，重视农业生产，制定贡赋制度，后又"颁夏时于邦国"，有力地促进了当时的经济发展。同时，大禹时期畜牧业、手工业、交通和物资交流也较为发达。这些都极大地丰富了中国的农业经济文化，推动了中华民族的历史发展进程。

【学习提示】

中国自古以农立国，以农为本，农业对中华文明的形成、发展和延续具有至关重要的作用。大禹治水时，重视农业生产，故出现了"中国可得而食也"及"男女耕织，不夺其时，故公家有三十年之积，私家有九年之储"的局面。为了发展农业生产，相传大禹还制定了历法，并"颁夏时于邦国"。禹都阳城王城岗遗址考古发掘成果表明，大禹时期已进入耜耕农业阶段，种植粟、黍、稻、大豆等农作物，并已开发利用动物资源，除捕猎野生动物外，驯养的家畜主要有猪、狗、黄牛、水牛和绵羊等。大禹时期，随着农业生产发展的需要，已经有了琢磨石器、玉器、烧制陶器、酿酒、制作骨器、蚌器、冶炼青铜器等各种手工业。大禹时期交通已较为发达，大禹治水时，交通工具除了船之外，还有车、橇、檋等。本章主要介绍大禹与中国早期经济情况,以使大家了解大禹时期的农业、畜牧业、手工业、交通贸易状况。

【拓展资料】

1. 禹都阳城时期的经济

通过对区域调查诸遗址浮选土样的深入分析,发现仰韶文化阶段的农作物遗存以脱壳阶段的废弃物为主,龙山文化时期以扬场阶段的废弃物为主,表明龙山文化时期发生了农业生产组织方式的变化,即"从大家庭的社会结构向更小规模的核心家庭的社会结构的转变"。王城岗发掘所见龙山文化晚期除有粟、黍等作物外,还有稻谷和大豆。说明当时已经开始由以种植粟类作物的单一种植制度逐步地转变为包括稻谷和大豆在内的多品种农作物种植制度,这种先进的种植制度其意义不仅在于可以提高农业的总体产量,而且还在于能减少粮食种植的危险系数,是农业发展水平的一个重要标志。王城岗二里头文化土样中有黍、小麦和大豆,其中发现的小麦有十分重要的意义,说明在二里头文化时期小麦已经传入中原地区的核心地带。枣王遗址龙山文化土样中发现麦类植硅体,表明该地区至少从二里头时期甚至龙山文化时期就已经开始种植小麦了。而王城岗遗址二里岗时期小麦籽粒的大量发现,表明早在公元前1500年前后的商代早期,小麦的价值已为中原地区的先民所认知。由于小麦的加入,多品种农作物种植制度得到完善。王城岗龙山时期有水稻和谷子,还发现有谷物加工脱壳痕迹。说明在王城岗聚落内曾经有谷物(脱壳)加工活动。植硅体分析表明,仰韶至二里头时代,颍河中上游地区的农业经济具有稻粟混作的特点,稻作农业比较普遍;浮选结果表明春秋时代王城岗遗址的稻谷相对数值下降,表明随着气候趋向干凉,稻谷在中原地区的种植规模开始萎缩。

方燕明:《禹都阳城与大禹治水的考古学观察》,转引自张新斌、王青山主编:《登封与大禹文化》,郑州:大象出版社2016年版,第64—66页)。

2. 大禹治水对农业的贡献

大禹治水是一场惊心动魄的与自然灾害英勇抗争的活动,而这场规模宏大的治水斗争也与农业生产密切相关。由于洪水泛滥,直接影响了黄河等众多河流两岸居民的农田及农作物的种植,使广大人民陷入民不聊生、饥寒交迫的困境。大禹治水在很大程度上是为了发展农业,从而改变人们的生活处境。《孟子》说:"当尧之时,天下犹未平。洪水横流,泛滥于天下。草木畅茂,禽兽繁殖,五谷不登。禽兽逼人,兽蹄鸟迹之道交于中国。尧独忧之,举舜而敷治焉。"①孟子指出尧舜时期的"洪水横流,泛滥于天下",致使茫茫大地,一片汪洋,"草木畅茂,禽兽繁殖",这最直接的影响是"五谷不登",严重妨碍了农业生产。他"身执耒耜,以为民先,股无胈,胫不生毛"②,带领人民,艰苦奋战,用了十多年的时间,终于治服了汹涌的洪水。大禹所使用的耒耜,既是治理洪水、疏通河道的工具,又是铲土翻地、进行大田耕作的农具。而耒耜的使用,正反映了原始农业由"刀耕"到"耜耕"的进步。文献记载:"禹卑宫室,而尽力乎沟洫。"③又"浚畎浍而致之川"④。"百川顺流,各归其所,然后人民得去高险,处平土"。"沟洫"和"畎浍"指的是田间的沟渠及灌溉排水设施。滔滔洪水被治理退却后,在黄河中下游及长江中下游裸露出的宽阔平原上,兴修纵横交错的沟渠,既有利于疏导排泄洪水,也为大田种植提供了所需的水源,将原始农业生产推进到灌溉农业的新阶段。禹"令益予众庶稻,可种卑湿",正反映农田水利的兴修促进了水稻的种植。在水源紧缺的地区,大禹的助手伯益还在总结劳动群众经验的基础上发明了水井。《吕氏春秋·勿躬篇》:"伯益作井。"⑤《淮南子·本经训》:"伯益作井而龙登玄云,神栖昆仑。"⑥有了水井,不但方便了人们的日常生活,也为旱地农田的灌溉创造了条件。而《禹贡》"庶土交正,厎慎财赋,咸则三壤成中邦"⑦的记载,是在赞颂大禹任土作贡、划定九州的伟绩,而其中大禹将土壤按高下肥瘠划分为上、中、下等九种,实际上是世界上最早的土壤普查活动,其功用在于根据不同的土壤确定种植不同的农作物,方便民生之所需,并收取不同的贡赋。在水源充足

---

① 《孟子》卷五《滕文公上》、卷六《滕文公下》。
② 《韩非子》卷十九《五蠹》(新编诸子集成本)。
③ 《论语》卷八《泰伯》,见程树德:《论语集释》。
④ 《新语》卷上《道基》(新编诸子集成本)。
⑤ 张双棣等:《吕氏春秋译注》,北京:北京大学出版社2000年版,第553页。
⑥ 刘安等著,许匡一译注:《淮南子全译》,贵阳:贵州人民出版社1993年版,第420页。
⑦ 李民、王健:《尚书译注》,上海:上海古籍出版社2004年版,第83页。

的低洼之地,"令益予众庶稻,可种卑湿",就是明显之实例。

（王星光:《大禹与科技文明》,张新斌、王青山主编:《登封与大禹文化》,郑州:大象出版社2016年版,第387—389页）。

【研习探索】

1. 如何评价大禹"尽力乎沟洫"和"颁夏时于邦国"?

2. "舜赐玄圭""戒酒防微""禹铸九鼎"等故事说明了大禹时期哪些手工业的发展状况？试简要分析。

3. 从《禹贡》中可以看出大禹时期已有哪些交通工具？黄河流域有哪几条进贡路线？

# 第六章  大禹的思想精神

在中华文明发展历程中,大禹文化成为中华民族文化的精神原型,一直发挥着极其重要的作用。大禹精神是一座精神丰碑,成为中华民族屹立于世界民族之林极其重要的精神支撑,为中华民族从混沌走向现代民主提供了不竭的精神动力。大禹的思想精神体系我们可以从三个层面来认识:一是从个体的人生修养上看,大禹的人生守则显示了这种特征;二是从主体的行为取向上看,大禹的行为取向显示了这种精神追求;三是从他的思想体系上看,大禹的思想内涵突出了这种指向。大禹的思想精神,不仅在中华民族生存与发展中永不磨灭,被不断发扬光大,而且在人类的历史进程中,也广为传扬,熠熠生辉。以往,学术界对大禹作为伟大的历史人物所形成的主体思想精神体系关注不够,实际上不利于对大禹历史身份的确认,本文试图对大禹思想精神体系进行初步的探讨,以求教于方家。

## 第一节  大禹的人生守则

大禹作为中华民族的始祖,他的人生,是值得我们学习与借鉴的,给我们留下了宝贵的经验。人是社会的人,一个人的一生总会与他人发生密切的关系,与社会自觉或不自觉地建立起复杂的联系。一个人的成就大小,与自身的人生状态有着密切的关系。大禹时代,是中华民族由部落联盟向统一王朝过渡的时期,是远古蛮荒时代进入文明开化的时期,社会关系从简单走向复杂,人的生存境遇也从无序状态走向了有序阶段。但原始的蛮性与文明的理性交织并存,这就使远古先民的人生状态充满诡异和挑战。大禹是如何从这种环境中脱颖而出的呢?我们认为,首先与他的人生守则有密切关系。

## 一、谦虚谨慎

一个有着大情怀、大志向的人,总是比较谨慎,善于观察和学习,能够谦虚地对待身边的一切,不断积蓄力量。纵观大禹的一生,他在与人相处时显得谦虚谨慎、不骄不躁,并不是那种大大咧咧、粗心大意、骄傲自大、任意妄为的粗民莽汉。正是这样,大禹消除了他人生中的不利因素,大家都能够接纳他。从而他赢得了自己的空间。《尚书·大禹谟》中记载,舜帝要将帝位传给大禹的时候,大禹再三推辞,谦虚退让。请看描写:

帝曰:"格汝禹!朕宅帝位三十有三载,耄期倦于勤。汝惟不怠,总朕师。"

禹曰:"朕德罔克,民不依。皋陶迈种德,德乃降,黎民怀之。帝念哉!念兹在兹,释兹在兹,名言兹在兹,允出兹在兹。惟帝念功!"①

舜帝说他居帝位三十三年了,年岁老耄,被繁重的事务所苦,要大禹努力不怠,接任帝位,总统众民。但是大禹很谦虚地推脱,先是说他的德政不能胜任,人民不会依归他;然后推荐皋陶,说皋陶很勤勉,树立了德政,因为他的德惠下施于民,所以人民感念他,因此他建议舜帝首先考虑皋陶。他说:"舜帝呀!您考虑他吧!念德的在于皋陶,悦德的在于皋陶,宣扬德的在于皋陶,诚心推行德的也在于皋陶。舜帝要深念他的功绩呀!"当舜帝盛赞大禹的德行,劝说他接受帝位时,他还是谦虚地推辞,要舜帝逐个占卜有功的下属,挑选一个吉祥之人继位。当舜帝告诉他已经占卜问神,咨询过大家,结果占卜和筮卦都一致,鬼神也依顺时,大禹还是坚决推辞。这种谦虚,是一种人生策略,即保持低调,抬高别人,最终成全了自己。

大禹的这种谦虚谨慎,也许是受到了皋陶的影响。皋陶,也被写作"咎繇",是舜帝的大臣,掌管刑法狱讼。《尚书·皋陶谟》记述了皋陶和大禹讨论国家大计的情形,当时皋陶对此有充分的论述,大禹像学生一样听着皋陶讲述:

---

① 李民、王健:《尚书译注》,上海:上海古籍出版社2004年版,第29页。

曰若稽古,皋陶曰:"允迪厥德,谟明弼谐。"

禹曰:"俞,如何?"

皋陶曰:"都!慎厥身,修思永。惇叙九族,庶明励翼。迩可远,在兹。"

禹拜昌言曰:"俞!"

皋陶曰:"都!在知人,在安民。"

禹曰:"吁!咸若时,惟帝其难之。知人则哲,能官人。安民则惠,黎民怀之。能哲而惠,何忧乎驩兜?何迁乎有苗?何畏乎巧言令色孔壬?"①

  皋陶在此论述了修身、知人、安民的重要性。他不仅将人的德行与谨慎联系在一起,而且与治国安邦联系在一起,也是个人修养的表现。皋陶说:"诚实地履行其德行,就会决策英明,群臣同心协力。"所以要履行自己的德行,要谨慎其身,要坚持不懈修养自身。使近亲惇厚顺从,使贤人勉力辅佐,由近及远,从这里做起。大禹听了皋陶这番精当的言论,很受启发,立即起身拜谢皋陶,赞赏说:"对呀!"接着皋陶还论述了"知人安民"的问题,指出了"行九德""敕五典五惇""自五礼""章五服""用五刑"的重要性,大禹立即说:"俞!乃言厎可绩。"即皋陶的话不仅可以实行,而且可以取得成功。

  大禹不仅谦虚地不接受帝位,而且对其他官职也很谦让。在《尚书·舜典》中,舜帝要选择一个总领一切政事的辅臣时,四方诸侯的君长推荐大禹,舜帝很高兴,说大禹"汝平水土,惟时懋哉"!也就是说大禹曾经平定了洪水,划分了九州,立下了大功,还希望他努力做好"百揆"之官。可是,"禹拜稽首,让于稷、契暨皋陶"。就是说,大禹跪拜叩头致谢,要将这个职位让给稷、契和皋陶,致使舜帝曰:"俞,汝往哉"!也就是说,舜帝命令他说:"好啦,还是你去吧!"自然,大禹不可再推脱,还是去做了辅佐舜的"百揆"之官。②这样,"稷、契暨皋陶"三人无话可说。

  应该说,谦虚谨慎是人的一生中非常重要的一个准则,大禹为我们树立了榜

---

① 李民、王健:《尚书译注》,上海:上海古籍出版社2004年版,第37页。
② 李民、王健:《尚书译注》,上海:上海古籍出版社2004年版,第18页。

样。他治好了洪水,这是盖世之功,但他绝不居功自傲,更不凭功摄取权力,而是非常谦逊,把握自己,控制着利好的环境。其实,大禹治水成功,既给他带来机遇,也带来困境。他一方面令人敬仰,另一方面引人嫉妒,同时还使人戒备。在《尚书》中,我们可以分析出,皋陶实际上时时都在与他竞争,大禹却时时都推举皋陶,反而显示了自己的优良品格。可以说,大禹为我们树立了一种人生风范。

## 二、顺从自然

一个有追求、有志向的人总能够顺从自然,把握有利时机,创造有利条件,绝对不会蛮干。纵观大禹的一生,他做人处世有一个基本的原则,就是顺从自然。大禹绝不蛮强,更不自以为是,而是顺天意从民心,遵循自然规律。因此,大禹的人生境遇,虽然一开始并不顺畅,但他不愠不怨、不急不躁,最终水到渠成。历史文献的记录显示了这一点。

首先是顺应自然规律。大禹治水,崇尚"顺其自然"。《孟子·离娄章句下》:"禹之行水也,行其所无事也。"①大禹在治水中顺应自然的一个突出表现就是采用疏导的方法。《尚书·禹贡》说"禹敷土,随山刊木,奠高山大川",这就是顺应自然的表现。他以高山大川为疆界标识,目的是确定地形水流的情势,使水依山而行,疏浚而流。而《国语·周语下·谷洛斗》记载:

其后伯禹念前之非度,厘改制量,象物天地,比类百则,仪之于民,而度之于群生,共之从孙四岳佐之,高高下下,疏川导滞,钟水丰物,封崇九山,决汩九川,陂鄣九泽,丰殖九薮,汩越九原,宅居九隩,合通四海。②

显然,大禹治水是遵从自然规律的。所谓"象物天地",就是取法天地之间的万物形象;所谓"高高下下,疏川导滞",就是按照地形高下,疏浚河道打通障碍;所谓"钟水丰物",就是聚水成湖,使百物丰茂地繁殖。如此等等,都是顺应自然的表现。《吕氏春秋·第十五卷·慎大览·贵因》:"禹通三江五湖,决伊

---

① 孟子著,杨伯峻、杨逢彬注释:《孟子》,长沙:岳麓书社2000年版,第145页。
② 左丘明:《国语》,济南:齐鲁书社2005年版,第49—50页。

阙,沟回陆,注之东海,因水之力也。"①大禹治水顺应了水流的自然规律,就除去了天下水患。《史记·匈奴列传第五十》:"尧虽贤,兴事业不成,得禹而九州宁。"②也就是说,大禹做了尧的辅臣之后,治水成功,成为尧舜时候功劳最大的人。这是他顺从自然、遵从自然规律的结果。

其次是顺从天意民心。大禹为人处世,总是上尊崇天意,下顺应民心,这样就形成了有利环境。如前所述,舜帝觉得自己年龄大了,力不从心,要选拔一个人接班,大家推荐大禹,大禹谦让也不行,这说明了人心已顺。《尚书·大禹谟》这样记载:当舜帝盛赞大禹功绩和品行,说"天下莫与汝争功","天之历数在汝躬,汝终陟元后",要他"慎乃有位,敬修其可愿",并表示"惟口出好兴戎,朕言不再"时,大禹还是没有草率接受。

  禹曰:"枚卜功臣,惟吉之从。"
  帝曰:"禹!官占,惟先蔽志,昆命于元龟。朕志先定,询谋佥同,鬼神其依,龟筮协从,卜不习吉。"
  禹拜稽首,固辞。
  帝曰:"毋!惟汝谐。"
  正月朔旦,受命于神宗,率百官若帝之初。③

这里是对天意的审察。因为舜帝表示他说出的话不再改变了,大禹觉得人心已经不成问题了,接着要测试天意。所以,他说:"请逐个卜问有功的大臣,然后听从吉卜吧!"舜帝说已经进行了官占,大家询问商量的意见都相同,鬼神依顺,龟筮也协和、依从,但大禹还是跪拜叩首致谢,再三推辞。舜帝让他不要推辞:"不要这样!只有你适合啊!"这样,正月初一早晨,大禹才在尧庙接受了舜帝的任命,像舜帝受命时那样统率着百官。

从民心,顺天意,还体现在让位之后又复位上。《吴越春秋·越王无余外传

---

① 高诱注,毕沅校,徐小蛮标点:《吕氏春秋》,上海:上海古籍出版社2014年版,第336页。
② 司马迁:《史记》(第9册,卷105—117),北京:中华书局1959年版,第2954页。
③ 李民、王健:《尚书译注》,上海:上海古籍出版社2004年版,第32页。

第六》载舜崩后,"禹服三年,形体枯槁,面目黎黑,让位商均,退处阳山之南,(《史记注》:刘熙曰:'今颍川阳城是也。')阴阿之北。万民不附商均,追就禹之所,状若惊鸟扬天,骇鱼入渊,昼歌夜吟,登高号呼,曰:'禹弃我,如何所戴?'禹三年服毕,哀民,不得已即天子之位。"①显然,大禹即天子位,是民心所向,民意所愿。

在大禹的人生准则中,顺应自然是非常重要的准则。宇宙世界,凡事都有自然规律,必须遵循,按照自然规律做事,成功者多。世俗人生,做大事者,不可违背自然规律。所谓顺天意从民心,也就是遵顺人类社会的自然规则。人生所为,不可逆天意,违民心。逆天而行,必然要遭受天谴,付出代价;违背民意,必然受到抵抗,所谓水可载舟,亦可覆舟,是同一个道理。因此,大禹为我们的人生提供了启示。

### 三、勤勉务实

一个有梦想的人,必然脚踏实地,从小事做起,从基层做起,勤勤恳恳,一步一个脚印地走下去,绝对不会飘在空中。在大禹的人生准则中,勤勉务实也是重要的一条。纵观大禹的人生历程,他最初是尧的臣子,然后是舜的臣子。在尧时,他成为尧最得力的臣子;在舜帝时,他也是最得力最有作为的臣子。他先跟随鲧治水,当鲧治水不成功,他接替了领导治水的工作。治水成功后,他又担任了舜的总领——百揆之职,舜崩后做了君王。无论是做人臣还是做君主,大禹不仅做人非常踏实,做事也非常勤勉,非常务实,十分可信。大禹从来不喊口号,不做虚幻的空想,而是脚踏实地,勤勤恳恳去做。这在历史典籍中也有记载,值得我们关注。

首先,做辅臣时爱岗敬业。例如,大禹刚接任治水工作,就马不停蹄地开展起来。《尚书·夏书·益稷》载,大禹说他治水时,"予乘四载,随山刊木","予决九川距四海,浚畎浍距川"②,可见其推进治水工作的迅速。他绝不因自己的私事脱离岗位,治水时,绝不以任何借口拖延治水大事。他说:"娶于涂山,辛壬癸

---

① 赵晔撰,薛耀天译注:《吴越春秋译注》,天津:天津古籍出版社1992年版,第230页。
② 李民、王健:《尚书译注》,上海:上海古籍出版社2004年版,第43页。

甲。启呱呱而泣,予弗子,惟荒度土功。"辅佐舜帝时,他全力治理国家。"弼成五服,至于五千。州十有二师,外薄四海,咸建五长,各迪有功。"①可以说,他是兢兢业业的。《吴越春秋·越王无余外传第六》有更具体的记载:"禹伤父功不成,循江,溯河,尽济,甄(甄字不通,疑暨字之误)淮,乃劳身焦思以行,七年,闻乐不听,过门不入,冠挂不顾,履遗不蹑。功未及成,愁然沉思。"②可见,他是多么踏实。他不像一般领导者只是指挥,不深入实际,更不做具体工作,而是踏踏实实地做好每一个环节的工作。当他治水成功后,舜帝要大禹就政事发表高见时,禹拜曰:"都!帝,予何言?予思日孜孜。"③大禹说他没有什么好说的,只想每天努力工作罢了。这显示了他务实勤勉的人生态度。

其次,做君王时,他也十分勤勉。大禹建立了夏朝,使中华民族从松散的部落联盟发展为政令统一的国家,这是中华文明的大发展。大禹做国王时兢兢业业,恪尽职守,奠定了中国国家体制的基础。《吴越春秋·越王无余外传第六》载,大禹即天子之位后:"三载考功,五年政定,周行天下,归还大越。登茅山以朝四方群臣,观示中州诸侯,防风后至,斩以示众,示天下悉属禹也。乃大会计治国之道。内美釜山州慎(慎,当作'镇')之功,外演圣德以应天心,遂更名茅山曰会稽之山。因传国政,休养万民,国号曰夏。后封有功,爵有德,恶无细而不诛,功无微而不赏,天下喁喁,若儿思母,子归父。而留越恐群臣不从,言曰:'吾闻食其实者,不伤其枝,饮其水者,不浊其流。吾获覆釜之书,得以除天下之灾,令民归于里闾。其德彰彰若斯,岂可忘乎?'乃纳言听谏,安民治室;居麋山伐木,为邑画作印,横木为门,调权衡,平斗斛,造井示民,以为法度。凤凰栖于树,鸾鸟巢于侧,麒麟步于庭,百鸟佃于泽。"④可见,大禹是一个勤政为民、鞠躬尽瘁、死而后已的贤明之君。

人生要有作为,必须要勤勉;人生要有成就,必须要务实。这是人生事业的

---

① 李民、王健:《尚书译注》,上海:上海古籍出版社2004年版,第49页。
② 赵晔撰,薛耀天译注:《吴越春秋译注》,天津:天津古籍出版社1992年版,第226页。
③ 李民、王健:《尚书译注》,上海:上海古籍出版社2004年版,第43页。
④ 赵晔撰,薛耀天译注:《吴越春秋译注》,天津:天津古籍出版社1992年版,第230—231页。

主体基础。大禹勤勉务实,获得上下一致的好评,舜帝在位时就赞颂他"克勤于邦"①,最后传帝位给他。只有脚踏实地,一步一个脚印走下去,将实际工作一件一件地做好,才能彰显自己的才能,才能被人关注,被人认可,才能最后真正取得成就。我们说,人生要有理想,但不能停留在口号上,不能停留在虚幻的想象上,必须是落实在行动上。大禹的人生是勤勉的,也是务实的,为我们树立了典范。

### 四、忠孝大义

一个有崇高理想和远大目标的人,总是忠于民族国家,信守大义的。在大禹建立夏朝之前,中国还只是松散的部落联盟,没有国家的概念。部落联盟的首领为君主、天子、皇帝,普天之下,都是天子的臣民。大禹自然也是臣民。审视大禹的人生状态,他绝不蝇营狗苟、狭隘自私,不局限于自家小天地,而是胸怀寰宇、尽忠守义,始终忠君爱民,坚持了忠孝大义的人生准则。正是这种大格局,使得大禹的人生显得博大辉煌。

首先,大禹忠君。大禹的父亲鲧奉命治水,九年不成,遭受刑法治罪,死于羽山。自然大禹是悲伤的。屈原在《楚辞·天问》中就质疑舜杀鲧:"不任汩鸿,师何以尚之?佥曰何忧?何不课而行之?鸱龟曳衔,鲧何听焉?顺欲成功,帝何刑焉?永遏在羽山,夫何三年不施?"②也就是说,既然大家都说鲧会治水,为什么不让他做下去,而要杀了他呢?屈原的质问自然是有道理的。显然,大禹是痛苦的。然而,大禹也明白,鲧治水九年不成自然与他个人不听从别人的意见是有关系的。尧帝要选择人去治水,大家推荐鲧,尧帝不同意。《尚书·尧典》:"帝曰:'吁!咈哉,方命圮族。'"③也就是说,大家推举错了人!鲧不服从命令,常常危害族人。但是在四方诸侯之长屡次推荐下,尧帝才同意他去,并告诫他"要谨慎"。因此,大禹并没有什么怨恨。当舜帝派大禹去治水后,大禹奋发努力,千方百计地治水,充分显示了他的忠义。《吴越春秋·越王无余外传第六》:"尧崩,禹服三年之丧,如丧考妣,昼哭夜泣,气不属声,尧禅位于舜,舜荐大禹改官司

---

① 李民、王健:《尚书译注》,上海:上海古籍出版社2004年版,第32页。
② 董楚平译注:《楚辞译注》,上海:上海古籍出版社2014年版,第66页。
③ 李民、王健:《尚书译注》,上海:上海古籍出版社2004年版,第7页。

徒,内辅虞位,外行九伯。舜崩,禅位命禹。禹服三年,形体枯槁,面目黎黑,让位商均,退处阳山之南,阴阿之北。"①可见,他对帝王的忠诚。

其次大禹爱民。大禹是黄帝后裔、颛顼之孙、伯鲧之子,出身自然是高贵的。但是大禹十分爱护民众。大禹治水,与其说是他接受命令,不如说是他为了民众福祉的主体选择。大禹向舜帝汇报治水时说:"洪水滔天,浩浩怀山襄陵,下民昏垫。……暨益奏庶鲜食。……暨稷播,奏庶艰食鲜食。懋迁有无,化居。烝民乃粒,万邦作乂。"②他首先看到的是大水漫天,浩浩荡荡地包围了山顶,淹没了丘陵,老百姓沉没、陷落在洪水里的恶劣情景。他一边治水,一边安抚百姓;一方面把百谷、鸟兽肉送给老百姓;另一方面调剂余缺,迁徙居积的货物,使百姓们安定下来。这充分显示了大禹对民众的关爱。

忠孝大义是个体人生修养的主要方面,也是一种人生的行为准则。忠与孝其实是一个问题,只不过是两个方面而已。为国尽忠,是一个国民的责任与义务,这是大孝;在家尽孝,是个体在家庭中应该担起的责任与义务,这是小孝。然而自古以来忠孝难两全,但如果个体在忠孝问题上能够做到取大义,就能将二者统一起来了。大禹在忠君爱民上,取的是忠孝大义。正是这样,大禹才集聚了人生正能量,有了深厚的基础,因此能够成就人生伟业,成为开启文明、创建国家的英雄。

大禹的人生修养,是其美德内化的表现,涉及方方面面,内容丰富,我们还可以概括很多,如生活朴素、勤俭节约、诚笃可信、方正光明、不骄不傲等等。他生活极其简朴。孔子曰:"禹,吾无间然矣。菲饮食而致孝乎鬼神,恶衣服而致美乎黻冕,卑宫室而尽力乎沟洫。"③他对生活不讲条件,要求很低,更不贪图享受。他在逝世前还告诫子孙,要求死后简葬,曰:"吾百世之后,葬我会稽之山,苇椁桐棺,穿圹七尺,下无及泉,坟高三尺,土阶三等。葬之后,曰无改亩,以为居之者乐,为之者苦。"④这些也都是值得我们学习的。《尚书·大禹谟》载,舜帝对大禹给予了高度评价:"禹!降水儆予,成允成功,惟汝贤;克勤于邦,克俭于家,不自

---

① 赵晔撰,薛耀天译注:《吴越春秋译注》,天津:天津古籍出版社1992年版,第230页。
② 李民、王健:《尚书译注》,上海:上海古籍出版社2004年版,第43页。
③ 孔子著,杨伯峻、杨逢彬注译:《论语·泰伯》,长沙:岳麓书社2000年版,第76页。
④ 赵晔撰,薛耀天译注:《吴越春秋译注》,天津:天津古籍出版社1992年版,第232页。

满假,惟汝贤。汝惟不矜,天下莫与汝争能;汝惟不伐,天下莫与汝争功。予懋乃德,嘉乃丕绩。"①这个评价是很准确的。

## 第二节 大禹的价值取向

大禹之所以伟大,还因为他有一种崇高的精神。人贵有一种精神,这是人的气韵和生命的血脉,是人生境界的基础和底蕴,它能决定人生的格局与成就的大小。精神既是一种气度和胸襟、一种眼界和胆识,还是一种境界和文化、一种气场和氛围。虽然它指向的是个体自身,但它是一种个体影响力的原力,不仅能感染别人,而且能让人敬仰,是人类社会发展的根基。一个有追求的人自然器宇非凡,因为他有一种精神灌注,形成了一个特殊的场效应。大禹的一生,不管处境如何变化,他都始终保持着崇高的精神追求,显示了正确的人生价值取向。

### 一、勇毅担当

尧舜时期,洪水泛滥,老百姓处在困境中。《尚书·尧典》载,尧帝对四方诸侯之长说:"汤汤洪水方割,荡荡怀山襄陵,浩浩滔天。下民其咨,有能俾乂?"②大家推荐鲧去治水,可九年没有成功,因此鲧被舜治罪。然而,派谁继续去治水呢? 大家公认能够治水的鲧都没有治好,最后他还落得被治罪的下场,所以没有人敢去接任。舜只好命令大禹去治水,让他将功赎罪。《吴越春秋》载:"舜与四岳举鲧之子高密。四岳谓禹曰:'舜以治水无功,举尔嗣,考之勋。'禹曰:'俞,小子敢悉考绩,以统天意。惟委而已。'"③对于舜来说,派大禹去治水既是无奈,也是考验他。对大禹来说,接受这个任务是有风险的。但是,大禹没有迟疑,毅然接受了这项艰巨的任务,显示了勇于担当的崇高精神。

洪水之灾,是人类历史上自然灾害中首要的灾害。水患不仅严重危害民众的生命安全,而且严重影响一个国家和社会的安定,甚至影响朝代的更替和国家

---

① 李民、王健:《尚书译注》,上海:上海古籍出版社2004年版,第32页。
② 李民、王健:《尚书译注》,上海:上海古籍出版社2004年版,第7页。
③ 赵晔撰,薛耀天译注:《吴越春秋译注》,天津:天津古籍出版社1992年版,第225—226页。

的兴亡。自古至今,水患都被高度重视。《管子·度地》曰:"故善为国者,必先除其五害,人乃终身无患害而孝慈焉。桓公曰:'愿闻五害之说。'管仲对曰:'水,一害也;旱,一害也;风雾雹霜,一害也;厉,一害也;虫,一害也。此谓五害。五害之属,水最为大。五害已除,人乃可治。'"①显然,治理水患,是国家统治中的重要问题。自古以来,中国饱受水患,涌现了以大禹为首的一批治水英雄。

在困难时期,在危机面前,在关键时刻,是否具有担当精神,能检验出一个人有没有社会责任感,也显示出一个人应对和战胜困难的气魄与胆量。这需要勇气,也需要刚毅,更需要一种境界。大禹毫不犹豫地接受治水任务,显示了他勇敢刚毅的主体意志以及以天下为己任的价值取向和人生追求。当时困难非常大,天下都被淹没了,九州被阻绝,江、河、淮、济四条河流也都堵塞不通,百姓遭难,全国不安。《孟子》曰:"当尧之时,天下犹未平。洪水横流,泛滥于天下,草木畅茂,禽兽繁殖,五谷不登,禽兽偪人,兽蹄鸟迹之道交于中国。尧独忧之,举舜而敷治焉。"②正是这样,世人都不敢承担这份责任。本来尧帝是要舜全面治理的,可舜不但自己没有直接去治理肆虐的水患,而且在巡察中将治水大臣鲧治罪了,一时又找不到合适的人选接任,治水没有实际进展。于是舜与诸侯之长商量,任命大禹去治水。《淮南子·本经训》曰:"舜乃使禹疏三江、五湖,辟伊阙,导瀍、涧,平通沟陆,流注东海。鸿水漏,九州干,万民皆宁其性。是以称尧、舜以为圣。"③实际上,舜帝当时派大禹治水既带有强制性也带有无奈性,根本就没有把握。因此,四岳受命谓禹曰:"舜以治水无功,举尔嗣,考之勋。"我们从这谈话的口气就可看出这一点来。"考之勋",既说明要考察他的功绩,但言下之意也是说不能失败,必须成功,如果"考察"没有成功,其结局自然不言而喻。因此,实际上带有威胁性。自然,这不允许大禹有自己的选择。尽管如此,大禹没有任何顾虑,而认为天意如此,毅然接受了这个任务。这充分显示了他的胆量与气魄。一名政治家,必须具有"以天下为己任"的担当精神。

为了完成这个艰巨的任务,他身先士卒,带领人民全力治水。孟子曰:"禹

---

① 房玄龄注,刘绩补注,刘晓艺校点:《管子》,上海:上海古籍出版社2015年版,第371—372页。
② 孟子著,杨伯峻、杨逢彬注释:《孟子》,长沙:岳麓书社2000年版,第89页。
③ 刘安著,许慎注,陈广忠校点:《淮南子》,上海:上海古籍出版社2016年版,第183页。

疏九河,瀹济漯而注诸海,决汝汉,排淮泗而注之江,然后中国可得而食也。当是时也,禹八年于外,三过其门而不入,虽欲耕,得乎?"①《吕氏春秋·爱类》载:"昔上古龙门未开,吕梁未发,河出孟门,大溢逆流,无有丘陵沃衍、平原高阜,尽皆灭之,名曰鸿水。禹于是疏河决江,为彭蠡之障。干东土,所活者千八百国,此禹之功也。固勤劳为民,无苦乎禹者矣。"②大禹经过十三年的艰苦工作,终于取得了成功。"于是九州攸同,四隩既宅,九山刊旅,九川涤源,九泽既陂,四海会同。六府孔修,庶土交正,厎慎财赋,咸则三壤成赋。"③司马迁在《史记·五帝本纪》中,赞颂大禹治水的伟大功绩:"唯禹之功为大,披九山,通九泽,决九河,定九州,各以其职来贡,不失厥宜。"④大禹这种为国解忧、为民解难的道义担当,实现了他利济天下的人生价值。

## 二、乐于奉献

乐于奉献是大禹崇高精神的又一个重要方面。他公而忘私、舍家为国、舍己为民的品质,几千年来被人们广泛传颂,成为中华民族优秀品德的重要内涵。大禹接到治水任务后,就一心扑在治水上。《史记》曰:"禹伤先人父鲧功之不成受诛,乃劳身焦思,居外十三年,过家门不敢入。"⑤《吕氏春秋》曰:"禹娶涂山氏女,不以私害公,自辛至甲四日,复往治水。"⑥《吴越春秋》载:"禹因娶涂山,谓之女娇。取辛壬癸甲,禹行。十月,女娇生子启。启生不见父,昼夕呱呱啼泣。"⑦按照人之常情,父亲鲧无功而亡,大禹心中肯定是痛苦的、悲伤的;新婚宴尔,本来应该享受蜜月幸福和快乐;儿子出生,本来应该施以父亲之爱,尽一份父亲的责任,尽一份丈夫对妻子的关爱。然而,大禹为了治水,不敢耽误其进程,不顾重孝

---

① 孟子著,杨伯峻、杨逢彬注释:《孟子》,长沙:岳麓书社2000年版,第89页。
② 高诱注,毕沅校,徐小蛮标点:《吕氏春秋》,上海:上海古籍出版社2014年版,第524页。
③ 李民、王健:《尚书译注》,上海古籍出版社2004年版,第83页。
④ 司马迁:《史记》(第1册,卷1—12),北京:中华书局1959年版,第43页。
⑤ 司马迁:《史记》(第1册,卷1—12),北京:中华书局1959年版,第51页。
⑥ 郦道元著,史念林、曾楚雄、季益静、田进元、林海乔、林俊守、侯清成、黄剑锋注:《水经注》(下册),北京:华夏出版社2006年版,第586页。
⑦ 赵晔撰,薛耀天译注:《吴越春秋译注》,天津:天津古籍出版社1992年版,第228页。

在身,不顾新婚妻子的感受,结婚四天后就奔赴治水前线,"居外十三年","三过家门而不入",连儿子出生都没有回去。不管什么原因,这种自我牺牲的奉献精神,都是令人敬仰的。

　　大禹这种奉献精神,是坚守岗位、尽忠职守的极致表现。应该说,爱岗敬业是公职人员和每个劳动者都必须做到的。有时候,一些岗位要求在职者加班加点,也只是一时之需,并不是要求每个人必须舍弃自己的家庭和生活,牺牲自己的一切。大禹接受治水大任后,苦心劳力,殚精竭虑,放弃了自己的一切,一心一意全力治水。他从冀州领命治水,奔赴灾区,深入调研,将全国划分为冀州、兖州、青州、徐州、扬州、荆州、豫州、梁州、雍州,与百姓协同作战,终于治水成功。"方五千里,至于荒服。南抚交阯、北发,西戎、析枝、渠廋、氐、羌,北山戎、发、息慎,东长、鸟夷,四海之内咸戴帝舜之功。于是禹乃兴《九招》之乐,致异物,凤凰来翔。天下明德皆自虞帝始。"①在治水过程中,大禹始终深入第一线,带领民众治水。《吴越春秋》又载:"禹济江,南省水理,黄龙负舟,舟中人怖骇,禹乃哑然而笑曰:'我受命于天,竭力以劳万民。生,性也,死,命也。尔何为者?'颜色不变。谓舟人曰:'此天所以为我用龙曳尾。'舍舟而去,南到计于苍梧。"②这种夸张的传奇性神话书写,表现的是大禹治水不畏艰险、身先士卒的精神。他走遍中华大地,带领各部落民众,全心治水。"于是周行宇内,东造绝迹,西延积石,南逾赤岸,北过寒谷,徊昆仑,察六扈,脉地理,名金石;写流沙于西隅,决弱水于北汉;青泉、赤渊,分入洞穴;通江东流,至于碣石,疏九河于潏渊,开五水于东北,凿龙门,辟伊阙;平易相土,观地分州。殊方各进,有所纳贡,民去崎岖,归于中国。"③可见,大禹治水的高度责任心。

　　大禹不仅治水时急国家之所急,兢兢业业,克勤克俭,而且在称帝之后,他也是无私奉献,恪尽职守。《吕氏春秋》赞曰:"禹立,勤劳天下,日夜不懈。"④《淮

---

① 司马迁:《史记》(第1册,卷1—12),北京:中华书局1959年版,第43页。
② 赵晔撰,薛耀天译注:《吴越春秋译注》,天津:天津古籍出版社1992年版,第228页。
③ 赵晔撰,薛耀天译注:《吴越春秋译注》,天津:天津古籍出版社1992年版,第230页。
④ 高诱注,毕沅校,徐小蛮标点:《吕氏春秋》,上海:上海古籍出版社2014年版,第106页。

南子·汜论训》亦赞:"禹劳天下,死而为社。"①他献身于国家的长治久安和民众的福祉安康。他不仅统一了国家,完善各种治国理政的举措,而且经常去巡查和了解实际情况。无论是经典文献还是史书,都对此做了记载。例如,《竹书纪年》载:"五年,巡狩,会诸侯于涂山";"八年春,会诸侯于会稽,杀防风氏";"秋八月,帝陟于会稽"②。《左传·哀公七年》:"禹合诸侯于涂山。"③《国语·鲁语》:"昔禹致群神于会稽之山,防风氏后至,禹杀而戮之。"《史记·夏本纪》:"十年,帝禹东巡狩,至于会稽而崩。"④可见,大禹并不是那种只坐在皇宫听汇报、发指令的皇帝,而是时时关注民众,与民众在一起的贤明君主。他最后逝世于巡察地绍兴,也被葬在绍兴,真正是鞠躬尽瘁,死而后已。

一个人的价值,不在于自己生活得怎样,而在于为社会贡献了什么。虽然一个人的力量有限,但是如果大家都怀着一种助人为乐、为社会做贡献、献身国家的奉献精神,保持一种公心,不过于计较私利,那么自己的心会更加坦然平静,社会就会更加和谐而美好。大禹公而忘私的牺牲与奉献精神,一直是中华民族的精神楷模。

### 三、开拓创新

锐意改革、科学创新、开拓进取,是大禹精神的另一个重要方面。开拓创新是推动事业发展和社会进步的关键,墨守成规、因循守旧、顽固保守、不思进取,是一切事业的障碍。人类社会的每一步发展和每一个进步,都得益于不断开拓和科学创新,是人类自觉或不自觉的改革实践和科学引领的结果。大禹的开拓创新精神不仅体现在治水中,也体现在治国理政中。

(一)大禹开拓创新精神集中体现在治水上

这种科学创新,是大禹治水得以成功的关键。鲧治水九年,都没有成功,原因在于方法不对,他用息壤去埋塞洪水,所以没有成功。大禹领命治水后,以科

---

① 刘安著,许慎注,陈广忠校点:《淮南子》,上海:上海古籍出版社2016年版,第339页。
② 参见朱右曾、王国维:《古本竹书纪年辑校·今本竹书纪年疏证》,沈阳:辽宁教育出版社1997年版,第49页。
③ 左丘明著,蒋冀骋标点:《左传》,长沙:岳麓书社1988年版,第398页。
④ 司汉迁:《史记》(第1册,卷1—12),北京:中华书局1959年版,第83页。

学的方法创新思路、锐意改革,改变了他父亲的做法,提出了以疏导的方法治理水患,最后成就了大业。大禹这种科学创新精神体现在以下几个方面:一是立足全局、统一规划、全面协调的原则。《尚书》写道:"禹敷土,随山刊木,奠高山大川。"①也就是说,大禹治水,首先对全国土地山河的实际情形有了全面的掌握,划分了九州的疆界。他进行广泛深入的调查,研究地势水情,区分轻重缓急,依次治理。他顺着山势,开辟道路,以砍削树木作为标志,确定高山大河的走势,察知水由何山所出,又由何山所壅塞,进而确定九州的分界,形成全国治水一盘棋。二是周密的调查研究。首先是大禹自己深入调查。他"乘四载以行川,始于霍山,徊集五岳,《诗》云:'信彼南山,惟禹甸之。'遂巡行四渎。与益、夔共谋,行到名山大泽,召其神而问之山川脉理,金玉所有、鸟兽昆虫之类,及八方之民俗、殊国异域、土地里数,使益疏而记之。"②同时,他又分派人员赴各地调查:"禹行使大章步东西,竖亥度南北,畅八极之广,旋天地之数。"③因此,他将全国各地的水情山势都掌握得清清楚楚。正是这样,大禹治水能够分清轻重缓急和主次,步步推进。三是科学推进治水工作。大禹治水是以精确的科学测量与计算为基础的。《史记》载大禹治水时,"左准绳,右规矩,载四时,以开九州,通九道,陂九泽,度九山"④。《礼记·大戴礼》载孔子之说:"左准绳,右规矩,履四时,据四海,平九州,戴九天,明耳目,治天下。"⑤《山海经》也对大禹治水的科学测量方法予以了记载:"帝命竖亥步,自东极至于西极,五亿十选九千八百步。竖亥右手把算,左手指青丘北。一曰禹令竖亥,一曰五亿十万九千八百步。"⑥可见,大禹治水是依据科学的。四是大禹以疏导为主,运用了多种灵活的方法去治水。大禹经过分析和勘查,在总结前人经验教训的基础上,又吸收了广大民众的意见,不断创新发明。《淮南子·修务训》载"禹沐淫雨,栉扶风,决江疏河,凿龙门,劈伊

---

① 李民、王健:《尚书译注》,上海:上海古籍出版社2004年版,第54页。
② 赵晔撰,薛耀天译注:《吴越春秋译注》,天津:天津古籍出版社1992年版,第227页。
③ 赵晔撰,薛耀天译注:《吴越春秋译注》,天津:天津古籍出版社1992年版,第228页。
④ 司汉迁:《史记》(第1册,卷1—12),北京:中华书局1959年版,第51页。
⑤ 钟利戡、王清贵辑编,中国人民政治协商会议绵阳市委员会等编:《大禹史料汇集》,成都:巴蜀书社1991年版,第20页。
⑥ 张丽丽主编:《山海经》,北京:北京教育出版社2015年版,第270页。

阙,修鲞之防"①,形成了导、堵、分、滞、避等多种治水方法,从而引导洪水最终汇入大海。远古数学家商高肯定了大禹治水时使用的测算方法:"禹之所以治天下者,此数之所生也。"②他认为中国的数学创自大禹,因为治水需要这门科学。书中介绍了"用矩之道",矩是一种简单而又实用的测量工具。"平矩以正绳,偃矩以望高,覆矩以测深,卧矩以知远。环矩以为圆,合矩以为方。"现代航海员手上的"六分仪"就是根据大禹所用的矩的原理制造的。

(二)大禹以开拓创新精神进行治国理政

首先,他以改革创新的思维打破了以往松散的部落联盟的管理方式。尧舜时期,并没有形成统一的国家,部落割据,政治上是部落联盟议事制。因此,天下氏族部落林立。虽然各方有诸侯之长四岳,但部落之间争强好胜,矛盾重重,这给大禹治水带来了种种困难。要治好水患,必须打破这种固有的政治格局,形成一种新的格局。因此,大禹以山川地理特征为标志划分"九州"。冀州是中心,"济、河惟兖州"(济水与黄河之间是兖州),"海、岱惟青州"(渤海和泰山之间是青州),"海、岱及淮惟徐州"(黄海、泰山及淮河之间是徐州),"淮、海惟扬州"(淮河与黄海之间是扬州),"荆及衡阳惟荆州"(荆山与衡山的南面之间是荆州),"荆、河惟豫州"(荆山与黄河之间是豫州),"华阳、黑水惟梁州"(华山南面与怒江之间是梁州),"黑水、西河惟雍州"(黑水与西河之间是雍州)。这种划分,完全打破了部落邦国的行政界线。大禹在各州设立州长,主管各州的治水工作,从而形成了一种新的区域概念,为夏朝的建立奠定了基础。其次,设立地方职官和各地应履行的职责。再次,设立税赋层级,明确不同的徭役职责。《尚书·益稷》载,大禹对舜帝说:"弼成五服,至于五千;州十有二师;外薄四海,咸建五长,各迪有功。"③大禹将全国划分成五级管理制,从都域所在地冀州直到五千里外,每个州建立十二个行政单位,向外一直延伸到沿海地区,每个州设立了五级长官,各自领导所在地的治水和其他工作。这种层级式的税赋与职责制度,是以往所没有的,既是一种管理上的改革与创新,也是一种科学方法的创新,受到

---

① 刘安著,许慎注,陈广忠校点,《淮南子》,上海:上海古籍出版社2016年版,第478页。
② 赵君卿、李淳风注:《周髀算经》卷上。
③ 李民、王健:《尚书译注》,上海:上海古籍出版社2004年版,第49页。

民众的欢迎，大禹也树立了自己的威信。这是大禹根据实际情况做出的抉择，使国家财力有了基本的保障。

科学创新是事业发展的动力。我们做事不能因循守旧、保守落后，必须要有改革创新的科学精神，要从实际出发，寻找最合适的工作方法、途径和渠道，这样才能有所收获。任何创新、任何科学都植根于社会实践，大禹的科学创新精神，就是治水实践的结晶；同时，任何创新、任何科学都是以实事求是为前提的，大禹的科学创新精神就是直面洪灾这个现实，探求救灾途径。在现实社会中，我们做事必须实事求是、脚踏实地、开拓进取、科学创新，这样才能实现自己的奋斗目标。

## 四、诚朴律己

大禹崇高的精神还体现在诚恳实在、生活俭朴、严于律己、以身作则上。从大禹的一生中可以看出，他不仅说话诚实质朴，待人诚挚可信，对上诚恳，对下真挚，而且生活朴素简俭，做事又身先士卒，严格要求，这种精神使他形成了一种向心力。如果他夸夸其谈、华而不实、不讲诚信、奢侈糜烂，就会遭到唾弃。《史记·夏本纪》载："禹为人敏给克勤；其德不违，其仁可亲，其言可信；声为律，身为度，称以出，亹亹穆穆，为纲为纪。"①大禹的这种精神值得我们学习。

诚朴律己是大禹的精神风范。大禹非常朴素，勤俭节约。如前所述，大禹不贪图享受，不仅在治水过程中"菲饮食""恶衣服"，而且做帝王后，也"卑宫室"。《尚书·大禹谟》载，帝舜高度评价大禹"克俭于家，不自满假""不矜""不伐"②的品质。据《淮南子》载，大禹主张"厚养薄葬"，即"死陵者葬陵，死泽者葬泽"，从而"节财、薄葬、闲服生焉"③。据《吴越春秋》载，大禹为自己的丧葬立下遗嘱要求自己去世之后薄葬，要求自己的葬仪不要惊扰民众的生活，损害民众的利益。大禹力戒奢靡，远离酒色。他留有遗训："内作色荒，外作禽荒，甘酒嗜音，峻宇雕墙。有一于此，未或不亡。"④他告诫人们，在内迷恋女色，在外游猎翱翔，

---

① 司马迁：《史记》（第1册，卷1—12），北京：中华书局1959年版，第51页。
② 李民、王健：《尚书译注》，上海：上海古籍出版社2004年版，第32页。
③ 刘安著，许慎注，陈广忠校点：《淮南子》，上海：上海古籍出版社2016年版，第535页。
④ 李民、王健：《尚书译注》，上海：上海古籍出版社2004年版，第94页。

喜欢喝酒,爱听音乐,高筑大殿又雕饰宫墙,这些事只要拥有一桩,就没有人不灭亡的。大禹本来喜饮酒,但他为了不误国事,不仅戒酒,而且疏远制酒者。《战国策·魏策·鲁共公择言》载:"昔者,帝女令仪狄作酒而美,进之禹。禹饮而甘之,遂疏仪狄,绝旨酒,曰:'后世必有以酒亡其国者。'"①大禹从酒的美味中预感到酒有危害,担心后世出现因酒误国的人和事,因此带头戒酒。由此可见,大禹在生活上严于律己。大禹的这种言行,自然为民众树立起了一种风范。

大禹诚朴律己还体现在他工作时身先士卒、吃苦耐劳上。大禹治水,虽然是他领导并发动民众治水的,但他不是停留在指挥上,而是身先士卒,以身垂范。《越绝书·外传记地传》曰:"禹始也,忧民救水,到大越,上茅山,大会计,爵有德,封有功,更名茅山曰会稽。"②可见,大禹跋山涉水,不辞劳累,与民众在一起。《荀子·成相》曰:"禹有功,抑下鸿,辟除民害逐共工,北决九河,通十二渚,疏三江。禹傅土,平天下,躬亲为民行劳苦。"③《庄子·天下篇》曰:"墨子称道曰,昔者禹之堙洪水,决江河而通四夷九州也,名川三百,支川三千,小者无数,禹亲自操橐耜,而九杂天下之川,股无胈,胫无毛,沐甚雨,栉疾风,置万国。禹大圣也,而形劳天下也如此。"④《韩非子·五蠹》:"禹之王天下也,身执耒臿,以为民先,股无胈,胫不生毛,虽臣虏之劳不苦于此矣。"⑤《吕氏春秋》载:"禹东至榑木之地,日出、九津、青羌之野,攒树之所,播天之山,鸟谷、青丘之乡,黑齿之国,南至交阯、孙朴、续樠之国,丹粟、漆树、沸水、漂漂、九阳之山,羽人、裸民之处,不死之乡,西至三危之国,巫山之下,饮露、吸气之民,积金之山,其肱、一臂、三面之乡,北至人正之国,夏海之穷,衡山之上,犬戎之国,夸父之野,禹强之所,积水、积石之山,不有懈堕,忧其黔首,颜色黎黑,窍藏不通,步不相过,以求贤人,欲尽地利,至劳也。"⑥正是这样,他才具有号召力,能够发动民众投身于治水工作中。

---

① 吴楚材、吴调侯选注:《古文观止》,上海:上海古籍出版社2016年版,第152页。
② 袁康:《越绝书》,上海:商务印书馆1937年版,第39页。
③ 荀况著,杨倞注,耿芸标校:《荀子》,上海:上海古籍出版社2014年版,第305页。
④ 方勇译注:《庄子》,北京:中华书局2010年版,第572页。
⑤ 王先慎集解,姜俊俊校点:《韩非子》,上海:上海古籍出版社2015年版,第537页。
⑥ 高诱注,毕沅校,徐小蛮标点:《吕氏春秋》,上海:上海古籍出版社2014年版,第541—542页。

大禹严于律己,不仅与他的诚实质朴联系在一起,而且与他崇高的理想与高度的责任感密切相关。大禹为人诚笃可信,朴实方正,既不妄言也不妄行,以身作则,严格要求。他要化解灾难,为国分忧,福泽下民,而松散的氏族部落联盟本身不仅存在着各自为政、政令不一的实际情况,而且氏族部落之间还存在着各种矛盾冲突,而严重的灾难又导致社会动荡不安,思想更加复杂,这就使大禹必须以身作则,从自己做起,树立起以大局为重的风范。因此,大禹的行为告诉我们,严于律己、以身作则,是战胜困难、实现目标的重要精神法宝。

大禹的人生取向和主体精神还有许多内涵,可以做各种归纳。例如他坚忍不拔、艰苦奋斗、矢志不移、团结协作和功不独揽等品质,都是闪闪发光的。在这里,我们尤其要将他功不独揽的美德提炼出来。大禹在汇报治水工作时,总是说"暨益奏庶鲜食"和"暨稷播"等,强调别人的功劳,即舜帝说的"汝惟不伐",这是很突出的美德。一个人的力量总是有限的,一个人事业的成功总是离不开别人的用心和努力,是别人支持与协助的结果。俗话说"一个好汉三个帮,一个篱笆三个桩",就是这个道理。任何成功,都不是一个人的功劳。但是在世俗社会中,不少人总是独揽事功,弱化别人的贡献,实际上是损害自己的形象。

## 第三节　大禹的思想体系

精神与思想是一对孪生兄弟,具有密切的关系,都是主体素质的核心内涵。但是二者又不等同,具有明显的区别。精神是个体自身的养成,指向的是自己,是个体行为显示出来的内涵,惠及的是他人;思想虽然也是个体自身的,但它指向的是社会,是对纷繁复杂的事项与问题的识见,是引导世界的,它来自实践,又能指导实践。大禹是人类伟大的英雄,是中华民族夏朝的伟大领袖,他不仅是一个实干家,也是一个伟大的改革家,更是一个充满智慧的思想家、哲学家。从历史典籍和经典文献的记载与叙述来看,他是儒家思想的创立者,形成了自己的思想体系。对于大禹的思想,我们可以概括出许多内容,尽管不同的人会有不同的概括,但有三个基本点恐怕是不可轻易改变的。

一、向善说

大禹思想的基本点之一就是向善说。禹曰："惠迪吉，从逆凶，惟影响。"①也就是说，顺从善就吉，顺从恶就凶，就像影子和声响顺从形体和声音一样。显然，这是一种攻心的宗教式谶语，既具有早期先民的宗教意识，也具有很强的哲学色彩。由此可见，大禹这种向善说直面人类社会，是从人的行为上来说的。以因果二维思维来鼓励人们向善，规范和引导人类行为，从而形成了很强的实践性品格，显示了鲜明的大众指向性和突出的宗教性特征。这种思想拉开了儒家性善说的大幕。

大禹的向善说，其强烈的实践品格更体现在"善政观"上，其中心点就是他在《尚书·大禹谟》中提出的："德惟善政，政在养民。水、火、金、木、土、谷惟修，正德、利用、厚生惟和，九功惟叙，九叙惟歌。戒之用休，董之用威，劝之以九歌，俾勿坏。"②大禹的这种"善政观"揭示了从政的根本立场。从政的根本目标就是为民服务，让人民过上好生活。如何做到"善政"呢？就是，水、火、金、木、土、谷这六种生活资料应当治理，正德、利用、厚生这三件大事应当宣扬，九事应当理顺，理顺了就应当歌颂。同时，要用休庆规劝臣民，用威罚监督臣民，用九歌勉励臣民，这样政事就不会败坏。治国不能依仗自己的权势，而是要依靠德治。施政以德，九州攸同，这不仅是大禹的理想，也是大禹自己从政实践经验的总结。它揭示了国家公共管理工作中的基本规律，是所有国家管理人员应该坚守的基本理念和遵循的基本规则。

大禹的向善说，无疑是针对尧舜禹时代洪灾患难难平，社会动荡不稳，民生危难不安，从而导致思想意识混乱、道德失范、私欲暴涨、凶恶横生的现实而提出来的，无论是对于集中力量治理洪水，还是恢复社会正常秩序，都具有极其重要的作用，具有很强的现实针对性。因此大禹随之提出了善政观，将向善说直接落地，让大家对向善说可知可感。正是这样，大禹不仅平定了洪水，解决了"下民昏垫"的危机，而且赢得了民众的一致拥护和爱戴。对于禹的德治，《淮南子·

---

① 李民、王健：《尚书译注》，上海：上海古籍出版社2004年版，第26页。
② 李民、王健：《尚书译注》，上海：上海古籍出版社2004年版，第26页。

原道训》这样记载:"禹知天下之叛也,乃坏城平池,散财物,焚甲兵,施之以德,海外宾伏,四夷纳职,合诸侯于涂山,执玉帛者万国。"①于是,在平定洪水之后,大禹既嘉奖有功人员,又表扬道德楷模。司马迁《史记·太史公自序》给予很高的评价:"维禹之功,九州攸同。光唐虞际,德流苗裔。"②应该说,这种向善说具有很强的引导力。

每一种思想观点的提出,都是特定时代背景下的产物,但是伟大的思想总是具有超时空的理论品格。大禹的向善说以其深厚的思想意蕴显示了高度的概括力,具有了跨越时空的价值。后来孔子和孟子发展了大禹的学说,提出了性本善理论。在《孟子·告子上》中,孟子提出:"水信无分于东西,无分于上下乎?人性之善也,犹水之就下也。人无有不善,水无有不下。今夫水,搏而跃之,可使过颡;激而行之,可使在山。是岂水之性哉?其势则然也。人之可使为不善,其性亦犹是也。"③这是从人的本质上论述的,成为儒家思想的重要内容。由此,大禹的向善说就实现了超时空的跨越。

## 二、民本说

大禹思想的核心是民本说,这是儒家民本思想的源头。大禹的民本思想是通过他对儿孙的教育在《尚书·夏书·五子之歌》中流传下来的。"民可近,不可下。民惟邦本,本固邦宁。予视天下,愚夫愚妇一能胜予。一人三失,怨岂在明?不见是图。予临兆民,懔乎若朽索之驭六马;为人上者,奈何不敬?"④大禹认为,人民可以亲近,不可轻视怠慢;人民是国家的根本,根本稳固,国家就安宁。在他看来,天下的人,即使是愚夫愚妇都能取胜于他。如果从政者有多次失误,民怨肯定存在,难道要等到它爆发出来吗?从政者应当首先考虑在错误还未形成影响时就去纠正。他说自己治理国家,考察百姓民生,恐惧得像用坏绳索驾着六匹马,惴惴不安;做君主的人,怎么能不敬畏民众?这里,大禹在中国历史上第一次确立了民众在国家中的首要地位,第一次树立了"民贵君轻"的思想观念。

---

① 刘安著,许慎注,陈广忠校点:《淮南子》,上海:上海古籍出版社2016年版,第8页。
② 司马迁:《史记》(第10册,卷118—130),北京:中华书局1959年版,第3301页。
③ 孟子著,杨伯峻、杨逢彬注释:《孟子》,长沙:岳麓书社2000年版,第189页。
④ 李民、王健:《尚书译注》,上海:上海古籍出版社2004年版,第93页。

以民为本,是治国理政的根本立场,也是大禹一生的经验总结。在大禹看来,民贵君轻,敬民消怨,是政治的最高原则。因此,他以民生为己任,时时关注人民的福祉。大禹治水到苍梧时,"见缚人,禹拊其背而哭。益曰:'斯人犯法,自合如此,哭之何也?'禹曰:'天下有道,民不罹辜。天下无道,罪及善人。吾闻,一男不耕,有受其饥;一女不桑,有受其寒。吾为帝统治水土,调民安居,使得其所,今乃罹法如斯,此吾得薄,不能化民证也。故哭之悲耳'"。①正是对民生如此重视,因此他非常敬畏民众,特别注重安民。据《尚书·皋陶谟》载,禹曰:"安民则惠,黎民怀之。"②在大禹看来,重视民生,是从政的重要基础。因此,他在治水时就"暨益奏庶鲜食"于民;治好水患后,又"暨稷播,奏庶艰食鲜食。懋迁有无,化居。烝民乃粒,万邦作乂"。于是,《孟子·滕文公上》云:"禹疏九河,瀹济漯而注诸海,决汝汉,排淮泗,而注之江,然后中国可得而食也。"③正是这样,他获得了人民的爱戴和拥护。《论语·宪问》曰"禹、稷躬稼而有天下"④。这是一种充分的肯定,更是一种美誉。

　　大禹的民本说,不仅是他的理论主张,也是他的实践总结,显示了很强的实践品格。大禹的民本思想主要体现在敬民、安民、养民、利民几个方面。大禹对民众十分敬重。大禹即帝位后,铸造了代表国家权威的九鼎。通常,九鼎之上是铭刻帝王功绩的。但是,大禹没有将自己治水的功绩刻铸上去,而是"铸鼎象物,百物而为之备,使民知神、奸。故民入川泽、山林,不逢不若。螭魅罔两,莫能逢之。用能协于上下,以承天休"⑤。可见,大禹是人类历史上真正做到了"以民为贵"的君主,敬民之心,无处不在。大禹十分重视安民。《管子·山权数》载:"禹五年水,民之无檀卖子者……禹以历山之金铸币,而赎民之无檀卖子者。"⑥《盐铁论·力耕》载:"昔禹水汤旱,百姓匮乏,或相假以接衣食。禹以历山之金,

---

① 赵晔撰,薛耀天译注:《吴越春秋译注》,天津:天津古籍出版社1992年版,第229页。
② 李民、王健:《尚书译注》,上海:上海古籍出版社2004年版,第37页。
③ 孟子著,杨伯峻、杨逢彬注释:《孟子》,长沙:岳麓书社2000年版,第89页。
④ 孔丘著,杨伯峻、杨逢彬注译:《论语·学而》,长沙:岳麓书社2000年版,第129页。
⑤ 左丘明:《左传》,武汉:崇文书局2007年版,第67页。
⑥ 房玄龄注,刘绩补注,刘晓艺校点:《管子》,上海:上海古籍出版社2015年版,第432页。

汤以庄山之铜,铸币以赎其民,而天下称仁。"①此二者皆证大禹治水时,铸币以安民。《尚书·皋陶谟》载,大禹指出:"安民则惠,黎民怀之。"大禹认为"安民"是为政的宗旨,通过"安民"使民众得到实惠,则能得到民众的拥护。如何安民呢?就是要做到养民。大禹说"政在养民",指出了"养民"是帝王的责任和义务。如何养民呢?就是要利民,即"水、火、金、木、土、谷惟修,正德、利用、厚生惟和",就是说,水、火、金、木、土、谷六种生活资料应当治理好,并且必须宣扬"正德、利用、厚生"这三件大事。也就是说,要把人民安抚好,必须解决六种生活资料的问题,并要求统治者必须自正其德,正己以治民;必须勤俭节约,将钱财用于为民兴利除弊的事业上;必须轻徭薄役,使人们丰衣足食。贾谊《新书·修政语上》:"大禹曰:'民无食也,则我弗能使也,功成而不利于民,我弗能劝也。'故鬊河而道之九牧,凿江而道之九路,洒五湖而定东海。民劳矣而弗苦者,功成而利于民也。禹尝昼不暇食,夜不暇寝矣。方是时也,忧务故也。"②大禹以民众的幸福安乐作为评价自己的标准,可见他敬民爱民之深。他治水的目的是要让民众丰衣足食,因此他为了治水而废寝忘食,可见他爱民利民之心切。

　　大禹治国,时时都想到人民,事事都考虑到是否有利于人民,是否惠民安民。为了更好地了解民情,掌握民意,大禹创造性地设立了"五音听政"制度。同时,他时时根据民众反映的情况来检讨自己的得失。贾谊《新书·修政语上》曰:"大禹之治天下也,诸侯万人而禹一皆知其体。故大禹岂能一见而知之也?岂能一闻而识之也?诸侯朝会而禹亲服之,故是以禹一皆知其国也。其士月朝而禹亲见之故,是以禹一皆知其体也。然且大禹其犹大恐,诸侯会则问于诸侯曰:'诸侯以寡人为骄乎?'朔日士朝,则问于士曰:'诸大夫以寡人为汰乎?其闻寡人之骄之汰邪?而不以语寡人者,此教寡人之残道也,灭天下之教也。故寡人之所怨于人者,莫大于此也。'"③大禹治理天下时,诸侯近万人,但他都知道他们的情况;可见大禹对民众关爱之细致。《论语·泰伯》中孔子赞美大禹"卑宫室而尽力乎沟洫",不重视宫殿建设,而对水利建设尽心尽力,这也体现了大禹的民

---

① 桓宽撰,王利器校注:《盐铁论校注》(上册),天津:天津古籍出版社1983年版,第25页。
② 贾谊:《新书》,上海:商务印书馆1939年版,第97页。
③ 贾谊:《新书》,上海:商务印书馆1939年版,第97页。

本思想。

大禹的民本说揭示了治国理政的精义,拉开了中国民本思想的大幕,实现了从原始时代的重天敬鬼到邦国时代的敬德保民、重民重天和民贵君轻的转换。其丰富而深邃的内涵、鲜明的实践性品格,使民本说在中国历史上一问世就得到了很好的落实,显示了跨时空的生命力。民本说被后世不断传承和发展,成为儒家民本思想的重要源头。春秋时期,孔子提出"节用而爱人,使民以时"①的思想,孟子提出"民为贵,社稷次之,君为轻"②的仁政思想,告诫统治者"爱民","利民",轻刑,薄赋,听政于民,与民同乐,丰富了其内涵。中华人民共和国成立后,毛主席又将这种民本思想发扬光大,新时代习近平主席在关于治国理政的重要论述中又高扬民本主义思想,全面推行和落实民生福祉,开创了中国历史上民生最幸福的时代。

### 三、激励说

大禹的思想还体现在激励说方面。激励说,是现代管理学的核心内容之一。管理是一门科学,管理也是一种效益。如何将管理的最大效益发挥出来,激励是一种基本的措施。早在4000年前,大禹就在管理中提出了激励说,在中国历史上开创了管理学的激励理论。大禹的激励说主要内容就是在管理中论功行赏,形成向心力。《尚书·益稷》载,禹曰:"俞哉!帝。光天之下,至于海隅苍生,万邦黎献,共惟帝臣,惟帝时举。敷纳以言,明庶以功,车服以庸。谁敢不让,敢不敬应?帝不时,敷同日奏,罔功。"③大禹向舜帝建议要对普天之下的海内众民和群贤,"敷纳以言,明庶以功,车服以庸"。这是大禹激励说的最初表述。在大禹看来,帝王(管理者)必须要重视下属的功过,奖惩得当。否则,就会徒劳无益。基于这样的管理思想,大禹在平定洪水,建立夏朝之后,进一步完善和实施了他的激励说:既嘉奖有功的人员,又表扬道德楷模。《吴越春秋》载,大禹"封有功,爵有德,恶无细而不诛,功无微而不赏"④。显然,大禹很好地实践了他的激励说

---

① 孔丘著,杨伯峻、杨逢彬注译:《论语》,长沙:岳麓书社2000年版,第2页。
② 孟子著,杨伯峻、杨逢彬注释:《孟子》,长沙:岳麓书社2000年版,第250页。
③ 李民、王健:《尚书译注》,上海:上海古籍出版社2004年版,第44页。
④ 赵晔撰,薛耀天译注:《吴越春秋译注》,天津:天津古籍出版社1992年版,第231页。

的理论主张。

　　大禹的激励说,是他的管理学新思想,也是他的管理实践的经验总结,在内容上是非常严密的。除了论功行赏,激励辅佐者和民众,大禹激励说的基本内容,还有一个重要的表现,就是任用下属,这也是对下属的一种激励。在管理学中,对下属的选拔和任用,是一个重要的内容,是管理者应该重视的。通常,管理者在任用下属方面得当,就会形成激励效果;任用不当,就会产生不好的效果。因此,禹曰:"其弼直,惟动丕应。徯志以昭受上帝,天其申命用休。"①他认为,如果舜帝(管理者)用正直的人做辅佐,那么只要行动,天下就会大力响应,就会产生激励效果;如果依靠有德行的人来指导、接受和贯彻上级的命令,上天就会再三赐予你休美,这也就会形成激励效果。那么,如何任用人呢？大禹认为,选好了人员之后,就要信任他,赋予其权责。同时必须考察其业绩,认定其得失,奖励其功绩。管理者对下属不能功过不分。大禹治水之所以成功,就是因为他善于运用管理者的任命机制来形成激励效果。他认为,如果"君子在野,小人在位",则"民弃不保,天降之咎"②。因此,必须选用具有德行者。大禹向舜帝汇报治水时说:"弼成五服,至于五千,州十有二师,外薄四海,咸建五长,各迪有功。"③也就是说,他在治水的过程中在全国建立了五等服役区域,一直延伸到五千里的范围,把全国划分为十二州,选定了州长,十州以外,四海之内,每五个方国确定一个大方国诸侯为长,赋予他们职权,明确其治水的职责,让他们领导各方建立功业,从而调动了全国的力量来治理水患,保证了治水的成功。《国语·郑语》说:"夏禹能单平水土,以品处庶类者也。"④这里不排除是指他论功行赏的结果。韦昭释:"单,尽也；庶,众也；品,高下之品也。禹除水灾,使人物高下各得其所。"⑤这里不单是区分阶层与等级问题,自然包括论功行赏,给予治水者不同的奖赏。这实际上是一种激励措施。

　　大禹的激励说还体现在平时注意彰显他人的功绩和优长,及时举荐,以形成

---

① 李民、王健:《尚书译注》,上海:上海古籍出版社2004年版,第43页。
② 李民、王健:《尚书译注》,上海:上海古籍出版社2004年版,第34页。
③ 李民、王健:《尚书译注》,上海:上海古籍出版社2004年版,第49页。
④ 左丘明:《国语》,济南:齐鲁书社2005年版,第344页。
⑤ 左丘明:《国语》,济南:齐鲁书社2005年版,第344页。

激励效果。例如,在《尚书·大禹谟》中,当舜帝要大禹总领民众时,大禹立即举荐皋陶。他说:"朕德罔克,民不依。皋陶迈种德,德乃降,黎民怀之。帝念哉!念兹在兹,释兹在兹,名言兹在兹,允出兹在兹。惟帝念功!"①这种举荐,自然能够调动起皋陶的积极性,也能增强他们之间的友谊。《尚书·益稷》中,舜帝要大禹谈谈治水的情况时,大禹便向舜帝称颂益、稷二人佐其治水的功劳:"予乘四载,随山刊木,暨益奏庶鲜食。予决九川距四海,浚畎浍距川;暨稷播,奏庶艰食鲜食。懋迁有无化居。烝民乃粒,万邦作乂。"②也就是说,在洪水泛滥时期,大禹奉命治水,可是洪水之后百姓很难获得食物,生存受到威胁,自然难以聚集民众的力量,于是大禹就同伯益一起把猎来的新鲜鸟兽送给民众,同后稷一起教民众播种百谷。他们不仅把百谷和新鲜的鸟兽肉送给民众,而且让民众交换剩余实物,以互通有无,从而解决了民众的生存危机,使他们生活安定。于是凝聚了力量,天下各个诸侯国得以治理,治水才得以成功。显然,这是对伯益和后稷辅佐他治水的功劳的宣扬和汇报。"一个好汉三个帮",一个人的力量总是有限的,一个人事业的成功总是离不开别人的用心和努力,是别人支持与协助的结果。大禹治水成功之后,不独揽大功,而是突出两位辅助者的功劳。这种做法,无疑具有很大的激励作用。因此,后来大禹继承帝位之后,伯益和后稷都能尽心辅佐。

激励是大禹管理思想的重要内容,也是他在国家管理中的一种重要的举措。这是一种具有现代意识的思想观念和先进的管理方法,至今仍然是管理行为中普遍使用的。由此可见,中国在大禹时代就已经形成了具有现代特征的管理学理论。应该说,大禹的激励说是中国组织行为学中关于激励理论的最早表述。这是值得我们传承的,也是值得我们自豪的。

大禹的思想精神内涵比较丰富,远远不止以上三个方面,我们还有更多的概括和分析。例如他的命运共同体思想、天下一统思想、德政思想、廉政思想、财税思想以及分级管理思想等等,都具有很强的实践性。如果我们将大禹的思想集中提炼出来,那就是,大禹的思想精神可以被统领在他的爱国爱民的思想精神体

---

① 李民、王健:《尚书译注》,上海:上海古籍出版社2004年版,第29页。
② 李民、王健:《尚书译注》,上海:上海古籍出版社2004年版,第43页。

系之下。他思想体系中的不同层面,都是以民生和国家问题为具体指向的,彰显了他崇高的理想追求和伟大的人格,表现了中华民族思想精神的基本点,反映了中华优秀儿女价值观的基本内涵。因此,大禹的思想精神是崇高的,自古以来被赞颂着。孔子曰:"禹,吾无间然也。"①正是这样,大禹具有超时空的影响力。值得注意的是,有的人至今还认为大禹是一个神话人物,这一观点早已被诸多研究成果所击破。大禹的思想精神体系,也可以证明,大禹确定无疑是一个历史人物。因为,神话人物并不能形成比较完备的思想精神体系。综观中国公认的神话故事的主人公,哪一个形成了自己的思想精神体系?因此,大禹是真实的历史人物不容置疑。

【学习提示】

大禹精神是一座精神丰碑,成为中华民族屹立于世界民族之林的精神支撑,为中华民族从混沌时期走向现代民主提供了不竭的精神动力。学习大禹文化,核心就是要领悟大禹文化要义,弘扬和传承大禹精神。

对于大禹的思想精神体系,我们可以从三个层面来认识:一是从个体的人生修养上看,大禹的人生给我们留下了宝贵的经验。人是社会的人,一个人在一生中总会与他人发生密切的关系,与社会自觉、不自觉地建立起复杂的联系,这是以个体的人生守则为前提的。大禹为人谦虚谨慎,遇事顺从自然,工作勤勉务实,始终坚守忠孝大义,显示了他积极而稳重的个性特征。

二是从主体的行为取向上看,大禹的精神追求为我们树立了典范。综观大禹的一生,不管处境如何变化,他都始终保持着崇高的精神追求,显示了伟大的人生价值取向。他在困难时期、危机面前和关键时刻勇于担当,奋力治水,救国救民,显示了崇高的精神境界。他公而忘私、舍家为国、舍己为民、乐于奉献的精神,几千年来被人们广泛传颂。他锐意改革,科学创新,开拓进取,绝不墨守成规,更不因循守旧,顽固保守。这种开拓创新精神不仅体现在治水中,也体现在治国理政中。大禹不仅说话诚实质朴,待人诚挚可信,而且生活朴素简单,做事身先士卒,严格要求,对上诚恳,对下真挚,这种诚朴律己的精神风范使他形成了

---

① 孔丘著,杨伯峻、杨逢彬注译:《论语》,长沙:岳麓书社2000年版,第76页。

一种感召力和向心力。

三是从他的思想体系上看,大禹的思想在中华民族的生存与发展中永不磨灭,在人类的历史进程中熠熠生辉。大禹不仅是伟大的英雄,是中华民族的立国领袖,是一个实干家,也是一个伟大的改革家,更是一个充满智慧的思想家、哲学家,他是儒家思想的创立者,形成了自己的思想体系。大禹思想的基本点就是向善说。禹曰:"惠迪吉,从逆凶,惟影响。"也就是说,顺从善就吉,顺从恶就凶,就像影子和声响顺从形体和声音一样。这种思想既具有早期先民的宗教意识,也具有很强的哲学色彩。其强烈的实践品格体现在善政观上,其中心点就是《尚书·大禹谟》中记载的"德惟善政,政在养民"的思想。大禹思想的核心是民本说,即"民可近,不可下。民惟邦本,本固邦宁"的思想,这是儒家民本思想的源头。大禹认为,人民可以亲近,不可轻视怠慢;人民是国家的根本,根本稳固,国家就安宁。大禹不仅在中国历史上第一次确立了民众在国家中的首要地位,而且第一次树立了"民贵君轻"的思想观念。以民为本,是治国理政的根本立场,这是大禹一生的经验总结。在大禹看来,民贵君轻,敬民消怨,是政治的最高原则。其民本思想主要体现在敬民、安民、养民、利民几个方面。因此,他以民生为己任,时时关注人民的福祉。大禹的民本说揭示了治国理政的精义,拉开了中国民本思想的大幕,实现了从原始时代的重天敬鬼到邦国时代的敬德保民、重民重天和民贵君轻的思想转换。大禹的思想还体现在激励说方面。激励说是现代管理学的核心内容之一。大禹早在4000年前就提出了激励说,在中国历史上开创了管理学的激励理论。大禹的激励说主要内容就是论功行赏,形成向心力。他向舜帝建议对下属要"车服以庸"。这是大禹激励说的最初表述。在大禹看来,帝王(管理者)必须重视下属的功过,奖惩得当,论功行赏,激励辅佐者和民众,这是激励说的基本内容。同时,大禹将任用下属也看作是一种激励措施,利用彰显他人的功绩和优长来形成激励效应。因此,大禹即位后,就"封有功,爵有德","功无微而不赏",很好地实践了激励说的理论主张。大禹的思想是直面人类社会的,具有超时空的价值。

**【拓展资料】**

**1.《墨子》中的大禹形象书写**

《墨子》一书中,大禹是一个统治者的形象,也是一个圣王的形象。他爱护百姓,以天下为己任,具有高尚的品格。"三代之圣王禹汤文武,百里之诸侯也,说忠行义,取天下。"治理天下,最重要的就是任人唯贤,使有才能的人发挥自己的才干,从而达到天下大治,"故古圣王以审以尚贤使能为政,而取法于天。虽天亦不辨贫富、贵贱、远迩、亲疏,贤者举而尚之,不肖者抑而废之"。大禹躬行此道,他深知"尚贤者,天鬼百姓之利,而政事之本也"。故而"禹有皋陶",又"举益于阴方之中,授之政,九州成"。治理好国家,只选贤任能,远远不够,还需要从善如流。能够认真听取臣下的正确建议,才能真正治理好天下,故而"禹染于皋陶、伯益",有了能臣的辅佐,又有善言的进谏,于是"天下和,庶民阜,是以近者安之,远者归之",从而达到了物阜民丰、海晏河清的效果。

(白少雄:《〈墨子〉中的大禹形象》,《沧州师范学院学报》2017年第3期,第20—22页)

**2.《大禹谟》的思想意蕴**

舜、禹、伯益三人用对话的方式,通过论政的形式,从"大人"如何待己、待臣、待民的角度,分别阐述了修身、待民、理政、治国等方面的思想。待己方面,以"慎有位"为先,另有"勤""俭""不矜""不伐""儆戒无虞""不自满假"等观点。待臣方面,以"修可愿"为重,修可愿即修德,修德以劝贤,尊贤且用善言,另有"舍己从人""任贤勿贰""去邪勿疑""疑谋勿成""无稽之言勿听,弗询之谋勿庸"等观点。待民方面,以"政养民"为要,修六府、和三事,简临下、宽御众,协中九、歌刑律,另有"不虐无告,不废困穷""罪疑惟轻,功疑惟重""罚弗及嗣,赏延于世""宥过无大,刑故无小""与其杀不辜,宁失不经"等观点。此外,《大禹谟》还对君、臣、民的关系,礼、乐、刑的协作、"己之欲"与"民之誉"的和合、"责己"与"责人"的处理等问题进行了适当的阐释。

(谢海金:《执中协和:〈大禹谟〉的外王思想》,《河北民族师范学院学报》2018年第3期,第77—78页)

【研习探索】

1. 大禹具有怎样的个性特征,对我们的人生有什么启示?

2. 大禹的思想精神包括哪些内容?谈谈其现实意义。

3. 请阅读先秦诸子散文,谈谈其中的大禹形象有何异同。

# 第七章　大禹的神话传说

　　大禹的人生故事，在历代的典籍中，不仅有严谨的历史书写，还有许多具有浪漫想象和浓厚传奇色彩的神话传说。前面第二章中已经涉及了这一点，从汉代《淮南子》《吴越春秋》到宋代以后重新复出的今本《竹书纪年》等，都有这方面的内容。因为上古历史是口耳相传的，在科学滞后的远古时期，人们对一些无法理解和解释不清的事件，只能借助自己的想象去理解或解释，于是，口耳相传中就渐渐地涌现了神话传说。神话传说因为口耳相传，故其存在的时间也许早于有文字记录的文本出现的时间。反过来，后人想了解文字出现之前的历史，能依靠的要么是已然被民众口头传承的神话，要么是已经被文字固化的神圣叙事文本，当然地下考古挖掘偶尔也能帮助我们窥探上古历史的一鳞半爪。这样，大禹故事被神化就是很自然的了。本章将从神话学视角对大禹神话传说及其相关问题进行介绍并阐述。

## 第一节　灾难记忆与神话想象

　　大禹的神话故事，是人类自身对生存中遭遇的种种生存困境，尤其是自然灾害的深切记忆的表现，也是人类对如何战胜灾难，寻求自身生存有利环境的主观性的理想表达。这不仅是中华神话叙事的一个基本内核，也是西方神话叙事的重要母题。

### 一、不成系统的神话叙事

　　中国上古神话叙事零碎、片断化，只有大纲而无细节，留下了一些需要探索的问题，用美国学者浦安迪的话来说，中国神话的叙事性显得相当薄弱，"与希腊神话相比较,中国神话中完整的故事寥寥无几。如果我们肯定神话具有保留'前文字记载时代'的传说(pre-literary lore)的功能,那么,西方神话注重保留的是这些传说中的具体细节,而中国神话注重保留的却只是它的骨架和神韵,而缺乏对于人物个性和事件细节的描绘。我们在先秦两汉的古籍中,几乎找不到对任何神话人物事迹的完整叙述"①。大禹的神话叙事也是如此。

大禹治水厥功至伟,生活上却克勤克俭,并能敬天。孔子所谓"禹,吾无间然","菲饮食而致孝乎鬼神,恶衣服而致美乎黻冕,卑宫室而尽力乎沟洫",就是在赞美大禹的功劳和品德。有关大禹的历史叙事是不连续的、片断化的,在司马迁时代就已经如此了。很明显,司马迁对一些史料的真实性也没有十足的把握,甚至要通过猜测才能写作。《史记》中有关大禹的内容重复部分是仪式性的重复,在叙事效果上起到某种强化其神圣性的作用。再加上古雅的誓词,其叙事的仪式感极为强烈。

大禹神话叙事的核心是治水,因大洪水泛滥成大灾难,才有治理洪水的神话想象。神话想象的背后隐含着大灾难的发生,虽然有夸张有变形,但终归有真实历史存在的影子或记忆。其他历史事件也曾发生过,但唯独洪水灾难能成为神话想象的聚焦点,这说明在上古时人们生活的历史现场,水灾所带来的毁灭性的影响实在太大。先民四顾白茫茫一片汪洋之水,除了高地和大山,几乎无可逃避;能伤及先民的各种陆地动物,也只能逃至高地或大山。先秦思想家庄子在《庄子·秋水》中写道:"秋水时至,百川灌河,泾流之大,两涘渚崖之间不辨牛马。"大意是说:秋天霖雨绵绵,河水迅速上涨,所有的小川都灌注到黄河里去了,水流宽阔,两岸及河中水洲之间,连牛马都分辨不清。秋天洪水时常发生,此时再种植作物已然来不及了。因此,每当洪水铺天盖地般涌来时,先民自然渴望治水英雄的出现,他最好从天而降,或大大异于常人。这样的重任便历史性或神话般地落到了大禹的身上。

先民对洪水这样大灾难的记忆,其实还跟他们对大旱灾的记忆联系在一起,二者共同建构着先民的历史记忆。同样是大灾难,对洪水灾难的神话叙事明显多于旱灾,并且治水英雄大禹成为中华民族的文化英雄乃至神灵,而跟旱灾相关

---

① 浦安迪著,陈珏译:《中国叙事学》,北京:北京大学出版社1996年版,第41页。

的后羿和夸父等就没有如此幸运了。旱灾记忆是如何与太阳崇拜或火神崇拜纠缠在一起,并互相修饰建构的? 它们之间是如何调和生存的? 夸父逐日和后羿射日神话的背后是先民对旱灾的记忆。夸父的手杖最后化为邓林即桃树,而桃树能带来阴凉,但能真正改变炎热的气候吗?"夸父与日逐走,入日。渴,欲得饮,饮于河渭;河渭不足,北饮大泽。未至,道渴而死。弃其杖,化为邓林。"(《山海经·海外北经》)当旱灾发生时,人们至少可以选择逃离或迁徙,向北方逃离或迁徙主要在陆地空间里展开。

洪水神话叙事重新调整了先民生活世界的秩序,这是以神圣的方式进行的。《史记·夏本纪》的叙事就存在某种仪式感,并通过重复或神圣的歌谣体来表现其神圣性。中国神话里的原型是非叙述性的。但神话本来就是叙事的艺术,且是神圣性的叙述。这样的论述岂不是自相矛盾! 但可以肯定的是,中国的神话确实很少叙事。中国神话与其说是在讲述一个事件,还不如说是在罗列一个事件。浦安迪通过对比后认为:"我们会发现,希腊神话的'叙事性',与其时间化的思维方式有关,而中国神话的'非叙述性',则与其空间化思维方式有关。希腊神话以时间为轴心,故重过程而善于讲述故事;中国神话以空间为宗旨,故重本体而善于画图案。"[1]中国神话叙事为何如此? 确实是值得我们探究的问题。人类凭借对洪水灾难的生活体验,对神话口头叙事的时间维度进行弱化,似应在情理之中——大洪水涌来时漫无边际;消退时,大地空间渐次呈现,这对先民认知的影响无疑最为深刻。被洪水围困,以及人类漂浮在洪水之上,这两者对人类感知世界的塑造是不一样的,以致形成不同风格的神话口头叙事。相对说来,被洪水围困的民众是静止的,而洪水是动态的,洪水涨退最明显的症候是陆地渐次浮出水面,空间驾驭了时间。西方挪亚方舟的神话叙事里则是民众与洪水都在动,陆地虽然也渐次浮现,但这是次要的,人与洪水的流动最为重要,因而这里是时间驾驭了空间。

"中国时间性的神话叙事的传统似乎早已亡于周代,甚至在殷商以前就已失传,代之而起的是把现存的神话素材空间化的重礼倾向。"[2]如《史记·河渠

---

[1] 浦安迪著,陈珏译:《中国叙事学》,北京:北京大学出版社1996年版,第42—43页。
[2] 浦安迪著,陈珏译:《中国叙事学》,北京:北京大学出版社1996年版,第43页。

书》:"《夏书》曰:禹抑洪水十三年,过家不入门。陆行载车,水行载舟,泥行蹈毳,山行即桥。以别九州,随山浚川,任土作贡。通九道,陂九泽,度九山。然河灾衍溢,害中国也尤甚。唯是为务。故道河自积石历龙门,南到华阴,东下砥柱,及孟津、雒汭,至于大邳。于是禹以为河所从来者高,水湍悍,难以行平地,数为败,乃厮二渠以引其河。北载之高地,过降水,至于大陆,播为九河,同为逆河,入于勃海。九川既疏,九泽既洒,诸夏艾安,功施于三代。"以空间驾驭时间的大禹神话叙事,在司马迁的笔下已经被历史化了,虽然我们能从一连串唯有大英雄或神祇才能完成的行动中窥测一点端倪,但过于离奇的事件已经被弱化。

## 二、对洪水灾难的文化记忆

近年来有不少学者从自然科学的角度对这次异常的大洪水进行过分析。有研究指出,在相关遗址所发现的异常洪水地质记录表明,距今4000年前确实是我国北方超大洪水多发的时期,黄河流域、淮河流域和海河流域在这一时期普遍出现了不同形式的史前异常洪水事件。研究表明,此次异常洪水的出现与这一时期的降温事件有密切关系,气候变冷引发的相对湿度加大和降水量增多可能是造成大洪水的主要原因。[①]

大禹作为一个重要的文化符号,既有历史的真实又有神话思维的渗透,经过历代的建构,其形象丰富深刻。对其研究离不开这一大背景,甚至还要结合世界各地同时期的洪水神话,如《圣经》所记载的洪水与挪亚方舟。换言之,大禹治水神话应被置于中西方文化比较的视域中,如此方能深入考量二者发生的背景及传承发展的历史轨迹。挪亚方舟的洪水神话重在表现惩罚而不是治水,让挪亚一家成功逃离,以验证上帝的神迹。上帝主宰一切,即他能引发洪水,以惩罚不信仰上帝的人或"自作孽不可活"的罪人;发动大洪水以毁灭人类,上帝的目的就算达到了。洪水随后自然退去,不需要类似大禹这样的治水英雄。上帝本人就是最大的英雄。而中国洪水神话大异其趣,暂且不考究其神话叙事上的动因,单就神话文本而言,中国洪水神话并没有跟人类的堕落和上帝的惩罚结合在

---

① 夏正楷、杨晓燕:《我国北方4kaB.P.前后异常洪水事件的初步研究》,《第四纪研究》第23卷第6期,2003年11月。

一起,而是很有可能归结到命运或天道上。在命运或天道面前,我们祖先尚可勉力为之,欲像禹父鲧那样去逆命运或天道而堵治洪水是不行的,只有顺天道或命运而疏之才有更好的成效。当然在治水的实践中,堙与疏都可能用得上,亦即该堙的堙,该疏的疏——这是另一种意义上的顺天道。以今日眼光视之,堙与疏更多是从文化层面上来说的。

中国的洪水神话叙事为何发展成这样的面貌?首先,洪水对于中西方民众都是极大的灾难,为何中西方对其讲述或叙事却又如此迥异?治水之所以能成为神话素材,就是因为这对先民来说是重大事件,甚至超出人力之所为,必须借助超自然神灵才能顺利解决;治水工具因而具有神奇威力就在情理之中了。

其次,治水对于先民乃至今人都是非常棘手迫切的问题,换言之,通过治水可以考验一个人的能力和道德,也是一种最残酷的锻炼,正如《韩非子·五蠹》所言:"禹之王天下也,身执耒臿以为民先,股无胈,胫不生毛,虽臣虏之劳不苦于此矣。"在治水中,大禹就是被考验或考察的对象,对其德的考察是重点。顾颉刚先生认为,尧舜与大禹没有关系,系"层垒地造成中国古史"的结果。但当时创作传说的人为何用道德考验去焊接尧舜禹之间的关系呢?治水是一个巨大工程,为了应对这样的挑战,团结认同就显得极为重要了,对抗洪水的共同体要靠道德去凝聚。口头叙事若对这一共同体的所有成员都加以叙述,显然是不现实的,只能退而求其次,取其中贡献最大者或组织领导者去大书特书了。

其三,从现代的眼光看,禹既不是好丈夫,也不是好儿子、好父亲。历史叙事如此吊诡的是,很少陪儿子很少回家的大禹居然成为中华民族的英雄,仅仅是因为他治水有功。这样的叙事肯定是历史的大叙事,个体的喜怒哀乐让位于民族或部落的需要。大禹的父亲鲧因治水不力或违背帝命而被杀死或流放,作为儿子的大禹却踏着前辈的血迹前行,不计前嫌,确实让人很难想象。历史叙事的缝隙中遗漏多少纠结或心酸,我们已经无法从字面上去追索了。这到底是神话叙事的无奈,还是当时记载工具简陋使然,现在看来都已经不那么重要了。但有一点是可以肯定的,即大禹治水的神话确是为了宏大的部落或民族叙事而牺牲了个体的亲情或人情的。

在中国古代,"天"尽管具有崇高的神性,但人们对天还有另一面的看法。《吕氏春秋·有始览》引《商箴》云:"天降灾布祥,并有其职。"天或者自然界,并非完美。现实的自然灾害,在人们的经验知识中是重要的、不可回避的内容。灾害在现实社会生活中具有破坏作用,因而灾害观念,必然在人们关于自然界的基本思想中占据一席之地。

天灾有两种,一种是由于天的原始状况并不完美而产生灾害,天灾被看作原始秩序的缺陷,在这个缺陷面前,人类需要神或英雄的力量来挽救,来弥补。《列子·汤问》:"然则天地亦物也,物有不足,故昔者女娲氏炼五色石以补其阙。"这种原始的天灾经过神或英雄二次开创后得到解决,但天灾频发的事实仍需要另一种解释,这就是人间丧德而导致天灾的思想。人间恶行、丧德的事情不断,天灾就会频发。这是天灾的第二种原因。这种天灾观念的背后有信仰,更有现实的政治作用,在西汉时曾被董仲舒等人大肆宣扬。"灾害观念的本质是人文观念,是以人为核心的世界观的产物,离开人的利益,无所谓灾难。"[1]在中国古代的神话传说里,我们可以感受到世界秩序与人类生存的某种对应关系。

大禹治水是历史传说,或者说是神话传说,但神话传说背后的时代特征与传说表述的观念应当是真实的,也就是说任何神话叙事都有现实世界的影子。在大禹治水、划分九州的传说中,我们最关心的是对大范围疆域得以整治的积极颂扬,以及对其作一体分区的认知方式。这些都是西周时期地理思想史上的重大成就。一些青铜器铭文显示,到了春秋时期,无论是东方的齐国还是西方的秦国,都存在着这样的颂扬和认知方式。

先民拥有漫长的夜晚,他们有足够的时间去想象。所有的神话就是在这一大背景下被讲述的。中国古人将创世称为"开辟"。世界原来是混沌一团,中国古人称之为"混沌"或"浑沌"。后来混沌一团被开辟出一个有秩序的世界,才有天地相分、江河流淌、山脉纵横等等。从混沌到建立秩序的发展转变过程就是"创世",创世与建立秩序是同一件事情。人类可以从这个"头"开始,依次认识世上万物,从自然到人文。诚如《鬼谷子·本经阴符七术》所言:"观天地开辟,知万物所造化,见阴阳之终始,原人事之政理。""对于解释的愿望来源于对某些

---

[1] 唐晓峰:《从混沌到秩序:中国上古地理思想史述论》,北京:中华书局2010年版,第43页。

经验产生一种诧异的反应。"①解释会使诧异变得可以理解,这便是一种认识成果。"从许多传说故事可以看出,水是破坏文明的最广泛、最频繁的环境因素。从环境角度看,制天地之命,主要是解决灾害的问题,其中最要紧的是治水。在中国环境史中,治水仿佛是一个永恒的历史阴影,笼罩着几千年来地理学的发展。中国古人积累了大量治水文献。"②

大禹治水事迹的表层结构虽然呈现为一系列神话,而其深层结构却完全可以看作可信度很高的历史。③ 在上古时代的某一时期,由于天降大雨,导致江河暴涨。洪水引发了地震、山崩以及山崖的大规模滑坡,致使许多江河故道被堵塞而洪水泛滥。鲧奉命治水,他单纯采用筑堤防水的办法,结果使水路不通,引发了新的山崩或滑坡,使得洪水灾害更加严重。鲧因治水失败而死。死后其子继承了他的事业。禹以十三年的时间,考察水路,疏浚水道,修筑堤坝,终于排出了许多地方的积水,引导开挖了使长江、黄河顺利东行的新水道。

## 第二节　大禹治水的神话叙事

在有关大禹的神话传说中,最重要的是大禹治水的神话故事,这些神话传说构成了大禹治水文化中的一道绚丽的风景,不仅歌颂了大禹治水的伟大业绩,而且再现了大禹治水的崇高精神。

### 一、历史文献中的大禹治水

中国民族的神话不能说是贫乏的,因为就目前残存的大纲来看,相当丰富,问题是不够详赡。任何一种神话,都只有几句话,简单概略,再也不能向前追究,因而古代的神话就成了若有若无的存在。

禹最早被《诗经·商颂·长发》所记载:"洪水芒芒,禹敷下土方,……帝立

---

① 大卫·哈维著,高泳源等译:《地理学中的解释》,北京:商务印书馆1996年版,第18页。

② 唐晓峰:《从混沌到秩序:中国上古地理思想史述论》,北京:中华书局2010年版,第58页。

③ 何新:《诸神的起源》,北京:北京工业大学出版社2007年版,第65页。

子生商。"顾颉刚认为,这里的"帝"是上帝,这诗的意思是说商的国家是上帝所建立的。禹显然是上帝派下来的神,不是凡人。《尚书·禹贡》对大禹治水的记载也很简单,应该也属于比较早的:"禹别九州,随山浚川,任土作贡。"大禹治水神话首先是一种神圣叙事,作为正史叙述典范的《史记》,其《夏本纪》部分已经把其神奇性和神圣性过滤掉了:"禹乃遂与益、后稷奉帝命,命诸侯百姓兴人徒以傅土,行山表木,定高山大川。禹伤先人父鲧功之不成受诛,乃劳身焦思,居外十三年,过家门不敢入。薄衣食,致孝于鬼神。卑宫室,致费于沟淢。陆行乘车,水行乘船,泥行乘橇,山行乘檋。左准绳,右规矩,载四时,以开九州,通九道,陂九泽,度九山。令益予众庶稻,可种卑湿。命后稷予众庶难得之食。食少,调有余相给,以均诸侯。禹乃行相地宜所有以贡,及山川之便利。"其后的《汉书·沟淢志》《群书治要·本纪》《太平御览·夏帝禹》及《越王无余外传》等,都是在司马迁所记述的基础上进行丰富或增删的,有的记述已几近神奇,如《太平御览·火部》:"昔伯禹随山浚川,起自积石,凿龙门,至窆穴。初入窆穴之时,孔八尺,稍入,幽暗不可复行。禹乃负火而入,有黑蛇长十丈,头有角,衔夜明之珠,以导于禹。"这里的黑蛇和夜明珠已非凡物。能驾驭这些非凡之物的大禹当然也非常人。

《太平御览·地部》又云:"《汉书》曰:禹作二渠以引河,武帝时,穿渠水岸若崩,乃凿井深四十丈,井下相通,井渠自此始。得龙骨,故龙首渠。起谷口,入栎阳,注渭中,因名渠,民得其饶。歌曰:'田于何所?池阳谷口。郑国在前,白公起后。举锸为云,决渠为雨。'又曰:张掖郡有千金渠。"龙骨到底是何物,现在尚存争议,但从很深的地下获得,显然已具神性。《越王无余外传》对鲧的描写就更神奇了:"观鲧之治水无有形状,乃殛鲧于羽山。鲧投于水,化为黄熊,因为羽渊之神。……禹济江,南省水理,黄龙负舟,舟中人怖骇,禹乃哑然而笑曰:'我受命于天,竭力以劳万民。生,性也;死,命也。尔何为者?'颜色不变。谓舟人曰:'此天所以为我用。'龙曳尾舍舟而去。"其中黄熊、黄龙都能助禹治水。兽与神是混杂的,鲧可化为黄熊。古人对于神和人原没有界限,所谓历史差不多完全是神话。"自春秋末期以后,诸子奋兴,人性发达,于是把神话中的古神古人都

'人化'了。"[1]人类在社会中本来是喜欢讲故事听故事的,而讲述的英雄故事和听众所处的社会状况也不会相差太远,否则听众就不能真切地了解,而必须加一番修饰了。中国的理性启蒙比较早,再加上中国是历史记载最为完备的国家之一,历史故事保存得多,容易满足说故事的人的需要,因而详赡的神话也就难以保存下去了。

## 二、大禹治水中的神奇动物

大禹作为治水神话的主角,其自身拥有神性自不待言,用顾颉刚的话来说,"禹在古代的传说中,本是平地成天的一个神人"[2]。本节我们主要介绍帮助大禹治水的各种神奇动物。

首先是龙类,有应龙、虬龙、烛龙及黄龙等。大禹神话中的应龙,是一种力大无比,有翅膀,能潜水的动物。大禹开沟道川需要应龙帮忙,甚至可以说大禹治水成功,主要得益于应龙的水路引导。在道教著述中,大禹和应龙都被烙上了阴阳道家的痕迹。大禹治水自有天书的神启,天书藏于玉匮,唯应龙负之,才能显示其神圣性和价值。应龙还是大禹可以驯服的坐骑。治理洪水时,大禹的坐骑当能水陆两栖,而应龙可潜水,可展翅飞翔于天空。其背后的文化讯息可能跟驯服动物或图腾崇拜有关。

应龙还是一种祥瑞的征兆。后代文献在大禹治水的神话叙事中,更是乐于把龙视为一种太平政治的吉祥物,以至把龙和天子帝王联系在了一起,政治化色彩凸显。

应龙与雨也有关系。应龙是雨神的象征。应龙处南方,则南方多雨;天旱时,天上若有应龙的形状,则将有大雨降临。在大禹时代的人们看来,应龙的屡次现身和大雨天气形成了一种必然联系,于是就把龙与下雨联系起来。后世遇到旱灾时总会求雨,求雨神开恩,能普降甘霖。

与大禹治水有关的还有虬龙和烛龙。《楚辞·天问》:"焉有虬龙,负熊以游?"这里的虬龙实则是大禹。而烛龙本是人面蛇身,但到了《淮南子》中则演变

---

[1] 顾颉刚:《古史辨自序》(上册),北京:商务印书馆2011年版,第14页。
[2] 顾颉刚:《古史辨自序》(上册),北京:商务印书馆2011年版,第136页。

成了龙,它和大禹虽然没有直接关系,但是它所在的地方却是禹父鲧的葬身之所,系极阴极寒之地,意味着鲧死后有神兽看护。

总之,龙在中国人的心目中具有特殊的意义。大禹治水的神话中龙的意象反复出现,大致反映了以下观点:鲧和禹之间的直系血统是为人们所普遍认同的。因为大禹的丰功伟绩,后世民众对他的出生也神化了。民众将禹想象成一条龙,且非凡人凡胎所育,是其父所孕,用刀剖肚生出的龙子。龙被认为是图腾崇拜的产物,或是帝王的象征。在后世典籍记录里,民众已自然而然地认定大禹就是龙子;人间之王既是龙子,连同其父也被神化了。这间接地反映了父系氏族社会里家庭观念的重要性。

其次,大禹治水时,还得到白面长人鱼身的"河精"神灵的相助。方诗铭、王修龄《古本竹书纪年辑证》所附的《今本竹书纪年疏证》云:"当尧之时,舜举之。禹观于河,有长人白面鱼身,出曰:'吾河精也。'呼禹曰:'文命治水。'言讫,授禹《河图》,言治水之事,乃退入于渊。"大禹治水获得神灵相助,也是汉朝以后出现的治水神话的重要内容。类似的神灵还有赠禹以金简的蛇身人面的伏羲、神马飞兔等。有帮助治水的神灵,就有阻碍或破坏治水的妖怪。后者如猴精无支祁,系淮河水怪,最终被大禹降服。还有《山海经·大荒北经》所记载的蛇身九头怪相繇:"共工臣名曰相繇,九首蛇身自环,食于九土。其所歍所尼,即为源泽,不辛乃苦,百兽莫能处。禹湮洪水,杀相繇,其血腥臭,不可生谷;其地多水,不可居也。禹湮之,三仞三沮。乃以为池,群帝因是以为台,在昆仑之北。"

"汤汤洪水滔天,浩浩怀山襄陵",对付如此空前的灾难,尚需神人伏羲相助。伏羲蛇面人身,但毕竟拥有了"人身",具有了人的特征。《拾遗记》曾记述过伏羲赠送大禹以金简的传说,这段神话叙事很有故事性:

  禹凿龙关之山,亦谓之龙门。至一空岩,深数十里,幽暗不可复行,禹乃负火而进。有兽状如豕,衔夜明之珠,其光如烛。又有青犬,行吠于前。禹计可十里,迷于昼夜。

  既觉渐明,见向来豕犬,变为人形,皆着玄衣。又见一神,蛇身人面。禹因与语,神即示禹八卦之图,列于金板之上。又有八神侍侧。禹曰:"华胥生圣子,是汝耶?"答曰:"华胥是九河神女,以生余也。"乃探玉简授禹,长一尺二寸,以合十二时之数,使度量天地。禹即执持此简,以平定水土。蛇身之神,即羲皇也。

这里有几近于人形的伏羲,还有供伏羲驱遣的神奇怪兽。在远古时代想凿通龙门,对先祖来说简直比登天还难。大禹凿通龙门,可谓一路惊险不断:开始匍匐于空旷的岩洞,光线越来越暗;后来点燃火把,在火光中看到骇人的怪兽;最后伏羲出场。《拾遗记》的这段文字很有叙事的张力,为大人物的出场蓄足了势。禹于是问这位神人:"听说华胥氏生下一位圣人,是您吗?"神人回答:"华胥氏是九河神女,正是我的母亲。"其从身边摸出一枚玉简授予禹。那玉简长一尺二寸,正合十二时辰之数,可以用来度量天地。禹于是拿着这枚玉简治理洪水。这位蛇身之神,便是大神伏羲。

## 第三节 大禹的生葬和婚姻神话

在大禹神话故事中,除了关于治水的神话传说之外,还有其他很丰富的内容,如关于大禹出生的,关于其婚姻的,以及关于大禹丧葬的。这些构成了一个完整的系统,显示出远古先民对大禹故事讲述的全面性。

### 一、大禹的生葬神话

作为神话叙事中的大禹,其出生和死后的埋葬自然跟普通人是不一样的。首先,我们来谈谈有关大禹的出生神话叙事。

《山海经·海内经》郭注引《归藏·开筮》:"鲧死,三岁不腐,剖之以吴刀,化为黄龙。"鲧因治水失败而被舜帝杀死,其尸首多年不腐烂,肚中孕育着他的儿子,直到祝融用吴刀剖开其肚子,才飞出一条黄龙,这就是禹。"禹"原为虬龙之意。虬龙,也称句(勾)龙,是一种有角的小龙。而鲧化为黄熊(黄色的三足鳖),跃入羽渊,沉了下去。鲧死后身体多年不腐烂,据记载说其腹中有怨气,没有消散。只有神话叙事中的人物方能如此,神灵不会消亡,会以其他形式继续其生存探险之旅。

再如《楚辞·天问》:"焉有虬龙,负熊以游?……阻穷西征,岩何越焉?化为黄熊,巫何活焉?"这里可能是说鲧化为黄熊后,背负着其子禹游历江河。其目的大概是想到处视察洪水和江河的情况,为禹治水做好调查规划。屈原可能尚有疑惑:鲧和禹不畏艰险地西行,是怎样越过那些悬崖峭壁的?鲧死后化为黄熊,巫师是怎么将其救活的?鲧叫大家在杂草丛生的荒地上种植黑小米,度过饥荒。鲧和禹的功绩不相上下,为什么鲧却长期被诽谤贬斥?

《越王无余外传》对禹的出生是这样描述的:"越之前君无余者,夏禹之末封也。禹父鲧者,帝颛顼之后。鲧娶于有莘氏之女,名曰女嬉。年壮未孳。嬉于砥山得薏苡而吞之,意若为人所感,因而妊孕,剖胁而产高密。家于西羌,地曰石纽。石纽在蜀西川也。"这里禹母女嬉在砥山玩耍,得薏苡,因好奇而吞到肚里,后怀孕生禹——这是典型的感生神话。又据方诗铭、王修龄《古本竹书纪年辑证》所附的《今本竹书纪年疏证》:"帝禹夏后氏,母曰修己,出行,见流星贯昴,梦接意感,既而吞神珠。修己背剖,而生禹于石纽,虎鼻大口,两耳参镂,首戴钩钤,胸有玉斗,足文履已,故名文命。长有圣德。长九尺九寸。梦自洗于河,取水饮之。又有白狐九尾之瑞。"

从万物有灵论的神话观念看,原始社会时期,人与动物是彼此不分的,甚至可以相互转化。早期母系氏族社会,人们主要靠狩猎、捕鱼和采集为生,人类经常与动物和植物打交道,自然会与之产生朴素的情感联系,甚至认为植物是有生命的,可以成为氏族的标志即图腾。动物的生活、行为、感觉乃至思想,和人类是一样的。进而言之,先民对生命、自然和社会的认识都是以自我为中心的,通过自我的感受来推断动物和植物的感受。植物和动物能生生不息,因此鲧这样的神话人物也不会真的死去,他会以别的形式继续不凡的生命旅程。在此,或许我们可以援引西班牙著名哲学家乌纳穆诺的话论之,"为了爱一切的事物,为了怜悯一切的事物,人性的、非人性的、活着的、没有活着的,你必须在你自身之内感觉一切的事物,你必须将一切的事物加以人格化"。

另外,我们从大禹出生的神奇叙事中可以深切感受到原始社会的民众对人类生殖的原初认识。不论是禹母吞珠或石或薏苡而孕禹,还是父鲧剖背或剖腹生禹,等等,无不强调生禹之神奇,且仅强调父母中的一方就能完成人类的繁衍,或者根本就没有父亲的概念,只知有母,而不知有父。禹的出生传说使我们更加相信大禹神话诞生的时期应该是母系氏族时期。

接着我们再来谈谈大禹神奇的离去和埋葬。"禹东巡狩,至于会稽而崩",并葬于此。《越绝书·越绝篇叙外传记第十九》也有这方面的记载:"禹来东征,死葬其疆。"禹东征是拓疆扩土,亦是传播文明的过程。舜"践帝位三十九年,南巡狩,崩于苍梧之野。葬于江南九嶷,是为零陵"。舜的结局与大禹类似,二者都喜欢巡狩,若生命终止于所巡狩的地方,就在当地埋葬。这实在是当时客观条件所限的结果。可能让我们感到神奇的是,禹也是在巡狩今浙江绍兴时死去的。因此,这样的离去并没有我们后来所谓的"客死他乡"的悲凉,这种神话叙事必然传达了某种信仰,而这都被已有的研究所忽略了。回家或回故里的概念在舜禹时代可能不存在,或不那么主流,否则的话,大禹作为"三皇"之一,其遗体迁葬故土应该不太成为问题;抑或当时交通实在不方便,因此改变或淡化了叶落归根的传统观念。

据方诗铭、王修龄《古本竹书纪年辑证》所附的《今本竹书纪年疏证》:"八年春,会诸侯于会稽,杀防风氏。夏六月,雨金于夏邑。秋八月,帝陟于会稽。禹立四十五年。禹荐益于天。七年,禹崩,三年丧毕,天下归启。"《国语·鲁语下》也记载此事:"昔禹致群神于会稽之山,防风氏后至,禹杀而戮之。"但禹也崩于这次会稽之会,《史记·夏本纪》记载:"十年,帝禹东巡狩,至于会稽而崩。……或言禹会诸侯江南,计功而崩,因葬焉,命曰会稽。会稽者,会计也。"《正义》引《括地志》云:"禹陵在越州会稽县南十三里。庙在县东南十一里。"《墨子·节葬下》有"禹东教乎九夷,道死,葬会稽之山"的说法,可知所谓禹葬会稽的性质与舜崩于苍梧之野、葬于九嶷是一致的,实际上反映的都是中原尧舜禹集团对长江流域土著民族的征伐。而《史记·夏本纪》紧承其事:"十年,帝禹东巡狩,至于会稽而崩。"

至于象耕鸟耘已是在此原型基础上的丰富想象了。《水经注·浙江水》:"禹崩于会稽,因而葬之,有鸟来为之耘,春拔草根,秋啄其秽。"之后,《越绝书·外传记地传》更是详加描摹:"昔者,越之先君无余,乃禹之世,别封于越,以守禹冢。问天地之道,万物之纪,莫失其本。神农尝百草、水土甘苦,黄帝造衣裳,后稷产穑,制器械,人事备矣。畴粪桑麻,播种五谷,必以手足。大越海滨之民,独以鸟田,小大有差,进退有行,莫将自使,其故何也?曰:禹始也,忧民救水,到大越,上茅山,大会计,爵有德,封有功,更名茅山曰会稽。及其王也,巡狩大越,见耆老，纳诗书，审铨衡，平斗斛。因病亡死，葬会稽。苇椁桐棺，穿圹七尺，上无漏泄，下无即水。坛高三尺，土阶三等，延袤一亩。尚以为居之者乐，为之者苦，无以报民功，教民鸟田，一盛一衰。当禹之时，舜死苍梧，象为民田也。禹至此者，亦有因矣，亦覆釜也。覆釜者，州土也，填德也。禹美而告至焉。禹知时晏岁暮，年加申酉，求书其下，祠白马。禹井，井者法也。以为禹葬以法度，不烦人众。"因此当地县官禁民妄害此鸟，犯则刑无赦。现在浙江绍兴的大禹陵旁确有很多鸟类出入，古人所说的"鸟田"可能并非空穴来风。

　　与大禹死亡有关的还有"禹穴"的神话传说。"禹穴"一词最早出现于《史记·太史公自序》"集解"引张宴曰："禹巡狩至会稽而崩，上有孔穴，民间云禹入此穴。"后来的《越绝书·外传记宝剑》也提到禹穴："时各有使然。轩辕、神农、赫胥之时，以石为兵，断树木为宫室，死而龙臧。夫神圣主使然。至黄帝之时，以玉为兵，以伐树木为宫室，凿地。夫玉，亦神物也，又遇圣主使然，死而龙臧。禹穴之时，以铜为兵，以凿伊阙，通龙门，决江导河，东注于东海。天下通平，治为宫室，岂非圣主之力哉？当此之时，作铁兵，威服三军。天下闻之，莫敢不服。"

　　如果说鸟田的传说充满着后人对大禹治水功勋的由衷感谢和敬畏，如《越王无余外传》就说过，"禹崩之后，众瑞并去。天美禹德而劳其功，使百鸟还为民田，大小有差，进退有行，一盛一衰，往来有常"，那么，禹穴之内则弥散着某种神秘气息，令人有神龙见首不见尾之感，与大禹治水神话是相谐的。

　　大禹死后，其祀不绝，《越王无余外传》云："禹以下六世而得帝少康。少康恐禹祭之绝祀，乃封其庶子于越，号曰无余。余始受封，人民山居，虽有鸟田之利，租贡才给宗庙祭祀之费。乃复随陵陆而耕种，或逐禽鹿而给食。无余质朴，不设宫室之饰，从民所居。春秋祠禹墓于会稽。"

　　夏人封其后裔于此以祭祀禹。即《史记·越王勾践世家》所载："越王勾践，其先禹之苗裔，而夏后帝少康之庶子也。封于会稽，以奉守禹之祀。"会稽即今浙江绍兴，今绍兴市东南会稽山香炉峰北麓即有大禹陵和大禹庙。据《史记》所载，禹崩于巡狩途中，或崩于会诸侯于江南之际，皆系突发事件，就近而葬是迫不得已的选择，《史记·夏本纪》"集解"更引多条文献述禹之节葬。此外，秦始皇统一六国后巡视天下，专本"上会稽，祭大禹"，而司马迁本人也曾经"上会稽，探禹穴"。所有这些记载和举措不宜简单归于后人附会，禹葬会稽当有其历史依据。

## 二、大禹的婚姻神话

不论以上古还是以现在的眼光来看,大禹都属于晚婚。结合其治水历程,大禹晚婚就容易理解了。为了治水成功,晚点结婚更能凸显其奉献的精神,又映衬了治理洪水工程之浩大。另外,神话叙事中的大禹婚姻自然非比寻常。《吴越春秋·越王无余外传》中说:"禹三十未娶,行到涂山,恐时之暮,失其制度,乃辞云:'吾娶也,必有应矣。'乃有九尾白狐造于禹。禹曰:'白者吾之服也。其九尾者,王者之证也。涂山之歌曰:绥绥白狐,九尾庞庞。我家嘉夷,来宾为王。成家成室,我造彼昌。天人之际,于兹则行。明矣哉!'禹因娶涂山,谓之女娇。"神话中的"九尾狐"拥有九个尾巴实属正常。有学者认为九尾狐并非有九个尾巴,而是强调其尾巴之大。而大尾巴是跟生殖力强大结合在一起的。九尾狐造访大禹家,能把其强大的生殖力传递给大禹的妻子。换言之,大禹所娶之女要能生孩子。

九尾狐现身也是祥瑞之征兆。大禹既是治水英雄,又是舜的接班人即"王者"。九尾狐的及时出现,无疑强化了禹作为王者的合法性。如果说治水是对禹行政能力的考察,九尾狐的出现就暗示着某种天意,即君权神授。

另外,历代对大禹婚姻的神圣叙事,越到后来越沾染上儒家和一切服务于皇权的思想色彩。大禹三十未娶,已到了谈婚论嫁的年纪。显而易见的是,三十而立、成家立业的观念,系从春秋时期儒学兴起以后才产生的。

禹与涂山氏的婚姻神话又牵涉对熊的神圣叙事。《汉书·武帝纪》中,颜师古注引《淮南子》云:"禹治鸿水,通辍辕山,化为熊。谓涂山氏曰:'欲饷,闻鼓声乃来。'禹跳石,误中鼓。涂山氏往,见禹方作熊,惭而去。到嵩高山下,化为石,方生启。禹曰:'归我子!'石破北方而启生。"禹妻涂山氏看到老公变成熊,羞愧而去,到嵩高山下变成了石头。而当时她正怀着孕,孩子快要生了。禹对着变成石头的妻子说:"把儿子还给我!"禹毕竟是禹,石头听到这句话后就在北方破裂,启降生了。大禹是羌族祖先所崇拜的原始图腾。古史传禹父鲧被殛而化为黄熊。后来大禹治水至辕山,山石坚硬,人不能开,禹夜化为熊,拱开此山,水道通。此类神话传说可能跟先祖的图腾崇拜有关。还有一种说法,《左传·昭公七年》记载:"昔尧殛鲧于羽山,其神化为黄熊。"《国语·晋语》说:"昔者鲧违帝命,殛之于羽山,化为黄熊,以入于羽渊。"由此我们知道大禹的父亲鲧死后,没有被葬在羽山,而是化为黄熊。也就是说,黄熊是大禹父亲鲧的化身。

而《世本·帝系》却把涂山氏子当作曾经补过天的女娲了:"鲧娶有莘氏女,谓之女志,是生高密。禹娶涂山氏子,谓之女娲,是生启。"

概而言之,在人类的眼中,自然的人化乃至社会化,是正常的历史进程。人类把自己的心理诉求、思想、情感等投射到各种神祇和神奇的动物或植物身上,并编织成想象丰富的神话叙事,让自己生活的世界呈现出一定的秩序来,从而安抚了因诸多不确定所带来的恐惧心理。

最后,我们再谈谈跟大禹婚姻神话关系密切的涂山。《左传·哀公七年》载:"禹合诸侯于涂山,执玉帛者万国。"禹会诸侯于涂山,是以禹娶涂山氏女为基础的。《尚书·皋陶谟》载大禹曰:"予娶于涂山,辛壬癸甲;启呱呱而泣,予弗子,惟荒度土功,弼成五服,至于五千,州十有二师。"《越绝书》曰:"涂山者,禹所取妻之山也,去县五十里。"涂山在今天安徽蚌埠,近年来蚌埠禹会村的考古发掘已经为"禹合诸侯于涂山"增加了有力的考古学证据,在这里发现了龙山时期的大规模祭祀遗存以及多种文化因素共存的现象。发掘者认为,禹会村遗址集中出土了具有多种文化背景的陶器,应是来自不同地区的人们在此参加某种盟会而制作的,这与文献记载的"禹会涂山"可相契合。[①] 与此同时,也有学者对禹会村遗址进行了环境考古研究,发现公元前4100年前后是淮河流域洪灾发生的高峰期,因此它有可能是大禹治水的客观前提。[②] 也就是说神话虽然充满着放浪不羁的瑰丽想象,但总有现实的影子。

---

[①] 中国社会科学院考古研究所、安徽省蚌埠市博物馆:《蚌埠禹会村》,北京:科学出版社2013年版;王吉怀:《"禹会诸侯"之地:禹会村遗址的考古学解读》,《中国社会科学报》2014年7月4日第3版。

[②] 张广胜等:《安徽蚌埠禹会村遗址4.5—4.0ka B.P.龙山文化的环境考古》,《地理学报》第64卷第7期,2009年7月。

## 第四节　大禹神话传说的意义

大禹神话传说之所以能流传至今，肯定是有其内在历史动因的。其中洪水灾难从来没有离开过人类的生活，而最初的大洪水更是让先祖刻骨铭心，不断建构着华夏文化的河床。能带领部落或部族战胜洪水灾难的人，自然就是中华民族的特大英雄，甚至进而被神化。因为战胜灾难即"平水土"，才能"主名山川"，在辽阔的神州大地上留下众多禹迹。

### 一、绘制文化地理图景

大禹神话传说之于我们的意义，首先在于其给我们绘制了华夏的地理蓝图。到目前为止，我们所能追溯到的中国大地上大范围的、一体化的人文地理格局形成的起点，就是以大禹治水这件事为标志的。[①]《尚书·吕刑》篇说："禹平水土，主名山川。"大禹治水时善于审时度势，治水是在考察的基础上进行的，大禹不只是中国地理学的开山鼻祖，而且他让人们知道国土如此广大而优美，以至感怀天赐，不敢自暴自弃。"又知夫山脉水络，互相联属，知国土之不可分，而统一观念油然而生也。"[②]在西周时，禹已被认定是我国第一个奠定山川的人。

大禹治水后，他所行经的地方，被称作"禹迹"。经过大禹治理的地方就变得文明，没有得到大禹治理的地方依然是野蛮世界，所以"禹迹"就成为文明之邦的代名词。《左传》说"茫茫禹迹，画为九州"；在"禹迹"的范围内又划为九个州，于是"九州"又成为文明之邦的代名词。从历史地理的角度看，"九州"比"禹迹"有了更进一步的演进，因为"九州"开创了一套地理分区体系、一个更大范围的地理格局。从洪荒世界到"九州"的演进，以及从混沌到秩序的演进，是中国古代文明发展的一个侧面、一场重要的宏观地理变革，这场变革是在大禹治水的神话叙事中表述出来的。

---

[①] 唐晓峰：《新订人文地理随笔》，北京：生活·读书·新知三联书店2018年版，第8页。
[②] 梁启超：《中国上古史》，北京：商务印书馆2016年版，第100页。

## 二、彰显大禹的事功和德行

大禹的事功,是中国在物质上统一的基础;大禹的德行,为中国在精神上统一的基础。大禹治水强化了德的重要性。"故其德合帝,惟禹与舜称大;其功迈皇,惟禹与农称神,有以也夫。"① 周代铭文中将大禹治水与"明德"密切联系起来,也就是说,大禹治水已成为"德"的重要例证。"德"是周人着重宣扬的精神,是一切事物具有正统性的标准。大禹治水与"德"的联系,说明"禹迹""九州"这些连带性观念,都具有了如"德"一般的崇高地位。这一思想的发展,为后世以"九州"为代表的大一统地理观念之不可动摇的地位,奠定了重要的基础。周人所称颂的"平水土、定九州"的伟业都是在大禹的名义下完成的。

治水不仅与利相关,也与秩序相关,秩序就是利,就是德。从表面上看,儒家不谈利,孔子罕言利,孟子说"何必曰利"。其实,在国家层面上,儒家的利害价值观是相当明确的。在修、齐的后面,是治国平天下。在地理问题上,儒家又谈利又谈德。地理上的利与德,都体现在秩序上,大禹治水而定九州秩序。

大禹治水的意义是很清楚的,"美哉禹功,明德远矣!微禹,吾其鱼乎!"。圣人以崇高精神,克服自然灾害,救人于难,开创文明社会,实现德治。无论是天道、地道还是人道,都是通过圣人的所为,才在人间社会得以实现的。

另外,在圣人对环境进行干预,使之与人类相适宜的神话传说中,最具代表性的是大禹。大禹治水在中国是妇孺皆知的故事。在中国的地理环境中,洪水(地表水的大量存在)的问题可能很早便存在了。儒家接过洪水、大禹的神话传说,将其塑造成经典。在神话故事中,有一个环境的破坏者即共工。他触不周之山,又"振滔洪水",是人类生存环境的敌人,从而也是文明的敌人。站在共工对面的是大禹,大禹是环境的拯救者,也是文明的开创者。

上古管理民众的人,不去破坏自然环境,"不堕山,不崇薮,不防川,不窦泽",所以太平无事。后来共工"弃此道",要堵塞百川,把高处弄低,低处弄高,既不合天意也不得人心,于是祸乱并兴,导致洪水。伯鲧出来沿用共工的做法而治水失败了,被尧"殛之于羽山"。最后是大禹出场,比类自然的法则,疏导川

---

① 梁启超:《中国上古史》,北京:商务印书馆2016年版,第99页。

泽,平定洪水,奠定了华夏人居环境的基础。

世界从蛮荒变为人文,是圣贤之人努力的结果,其中大禹的功绩最为卓著。大禹平定水土、划野分州的功劳无人不知。

《尚书》:"禹平水土,主名山川。"

《诗经·商颂·长发》:"洪水茫茫,禹敷下土方。"

《孟子·滕文公上》:"禹疏九河,瀹济、漯而注诸海;决汝、汉,排淮、泗而注之江,然后中国可得而食也。"

《庄子·天下》:"昔禹之湮洪水,决江河而通四夷九州也。名山三百,支川三千,小者无数。"

古代文献对于禹的描述,有的偏于神性,有的偏于人性。顾颉刚在《禹贡注释》中说:"禹的治水,本是古代一个极盛行的传说,在这传说里,极富于神话的成分,例如说上帝怎样发怒降下洪水,禹怎样在茫茫的洪水之中铺起土地,禹怎样变成动物来治水,禹和各处水神如何斗争获得胜利等等。这些传说杂见于《诗经》《楚辞》《淮南子》等书。"但在司马迁整理的《夏本纪》中,禹是一个有父、有妻、有子的正常人。正常人却不是平常人,而是圣贤。树立圣贤,是树立人文楷模,不需要神性。没有神性的圣贤离"人"更近,更具有现实的影响力。

### 三、给世俗人生的启迪

大禹治水本身的成功也给后世带来很多启发。大禹治水之所以成功,最为重要的是治水技术的"升级换代"。从文献记载来看,大禹治水确实注重疏导,但这并不是一般意义上的疏导,而是大范围、因地制宜的疏导。治水是一个庞大的系统工程,尤其是尧舜时期这种异常的大洪水,小范围的疏堵不但无法根治,而且带来的必然结果就是以邻为壑,反而阻碍了治水措施的实施。因此,此时的疏堵必须是广大区域内的集体行动才可以奏效,通过设立分洪区,主动淹没一些区域,形成新的泄洪道,才能真正根治洪水。而文献记载显示,大禹及其治水团队较好地解决了这个问题,具体方法就是《皋陶谟》所说的:"洪水滔天,浩浩怀山襄陵,下民昏垫。予乘四载,随山刊木。暨益奏庶鲜食。予决九川距四海,浚畎浍距川。暨稷播,奏庶艰食鲜食,懋迁有无,化居。烝民乃粒,万邦作乂。"

另外,大禹的治水精神有示范作用。很多先秦文献都记载了大禹常年奔走在治水第一线,如《庄子·天下》篇就有以下的描述:"墨子称道曰:'昔禹之湮洪水,决江河而通四夷九州也,名山三百,支川三千,小者无数。禹亲自操橐耜,而九杂天下之川;腓无胈,胫无毛,沐甚雨,栉疾风,置万国。禹大圣也,而形劳天下也如此。'"《韩非子·五蠹》也有类似记载:"禹之王天下也,身执耒锸,以为民先,股无胈,胫不生毛,虽臣虏之劳,不苦于此矣。"

上博简《容成氏》也讲大禹受命治水,亲持耒耜,面容乌黑粗糙,"胫不生之毛"。很显然,这些记载都有共同的来源,大禹这一辛劳形象应该是深入人心并传于后世的。直到汉代画像石中,大禹依然是头戴斗笠、手执木耒、奔走在山川之间的勤劳形象。梁启超对大禹的勤劳持俭尤为赞赏:"睹禹终身焦劳之迹,则知凡受生于天地间者,无一人而可以自逸;而欲成就一事业,必须全集注其心力体力,无一日而可以息息。"①禹几乎全身心投入治理洪水的伟业中了。

不管怎样,发生在尧舜时期的这次大洪水无疑是一场巨大的自然灾害,在与洪水长期抗争的过程中,古代先民在治水技术、保障机制和社会组织等各个方面不断积累经验,这是大禹治水终获成功的根本原因,所以梁启超特别指出:"兹事虽出天变,而影响于古代人民思想及社会组织者盖至大,实史家所最宜注意也。"按照汤因比的说法,历史上任何一项巨大工程都要动员全社会的力量,既是对物质和技术的动员或汇聚,也是对人力或精神的总动员。《国语·鲁语上》记载"鲧障洪水而殛死,禹能以德修鲧之功",遂公盨铭文也反复称颂禹之"德"和禹之"明德",都可谓是一语道破,大禹治水成功的关键不在"术",而在"德"也。大禹之"德",催生了治水所需的社会机制,促使史前部落联盟向早期王朝演变,因此具有极其重要的历史意义,堪称中国上古史上最为人所瞩目的事件。

**【学习提示】**

大禹神话叙事是人类自身对生存中遭遇的种种生存的困境,尤其是自然灾害的深切记忆的表现,也是人类对于如何战胜灾难,寻求自身生存有利环境主观性的理想表达。这不仅是中国神话叙事的一个基本内核,也是西方神话叙事的重要母题。在大禹的神话叙事中,最重要的是大禹治水的神话叙事,这些神话叙

---

① 梁启超:《中国上古史》,北京:商务印书馆2016年版,第97页。

事建构了颇具中国特色的大禹文化。在大禹神话叙事中，除了关于治水的神话传说之外，还有很丰富的内容，既有关于大禹出生的，也有关于大禹婚姻的，还有关于大禹丧葬的，构成了较为完整的大禹神话叙事系统。本章旨在使大家了解大禹神话叙事的丰富性及文化意义。

【拓展资料】

1. 对大禹传说的历史、神话和文化的三维解读

大禹传说已经成为考古学、古代史、人类学、民俗学、神话学、古代文学等诸多学科所关注的对象。大禹传说研究不仅关涉夏文化研究，而且关涉中华民族的早期文明研究。同时，大禹传说中的神话观念与神圣叙事，对中国传统文化的"神话"性结构具有示范意义，对后世文学的叙事情节更具有原型意义。大禹传说既有"史实素地"的成分，又有后世不断叠加的神话因素、传说色彩等附加成分；作为文本叙事，它既表现出非逻辑性的"非叙述"性特点，又具有神圣叙事的原型编码性质；作为一种文化记忆，其演变与发展又被打上了时代的烙印。本论文对大禹传说主要作了三方面解读：历史考证——大禹传说中的"史实素地"；神话解读——大禹传说中的"神话编码"；文化阐释——大禹传说的演变与发展。同时，关于神话传说的新的研究范式正在形成。过去单纯依靠文献文本的研究方式，正在转向文化文本的叙事与研究，这种文化文本的叙事包括文字叙事、图像叙事和物体叙事。

（杨栋：《神话与历史：大禹传说研究》，2010年东北师范大学博士论文，第1页。）

2. 大禹治水传说新解

鲧的失败教训启发了后人，使大禹总结出"敷土"的伟大发明，并演变为后世文献记载的大禹治水传说。实践表明，挖掘沟渠、清理水道，是把沼泽蚕食开垦为田园的有效途径。即"禹敷下土方"，也即《国语》所说的"高高下下，疏川导滞，钟水丰物"。大禹当时所做的主要工作，是把低地沼泽中自然形成的小水道挖掘得更加宽深，加速水的下泄，使原来的淤泥沼泽日渐干爽，便于种植，也就是孔子所说的"尽力乎沟洫"。经过数百年甚至更长时间的疏浚，黄河漫流区域日

趋减少,使人们产生洪水记忆的洪水消失了,古城也就完成了其历史使命而被先后废弃。洪水的消失与古城的废弃,意味着华北低地得到了相当程度的开发。这既奠定了中国农业文明的核心区域,也为以广域王朝为标志的华夏文明的诞生提供了地理基础。与此同时,在共同开发华北低地的过程中,原来分居东西两边的山坡居民得以在平原相遇。正是这种共同开发所奠定的地理基础,及其东西民族的历史性相遇,导致了以夏王朝为开端的中国文明的诞生与形成,并且使原来文化迥异的东西民族日益融合成为统一的华夏民族。西周、春秋时期,"敷土"似不足以表现禹的伟大和圣明。恰在那时,包括开挖运河在内的各种治水与水利灌溉事业已经成为可能而且必要,大禹就顺理成章地被赞美为灌溉农业时代的治水英雄。对治水故事的解读,还原了大禹作为华夏民族拓荒者的伟大形象。大禹治水的传说,沉淀了华夏先民如何把水潦低湿的沼泽湖泊与黄河漫流区开发成为沃野千里华北大平原的伟大历程。降丘宅土,开创华夏,大禹真正居功至伟,绝不是"治水"二字所能囊括的。

(湛中和:《史前洪水的性质与大禹治水传说新解》,《中国社会科学报》2011年6月28日第6版)

【研习探索】

1. 大禹治水神话是如何讲述洪水灾难的?
2. 如何理解"禹平水土,主名山川"的地理学意义?
3. 比较《吴越春秋》和《淮南子》,谈谈其大禹书写的神话色彩。

# 第八章　大禹文化遗迹

"禹迹茫茫,划为九州。"由于大禹治水的巨大贡献,大禹所到之处,后世出现了众多禹迹,中国亦别称为禹域、禹甸。从地域分布看,大禹文化遗迹涉及河南、山西、浙江、四川、重庆、山东、陕西、河北、安徽、湖南、湖北、江苏、甘肃、宁夏等十几个省市、自治区。从内容上看,大禹文化遗迹主要包括大禹出生遗迹、大禹婚娶遗迹、大禹治水遗迹、大禹立国遗迹、大禹墓葬遗迹等。

## 第一节　大禹出生遗迹

关于大禹的出生地,有许多说法,主要有河南登封说、河南禹州说、四川北川说、四川汶川说,近年来又出现了青海民和说、甘肃广河说等。这些地方皆拥有多处与大禹出生有关的文化遗迹。

### 一、河南登封

河南登封嵩山少室山下的祖家庄相传是大禹的出生地,祖家庄位于少溪河西岸,与少溪河沿岸的马庄、尚庄、刘庄、张庄、王庄、耿庄等地,古代称为"一溜石纽屯儿"。祖家庄及其周围有少室山、少室阙、石纽石、息壤岗、禹王庙、禹岭、夏地、夏店河、理妆河、金牛峰、禹王坛、姚沟、擂鼓石、东军地、水牛角等大禹文化遗迹。登封的主要禹迹还有太室山、启母阙、启母石、照爷石、镮辕关、阳城关、箕山、五指岭、长岭山、禹洞、白圪垯庙、牛头山等。2008年1月2日,中国民间文艺家协会将登封命名为"中国大禹文化之乡"。

中岳嵩山古称崇山、外方山。《国语·周语上》:"有夏之兴也,融降于崇山。"郑杰祥《论禹、戎禹和九州的关系》:"我国古代夏部族就兴起于崇山周围。

夏部族的祖先鲧和禹,史书又称为崇伯鲧和崇禹,这说明他们曾是崇山即嵩山地区的部落酋长,该族当然也是居住于崇山即嵩山地区的主要居民,正如徐旭生先生所说:'崇伯鲧的氏族所在地在嵩山脚下当无疑问。'崇山就是古代九州之一的太室山。"

2014年12月、2018年8月,在"登封与大禹故里学术座谈会"和由河南省"姓氏祖地与名人里籍研究认定中心"主办的"登封市为大禹故里故都研究认定会"上,来自中国社会科学院、北京大学、清华大学、南开大学、四川大学等的专家一致认为"登封为大禹故里故都","登封所保存的启母阙、启母石、启母庙故址、启母庙碑等,反映了登封作为大禹故里故都,有着确凿的文物实证。在登封祖家庄一带所保留的大量的民间传说和民俗民风,印证了大禹文化在登封具有广泛的基础,也使登封作为大禹故里故都拥有更完整的证据体系"[1]。

## 二、四川北川

四川盆地西北部北川县(古称石泉县)石纽山麓的禹穴,相传即大禹降生处。1992年,时任国家主席杨尚昆为北川县题写了"大禹故里"四个大字。2017年4月,北川被中国民间文艺家协会命名为"中国大禹文化之乡"。

扬雄《蜀王本纪》:"禹本汶山郡广柔县人,生于石纽。"赵晔《吴越春秋》:高密(禹)"家于西羌,地曰石纽。石纽在蜀西川也"。《竹书纪年》:"帝禹夏后氏,母曰修己,修己背剖而生于石纽。"《大明一统志》《大清一统志》及四川省的《石泉县志》,皆以北川为大禹降生地。

北川治城(今禹里乡政府所在地)南一里许有石纽山。山腰一巨石上刻有"石纽"二字,每字长、宽均为40厘米。早在唐代,石纽山麓即建有禹庙,每年农历六月六日为大禹诞辰纪念日,人们即于禹庙前举行祭祀活动。北川的主要禹迹有石纽石、禹穴沟、望崇山、刳儿坪、洗儿池、采药山等。

## 三、四川汶川

四川省汶川县据载是大禹的故乡,相传大禹出生于绵虒镇刳儿坪。谯周

---

[1] 张新斌、王青山主编:《登封与大禹文化》,郑州:大象出版社2016年版,第595页。

《蜀本纪》:"禹本汶山郡广柔县人也,生于石纽,其地名刳儿坪。"常璩《华阳国志》:"石纽,古汶山郡也。崇伯得有莘氏女,治水,行天下,而生禹于石纽之刳儿坪。"唐张守节《史记正义》:"禹生于茂州汶川县,本冉駹国,皆西羌。"1979年,国家启动《中国民族民间文艺集成》编纂工程,调研中发现了原流行于汶川一带的"花灯戏",剧目中有《大禹治水》,歌颂大禹治水三过家门而不入,唱词中的"耶格西"即大禹的羌族名字。

绵虒镇南5公里处高店村与羊店村之间的高山,就是石纽山。山下飞沙原有"石纽"石刻。汶川县的大禹文化遗迹主要有刳儿坪、涂禹山、禹王宫、洗儿池、圣母祠、圣母塔、禹碑岭、天赦山、"禹迹"石刻等。谭继和认为唐宋人称汶川为古石纽,称北川为今石纽,石纽是羌族人祭祀大禹出生的文化地标。[①]

## 四、河南禹州

河南禹州城西25公里处的方山、鸠山镇境内有一座玲珑山,当地人相传大禹出生于玲珑山下的石纽村。据传玲珑山有36个洞,洞洞相连,最大的洞,人称"禹母洞",洞深30多米,分前后两洞。前洞洞壁上刻有"钧天"二字。禹州古称阳翟,《汉书·地理志》:"阳翟,夏禹国。"张鸣岐《炎黄子孙祖根在中原》:"帝尧戊戌二十八载六月六日,修已背坼而生禹于石纽乡,即今河南禹县石纽村禹穴是也。"禹州有锁蛟井、钧台、诸侯山、二姨庙、拉王庙、望夫石、汗沟等禹迹。

## 五、其他

关于大禹出生地的说法有很多,因《史记》"禹兴于西羌"的记载和禹生石纽的传说,四川理县、什邡,甘肃广河,青海民和等地亦有大禹出生的传说和遗迹。理县通化乡汶山村有"石纽山"的石刻,什邡红白镇九联坪有禹穴(金岩窝)、禹母祠等遗迹。广河县古名大夏县,有纽金山、大夏水(今名广通河)等禹迹。民和县临近积石山,因处于夏纪年之内的喇家遗址洪水遗迹而闻名,附近有积石峡、寺沟峡、大禹斩蛟崖、大禹支锅石等禹迹。另外,也有专家撰文认为大禹出生

---

[①] 刘家思主编:《大禹与中国传统文化研究》(第一辑),合肥:安徽文艺出版社2017年版,第21页。

于山东,或新泰,或莒县,或禹城。① 不过,这些说法目前都未得到主流学术界的认可和考古发掘的证明。

## 第二节 大禹婚娶遗迹

大禹婚娶涂山氏,与涂山氏部落联姻。《尚书·益稷》:"予创若时,娶于涂山,辛壬癸甲。启呱呱而泣,予弗子。"《史记》:"禹曰:'予娶涂山。'……夏后帝启,禹之子,其母涂山氏之女也。"关于涂山的位置和涂山氏部落所在地长期以来说法纷纭,唐代苏鹗《苏氏演义》:"涂山有四:一会稽,二渝州巴南,三濠州,四当涂县。"民国以来,河南三涂山也成为有力的一说。

### 一、浙江绍兴

浙江绍兴境内有数座涂山,如禹陵乡涂山、安昌西扆山等。经盛鸿郎等考证,今安昌镇西扆山即文献记载中的会稽涂山。② 汉代《越绝书·记地传》:"涂山者,禹所取妻之山也,去县五十里。"这是最早的有关涂山位置的历史记述。嘉庆《山阴县志》:"涂山大禹庙,在县西北四十五里,山之南麓,宋元以来,咸祀于此,明始祀于会稽山陵,此庙遂废。"西扆山又名西余山、旗山,在柯桥区安昌镇东,当地尚有诸侯江、禹会桥、红桥等不少与大禹有关的地名。

### 二、安徽蚌埠

涂山位于安徽蚌埠怀远县城东南,与荆山夹淮并峙,主峰338.7米,山顶建有禹王宫。晋杜预在注《左传》"涂山"条时说:"在寿县东北,说者云:今濠州也。"郦道元《水经注》:"群书咸言禹娶在寿春当涂。"但他在《水经注》卷三十《淮水》中说"非也",否定了杜预等人的说法。今蚌埠古代隶属濠州、寿春。涂山前有禹墟、禹会村,山腰有巨石危立,乡人谓之"启母石"。涂山周围还有崇伯观、防风冢、上红村、下红村等遗迹。刘宝才认为:"安徽怀远在淮河与其支流涡

---

① 陈永华主编:《神功千古》,北京:中国文联出版社2003年版,第27页。
② 陈瑞苗、周幼涛主编:《大禹研究》,杭州:浙江人民出版社1995年版,第63页。

河交会口附近,是禹治水可能达到的地方……最有理由认为,安徽怀远的涂山可能是禹娶涂山氏之女的涂山。"①

### 三、重庆南山

重庆南岸区有涂山,又名南山、真武山,因山上有夏禹涂后祠而得名。晋常璩《华阳国志·巴志》:"禹娶于涂,辛壬癸甲而去,生子启呱呱啼不及视,三过其门而不入室,务在救时,今江州涂山是也,帝禹之庙铭存焉。"北魏郦道元《水经注·江水一》:"江之北岸有涂山,南有夏禹庙、涂君祠,庙铭存焉。"刘琳在注中指出:"涂籍,当即江州涂山。"②重庆涂山有涂洞、涂村、涂山寺、呼归石、诞子石等遗迹。呼归石又名夫归石,相传因涂山氏站在其上盼望大禹早日归来而得名,2008年2月,因疏通长江航道被炸毁。诞子石亦称启母石,后讹称弹子石,今重庆有弹子石广场。

### 四、河南嵩县

三涂山在今嵩县县城南何村乡境内,又名崖口、水门,与陆浑、龙门合称"伊水三阙"。《左传·昭公四年》:"四岳、三涂、阳城、太室、荆山、中南,九州之险也。"《逸周书·度邑》:"武王问太公曰:吾将因有夏之居,南望过于三涂,北瞻望于有河。"钱穆《古史地理论丛·周初地理考》:"《水经注》:'伊水出陆浑县之西南王母涧,涧北山上有王母祠,即古三涂山也。'《方舆纪要》:'三涂山在河南府嵩县西南十里。'窃疑禹娶涂山氏女,即此王母……以二南之地望推之,则涂山之近伊嵩可知也。"

### 五、河南登封

中岳嵩山的主体太室山、少室山因大禹治水时与涂山娇、涂山姚分别居住于其下而得名。登封流传很多涂山氏帮助大禹治水的传说,如闻鼓饷夫、照爷治理

---

① 《蚌埠涂山与华夏文明》编纂委员会编:《蚌埠涂山与华夏文明》,合肥:黄山书社2002年版,第28页。

② 常璩撰、刘琳校注:《华阳国志校注》,成都:巴蜀书社1984年版,第25页。

蛟河、代姐育婴等。登封与涂山氏有关的遗迹主要有启母庙、少姨庙、启母阙、少室阙、启母石、擂鼓石、照爷石等。启母阙铭文中有"爰纳涂山,辛癸之间"①的记载,阙上还有启母化石的画像。中岳嵩山周围还有涂山氏信仰文化圈,史载大禹有两位夫人,即启母涂山娇、少姨涂山姚。除登封启母庙、少姨庙外,禹州有二姨庙,偃师有少姨庙行宫,巩义有启母少姨庙。

### 六、其他

山西夏县禹王城小城东南角,有一夯土台,台高9米,南北长70米,东西长65米,人称青台。相传大禹治水时其妻涂山氏经常站在台上望丈夫回家,故又称望夫台。望夫台上有禹王庙,后殿即娘娘殿,供奉涂山氏。

安徽巢湖苏湾镇亦有涂山,相传亦为大禹婚娶涂山氏之地。《康熙字典》解:"《书·益稷》:'娶于涂山。'应邵曰:'禹娶涂山,侯国,涂山氏之女也。'《左传·哀公七年》:'禹合诸侯于涂山。'杜预曰:并在今寿春界巢县。"②巢湖至今还传唱民歌:"涂一涂二涂三四,涂妈妈生了个夏皇帝。吃新米,挂涂牌,大雁不来小雁来。"

## 第三节　大禹治水功绩遗迹

大禹一生的功绩,主要是治水和立国。大禹治水时,足迹遍及大半个中国,很多地方都留下了大禹治水的遗迹,从西部的甘肃到东部的浙江,从北方的河北到南方的湖南。《尚书·禹贡》详细叙述了大禹治水时劈九山、疏九河、披九泽的情况。"江淮河汉思明德,精一危微见道心。"大禹治水主要治理了黄河、济水、淮河、长江等流域。

### 一、黄河流域

《尚书·禹贡》载有大禹在黄河流域治理洪水的事迹,"导河积石,至于龙

---

① 吕品:《中岳汉三阙》,北京:文物出版社1990年版,第19页。
② 张玉书、陈廷敬:《康熙字典》,北京:中华书局1958年版,第6页。

门;南至于华阴,东至于厎柱,又东至于孟津,东过洛汭,至于大伾;北过降水,至于大陆;又北,播为九河,同为逆河,入于海。""导渭自鸟鼠同穴,东会于沣,又东会于泾,又东过漆沮,入于河。导洛自熊耳,东北会于涧、瀍;又东会于伊,又东北入于河。"[1]在黄河流域,留下了大禹治水的诸多遗迹。

(一)积石峡

积石峡位于青海循化县和甘肃积石山县交界处,《禹贡》:"导河积石。"相传大禹在积石峡一带治水,并留下了禹王石、禹王洞、大禹支锅石、大禹斩蛟崖等遗迹。积石峡下游的寺沟峡位于青海民和县中川乡,是黄河流经青海省的最后一道峡谷。相传大禹治水时曾来到此地,留下了禹王洞、擂鼓台、禹王脚印等遗迹。民和县官亭镇还有稍晚于大禹时期的被洪水冲毁的喇家遗址。

(二)泄湖峡

泄湖峡位于甘肃临夏,相传大禹治水时期,现在的临夏市一带是一个大湖,名曰大夏湖。《河州志》记载:"禹未疏凿时,河州即湖也。"[2]大禹为了将大夏湖的水排出去,即开挖了现在的泄湖峡。《河州志》云:"泄湖峡,大夏水从此泄,道旁卧石犹存。"[3]泄湖峡有两座桥,一名曰"折桥",一名曰"泄湖桥"。《河州志》云:"折桥,州东一十里,两岸禹凿石迹尚在……泄湖桥,州东三十里,禹未疏凿时,河州即湖也,既凿导水入黄河,故名。两岸石凿,禹迹犹存。以上俱大夏水。"[4]传说泄湖峡尚有大禹所刻的岣嵝文和鸟迹篆。《续修导河县志》:"鸟迹篆,在泄湖峡。见旧志。相传大禹凿峡时所摩刊。常没于水,水陷时或一见之。"[5]现在附近尚存禹王庄、禹里家、禹成桥、桥窝、禹王庙等遗迹。

(三)青铜峡

青铜峡位于宁夏吴忠青铜峡市,黄河从甘肃省的黑山峡进入宁夏境内,蜿蜒穿过牛首山,形成了8公里长的青铜峡。传说大禹治水来到这里,劈山成峡,黄河水一泻千里,正值夕阳西下,晚霞与河水互映在峭壁上,呈现一片青铜色,青铜

---

[1] 李民、王健:《尚书校注》,上海:上海古籍出版社2004年版,第78—79页。
[2] 王全臣主编:《河州志》卷一"桥梁渡口"条。
[3] 王全臣主编:《河州志》卷四"古迹"条。
[4] 王全臣主编:《河州志》卷一"桥梁渡口"条。
[5] 黄陶庵总纂,马志勇校刊:《续修导河县志校刊》。

峡由此而得名。青铜峡有禹王洞、禹王庙等遗迹。清康熙《朔方广武志·古迹志》云："神禹洞，在青铜峡中……相传神禹治水，曾宿此洞。广武俞汝钦遵父遗命，鼎建禹王殿宇于洞口，庄严圣像。"禹王庙现已不存，而改建为大禹文化园。大禹文化园中轴线上有大门、明堂、大殿，两侧有钟鼓楼、河图洛书苑、九州苑、大禹雕像等。

（四）孟门

孟门位于山西省吕梁市柳林县西北23公里处，北接碛口，南临军渡，东靠柳林，西隔黄河，与陕西吴堡相望。相传大禹在定湖西南凿开蛟龙壁，疏通黄河，故孟门有"天下黄河第一门"之称。《水经注卷四·河水》："故《穆天子传》曰：北登孟门，九河之磴。孟门，即龙门之上口也，实为河之巨厄，兼孟门津之名矣。此石经始禹凿，河中漱广，夹岸崇深。"孟门有禹王石、蛟龙壁、奉祀鲧禹的源神殿等遗迹。清嘉庆九年(1804)《南山灵泉寺始末碑记》称南山上"有禹王石，相传神禹停憩息山之半"。

（五）壶口

壶口位于山西吉县和陕西宜川之间。《尚书·禹贡》："既载壶口，治梁及岐。"《水经注》："禹治水，壶口始。"壶口现有禹王洞、禹帽峰、神龟峰等遗迹。壶口下游5公里有孟门山，大禹治水时因其阻塞河道，将其一分为二，成为大、小孟门山。大孟门山上现竖立大禹像，南面石崖上刻有"卧镇狂流"四个大字。

（六）夏门三湾口

夏门三湾口又称灵石口，位于山西灵石县。《尚书·禹贡》："既修太原，至于岳阳。"意即大禹治理汾水工程在今太原和霍州之间，灵石县即在其间。相传大禹治水凿开夏门三湾口，汾水南流，百姓安居乐业，至今仍流传有民谚："打开三湾口，空出晋阳湖。"清康熙《霍州志》载："洪水肆患，鲧拜帝命，治汾为首，禹嗣父绩，至于岳阳。"灵石有望川原、王禹原、坛镇、禹沟村、夏门村等遗迹。夏门村原名禹门村，后为避免与河津禹门重复，始改为夏门村。

（七）龙门（禹门）

龙门位于山西河津和陕西韩城之间，相传为大禹治水所凿，今称禹门口。《汉书·沟洫志》："昔大禹治水，山陵当路者毁之，以凿龙门，辟伊阙。"北魏郦道元《水经注》："昔者大禹导河积石，疏决梁山，谓斯处也。即《经》所谓龙门矣。

《魏土地记》曰:梁山北有龙门山,大禹所凿,通孟津河口,广八十步,岩际镌迹,遗功尚存。岸上并有庙祠,祠前有石碑三所。"后人怀念大禹治水的功德,称为禹门。民间传说,大禹凿山至此,久挖不开,遂化身为龙,开山劈石,故曰"龙门"。龙门黄河两岸原有东禹庙、西禹庙,抗战时为日军飞机炸毁。

(八)大禹渡

大禹渡又名神柏峪,位于山西省芮城县城东南10公里处的黄河岸边。相传大禹受舜之命率众治水,随山刊木,勘察水势来到此处,栽下一棵柏树作为观察水势的标志,并由此率治水大军乘舟上凿龙门,下开三门,终取得治水成功。后人遂称此地为"大禹渡",称那棵大柏树为"神柏"。《芮城县志》:"禹导河,息于此,后人思其明德,建庙于峪上,遂名彼渡为大禹渡,以显圣迹,永不忘也。"大禹渡现存大禹手植柏、禹王庙、上马石、禹窑、龙山文化遗址以及西陌乡禹门口村等遗迹。

(九)三门峡

相传大禹治水时将挡住黄河的大山凿成几段,因状如三道门,即鬼门、神门、人门而得名三门峡。相传大禹在此凿山时将斩龙剑落在河中,剑化作巨石,即中流砥柱。《水经注》:"砥柱者,山名也。昔禹治洪水,山陵当水者凿之,故破山以通河。河水分流,包山而过,山见于水中若柱然,故曰砥柱也。"鬼门的崖头有两个圆坑,形如马蹄,相传为大禹跃马而过三门时留下的足印。

(十)山河口

山河口位于河南卢氏县范里镇,《尚书·禹贡》:"导洛自熊耳。"相传大禹治理洛水时至此,见山石堵塞,聚集成湖,遂劈山开石,导洛水东流,并在峭壁上书一"雒"字。清道光二十九年(1849)卢氏知县刘应元手书"神禹导洛处",后有题刻:"邑乘:城东三十里山河口禹王庙北十里许,山崖有古字形迹……敬书神禹导洛处五字。"

(十一)洛出书处

洛出书处位于河南洛宁长水镇,洛神庙内现存两通"洛出书处"碑。一通刻立于汉魏时期,碑额刻有梯形图案,正面碑文因年久风化剥失,仅剩魏体"洛"字。一通刻立于清雍正二年(1724),河南府尹张汉题,时任县令沈育立碑。在长水村西玄扈河与洛河的交汇处,有块依山大石,形似爬行的大龟,人称"灵龟石"。北边山涧里有龟滩、龟窝,在"龟滩"西侧的摩崖上,刻有明弘治六年(1493)西蜀进士刘武臣《游龟窝至此偶成》诗一首。长水村西侧有龙头山,山顶有禹王庙。龙头山又称坛屋山,山上有"叙畴坪"。据史书记载,大禹治水成功之后,在龙头山设坛祭天时,有一只神龟背负洛书,从洛河爬出,献给大禹。大禹在龙头山上,依照洛书,划天下为九州;又根据洛书,创立了如何治理九州的"洪范九畴"治国大法。"洛出书处"还有一说:即洛河与黄河汇合处,在今巩义市洛口一带。

（十二）伊阙

伊阙即今河南省洛阳市区南的"龙门",两岸香山、龙门山对立,伊水中流,望之若门阙,故称伊阙。《水经注·伊水》:"昔大禹疏以通水,两山相对,望之若阙,伊水历其间,故谓之伊阙。"宋代吕公著诗曰:"中分洪造夏王力,横截大山伊水流。"龙门石窟景区内有禹王泉、禹石等遗迹。伊阙被后世称为龙门,至今洛阳龙门附近的登封有民谚"打开龙门口,撤干颍阳川",伊川有民谚"打开龙门口,撤干五洋江",汝阳有民谚"打开龙门口,撤干汝阳江",禹州有民谚"打开龙门口,撤干吕梁江"。

（十三）禹宿崮堆

禹宿崮堆位于洛阳龙门以东、偃师西南万安山北麓,海拔368米。相传大禹打开龙门口后,至偃师庞村处,将船拴于橛山,因劳累过度即躺在一高地歇息。酣睡之际,伊河突发大水,说来也怪,不管大水如何上涨,大禹躺的地方总是高出水面。如此反反复复,大地隆起了三百多米。第二天天没亮,大水退去,高出水面的地方形成了孤山。因大禹住宿于此,故名禹宿崮堆。

（十四）黑石关

黑石关位于河南偃师与巩县交界处,古称黑石渡,是洛水主要渡口之一。洛河和伊河两河流域的大片滩涂地区,人称夹河滩。龙门口打开后,五洋江水汹涌而下,洪水遍地横流,大禹凿开黑石山,使得洪水流入了黄河。至今偃师、巩义仍流传有"打开黑石关,露出夹河滩"的民谚。另外,夹河滩有个石坝村,即现在的偃师佃庄镇的后石坝村、洛阳伊滨区李村镇的石坝村和洛阳洛龙区李楼镇的西石坝村。相传大禹化为蛟龙,潜入水下用鹅卵石砌河道,使洪水归入河槽。据说现在伊河从龙门口到石坝这段河道,很少发生水灾,就是因为大禹用鹅卵石砌了河道，固定了河槽。

(十五)洛汭

洛汭位于河南巩义，系洛水注入黄河处。相传大禹治水时，神龟于此献洛书于大禹，又传舜在此将帝位禅让于禹。《竹书纪年》："禹观于河，有长人白面鱼身，出曰：'吾河精也。'呼禹曰：'文命治水。'言讫，授禹河图，言治水之事。退入于渊。治水既毕，天赐元圭以告成功……乃受舜禅即天子位。洛出龟书是为洪范。"

(十六)大伾山

大伾山位于河南浚县，海拔135米，大禹治水时曾登临此山。《尚书·禹贡》："东过洛汭，至于大伾。"传说当年大禹到了大伾山，将船拴在大伾山东南麓，带领百姓修堤疏河，制伏了恶蛟，将其拖到大伾山上斩为三截，河水平息。今大伾山东北坡上，有一处像龙脊一样的石坡，传说是当年大禹所斩的恶蛟化成的石头。大伾山顶建有禹王庙，还有"禹贡名山""怀禹"等石刻。

(十七)错錾沟

错錾沟位于山西平顺县阳高乡奥治村，相传是鲧带人错凿开的沟渠。大禹详细查勘地形之后又带领民众凿石排滩疏通河道，浊漳水顺流东下，水患平息。《平顺县志》："传言伯鲧治水至此引漳南行功不成，禹因势利导去其壅塞漳始东流，疏凿之痕至今犹存。"后来人们把大禹在此住过的地方叫"禹旮旯"，把鲧错凿开的沟叫"错錾沟"。

(十八)鲧堤

鲧堤是河北省威县有名的古迹，遗址长约20公里，高7米，宽15米，虽经千百年风雨侵蚀，犹能显出堤陡水湍的痕迹。《史记·夏本纪》："大禹治水自冀州始……覃怀致功，至于衡漳。"《水经注·河水注》载："大禹治水，导西河而九河显。"西河又称禹河，是指黄河第一次改道东迁前流经河南浚县、滑县至河北广平、魏县的这一河段。大禹治水，导黄河北流，疏通了徒骇、简、太史、马颊、胡苏等九条支流，入于大陆泽(今河北巨鹿县西北)，使得黄河最后经天津入海。此外，鲧堤亦见于河南濮阳、山东德州等地。

## 二、济水流域

济水为四渎之一,今河道为黄河所夺。《尚书·禹贡》:"导沇水,东流为济,入于河,溢为荥;东出于陶丘北,又东至于菏,又东北,会于汶,又北,东入于海。"记载了大禹治理济水的情况。《现代汉语词典》(修订本):"济水,古水名,发源于今河南,流经山东入渤海。现在黄河下游的河道就是原来济水的河道。今河南济源,山东济南、济阳、济宁,都从济水得名。"今依古济水流域而记述,这一流域也有关于大禹治水的很多遗迹。

### (一)湨梁

湨梁位于河南济源,系济水支流湨河南岸的一段堤坝,古称"湨梁",传说为大禹治水所筑。湨河发源于太行山,其中一支流就是思礼镇的塌七河。塌七河下游有夏神庙,相传大禹治水时曾于此研究如何治水。济源至今流传有大禹治理塌七河和沇水的传说。

### (二)大汶河

大汶河古称汶水,系济水支流,发源于山东莱芜境内的原山,汇泰山山脉、蒙山支脉诸水,自东向西流经今山东新泰、泰安、肥城、宁阳、汶上、东平等地,注入济水。大禹疏导汶水是导济入海的重要工程。《尚书·禹贡》:"大野既潴,东原底平。"孔颖达疏:"东原,今之东平郡也。致功而地平,言其可耕也。"大禹治水时把东原之水疏导到大野泽,东原一带水患遂除。汶河两岸有很多禹迹,如莱芜的禹王山、禹王台,新泰的禹村,东平的腊山,而尤以宁阳禹迹最为集中。宁阳有禹颓村、禹王坟、云山、铁牛镇海、禹王庙等遗迹。遂国位于今宁阳县西北,国都即现在的白马庙村,村西有一山,至今仍叫遂山。2002年北京保利艺术博物馆在香港收购的西周中期青铜礼器"遂公盨",其铭文的前半部分,重点记叙了大禹治水的故事。距宁阳禹王庙20公里的大汶口(堡头类型)遗址,处于历史上的大禹时期,其文化层中有大量淤积的泥沙及洪水冲刷的痕迹,证明当时确有洪水泛滥。

### (三)云山

云山位于山东宁阳县城西北8公里,相传是"禹攻云雨"遗迹。《山海经·大荒南经》:"大荒之中,有山名巧涂之山,青水穷焉。有云雨之山,有木名曰栾,禹攻云雨。"清咸丰《宁阳县志·山川》："(云山)上有洞,出云辄雨,相传为禹攻云雨所致。八景'云山烟雨'即此。"相传,云山是当年禹疏蜀(伏)山湖积石而成,又传云山西北有海眼,下通东海,禹将"东海夔牛"点化到此,让其镇住了海眼,消除了水患。

(四)腊山

腊山位于山东东平,相传大禹治水来到东原一带,见河道为峰峦所阻,便命神牛拉山以填东海。神牛拉山至古大野泽畔,误为东海,遂兴尽而卧,休歇于此。神牛卧化为石,成为卧牛山,而所拉之山则耸立于湖畔,故名拉山。后因日出之时山巅瑞气缭绕,霞光闪耀,酷似蜡烛吐焰,故又演变为腊山。

(五)禹登山

禹登山位于山东历城东南30里处,又名龙洞山,相传大禹曾到此考察水势。山有龙洞,洞口高8尺,阔4尺,高如殿堂,洞内深邃幽奥,据传有龙藏于此,故名龙洞。

(六)具丘山

具丘山位于山东禹城十里望回族乡,相传大禹治水时,曾在此具丘为山,登高望远,察看水势,定徒骇、马颊、鬲津等九河流向,故而得名具丘山。具丘山顶建有八角重檐禹王亭,亭始建于唐代,原名禹迹亭。具丘山相传是大禹导九河入海成功之地,九河即太史、覆釜、胡苏、徒骇、钩盘、鬲津、马颊、简、絜,位于古济水与黄河之间。《尔雅·释水》："禹疏九河,用工极众,沿河工难,众徒惊骇,故曰徒骇。"意为大禹治水疏浚九河,在此河施工时,用工极多,施工难度极大,众人害怕完不成任务,故名徒骇河。《山东通志·济南府》："九河,河皆湮塞,今其故道多在济南各县。曰马颊河,环绕于平原县之东南,商河县之北三十里,《舆地记》曰'即笃马河也'。今东昌府高唐、堂邑、莘县亦有马颊河。曰覆釜河,在陵县西三里至海丰县北二十五里,《寰宇记》云:在无棣县界,盖陵与海丰,即古无棣境也。曰钩盘河,在德平县西南,东至陵县东五十里,今尚谓之盘河店,又东至乐陵县南入海。曰鬲津河,在陵县南一里,东至乐陵县北,乐陵有鬲津乡,又东北至海丰县北九十里,今涸,为今蔬圃,又海丰有大枯河,即鬲津河之下流也。曰徒骇河,在齐河县八十里,即所谓徒河者是也,今直隶沧州亦有徒骇河,按九河在济南者惟五。"禹城旧属济南府,原名祝阿县,唐天宝元年(742),取禹息故城之意,改为禹城县。禹城至今仍流传着大禹一箭定海疆的故事,还有十里望、禹息城、徒骇河、禹堤、禹王庙等遗迹。

## 三、淮河流域

《尚书·禹贡》:"导淮自桐柏,东会于泗、沂,东入于海。"这段记载叙述了大禹治理淮河的情况。在淮河流域,也流传着许多有关大禹治水的遗迹。

(一)轘辕山

轘辕山位于河南登封与偃师交界处,地处太室山和少室山之间,系黄河、淮河的分水岭。相传大禹治水时为将嵩山南麓洪水排入黄河而凿轘辕山。《淮南子》:"禹治洪水,凿轘辕山。"登封一带相传,大禹一凿轘辕关,再凿水泉口,最后才打开龙门口。

(二)蛟河

蛟河在河南登封,亦称焦河,下游即五渡河,系颍河支流。相传大禹治水时,为捉拿颍河蛟龙,采取火烧的办法,将两岸山石烧得通红,滚沸的河水烫伤了蛟龙的鳞甲,蛟龙遂遁入颍河。大禹原本令外甥庚辰把守蛟河和颍河交汇处,因庚辰打瞌睡致使蛟龙逃走,大禹在颍河南岸的焦山下令斩杀庚辰,因伯益求情才让庚辰将功赎罪。后来,大禹追至今之禹州,捉住了蛟龙,将其投入井中,还捉住幼蛟投入今登封唐庄镇郭村白圪垯的井中,使它们永远不能出来作乱。

(三)禹洞

禹洞位于河南登封市徐庄镇,有前禹洞和后禹洞,系颍河上游最大的溶洞,相传是大禹治水时的休憩之处。禹洞现为郑州市文物保护单位,洞内有大禹治水系列雕塑。

(四)禹王锁蛟井

禹王锁蛟井位于河南禹州市西大街与颍河大街交叉口西侧路北,为纪念大禹治水而建。相传大禹顺颍河一路追赶蛟龙,在禹州寻访,得知蛟龙化为顽童在颍河中戏水,遂设计捉住蛟龙,将其用锁链锁住投入井中。禹王锁蛟井建于何时已无法考证,井口原置2米高的七层石塔。1980年在原址东侧重修禹王锁蛟井及仿古歇山亭。亭壁上绘有20余幅反映大禹治水的图画。亭内建有高2.84米的大禹塑像,其右手摁住蛟头,左手紧握铁链,井口以巨石掩盖,石上穿有铁索垂于井内,井内有一石雕蛟龙,蛟龙头部浅露于水面,人若俯视井中隐约可见。禹王锁蛟井附近有禹王庙,古钧台即其山门。

(五)禹王山

禹王山位于河南禹州方岗乡与文殊镇交界处,东西走向,长3公里,高350米,属箕山山脉。相传因大禹居此山指挥治理颖河,使青龙河、骀虞河、蓝河、吕梁江各归其道而得名。大禹治水时,在禹州凿开了龙门口以及大陵与靡山冈相连的靡山口,使颖河之水顺利从南排泄,经襄县颖桥,最终注入淮河。禹州城南遂成为一片沃土,俗称"金梁北、银鸿畅",并留下了靡山砦、夏亭、拉王庙等遗迹。

(六)诸侯山

诸侯山位于河南禹州城北12公里处的皇路河南岸,属嵩山山系具茨山脉,海拔350米,状如蜘蛛伏地,俗称蜘蛛山。相传大禹治水时,曾召集北方各路诸侯在此商量治水良策,并率众凿开蜘蛛山与灵山相连处,使洪水下泄汇入颖河,解除了禹州北部的洪灾。后世为纪念大禹和各路诸侯治水,遂将蜘蛛山改称为诸侯山。如今,诸侯山上还有大禹和诸侯们斩断灵山的斧劈崖、大禹坐过的禹王石以及禹王石后因大禹累得满身大汗由汗水冲出的汗沟等遗迹。

(七)桐柏

桐柏位于河南省南阳市,《古岳渎经》:"禹理水,三至桐柏山,惊风走雷,石号木鸣,土伯拥川,天老肃兵,功不能兴。禹怒,召集百灵,授命夔龙、桐柏等山君长稽首请命,禹因囚鸿蒙氏,章商氏,兜卢氏,犁娄氏,乃获淮涡水神,名无支祁。"相传大禹治淮时,发现淮水泛滥,有一水妖无支祁在作怪,即令太阳神的儿子庚辰手拿定水神针捉拿,捉住后用铁链束于淮井之中。后庚辰因迷恋桐柏山水美景,不愿随大禹东征治水,大禹一怒之下将其斩首。当地百姓念庚辰伏妖功高,就用石块将大禹怒斩庚辰的整个山顶围砌,后世称太阳城。桐柏还流传有大禹导淮得茶破毒瘴、禹王降妖留石柱等传说。今桐柏尚有淮祠、淮井、桐柏八大景之一的禹王系舟等遗迹。

(八)硖山峡

硖山峡位于安徽凤台县,又名硖山口、硖石口,位于八公山西麓,与蚌埠荆涂峡、五河浮山峡并称淮河三峡。硖山峡因居淮河三峡之首,号称"千里长淮第一峡"。硖石口相传系大禹治水时开凿,故分为东硖石和西硖石。西硖石以前为禹王山一个悬崖,现已辟成小岛,岛上有清代复建的慰农亭,俗称禹王亭。为纪念大禹的疏凿之功,后人还在硖石山上建专祠祭祀大禹。

(九)荆涂峡

荆涂峡位于安徽蚌埠怀远县城东,又称断梅谷、支祁川。涂山与荆山原本连为一体,淮河水流不畅,洪灾频发,大禹劈开荆涂二山,洪水东去。《水经注》:"荆山左,涂山右,二山对峙,相为一脉。自神禹以桐柏之水泛滥为害,凿山为二以通之,今两岸凿痕犹存。"清嘉庆《怀远县志·地域志》引用《名胜志》:"淮水初从荆山西麓迂回入涡,禹疏(荆涂)二山,水乃安流。今老河口上至石羊坝,遇盛涨淮每由此入涡,意即(昔日)迂回入涡之旧迹也。"荆涂峡周围有鲧王庙、启王庙、防风冢、禹墟、禹会村等遗迹。

(十)龟山

龟山又名下龟山、军山,在江苏洪泽县城西南约40公里。因三面石壁临湖,一面与陆地相连,形如一只巨龟而得名。《山海经》:"水兽好为害,禹锁于军山之下,其名曰无支祁。"《古岳渎经》第八卷载,大禹治水时在桐柏山遇到淮涡水神无支祁,他兴风作浪,阻碍治水,庚辰擒获无支祁后,大禹命人用大铁链锁住无支祁的脖颈,又把他的鼻孔穿上铜铃铛,然后把他压在龟山脚下支祁井内。清康熙《盱眙县志》卷五:"龟山,县东北三十里,山麓临淮河,《古岳渎经》云:禹治水三至桐柏山,获淮涡水神无支祁,形犹猕猴,力逾九象,人不可视。命庚辰制之,锁于龟山之足,淮水乃安……苏子瞻诗曰:清淮浊汴争强健,龟山下瞰支祁宫。今存古寺,寺后有支祁井,俗传锁支祁于井中,井上有亭。"龟山现仍有明代嘉靖年间的《重修淮渎庙记》,记述了大禹治水获水神无支祁及泗州筹建淮渎庙的情况。

(十一)羽山

羽山位于江苏东海县与山东临沭县交界处,海拔269.5米,东西长约3公里,南北宽1.5公里,相传为舜命祝融殛鲧处。《左传》:"昔尧殛鲧于羽山,其神化为黄熊,以入于羽渊。"《山海经·海内经》:"洪水滔滔,鲧窃帝之息壤以堙洪水,不待帝命。帝令祝融杀鲧于羽郊。"《元和郡县志》:"羽山在朐山县西北一百里,尚书曰殛鲧于羽山即此也。"《隆庆海州志》:"羽潭,在羽山下。《左传》'鲧化为黄熊,入于羽渊'即此。"羽山现有殛鲧泉、三缝石、羽渊等遗迹。

## 四、长江流域

《禹贡》记载大禹治理长江的事迹很多。"嶓冢导漾,东流为汉,又东为沧浪之水;过三澨,至于大别;南入于江。东汇泽为彭蠡;东为北江,入于海。岷山导江,东别为沱,又东至于澧,过九江,至于东陵,东迆北会于汇;东为不江,入于海。"[①]在长江流域,关于大禹治水也留下了很多遗迹。

(一)誓水柱

誓水柱位于四川北川羌族自治县,石柱上刻十二字,为虫篆体,宋《淳化阁帖》释为"出令聂子星纪齐春其尚节化",其义难懂。相传这十二个字为大禹治水时出的手令。清乾隆《石泉县志》:"县西四十五步河岸上,石柱高一丈围五尺,恐水冲县治,立此以防之。"石柱今已无存。

(二)禹迹山

禹迹山位于四川南部县碑院镇,地处嘉陵江中游,属大巴山余脉,海拔655米,因大禹治水留下足迹而得名。山顶有一对青石,相传为大禹的驻足之处。据说大禹治水时来到此地,察看对面嘉陵江的水情,因地制宜制定了治水方略,其足迹后演化成石。禹迹山有嘉陵第一名山之誉,山顶原有禹迹庙。《蜀中广记》卷二十四《名胜记》:"县东南与蓬州相接三十里为禹迹,禹治水所经也。"

(三)三峡

相传大禹从江州东下,便开始疏浚三峡的工程。晋郭璞《江赋》云:"巴东之峡,夏后疏凿。"三峡内有错开峡、锁龙柱、斩龙台、瑶姬向大禹授治水黄绫宝卷的授书台、祭祀夏禹王的黄陵庙等遗迹。

(四)龟山

龟山位于湖北武汉,是江汉汇合之处。相传大禹治水到此,遇一水怪作乱,数载不克,后得灵龟降服水怪,治水成功,后灵龟化为山。龟山又名大别山,与武昌蛇山夹江对峙。《尚书·禹贡》:"嶓冢导漾,东流为汉,又东为沧浪之水;过三澨,至于大别;南入于江。"《广阳杂记》:"昔神禹道(导)汉水至于大别,会于江。

---

① 李民、王健:《尚书校注》,上海:上海古籍出版社2004年版,第78页。

俗称大别为龟山,以形似也。"龟山东首有禹功矶,与对岸蛇山的黄鹄矶锁江相望,大禹在此疏江导汉,使长江、汉水在此交汇,朝宗于海,治水大功告成。后人为了纪念大禹治水功绩,遂改吕公矶为禹功矶。龟山东麓还有禹稷行宫、朝宗亭、禹碑亭、"大别山"石刻、禹柏等遗迹,禹稷行宫今辟有大禹文化博物馆园。

(五)岣嵝峰

岣嵝峰位于湖南衡山市区北郊,海拔1106米,系南岳七十二峰之一。《康熙字典》:"岣嵝,衡山。衡州南岳有岣嵝峰,上有神禹碑。"相传大禹治水时曾在此与一老者对弈,结果盘盘皆输,老者指着棋盘说:"你只知道堵,所以越堵越败啊!"大禹恍然大悟,猛地一拍山头,把山顶拍得陷下去了一大截,后人遂称此峰为勾头峰,后改为岣嵝峰。又传大禹在此杀白马祭天,梦到绣衣童子,授金简玉文,并按其文治水,终获成功。岣嵝峰有禹王殿、禹王碑、禹泉、禹床、禹居、义马祭天台、禹溪、大禹岩等遗迹。

(六)岣嵝碑

岣嵝碑原在湖南省衡山县岣嵝峰,字似缪篆,又似符箓,原迹曾消失千年,2007年7月被重新发现。相传此碑为颂扬夏禹治水功绩,亦被称为"禹碑""禹王碑"。碑文共七十七字,字形如蝌蚪,由于其文字奇特,历代对其内容看法不一,多认为是记录大禹治水的内容。明代杨慎释为:"承帝日咨,翼辅佐卿。洲诸与登,鸟兽之门。参身洪流,而明发尔兴。久旅忘家,宿岳麓庭。智营形折,心罔弗辰。往求平定,华岳泰衡。宗疏事衰,劳余神禋。郁塞昏徙。南渎愆亨。衣制食备,万国其宁,窜舞永奔。"南宋嘉定五年(1212)何致游南岳时,临拓全文,复刻于长沙岳麓山,明代长沙太守潘镒于岳麓山找到此碑,后传拓各地,陕西西安碑林、浙江绍兴大禹陵、湖北武汉禹稷行宫,云南大理、四川北川、江苏南京和河南开封、禹州、登封、汲县、汤阴等地均摹刻有岣嵝碑。

(七)庐山

庐山位于江西九江,相传大禹治水之时,曾到过庐山、彭蠡一带。《禹贡》:"大禹导水过九江至于敷浅原。"《史记·河渠书》:"太史公曰,余南登庐山,观禹疏九江。"相传大禹系舟于紫霄峰顶。《庐山志》:"紫霄峰,一名上霄峰,有石室禹刻。"今庐山汉阳峰上有禹王崖,据说就是因大禹登临而得名。

(八)濡须口

濡须口位于安徽巢湖,又称东关口。濡须水今为裕溪河,是巢湖连通长江的唯一水道。据传大禹凿开巢湖东的濡须山,之后又疏通了石梁河,即今柘皋河,洪水得以顺利通过长江流入东海。南朝梁顾野王《舆地志》:"南谯郡蕲县界有巢湖,湖东南口有石梁,凿开渡水,名东关,相传夏禹所凿。"唐李吉甫《元和郡县图志》:"东关口,县东南四十里,接巢湖,在西北至合肥界,东南有石渠,凿山通水,是名关口,相传云夏禹所凿。"

### 五、其他地方

大禹除治理江淮河汉四渎外,还曾治理郯溪、黑水、潍水等流域,并留下了不少遗迹。

#### (一)宛委山

宛委山位于浙江绍兴。嘉泰《会稽志》云:"宛委山在县(会稽)东南一十五里。旧经云山上有石箦,壁立干云,升者累梯而至。《十道志》,石箦山,一名宛委,一名玉笥,有悬崖之险,亦名天柱山。昔禹治水,歌功未成,乃斋于此,得金简玉字,因知山河体势。"《水经注》:"《吴越春秋》称覆釜山之中有金简玉字之书,黄帝之遗谶也。又云石匮山,石形似匮,上有金简玉字之书,言夏禹发之,得百川之理。"

#### (二)夏盖山

夏盖山位于浙江上虞。万历《绍兴府志》云:"夏盖山,在县北六十里。山形如盖,无奥谷,深林卓然。一顽石,高出半天,世传夏禹尝驻盖焉。南距夏盖湖,北障海。海北即海盐县。上有龙潭,南麓有净众寺,宋张即之书其门曰'大禹峰'。一名夏驾山,谶书云:'夏驾山浮,可避甲申水灾'。"

#### (三)夏履桥

夏履桥在今浙江绍兴柯桥区夏履镇境内。《吴越春秋》云:"禹遗履不蹑。"乾隆《绍兴府志》云:"世传夏禹治水,遗履于此。"后人在禹遗履处建桥曰夏履,其地称夏履村。

#### (四)余粮岭

余粮岭位于浙江嵊州。嘉泰《会稽志》云:"了山在(嵊)县东北一十二里,南有余粮岭,其地产禹余粮。"相传,禹治水功毕,弃余粮,化为石。石大如拳,碎之,内有赤糁,名禹余粮,或称余粮石。宋王十朋《余粮山》诗云:"禹迹始壶口,禹功终了溪,余粮散幽谷,归去锡元圭。"

(五)了溪

了溪位于浙江嵊州。嘉泰《会稽志》云:"了溪在(嵊)县东北一十五里(一说在会稽县),源出了山,合县南溪流以入于剡溪。旧经云禹疏了溪,人方宅土。"宝庆《会稽续志》云:"剡溪古谓之了溪。图志谓禹治水至此毕矣。"了溪一名禹溪,今溪旁有禹溪村,村东有禹王庙。

(六)禹山

禹山位于浙江东阳横店,相传大禹登上大茅山山顶,远远看见东方的洪水还未退去,就连忙下山赶到东阳,手挥大锹,身穿蓑衣,冒着大雨,日夜治水。过了七七四十九天,洪水终于被降服了。大禹离开的时候,把斗笠、蓑衣随手放在山上,此山就叫作禹山,也叫夏山,俗称八面山。相传大禹见东阳南乡一片汪洋,就带人乘木筏驻扎在横店的八面山,凿开了南马金鸡弄山口,此山口后世称为禹门。禹门附近还有禹王峰,据东阳《八华山志》记载:"禹峰,平地卓立,相传夏禹治水至此,故名。"

(七)秘图山

秘图山位于浙江余姚,相传大禹曾把治水的秘图藏于此山中,故名。明嘉泰《会稽志》:(秘图山)"在县北六十七步。"万历《绍兴府志》卷五:"余姚秘图山,在县署北。署垣据北麓半……上有石匮,《旧经》云:神禹藏灵秘图之所。山高止丈许,周广数十步。初盖名方丈山,唐天宝六载改今名。"山南麓有一水池,称为秘图湖。

(八)东𨹟山

东𨹟山位于浙江临海涌泉镇北。最早记载台州大禹遗迹的是南朝宋孙诜的《临海记》:"东𨹟山,山极高远。盖禹随山刊木,因以为名。"南宋陈耆卿嘉定《赤城志》卷十九:"东𨹟山,在县东九十一里。一名天柱,东南接黄石山。"

(九)正义峡

正义峡位于甘肃高台县城西北,长10公里,宽160米,古称为镇夷峡,有天城锁钥之美誉,中华人民共和国成立后改称正义峡。正义峡分为上、中、下三段,故又称黑河小三峡。《禹贡》说到的大禹"导弱水于合黎,余波入于流沙",即在此处。明代镇夷峡建有纪念大禹治水的大禹祠,原供奉大禹像,有后稷、伯益、八元、八恺等先贤,旧时每年举行祭祀大禹的活动。

（十）禹王台

禹王台位于山东潍坊市寒亭区高里街道禹王台村,相传乃大禹治水时所筑,台上建有禹王庙,故称"禹王台"。禹王台高22米,底径约75米。清康熙十一年(1672)《潍县志》卷五:"禹王台在望海门直北六十里,大禹治水时所筑,有禹庙存。"

## 第四节　大禹立国古迹

大禹因治水有功,民众拥戴,"帝舜荐禹于天……禹于是遂即天子位,南面朝天下,国号曰夏后,姓姒氏"①。关于大禹立国,现留存的古迹主要有会合诸侯的会稽山、涂山,都城有阳城、安邑等。

### 一、会稽山

会稽山位于浙江绍兴,原名茅山、苗山,史载为大禹会诸侯处。《史记集解》:"会稽山本名苗山,在县南,去县七里。越传曰:禹到大越,上苗山,大会稽,爵有德,封有功,因而更名苗山曰会稽。"《吴越春秋》:"禹归还大越,登茅山,以朝四方群臣。乃大会计治国之道,内美釜山州镇之功,外演圣德以应天心。遂更名茅山曰会稽之山。"《十道志》:"会稽山本名茅山,一名苗山,一名涂山。禹行天下,会稽名山,因地为名。"今绍兴市湖塘镇刑塘,相传为大禹会稽计功时斩杀防风氏处,柯桥区华舍镇有禹会村,民国置禹会乡,建有禹会桥,禹会桥今已无存。

### 二、禹墟

禹墟位于安徽蚌埠禹会区涡淮交汇处涂山脚下的禹会村,相传是禹会诸侯之地。《左传·哀公七年》:"禹合诸侯于涂山,执玉帛者万国。"《太康地理志》:

---

① 司马迁:《史记》,北京:中华书局2006年版,第10页。

涂山"西南又有禹会村,盖禹会诸侯之地"。禹墟是中国古代文明源工程重大研究课题之一,2007年5月以来,历经五次考古发掘,考古专家在禹墟核心区发现了大型祭祀遗址,还发现了大量具有龙山时期文化特征的陶器,聚集了长江流域、黄河流域和淮河流域三大流域的陶器,是禹会诸侯的有力证据。"时代的吻合,地域的吻合,文献记载的吻合,遗迹现象的吻合,遗物特征的吻合,加上自然科学的测试和认证,都为我们提供了'禹会诸侯'事件存在的有力证据。我们更有理由相信禹会村遗址是'禹会诸侯'事件的发生地。"[1]

## 三、阳城

阳城位于河南登封市告成镇,公元696年,武则天封禅嵩山,改阳城县为告成县,后告成县并入登封。《国语·周语上》:"昔夏之兴也,融降于崇山。"韦昭注:"崇,崇高山也。夏居阳城,崇高所近。"《史记·夏本纪》:"三年丧毕,禹辞辟舜之子商均于阳城。天下诸侯皆去商均而朝禹。禹于是遂即天子位,南面朝天下,国号曰夏后,姓姒氏。"《续汉书·郡国志》注引《汲冢书》"禹都阳城"。《世本·居篇》:"夏禹都阳城,避商均也。"位于颍河上游的王城岗遗址,1975年开始进行考古发掘,最先发现两座东西并列的小城。2002年后,"中华文明探源工程预研究——登封王城岗城址及周围地区遗址聚落形态研究"专题组在王城岗遗址新发现一座面积约30万平方米的大型城址,这是迄今河南境内发现的面积最大的河南龙山文化城址。王城岗遗址发现有城墙、奠基坑、玉石琮、白陶、青铜器等重要遗存,根据碳十四测定的城址年代数据,结合历史文献记载,可以认为王城岗大城是禹都阳城。"王城岗龙山文化晚期小城与大城均称'阳城',小城大约是鲧作之城和禹所避居的阳城,大城则应为夏建国后禹所都的阳城。"[2]在有关禹都阳城的几种学说中,登封王城岗是理由最充分的一个,它与文献上记载的禹都阳城的时代、位置相吻合,夏商周断代工程确定夏代始年为公元前2070年,即依据王城岗遗址出土文物所测定。1988年,王城岗遗址被公布为全国重点文

---

[1] 中国社会科学院古代文明研究中心、安徽省文化厅、蚌埠市人民政府编著:《禹会村遗址研究:禹会村遗址与淮河流域文明研讨会论文集》,北京:科学出版社2014年版,第28页。

[2] 马世之:《登封王城岗城址与禹都阳城》,《中原文物》2008年第2期。

物保护单位。

### 四、阳翟

阳翟即今河南省禹州市,史载大禹曾在此建都。《史记·周本纪·集解》引徐广曰:"夏居河南,初在阳城,后在阳翟。"《汉书·地理志》"颍川郡阳翟县"条下班固自注:"夏禹国。"应劭曰:"夏禹都也。"《帝王世纪》载:"禹受封夏伯,在豫州外方之南。今河南阳翟县是也。"夏启继位后大飨诸侯于钧台。《竹书纪年》:"夏禹之子夏启,即位夏邑,大享诸侯于钧台,诸侯从之。"今禹州有钧台、夏亭、夏社坛等遗迹。作为中华文明探源工程第二阶段研究的一个课题:"颍河中上游流域聚落群综合研究——以河南登封王城岗和禹州瓦店为中心"课题组自2007年9月至2008年1月,对瓦店遗址进行了考古调查、测量、钻探与发掘工作,发现了壕沟、呈"回"字形的大型夯土建筑基址等,面积达100万平方米,出土了陶列觚、陶塑人头像等一批重要文物。专家们认为瓦店遗址有可能与夏代的阳翟有关,可能是夏启之都阳翟。

### 五、安邑

安邑即山西夏县。晋代皇甫谧《帝王世纪》:"尧都平阳,舜都蒲坂,禹都安邑。"《世本》:"夏禹都阳城,避商均也。又都平阳,或在安邑,或在晋阳。"《帝王世纪》:"禹或营安邑,即虞夏之两都也。"《山西通志·三代世谱》:"大禹夏后氏,颛顼曾孙,崇伯子,姒姓。受舜禅,以金德王,都安邑。元年壬子,即位,居冀。"据专家考证,夏县禹王城为战国魏都安邑,而夏县埝掌镇东下冯遗址是二里头文化东下冯类型的典型遗址,系全国重点文物保护单位,总面积约25万平方米,有专家认为可能为夏启之都。

## 第五节 大禹墓葬遗迹

与大禹出生地和婚娶地不同的是,大禹的安葬之地基本没有争议,学界一致认为在浙江绍兴大禹陵。大禹陵景区由禹陵、禹祠和禹庙三大建筑群组成。

## 一、禹陵

大禹陵景区入口处的大禹陵牌坊前,有一横卧的青铜柱子,名龙杠。龙杠两侧各有一柱,名拴马桩。古时凡进入陵区拜谒者,上至皇帝,下至百姓,须在此下马、下轿,步行入内,以示对大禹的尊崇。龙杠上有"宿禹之域,礼禹之区"的铭文。神道两旁安放着由整块石头雕塑的熊、野猪、三足鳖、九尾狐、应龙的形象,相传这些都是帮助过大禹治水的神奇动物或大禹自己所变的形象。从神道经祭禹广场,跨过告成桥,站在古朴简洁的棂星门下,即可望见大禹陵碑亭。

"大禹陵"三字系明嘉靖十九年(1540)绍兴知府南大吉楷书并勒石,碑后相传即大禹葬地。大禹陵碑的右侧,是咸若亭、碑廊和菲饮泉亭。咸若亭为宋隆兴二年(1164)所建的一石结构亭,六角、攒尖、三层,镂空雕饰,极具地方特色。"咸若"一词源于《尚书·皋陶谟》中皋陶与大禹讨论如何实行德政、治理国家时大禹说的一句话:"吁!咸若时,惟帝其难之。"意为万物若能顺其自身的规律,就能得到它的好处。亭子上面有"好生遗化"四个字。碑廊陈列着部分祭禹碑,主要有秦始皇祭禹陵所留"会稽刻石"等。在菲饮泉亭旁,有一眼泉水四季不涸,清凉甘冽,人们饮水思源,念禹功大德盛,便用大圣人孔子的评价"禹,吾无间然矣。菲饮食而致孝乎鬼神,恶衣服而致美乎黻冕,卑宫室而尽力乎沟洫",故名此泉为"菲饮",以纪念、缅怀大禹。

## 二、禹祠

禹祠是夏王朝第六代君王少康封其庶子无余赴此守护大禹陵时创建的,是定居在禹陵的姒姓宗族祭祀、供奉大禹的宗祠。现存禹祠为1983年重建,为两进。第一进内陈列着"大禹治水""稽功封赏"砖雕;第二进内有大禹塑像,还陈列着大禹在绍兴的古迹照片和《姒氏世谱》及记载历代祭禹情况的《祀禹录》等。禹祠左侧有"禹井亭",禹井相传为禹所凿,亭柱楹联云:"德泽被万方,轨范昭百代。"

## 三、禹庙

禹庙始创于禹的儿子启,是我国历史上最悠久的祭祀、供奉大禹的庙宇。整个庙宇高低错落有致,依次为照壁、午门(包括宰牲房、斋宿房)、拜厅(包括碑房)、大殿。照壁前为岣嵝碑亭,岣嵝碑因最早立于湖南衡山岣嵝峰而得名。明嘉靖二十年(1541)冬,绍兴知府张明道据湖南岳麓书院拓本摹勒,亭为清咸丰年间所建。碑文凡七十七字,有明代大学者杨慎的释文。岣嵝碑亭前是午门,穿过午门,即到拜厅。拜厅,也称祭厅,是祭祀的地方。拜厅和大殿之间有清乾隆十六年(1751)三月八日乾隆皇帝在此祭禹后留下的诗碑,又称"御书碑"。大殿的顶脊上有康熙皇帝所题"地平天成"四字。殿内大禹塑像高6米,他头戴冕旒,手执玉圭,身披朱雀双龙华衮,雍容大度。禹庙大殿侧有窆石亭,相传大禹下葬时的工具被埋在窆石亭侧,有"禹穴""石纽"碑。

大禹文化遗迹遍布全国,自然遗迹多为传说,人文遗迹多为纪念性遗迹,随着时间的推移和社会的发展,一些大禹文化遗迹已经消失。中华人民共和国成立后,各地重视保护大禹文化遗迹,遵循"保护为主、抢救第一、合理利用、加强管理"的文物保护方针,按照"原材料、原形制、原工艺、原做法"的原则对一些文物建筑进行修缮,并分别申报、公布为世界文化遗产、全国重点文物保护单位以及省、市、县各级文物保护单位。这些文保单位大多设立了文物管理机构,并对外开放,供游客参观,如陕西韩城大禹庙,重庆禹王宫,湖北晴川阁、黄陵庙,山东禹城禹王亭等。有的地方还依凭这些大禹文化资源开发景区,如四川汶川大禹文化旅游区、北川禹穴沟景区,浙江绍兴大禹陵景区,山西运城大禹渡景区,湖南衡山岣嵝峰国家森林公园禹王殿景区,宁夏青铜峡大禹文化园等。大禹是中华民族的重要精神象征,保护和利用好大禹文化遗迹,可以更好地传承大禹文化这一中华优秀传统文化,更好地弘扬大禹精神,可以为实现中华民族的伟大复兴的中国梦提供精神支撑和"大禹智慧"。

【学习提示】

中国别称禹域、禹甸,拥有众多大禹文化遗迹。从内容上看,大禹文化遗迹主要包括大禹出生遗迹、大禹婚娶遗迹、大禹治水遗迹、大禹立国遗迹、大禹墓葬遗迹等。大禹出生遗迹主要分布在河南省和四川省。大禹婚娶遗迹主要分布于安徽省、浙江省、河南省和重庆市,涂山是其文化地标,但历史记载以浙江绍兴为最早。大禹治水遗迹主要分布于黄河、济水、淮河和长江这四大流域,《尚书·

禹贡》记载甚详。大禹立国遗迹包括禹会诸侯遗迹和建都遗迹，主要分布于浙江省、河南省和安徽省等。禹都有多种说法，以登封（古阳城）王城岗遗址最具说服力。大禹墓葬遗迹几无异议，大禹陵是明初被列入祭祀的三十六座帝王陵墓之一。

本章旨在通过介绍大禹文化遗迹，了解"禹迹茫茫，划为九州"的内涵。

**【拓展资料】**

1. 浙江禹迹图

浙江是我国大禹文化保护、传承最好的区域之一。4000多年来，随着大禹治水精神的弘扬与实践，民间大禹信仰的传播和影响，禹迹已遍布浙江大地，其主要内容有：祭祀遗存、地名、碑记、工程、诗词、歌舞、戏剧等类，内容丰富，形式多样，深深扎根于浙江山水人文之中，是中华文化不可或缺的精神遗产和宝贵财富。

2018年4月16日，《绍兴禹迹图》编制完成并发布，在我国传播广泛，学术界反响颇好，并交流到日本、韩国等地区。之后，应社会各界建议，浙江省人大又倡导并支持开展《浙江禹迹图》的编制工作，是浙江文化事业又一创新和盛举。

本图入选浙江省境内的禹迹共209处，分前言、正图、表格、照片等内容。根据言必有据的规范要求，主要资料来源为文献记载、历史地图、实地调查等，禹迹原则上以古代留存及古籍有记载者为准。为便于阅读和学术研究，图分别按照全省11个地市、八大水系和地貌标注禹迹位置。

"稽山何巍巍，浙江水汤汤。"《浙江禹迹图》是我国第一张以省为单元，完备、系统编录大禹文化遗产的分布图，在大禹文化的研究、保护、传播、弘扬上都是一次重要的创新和示范。

（邱志荣、张钧德、金小军主编：《浙江禹迹图》，北京：中国文史出版社2019年版，第1—2页）

2. 登封是全国大禹文化遗迹最集中和最丰富的地域

登封境内的大禹遗迹有70多处，是中国大禹文化遗迹和大禹神话传说最丰富和最集中的县域。登封的大禹文化遗迹主要可以分为以下几类。

（一）建筑类。建筑类又可分为城、阙、庙、墓、亭等。城主要有阳城、负黍城和黄城。阳城是禹都，登封流传有负黍厅对的传说，相传舜帝访贤时曾在负黍城对大禹进行考察。黄城相传是鲧之都城，因黄城位居阳城西北，在八卦中属乾位，故又称黄城北边的大苦山为阳乾山。阙主要是中岳汉三阙，即太室阙、少室阙、启母阙，太室阙上的鳖图腾像，启母阙的夏禹化熊、启母化石像等，与大禹文化有直接关系，而启母阙和少室阙又是大禹两位夫人的神庙启母庙和少姨庙前的神道阙。登封奉祀大禹的庙宇很多，主要有禹王庙、水王庙、三官庙、白圪垯庙、大禹庙、北五里庙、禹王祠、道统祠等，而供奉尧舜禹的三官庙最多，几乎每个乡镇都有。而登封周边与大禹相关的庙宇亦有禹州的拉王庙、二姨庙，巩义的启母少姨庙，偃师的少姨庙行宫等。墓主要指启圣墓和启母冢，启圣墓位置已失考，启母冢则在告成镇冶上村。亭主要指筮启亭，现已被毁。

（二）山河类。太室山、少室山、箕山、五指岭、焦山、长岭山等。太室山、少室山因大禹的两位妻子分别居住于其下而得名。五指岭相传是大禹的五个手指所化，焦山则相传是大禹火烧蛟河将此山烧焦而得名。长岭山则相传是大禹治理大冶镇一带洪水的指挥中心。另外，还有伯益避启于箕山之阳的箕山。登封境内的颍河、狂河及颍河支流蛟河、禹洞河、少溪河，相传大禹都曾治理过，尤以火烧蛟河、禹王锁蛟的传说最为有名。笔者还曾有拙文《颍河——大禹治水第一河》来介绍大禹治理颍河的情况。

（三）碑石类。登封与大禹有关的碑刻很多，如启母庙碑、少姨庙碑、创修禹益岁祭之庙碑、重修禹王庙碑、禹避阳城处碑、新立道统祠记碑、重修金牛泉碑以及近年来刻立的大禹之碑、禹生石纽碑记、峋嵝碑、夏禹书碑、大禹故里碑、禹王祠落成碑。非常可惜的是，神禹大篆和九州图刻石已无迹可寻。"东方朔《十洲记》：禹治洪水既毕，经诸五岳，使工刻石识其里数高下，其字蝌蚪书……傅梅《嵩书》：玉女峰北，上有大篆七字，人莫能识……任昉《述异记》：鲁班刻石为禹《九州图》，在太室山。"而据《路史》所载，至少自南宋以来，神禹大篆已再无人见到。

（四）地名类。登封的很多地名都与大禹文化有关，如禹洞、禹王沟、爷沟、姚沟，更多的则是村名，除石纽屯、祖家庄、夏店河外，还有禹洞河、三官庙、大河口、上沃、焦河、夏庄、沁水、海渚、北夏庄、雅山等，而这些村庄要么是大禹后裔所聚居处,要么与大禹治水有关。值得一提的还有轘辕关、阳城关、黑石关、秦五龙等,这些关口相传都是大禹治水时凿开的。另外,还有胥店村的港口以及登封周边的汝州胡浪山、巩义黑石关、禹州钧台等。

（张新斌、王青山主编:《登封与大禹文化》,郑州:大象出版社2016年版,第333—335页）

**【研习探索】**

1. 分析遍布九州的大禹文化遗迹蕴含了什么意义。
2. 大禹故里有多少种说法？各地以其是大禹故里而自豪有哪些原因？
3. 请参考《尚书·禹贡》,说明大禹治水所劈九山、疏九河、披九泽指哪些山、河、泽。

# 第九章　大禹民俗文化

民俗，是社会民众传承性的生活文化。民俗文化是传统文化的一种表现方式，泛指一个国家、民族、地区中的民众所创造、共享、传承的风俗生活习惯。民俗文化是在社会普通群众的生产生活过程中形成的一系列形态，面对的是民众的日常生活，它可能以物质或非物质的形态呈现出来。所以，民俗既可以被看作是社会意识形态之一，也可以被当作是一种历史悠久的文化遗产。大禹在三代文化中承前启后的历史地位决定了不同地位、不同群体、不同阶层对大禹的传颂与传播必然会有各种形式。与官方正史文化传播内容重在宣讲大禹治水功绩、政治伟业不同的是，民俗文化中的大禹更多体现的是不同时期、不同地域的社会民众对大禹的信仰、崇拜与祭祀。大禹民俗文化是大禹文化的重要内容，也是大禹文化研究必不可少的方面。

## 第一节　大禹信仰

信仰民俗是在民间大众中自发产生的一套有关神灵崇拜的思维观念、行为方式及其相应仪式的习俗惯制，民众间流行的偏重于独特心理观念的各式崇信，也称为"民间信仰"。民间信仰要有具体的崇拜对象，如灵魂、自然神、图腾、祖先神灵、帝王圣贤、将相能臣、行业神、职能神等；信仰要通过具体的形式外化出来，一般是通过祭祀仪式体现；信仰要有展演的物质空间，大多是各种以信仰对象命名的庙宇、宫室。大禹信仰的对象当然就是大禹，它的物质形态就是自古至今、遍布全国各地的禹庙，这是大禹信仰最集中的体现方式。所以本节的论述重点放在禹庙的搜集、数量多少的呈现上，以此大致勾勒出从古至今全国各地的大禹信仰情况。

从禹庙分布来看,四川、浙江、河南、山西、安徽、湖南等地的大禹信仰最为普遍。

## 一、四川地区的大禹信仰

四川是大禹的出生地。关于这一点文献记载较多,如扬雄《蜀王本纪》:"禹本汶山郡广柔县人,生于石纽。"赵晔《吴越春秋》:"禹家于西羌,地名石纽。"陈寿《三国志·蜀志》:"禹生于汶山之石纽,夷人不敢牧其地。"谯周《蜀本纪》:"禹本汶山郡广柔县人,生于石纽,其地名刳儿坪。"常璩《华阳国志》:"石纽,古汶山郡也。崇伯鲧得有莘氏女,治水一行天下,而生禹于石纽之刳儿坪。"石纽的地理位置大致在今天四川汶川、北川一带。

2003年,四川云阳县发掘出土了一件东汉时期的景云碑,现收藏于重庆的中国三峡博物馆。景云碑"提供了古蜀国与中原夏王朝紧密联系的新证","提供了大禹在石纽、汶川两地召集宗族各支举行盟誓和盟会的新证","提供了北川县禹里乡禹穴沟内一线天绝壁上虫篆体石刻'禹穴'二字来源的新证","提供了今北川县坝底乡、梓潼县、三台县景福乡等地景氏家族均来源于伯柈宗族的新证","提供了古蜀国通往夏王朝交通要道的新证"。[①] 文献与出土资料都充分证明,四川地区是大禹信仰的重要地区。20世纪50年代问世的川剧《大禹治水》、90年代的川剧《伯鲧化龙》(《情系洪荒》)以现代戏剧的方式'继续传承着四川地区的大禹文化。

四川地区的大禹信仰源远流长,自古以来很多地区都建有禹庙、禹祠。人们在禹庙祭祀、求雨,禹庙是地域信仰与交流活动的公共空间。如唐代杜甫有《禹庙》诗:"禹庙空山里,秋风落日斜。荒庭垂橘柚,古屋画龙蛇。云气嘘青壁,江声走白沙。早知乘四载,疏凿控三巴。"以下就资料所见四川地区禹庙情况予以说明。

**忠州禹庙** 南宋大诗人陆游有《忠州禹庙》诗:"古郡巴蛮国,空山夏禹祠。鸦归暗庭柏,巫拜荐江蓠。草蔓青缘壁,苔痕紫满碑。欲归频怅望,回棹夕阳时。"[②]这首诗是陆游入职剑南从军途中所写。六十七岁时,他又做过一首《禹

---

① 李德书:《大禹出生地与大禹文化研究》,《2009年大禹文化国际学术研讨会论文集》,未刊稿,第24—25页。

② 钱仲联:《剑南诗稿校注》(2),上海:上海古籍出版社2005年版,第782页。

祠》诗,属于追忆诗作:"我昔下三峡,南宾系归舻,渡江谒神禹,拜手荐俎壶。寿藤枝如虬,巨柏腹若刳,门庭虽日荒,殿寝犹枝梧。巴俗喜祷祠,解牛舞群巫。巍巍黻冕古,食与夷鬼俱。圣度固兼容,臣愤独不摅。还乡瞻庙貌,嬴政久已除。岳牧俨如生,想像闻都俞。廊清虽可喜,欲退复踌躇。念昔平水土,棋布画九区,岂知千岁后,戎羯居中都。老房失大刑,今复传其雏。直令挽天河,未濯腥膻污。夷鬼细事耳,披攘直须臾。天下雠不复,大耻何时袪?茧茧谓固然,此责在吾徒。挥涕洒庭草,谁怜小臣愚?"①这首诗回忆了诗人当年离开成都返乡,途经忠州参观和祭拜禹庙的情景。忠州禹庙内青藤缠绕,古树高耸,殿宇威严,"巍巍黻冕古"描写的是禹庙内身着冕服的大禹塑像,令人肃然起敬;"巴俗喜祷祠,解牛舞群巫",是当地人在禹庙举行盛大祭祀场景的热闹情景。陆游的诗为我们了解两宋时期四川地区的大禹信仰提供了绝好的资料。

**成都禹王宫** 见清张澍《养素堂文集》卷二十《成都府禹王宫碑铭有序》。

**达州禹王宫** 见清吴省钦《白华前稿》卷五十一《自新宁境抵达州》其五:"楚乡香火禹王宫,迷过桃源路又通。闻道谪仙落诗版,几人爪指剔苔丛。"

**合州禹王宫** 见清纪大奎《双桂堂稿》续稿卷九,己卯闰四月《合州禹王宫求雨文》、戊寅六月《合州禹王宫求雨文》。

**青堤渡禹王宫** 位于射洪县境内的千年古镇青堤渡村,庙内有戏台,禹王殿有尧舜禹启金身坐像。②

**南江县禹王宫** 位于四川省南江县西100余里,建于嘉庆二年(1797),今存,宫殿呈四合形,殿内有高4米的禹王坐像。

**重庆禹王宫** 今重庆市渝中区东正街禹王庙,也叫湖广会馆,始建于清乾隆二十四年(1759),道光二十六年(1846)扩建,为湖北、湖南在渝商人的聚会之所,是明末清初湖广填四川的产物。③ 湖广会馆奉祀大禹,逢农历节气举办各种民俗活动,每年正月十四还举行禹王庙会,是当地商业、信仰、文化交流的重要场所。

---

① 钱仲联:《剑南诗稿校注》(4),上海:上海古籍出版社2005年版,第1647页。
② 一风:《小镇记忆》,北京:作家出版社2015年版,第64页。
③ 光绪《湖南通志》卷七十七《典礼志》七记载"永顺县禹王宫在西门外",道光《遵义府志》卷八记载"禹王宫,在城内南街即湖广会馆",可知禹王宫在清代比较普遍。信仰会随着人的社会活动进行转移,重庆的禹王宫是明清以来政治影响下地域文化交融的结果。

## 二、浙江地区的大禹信仰

浙江是大禹的葬地。大禹传说和相关历史文化遗迹在浙江地区分布较广，呈现出以绍兴为原点和中心，向周边地区辐射的态势。据绍兴市鉴湖文化研究会制作的《禹迹图》显示，今绍兴地区大禹文化有迹可考者就有八十多处。浙江地区的大禹信仰以绍兴为核心区域，以会稽山大禹陵建筑群为标志，以大禹祭祀为表现形式，形成了源远流长、富有鲜明地域特色的大禹信仰。

绍兴地区的大禹信仰具有以下几个特点：第一，浙江地区的大禹信仰历史久远。东汉赵晔《吴越春秋》："启使使以岁时春秋而祭禹于越，立宗庙于南山之上。"大禹巡幸天下，至绍兴而身死，启为其立宗庙于会稽山，开启了绍兴历代崇祀大禹的先河，此后绵延不绝。《越绝书》："昔者越之先君无余，乃禹之世别，封于越，以守禹冢。"西晋张勃《吴录·地理志》："会稽有禹庙，始皇配食。"①南朝宋，山阴人孔灵符《会稽记》："会稽山在县东南……今禹庙在下，秦始皇尝配食此庙。"②唐代《括地志》："禹陵在越州会稽县南十三里，庙在县东南十一里。"北宋赵匡胤于建隆元年下诏要求，"前代帝王陵寝、忠臣贤士丘垅，或樵采不禁、风雨不芘，宜以郡国置户以守，隳毁者修葺之"③。乾德初，对祭祀规制做出了具体

---

① 《太平御览》卷五百三十一。
② 《太平御览》卷四十一。赵按：绍兴禹庙由秦始皇配享，最早的记录是张勃《地理志》，较晚则在南宋陆游《禹祠》诗中也说"还乡瞻庙貌，嬴政久已除"。唐代对历代帝王祭祀时，禹庙选择的是山西安邑县（今天的夏县）禹庙，配享的是伯益和稷。详见雷闻：《郊庙之外：隋唐国家祭祀与宗教》，北京：生活·读书·新知三联书店 2009 年版，第 82 页、第 260 页。该书第 89 页，雷闻也提及了当时最为著名的禹庙是越州的禹庙，禹庙在当时社会享有崇高地位。那么，为何当时统治者及官方选择了山西安邑的禹庙，而不是更为著名、影响更大的越州禹庙？《水经注》卷四十：又有会稽之山……《吴越春秋》称覆釜山之中有金简玉字之书，黄帝之遗谶也。山下有禹庙，庙有圣姑像。《礼乐纬》云：禹治水毕，天赐神女圣姑，即其像也，赵按：禹庙为什么有圣姑像？唐代诗人薛苹《禹庙神座，顷服金紫。苹自到镇，申牒礼司，重加衮冕。今因祈雨，偶成八韵》，赵按：薛苹元和五年调任浙西观察使，到越州后，将禹庙内原来金紫色服的大禹塑像换成了冠冕服的大禹塑像，这应该是今天看到的禹庙冕服大禹像的源头，冕服大禹像自此成为定例。赵按：紫色是道教宫观神像所着服色，这是否说明，早在唐代，越州大禹像就已被奉为道教神祇？北宋政和四年，禹庙奉敕改为道士宫观告成观，靖康元年做三清于正殿，又做真武像，极精致。这符合两宋道教崇奉的环境和背景。大禹是否也被收编？
③ 脱脱：《宋史》，北京：中华书局 2000 年版，第 1720 页。

的要求:"按祠令,先代帝王,每三年一享,以仲春之月,牲用太牢,祀官以本州长官,有故则上佐行事。官造祭器,送诸陵庙。"①南宋高宗于"绍兴元年,命祠禹于越州"②。明代也比较重视对古代帝王陵寝的营建与祭祀,每三年派道士斋香帛致祭,凡遇登极,都遣官告祭,有明一朝共遣官祭禹十一次。清代对大禹的祭祀尤为隆盛,前后共有二十七次之多,其中康熙、乾隆亲祭各一次③,级别与规格可谓历朝之最。

第二,浙江地区的大禹信仰在官方信仰序列中居于正统位置。历代诏封建庙、修缮以及维护工作都由政府统一出资。每年祭祀有固定时节,祭祀规格、祭礼、祭器、音乐等等都有明文规定。官祭是常态,祭祀仪式的完整性也体现出绍兴大禹陵的重要性。中国古代的各地禹庙,只有绍兴大禹庙在清代曾有皇帝亲自祭拜,它在全国禹庙中的核心地位不言而喻。

第三,浙江地区的大禹信仰具有官方崇祀和民间崇拜相结合的特点。官方崇祀和民间崇拜各有倾向,官方崇祀序列中的大禹是千古圣王、治水英雄、道德楷模;民间崇拜中的大禹则具有水神、生殖神、祠神的特点,大禹形象与功能具有世俗化的倾向。

第四,1995年以来,浙江地区的大禹信仰通过"公祭"的方式继续延续着它在凝聚民族向心力方面的巨大作用,而"大禹祭"作为非物质文化遗产也昭示了传统信仰的生命力。

浙江地区的禹庙遗迹分布主要有:

**绍兴大禹陵** 位于浙江省绍兴市越城区东南稽山门外会稽山麓,距绍兴城区3公里。由禹陵、禹祠、禹庙三部分组成。禹陵在中,禹祠位于禹陵南侧,祠外北侧有"禹穴"碑,祠内有"禹穴辩"碑,大禹陵碑亭北侧,顺碑廊而下即为禹庙。陵区坐东朝西,从大禹陵下,进东辕门,自南而北的建筑依次为照壁、岣嵝碑亭、棂星门、午门、祭厅、大殿。高低错落,山环水绕。

**松阳界首村禹王庙** 位于浙江松阳界首村老街中段,始建于明代,现存禹王

---

① 脱脱:《宋史》,北京:中华书局2000年版,第1720页。
② 脱脱:《宋史》,北京:中华书局2000年版,第1722页。
③ 钱茂竹:《祭禹考略》,转引自绍兴社科院主编:《大禹研究》,杭州:浙江人民出版社1995年版,第76页。

宫为清代重建,坐东朝西,正门外设戏台,庙内有冕服大禹神像。每年正月十二到十七祭祀大禹,举行盛大的庙会,舞狮舞龙。正月初八以后,每家每户自制彩灯送进庙内悬挂,在庙内举行灯展,流光溢彩,热闹非凡。祭祀大禹的贡品也非常讲究,用鱼翅做茅屋,玉米做柱础,芝麻做瓦片,米粉做冬雪,是难得的民间艺术。[1]

**嵊州三禹胜迹**　三禹指的是禹溪、禹陵和禹庙。禹溪在嵊州城北7.5公里处,《越绝书》:"禹凿了溪,人方宅土。"嘉泰《会稽志》:"夏禹治水,毕功了溪。"故了溪又称禹溪,禹溪旁的村子被称为"禹溪村"。禹溪村东边有禹王庙,道光十九年(1839)重建,今存大殿和戏台。

## 三、河南地区的大禹信仰

河南是大禹建立都城的地方,大禹文化是中原文化的重要组成部分。许昌禹州是夏部族的聚居地,大禹初封于此,当地民间传说认为大禹是禹州人。其中登封嵩山地区被认为是夏王朝初期活动的中心地区,保留了大量大禹文化遗迹。阳城是夏朝建立都城的地方。嵩山的太室、少室是为了纪念大禹的妻子涂山娇、涂山姚。另外还有启母阙、启母庙、启母石、试斧石等。民间传说中,洛阳的龙门伊阙、偃师县东南的轩辕山都是大禹开凿的,三门峡也与大禹有关;开封市区的禹王台已扩建成禹城公园,这些丰富的民间传说与历史文化遗迹反映出河南地区丰富的大禹信仰。

河南地区的禹庙遗迹分布主要有:

**开封禹王台**　禹王台又名古吹台,位于河南省开封市城区禹王台公园内。古吹台很高,明朝时期有10米高,周长百米,后由于黄河泛滥,泥沙淤积,仅高出地面约7米。明嘉靖二年(1523),因开封屡遭黄河水患,为怀念大禹治水的功绩,在台上建禹王庙,古吹台改称为禹王台。主要建筑有禹王庙、三贤祠、水德祠和御书楼等。御书楼是为康熙所题的"功存河洛"四字门楣所建,楼后为禹王庙,庭院二进,正殿五间,供奉禹王,东、西两墙镶嵌着禹王《治水图》和《庆功图》大型砖雕。北壁镶嵌着清光绪年间河南巡抚刘树棠摹刻的"岣嵝碑"。大殿东

---

[1] 黄滢、马勇:《中国最美的古村2》,武汉:华中科技大学出版社2017年版,第266页。

西各有一小院，东为三贤祠，西为水德祠。三贤祠建于明正德十二年（1517），是为纪念唐代著名诗人李白、杜甫、高适同登吹台而建的祠堂。水德祠也建于明代，祭祀历代治水名人，以配享大禹之功德。1986年11月21日，禹王台被公布为第二批河南省文物保护单位。

**荆紫关禹王宫** 位于淅川县荆紫关镇。清代郭而康《淅川荆紫关禹王宫》诗："治水建功勋，千秋楷范留青史。为官思社稷，百姓温凉系赤心。"[①]今存，位于荆紫关古街道东侧，坐东向西，面江而建，又名湖广会馆。此为清代建筑，是专门为治水有功的禹王所建造的，现存建筑分前宫、中宫、后宫三大部分，规模庞大，具有浓厚的清代建筑艺术的风格。

**大伾山禹王庙** 位于河南浚县，原在大伾山东南麓，建于明万历年间，后屡遭破坏，清康熙十八年（1679），知县刘德新将庙迁至今址（阳明书院故址）。1985年，禹王庙大殿重修，禹王庙坐北向南，大殿面阔3间，进深3间，内塑禹王像，高2米余，后壁彩绘《禹王锁蛟图》。

**淮祠** 淮祠又称淮渎庙，位于河南桐柏县淮镇固庙村，始建于西汉。《汉书·郊祀志》："宣帝神爵元年（前61），祀淮渎于平氏（汉，置平氏县），使者持节侍祠。"淮东汉桓帝延熹六年（164）、宋开宝六年（973）两次迁至桐柏县城，今桐柏一中内尚有遗迹。2003年由国家淮委会出资在固庙淮渎庙旧址重建。禹王殿上方悬挂"灵渎安澜"匾额，是康熙皇帝于康熙三十三年所题。禹王殿内有一尊头戴斗笠、手扶治水工具的白色禹王立像。大殿后有淮井，相传大禹治水时将水妖无支祁制伏并锁于此井，故也叫"禹王锁蛟井"，后人称该井为"玉井龙渊"，为桐柏的八大景之一。西侧有康熙丁丑年（1697）秋时任桐柏知县的高士铎修葺淮亭时所写的淮源碑，碑阴是明万历十八年（1590）《重修淮渎庙记》。

**祖家庄禹王祠** 位于河南登封少林街道办事处祖家庄村，创建年代不详。原在祖家庄村东南二里许姚沟北侧，毁于民国初年。2015年复建于祖家庄村西北角，现已建成大禹故里牌坊和寝殿。大禹故里牌坊由全国人大原副委员长周铁农题额，寝殿"禹王祠"匾额由夏商周断代工程首席科学家、著名考古学家李

---

[①] 陈平主编：《中国客家对联大典》（上），桂林：广西师范大学出版社2015年版，第818页。

伯谦题。寝殿内正中供奉大禹和涂山氏姐妹,左侧有石纽石,右侧供奉夏启、少康、杼。现存民国二十六年(1937)《毛县长开凿金牛泉碑记》碑、禹裔百家姓碑以及夏、鲍、禹、弋、蒲、董、涂等姓氏归里朝祖碑。

**北五里庙** 位于河南登封大冶镇北五里长岭山上,创建年代不详,明清以来屡次重修。最近一次为2011年重修,现有戏楼、牌坊、大殿和东西厢房等建筑。大殿正中供奉大禹,两侧分别供奉伯益、山神、关公、老君。庙西广场竖立有连底座共高9.5米的汉白玉大禹像。2011年以来,每年在此举办中国大禹文化之乡民间艺术节暨禹王祭祀典礼。

**东关禹王庙** 位于河南登封城区东关,建于明万历年间,系知县傅梅率百姓为禹所建生祠改建。祭祀夏后氏禹,伯益配享,每年春秋两祭,每祭用银三两。康熙二十三(1684)年知县王又旦重修,翰林学士、嵩阳书院山长撰《重修禹王庙记》。禹王庙现已不存。

**白圪垯庙** 位于河南登封唐庄镇屈村和郭村之间,又称禹母奶奶庙,创建年代失考。相传为大禹锁蛟龙处,武则天曾到此游历。康熙三十四年(1695)重修,后被毁,1992年又重修。现有大殿三间和东西厢房,大殿供奉禹王,两侧壁画为《大禹治水图》。每年农历二月初五在此举行古庙会。

**拉王庙** 位于禹州方岗镇禹王山北侧,据传建于汉文帝时。中轴线上有山门、拜殿、享堂、禹王殿、禹妃娘娘殿。相传北宋末年,金人入侵,宋室南迁,大禹显圣,一夜之间将庙由禹王山南拉至山北,以警告金人,宋不可欺。庙内现存有北宋重修碑刻。

**钧台禹王庙** 位于河南禹州城区古钧台街,钧台即其大门,中轴线上还有祭殿、天殿、禹池等。正殿重檐歇山顶,供奉大禹立像。像前柱上楹联为:"江淮河汉思明德,精一危微见道心。"正殿之后有禹池,又名龙池。①

## 四、山西地区的大禹信仰

从北朝北魏开始,一直到唐代的四百多年当中,山西地区突然崛起,成为大禹信仰的核心区域。山西地区的大禹信仰和少数民族的汉化有着密切联系。北

---

① "大伾山禹王庙"以下八则材料由常松木老师提供,特此说明。

魏孝文帝太和十六年(492),皇帝以诏书的形式将安邑(今山西夏县西北)确立为大禹祠祭祀地,诏修夏禹庙。唐代的祭禹中心依然是安邑。据《旧唐书·礼仪志》:"夏禹,伯益配,祭于安邑。三年一祭,以仲春之月。牲皆用太牢。祀官以当界州长官,有故,遣上佐行事。"①此后,山西地区的禹庙数量急剧增加,今见载于史籍者有十几处。

**禹王庙** 位于山西省运城市夏县,即古代的安邑。有禹王城遗址和禹王村。自北魏在安邑修筑禹庙,历代屡修屡建。据明代《山西通志》所记载的《大禹庙重修记》:"夏城在夏县西北十五里,夏禹建都所筑,今谓之禹王城,城内有青台,高百尺,相传禹娶涂山氏女,以禹在外,女思之,故筑此台,后人立禹庙其上。"②元代文学家欧阳玄曾为元泰定年间修葺的禹王庙作《禹王庙碑记》③。

**壶林禹庙** 位于山西潞州壶林镇。据明代《山西通志》所记载的《大禹庙重修记》:"山西潞州去州治仅一舍,镇曰壶林,旧有禹庙一所,州人岁时祀之。……正统丙辰夏东鹿月正孟端以剡荐出知州事,睹其庙宇倾废,像设荒凉,亟欲新之而未遂。岁在壬戌,乃以其事上请诏,许之。……既新正殿,复作二庑,塑之以像,绘之以容……工始于正统癸亥之秋,落成于明年之春。"④

**禹王洞** 位于山西省忻州市忻府区系舟山腰。传说大禹治水时,曾系舟于此,系舟山由此而得名。禹王洞实际上是一座天然石灰岩溶洞,奇洞怪石,造型奇特。

**禹王庙** 位于山西省忻州市河曲县城西门外,传大禹曾在河曲治理黄河。禹王庙建于清乾隆十六年(1751),临黄河建有古戏台,每年农历七月十五举行祭禹活动,并举行盛大的放河灯仪式,祭祀亡灵,祈祷平安。

**禹王庙** 位于山西省运城市芮城县。自然景观有大禹渡、大禹手植柏树,另有历史遗物——清道光年间古碑(《神柏峪重修禹王庙碑记》)。大禹渡禹王庙在明代已有记载,清道光年间重修,抗日战争中被毁,今禹王庙为2005年新建。

**大禹庙** 位于山西省运城市河津市,也称龙门禹庙。据《元史》记载:"禹庙

---

① 刘昫等:《旧唐书》(简体字本),北京:中华书局2000年版,第613页。
② 胡谧:成化《山西通志》卷七,民国二十二年景钞明成化十一年刻本。
③ 胡谧:成化《山西通志》卷十四,民国二十二年景钞明成化十一年刻本。
④ 胡谧:成化《山西通志》卷十四,民国二十二年景钞明成化十一年刻本。

在河中龙门,中统三年赐名建极宫。至元元年七月,龙门禹庙成,命侍臣持香致敬,有祝文。"①宋赵明诚《金石录》收录《禹庙碑》:"禹庙碑云,光和二年十二月丙子朔十九日甲午,皮氏长南阳章陵,刘寻孝嗣丞安定乌氏,樊璋元孙。其后叙禹平水土之功,而最后有铭文,多残缺不能尽识,碑在龙门禹庙。"可知龙门禹庙的始建年代在东汉光和二年(179)。

**三门峡大禹庙** 位于山西省运城市平陆县。北宋著名文学家司马光曾有《谒三门禹祠》诗:"信矣禹功美,独兼人鬼谋。长山忽中断,巨浸失横流。迹与在地久,民无鱼鳖忧。谁能报盛德,空尔芦醪羞。"据此可知三门峡大禹庙历史非常久远。

**大禹庙** 位于山西省临汾市乡宁县,有壶口瀑布。

**禹王庙** 位于山西省吕梁市离石区。

**夏禹神祠** 位于山西省长治市平顺县。有回龙寺、浊漳河。

**韩城大禹庙** 位于山西韩城市周原村。始建于元大德五年(1301),明代重修。1985年5月被列为韩城市重点文物单位。正殿有泥塑彩绘坐式禹王像和郭子仪像,两旁有泥塑彩绘小像。殿前有两根白沙石柱,柱上刻"岌大元国大德五年岁次辛丑孟夏制"。另外还有明万历七年(1579)《重修禹王庙记》石碑一通。1996年,被列为国家重点文物保护单位。

**稷益庙** 位于山西省运城市新绛县。此庙虽不是以大禹命名,但是庙内西壁、东壁皆有大禹壁画图像,尤其是西壁壁画,人物以大禹为中心。

## 五、安徽地区的大禹信仰

安徽地区的大禹信仰以蚌埠市怀远县的禹会村为核心,禹会村的名字可能是纪念禹会诸侯而治水的。《史记》只说"禹会诸侯江南",江南在何地,并未明言。大概到了汉代,"禹会村"之名开始出现,北宋苏轼诗歌提到濠州有禹会村(见于《濠州七绝·涂山》),南宋陆游说自己"身寄城南禹会村"(《予十年间两坐斥罪……》),晚于陆游的祝穆在《方舆览胜》中也说"禹会村,绍兴亦有",关于禹会村所属一直争议不断。

---

① 何劲恣选,余大钧标点:《新元史》,长春:吉林人民出版社1995年版,第1825页。

1985年全国文物大普查中,在安徽怀远发现禹会村遗址。2007年,禹会村遗址被纳入"中国古代文明探源工程"。2013年,禹会村遗址禹墟被列为安徽省文物保护单位、第七批全国重点文物保护单位。2017年,蚌埠市文物局会同中国社科院考古所开始对禹会村遗址即禹墟进行抢救性勘探发掘,确定遗址位于涂山南麓淮河、天河之间。禹墟在地面上最明显的标志是大庙岗,岗上原有一座"禹帝行祠",初建于南宋宝祐六年(1258)。

**怀远县禹王宫** 位于涂山之顶,又称禹王庙、涂山祠,据传为西汉初年所建,历代皆有修葺。现存禹王宫为20世纪末重建,供奉禹、启,唐宋以来这里都是官方与民间祭祀大禹的固定场所。安徽怀远每年六月初六以大禹生日作为祭祀集会的重大节日,至今仍保存着完好的形态与内容。北宋苏轼《上巳日与二子迨过游涂山荆山记所见》云:"淮南人谓禹以六日生,是日,数万人会山上。虽传记不载,然相传如此。"(见《苏轼全集》)这是关于淮南地区大禹庙会活动最早的文人诗歌记录。从明万历年间开始,一年一次的禹庙祭祀增加为一年三次,一为农历三月二十八朝禹大会,会期三天;二是农历六月初六的大禹生辰祭祀大会,会期一天;三是九月初九重阳节登高小庙会,庆祝丰收,会期一天。这个地区的大禹庙会集祭祀、歌舞表演、民俗于一体,传承了大禹文化、淮河文化,推动了民间艺术花鼓灯的繁荣与发展,拓展了淮河流域道教文化以及民间技艺的生存空间,历代诗人多有歌咏,在淮河流域影响极大,2006年被列为省级非物质文化遗产名录。①

**凤台县禹王宫** 位于安徽省淮南市凤台县。清李兆洛在嘉庆《凤台县志》卷一记载:"淮西曰西硖石山,西北曰城子山,迤西曰禹王山,山巅有禹王宫。"

## 六、湖北地区的大禹信仰

**宜昌禹稷行宫** 位于湖北宜昌,禹稷行宫本名大禹庙,创建于南宋绍兴年间,是历代湖北人民祭祀大禹之地。明代天启年间改为禹稷行宫,在原祭祀大禹的基础上,又加祀后稷、伯益、八元、八恺等先贤。现存建筑为清同治三年(1864)修建。

---

① 涂师平:《中国水文化遗产考略》,宁波:宁波出版社2015年版,第42页。

**清江禹王宫**　位于湖北长阳土家族自治县下司镇。民国时期,下司镇是清水江上游最繁华的商埠,来自滇、粤、川、湘、鄂、赣、闽、浙等地的汉族商帮长驻镇上,与当地的少数民族居住在一起,海纳百川,商贾云集。多民族文化的渗透与交融,使小河两岸聚集了下司古镇建筑的精华。有广东、福建、浙江等外来商帮建造的会馆及侗族的鼓楼、禹王宫、阳明书院、女子学院、古戏台以及苗家载歌载舞的芦笙广场等。禹王宫已被辟为古镇的博物馆,展现了下司古镇从农耕文化到码头商埠这一段曾经辉煌的历史。下司镇丰富的水文化是这个少数民族聚居区大禹信仰的主要原因。

**攸县禹王宫**　攸县为湖南省株洲市辖县。

大禹的信仰,是中国民间的一种习俗与文化形态,各地大禹庙宇的建立和保护,显示了人们对于大禹的敬仰,也显示了中国民间的理想与期待,充分展示了大禹文化的影响力。

## 第二节　大禹祭祀

大禹祭祀是大禹崇拜的具体表现方式,也是大禹信仰中最重要、最核心的表现形式。祭祀要有确定的空间,一般通过建筑的形式体现出来。例如太庙是帝王祭祀自己祖先的家庙,祠堂是以家族为单位祭祀本族祖先的地方。大禹祭祀同样也离不开祭祀建筑,即禹庙。四川、浙江、山西、安徽等地自古以来均有禹庙,但是从立庙时间、影响和地位来看,浙江绍兴的禹庙应是建庙时间最早、影响最大以及地位最高的。

绍兴禹庙,初见于西晋张勃编纂的史籍《吴录·地理志》:"会稽有禹庙,始皇配食,王朗为太守而斥之。"唐代以后,文献记载逐渐详细起来。如《括地志》云:"禹陵在越州会稽县南十三里,庙在县东南十一里。"宋代对禹庙的修造渐渐重视起来,对祭祀规制提出了具体的要求,其中最高一级的是"太昊、炎帝、黄帝、高辛、唐尧、虞舜、夏禹、成汤、周文王、武王、汉高帝光武、唐高祖太宗,各置守陵五户,岁春秋祠以太牢"①。南宋高宗"绍兴元年,命祠禹于越州"②。《宋会要》则对祭祀规仪做了说明:"绍兴元年禹陵告成,光尧皇帝车驾驻跸本府,诏有司春秋仲月择日差官致祭。"这说明宋代多次营建、修葺禹庙,皇帝亲祭,规格较高。明代也比较重视对古代帝王陵寝的营建与祭祀。洪武九年(1376),诏令大禹陵百步之内禁止采伐,设陵户二人专门看守,每三年派道士斋香帛致祭,凡遇登极,都遣官告祭,有明一朝共遣官祭禹十一次。

从纵向宏观历史角度来看,以1911年为分界线,大禹祭祀可分为古代大禹祭祀和近现代大禹祭祀。从祭祀者身份来看,古代的大禹祭祀有帝王祭祀、地方官祭祀和民间祭祀三大类;现代大禹祭祀有国家祭祀、地方政府祭祀和民间祭祀三种。不同时期情况不同。

一、国家级祭祀

自古至今,大禹祭祀一直受到我国古代帝王和现代国家领导人的高度重视,定位最高,是名副其实的国家级祭祀。

从祭祀者的身份上来看,历代的帝王祭祀代表了大禹祭祀的最高等级。第一位亲自祭祀大禹的皇帝是统一六国的秦始皇,时间是公元前210年,"三十七年十月癸丑,始皇出游。左丞相斯从,右丞相去疾守。少子胡亥爱慕请从,上许之。十一月,行至云梦,望祀虞舜于九嶷山,浮江下,观籍柯,渡海渚。过丹阳,至钱塘。临浙江,水波恶,乃西百二十里从狭中渡。上会稽,祭大禹,望于南海,而立石刻,颂秦德。"(《史记·秦始皇本纪》)又《汉书·郊祀志》说秦始皇"东巡碣石,南历豙山至会稽,皆礼祠之"。所以说秦始皇开启了历代帝王祭祀大禹的制度。

秦始皇以后,历代禹祭主要是帝王遣使或地方官按例祭祀,帝王很少亲自主祭,即便是南宋高宗曾短暂驻跸越州,也只是派特使代为祭祀。直到清代,从皇帝到地方官才对大禹显示出与以往不同的特别浓厚的兴趣,祭祀次数之多、规格之高,可谓历代之首。据徐承烈《越中杂识》记载,从顺治八年到乾隆五十五年,

---

① 脱脱:《宋史》,北京:中华书局2000年版,第1721页。
② 脱脱:《宋史》,北京:中华书局2000年版,第1722页。

各类禹祭约有二十八次。乾隆五十五年以后,又有十二次①,总计四十次,其中康熙亲祭一次,乾隆亲祭两次。由此,我们可以说,中国古代帝王中,对会稽禹庙最为重视者,当数康熙帝和乾隆帝。

康熙亲祭发生在康熙二十八年(1689),关于此次巡游的目的,他说:"兹行次浙省,禹陵在望,念大禹功德隆盛,万事永赖,应行亲诣,以展企慕之忱。"这一年二月十四日,一路南巡的康熙抵达会稽山下禹陵村。康熙率领扈从、大臣、侍卫,祭拜大禹,并行三跪九叩之礼,亲自读祭文致祭。又"敕有司岁加修葺,春秋苾祼,粢盛牲醴,必丰必虔,以志崇报之意"。展拜后,康熙赐帑金二百两给大禹后裔,增守祠二人;御书"地平天成"四字匾额;御制"江淮河汉思明德,精一危微见道心"对联一副,恭悬正殿;又专作《禹陵颂》袒露心迹。

六十多年后,乾隆十六年(1751)乾隆第一次南巡时,三月初七,乾隆抵达绍兴府城西,初八亲祭禹陵,率领内大臣、侍卫、五品以上文官、三品以上武官以及地方官诸人,行三跪九叩大礼,读祝文、奠酒。事后下诏,命姒姓子孙世居禹陵,督抚择子孙有品行者予八品官奉祀。并亲笔为禹庙题写匾额"成功永赖",楹联"绩奠九州垂万世,统承二帝首三王",撰诗一首《禹庙览古》。

辛亥革命以后,大禹祭祀依然承续不断。1919 年,孙中山先生在胡汉民的陪同下瞻仰大禹陵;1930 年,浙江省成立"祭禹学会",修禹庙、禹祠,奠定日后禹庙建筑之基本规模;1935 年 10 月 16 日,浙江省各界在大禹陵举行了民国时期规模最大的一次公祭大禹活动,浙江省政府主席黄绍竑主持了祭祀典礼;1936 年,绍兴县政府规定每年 9 月 19 日为祭祀大禹之期;1939 年,周恩来回到故乡拜谒禹陵;1947 年 4 月 20 日,蒋介石、宋美龄以及蒋经国夫妇在浙江省政府主席沈鸿烈等人的陪同下瞻仰大禹陵,并敬献花圈。

1949 年以后,大禹祭祀活动一度停止。自 1978 年,大禹祭典逐渐复兴。1995 年 4 月 20 日,浙江省人民政府和绍兴市人民政府联合举办了第一次公祭大禹陵活动,这是中华人民共和国成立以来第一次高规格的祭祀大禹活动,准备充分,包括酝酿决策阶段、组织领导准备阶段、筹备实施阶段,相关媒体报道盛典概

---

① 据沈建中《大禹颂》中的"清代皇帝祭、遣官告祭夏禹王之纪录表"统计。杭州:浙江人民出版社 1995 年版,第 201—202 页。

况等,事后又专门整理出版了此次祭禹的文献资料。① 1995年5月15日,江泽民主席视察大禹陵,并亲自题写了大禹陵牌坊,为大禹陵题词:"大禹,中华民族之魂。"肯定了新时期大禹及大禹精神,这就为接下来大禹祭典的程式化、规模化做了准备。2005年,时任浙江省委书记习近平指示,要办好公祭大禹陵活动。2006年绍兴公祭大禹陵时,习近平致信绍兴市委,对公祭大禹陵活动做出重要指示,指出公祭大禹陵是一件十分有意义的事情。大禹以其疏导洪患的卓越功勋而赢得后世景仰,其人其事其精神,展示了浙江的文化魅力,是浙江精神的重要渊源。② 2006年5月20日,由绍兴市申报的大禹祭典经国务院批准,被列入第一批国家级非物质文化遗产名录;2007年,文化部首批祭禹典礼由文化部和浙江省政府主办,由绍兴市人民政府承办。自此,大禹祭典恢复为国家级祭祀典礼。从2007年至2019年,绍兴市本着"每年一小祭,五年一公祭,十年一大祭"的原则,每年举行祭祀活动。这个时期的大禹祭典由政府部门支持筹办,民众积极参与,因此也被称为"公祭"。

作为中华民族的精神象征,大禹祭典吸引了社会各界人士的参与,受到了海内外人士的广泛关注。大禹祭祀对张扬大禹精神,展示地域文化,传承与守护民族传统文化等都具有深远的意义。

## 二、地方官祭祀

地方官员的大禹祭祀根据目的可以分成两种情况:常祭和特祭。常祭是官方规定的统一的祭禹活动,一般有确定的时间,祭品、祭礼、祭祀仪式、参加人员等都有明文规定,不可随意更改,也不可僭越。特祭指的是出于某种特殊目的而祭祀大禹的行为,主要有求雨祭祀、上任与离职祭祀三种。

地方官的常祭是大禹祭祀中最稳定、最持久的一种祭祀模式。据《吴越春秋》记载:"启使使以岁时春秋而祭禹于越,立宗庙于南山之上。"大禹去世不久,即在南山修建宗庙,每年春、秋两季派遣使臣祭祀大禹。从此,祭祀大禹就成为国家与民族的大典,也是姒姓后代祭祀祖先的制度。有夏一代,大禹祭祀代代传

---

① 沈才土主编:《公祭大禹陵》,杭州:浙江人民出版社1996年版。
② http://www.sohu.com/a/309298914_440788

承,"无余传世十余,末君微劣,不能自立,转从庶民为编户之民,禹祀断绝"(《吴越春秋》卷六)。中间偶有断,但其后很快恢复。

汉代祭祀大禹主要是在官社中进行。"圣汉兴,礼仪稍定,已有官社,未定官稷。遂于官社后立官稷,以夏禹配食官社,后稷配食官稷"(《汉书·郊祀志》)。地方祭祀大禹没有明文记载,但是朝廷的官社配食大禹,对大禹的祭祀体现出鲜明的官方色彩,是国家礼制制度的体现。

南北朝时期,形成了以会稽禹庙为中心的南方禹祭和以安邑禹庙为中心的北方禹祭。南朝在宋武帝时期修复了沉寂已久的会稽禹庙,"宋武帝修禹庙,得古珪。梁初又得青玉印"(康熙《会稽县志》)。刘裕修庙更多是出于政权合法性的考虑,得古珪、青玉印未必是真,不过是想说明法统的合理性,打着大禹的幌子为自己获得篡权的合法性。宋文帝时期,著名诗人谢惠连奉命祭禹,并撰有《祭禹庙文》,是现存最早的禹庙祭文。南朝在宋孝武帝、梁武帝时期都曾先后修缮禹庙,也就是在这个时期,南方的禹庙在民间传说与文人诗文的附会与交融中,开始形成"梅梁化龙"的传说,使得南方禹祭出现了严重的世俗化和民间化的倾向。①

北朝的禹祭始于魏孝文帝时期,据《魏书》载,魏孝文帝在太和十六年(492)颁布的《祀先代诸圣诏》中说:"夏禹御洪水之灾,建天下之利,可祀于安邑。"安邑在今山西夏县西北,这等于是夺取禹庙祭祀权,其目的和宋武帝如出一辙,此举也可看作魏孝文帝尝试从祠祀制度的角度对鲜卑人进行一次思想的洗礼与汉化。另外,诏书对禹祭规格也做了说明,即"享荐之礼,自文公以上,可另当界牧守",由地方官主祭。太和二十一年(497),孝文帝出巡,"幸龙门,遣使者以太牢祭夏禹。癸亥,行幸蒲坂,遣使者以太牢祭虞舜。戊辰,诏修尧、舜、夏禹庙"(《魏书·高祖纪》)。官方的这次另立禹庙的行为,开北方禹庙祭祀合法化与制度化之先声,对北方的禹祭产生了深远的影响,自此以后,形成南北禹祭并峙的局面。

唐代的祀禹中心是安邑。据《旧唐书·礼仪志》:"武德、贞观之制,神祇大

---

① 赵宏艳:《两宋绍兴禹庙梅梁信仰民俗形成考》,《佳木斯大学社会科学学报》2014年第5期。

享之外,每岁立春之日,祀青帝于东郊,帝宓羲配,勾芒、岁星、三辰、七宿从祀。立夏,祀赤帝于南郊,帝神农氏配,祝融、荧惑、三辰、七宿从祀。季夏土王日,祀黄帝于南郊,帝轩辕配,后土、镇星从祀。立秋,祀白帝于西郊,帝少昊配,蓐收、太白、三辰、七宿从祀。立冬,祀黑帝于北郊,帝颛顼配,玄冥、辰星、三辰、七宿从祀。每郊帝及配座,用方色犊各一,笾、豆各四,簠、簋各二,甄、俎各一。勾芒已下五星及三辰、七宿,每宿牲用少牢,每座笾、豆、簠、簋、俎各一。孟夏之月,龙星见,雩五方上帝于雩坛,五帝配于上,五官从祀于下。牲用方色犊十,笾豆已下,如郊祭之数。帝喾,祭于顿丘。唐尧,契配,祭于平阳。虞舜,咎繇配,祭于河东。夏禹,伯益配,祭于安邑。三年一祭,以仲春之月。牲皆用太牢。祀官以当界州长官,有故,遣上佐行事。"①在这一次整顿祠祀秩序的过程中,北方安邑禹庙获得了制度性的认可,对祭祀对象、配食者、祭祀时间、祭祀规格、祭品等都做了明文规定,安邑禹庙成为官方的祠庙,比起汉代只把大禹作为官社的配食,这无疑是一次巨大的提升。而这个时期的会稽禹庙,则被巫风淫祀笼罩,面临着被边缘化的危险。公元688年,狄仁杰任江南道巡抚大使,"以吴楚多淫祠,奏焚其一千七百余所,独留夏禹、吴太伯、季札、伍员四祠"②。在这次清剿淫祠的行动中,会稽禹庙因大禹的历史功绩与地位而幸免于难,获得官方意识形态认可的南方禹祀的合法地位。唐代任职越州的官员,多有禹庙求雨的活动。唐宪宗元和三年(808),薛苹任越州刺史,曾率僚属到禹庙求雨,有《禹庙求雨唱和诗》,并修缮禹庙,恢复禹庙中着衮冕服制的大禹塑像。③

宋代禹祀经历了会稽禹庙地位渐次上升,进而超过并替代北方安邑禹庙的过程。北宋初期,也曾整顿国家祠祀秩序,《宋史》载:"乾德初,诏'历代帝王,国有常享,著于甲令,可举而行。自五代乱离开,百司废坠,匮神乏祀,阙孰甚焉。按祠令,先代帝王,每三年一享,以仲春之月,牲用太牢,祀官以本州长官,有故则上佐行事。官造祭器,送诸陵庙'。又诏'先代帝王,载在祀典,或庙貌犹在,久废牲牢,或陵墓虽存,不禁樵采。其太昊、炎帝、黄帝、高辛、唐尧、虞舜、夏禹、成

---

① 刘昫等:《旧唐书》(简体字本),北京:中华书局2000年版,第613页。
② 司马光:《资治通鉴》,北京:中华书局2009年版,第2490页。
③ 邹志方:《会稽掇英总集点校》,北京:人民出版社2006年版,第116页。

汤、周文王、武王、汉高帝、光武、唐高祖太宗,各置守陵五户,岁春秋祠以太牢……寻又禁河南府民耕晋、汉庙壖地。凡诸陵有经开发者,有司造衮冕服、常服各一袭,具棺椁以葬,掩坎日,所在长吏致祭。"①对禹庙的修造渐渐重视,对祭祀规制做出了具体的要求,夏禹与太昊、炎帝、黄帝、高辛、唐尧、虞舜、成汤、周文王、武王、汉高帝、光武、唐高祖太宗,成为国家最高一级的祠庙,置守陵五户,岁春秋祠以太牢。

到了南宋,伴随整个国家政治中心、经济中心、文化中心的南移,会稽禹庙终于回到了禹祀正统与中心的位置。南宋高宗"绍兴元年,命祠禹于越州"②,《宋会要》则对祭祀规仪做了说明:"绍兴元年禹陵告成,光尧皇帝车驾驻跸本府,诏有司春秋仲月择日差官致祭。"这说明宋代多次营建、修葺禹庙,不过宋高宗本人似乎并没有祭拜过禹庙,差官致祭还是基本形式。

明代也比较重视对古代帝王陵寝的营建与祭祀。洪武九年(1376),诏令大禹陵百步之内禁止采伐,设陵户二人专门看守,每三年派道士斋香帛致祭,凡遇登极,都遣官告祭。其中遇皇帝登基特遣告祭约12次,按例遣官祭禹约14次。③

综观中国古代历史,我们发现,1911年以前,以清代的祭禹最为兴盛,为什么?《礼记》云:"有天下者祭百神。""是否有权力祭祀神祇、祭祀什么神祇、祭祀哪些地方的神祇就成为国家统治权力的象征。禹庙的存在同样是一种象征和符号。对禹庙的营建、管理与祭祀实际成了每一个新朝代其政权合法性的礼仪规范标识,故满清作为少数民族入主中原,禹庙祭祀规格尤高,也更为重视。禹庙的存在与延续,一方面是作为官方祭祀的对象,是对自大禹以来汉民族大一统的政权法统的自觉维护。"④

求雨祭祀即地方官员在禹庙祭祀大禹,乞求降雨的活动。中国是农业国家,

---

① 脱脱:《宋史》,北京:中华书局2000年版,第1721页。
② 脱脱:《宋史》,北京:中华书局2000年版,第1722页。
③ 数据根据沈建中编著《大禹颂》中的条例统计。杭州:浙江人民出版社1995年版,第197—198页。
④ 赵宏艳:《两宋绍兴禹庙梅梁信仰民俗形成考》,《佳木斯大学社会科学学报》2014年第5期。

雨水分布情况以及降水量是农业收成的决定性因素之一，在科学技术尚不发达的古代社会，人们无法从客观上改变对雨量的需求，只能退而求其次，通过主观的行为，主要是祭祀水神、雨神、龙神的方式祈求上天降雨。大禹是治水英雄，他能控制水，自然也能降水，因此禹庙也就理所当然地承担起地方求雨的功能。如唐代元和七年（812）冬，李绅（772—846）赴任越州，"早渡浙江，寒雨方霂，军吏悉在江次。越人年谷未成，淫雨不止，田亩浸溢，水不及穗者数寸。余至驿，命押衙裴行宗先赍祝辞，东望拜大禹庙，且以百姓请命。雨收云息，日朗者三旬有五日。刈获皆毕，有以见神之不欺也"①（《渡西陵十六韵》）。此时正是晚稻收割季节，淫雨绵绵，百姓苦不堪言，还未到达官衙，李绅就先派遣押衙裴行宗先赍祝辞去禹庙乞晴，果然云雨停歇，此后晴朗五十余天，百姓迅速完成水稻收割入仓。可见禹庙是越州地区颇灵验的求雨之地，从民间到官方，都有崇奉，而从"有以见神之不欺也"也见出李绅对求雨事宜深信不疑。又如南宋綦崇礼（1083—1142）撰《知绍兴府禹庙祈雨文》："此邦湖之利，寖失其旧，雨旸之节，归命于天，小有过差，则南亩之人号呼束手，而无所用其力，是以水旱之请，每勤有神之听，而神之祝，施在所答焉，而无倦也。自去秋积雨害田，田损十二三而民寡，盖藏早已艰食，待兹一稔情则可知，乃由中夏以来闵雨，至今先熟之禾既秀而槁，谷价翔踊，民食愈艰，骄阳如焚，远连旁郡，天子为之焦劳，于上诏书恻怛戒饬甚，周郡县之吏所以恐惧奔走，祈哀群望而不知为渎也。惟王昔平水土，六府三事允治，万世永赖，圣功大矣，殁食此邦，长庇斯民，忍视其急不为动心乎？某前遣属僚，既尝有请恭承明诏，复趋祠下，伏愿出其灵响，呼叱神龙，霈为甘霖，救此灾变下，以慰疲民嗷嗷之望上，以解圣天子旰食之忧，而郡县之吏亦得以宽其责，王之赐也，敢重以请，尚飨。"这篇祭文情辞恳切，先述由灾情引起的民情、吏变之严重，继而直接呼告大禹，既已"食此邦"，就当以神力呼唤神龙降雨，以解旱灾，保佑此地人民免于灾害。一方水土养一方人，一方水土也养一方神，神既然享用人们对他的供奉与祭祀，当百姓遇到灾害时，就应当责无旁贷地承担起护佑一方安宁的责任。

明代何乔新赴任山西时，当地已经干旱两年，于是作《祷禹庙文》："惟王疏

---

① 卢燕平：《李绅集校注》，北京：中华书局2009年版，第157页。

凿龙门,拯兹垫溺,俾我烝民,克享粒食,河流溶溶,嘉谷芃芃,万世攸赖,繄王之功,惟兹三晋,实王故国,王念遗民,拯凶吊溺,胡兹两载,饥馑荐臻,粒食孔艰,洎至食人,王圣且仁,我民父母,忍使蚩蚩,堕兹罪罟,下车而泣,昔尝闻之,民赢且疤,宁不悯之,王灵在天,诞作霖雨,膏我麦苗,爰及稷黍,乔新将命,西来斋祓,以祈王神,如在谅不我遗,佑我餐民,驱彼蟊贼,梁山洛水,敢忘王德。谨告。"①前文已说,自北魏孝文帝立禹庙于安邑,北方禹庙自此兴盛,但是不论南北,禹庙求雨的功能是一致的。天高居在上,浩渺威严,在人力无法改变和控制的情况下,地方官员首先承担着向祠神求雨的职能,所以何乔新上任以后第一件事是写祭文、拜禹庙、祭大禹,以求降雨。

古代地方官员上任时常常拜谒禹庙。如唐景龙三年(709),宋之问赴任越州长史,即到会稽禹庙拜谒,并写下《祭禹庙文》:"昔者巨浸横流,下民交丧,惟后得流星贯昴之梦,受括地治水之符,底定九州,弼成五服。遂类上帝,乃延群公。自有生灵,树之司牧。大灾莫逾于尧日,勤人不越于夏君。向微随山奠川之功,苍生为鱼,至今二千九百年矣。肇为父子,始生君臣。兴用天之道,广分地之利者,呜呼!皆后之功也。"②这篇祭文无关求雨事项,纯是歌颂大禹功绩。"先王为心,享是明德。后之从政,忌此奸慝。酌镜水而励清,援竹箭以自直。谒上帝之休祐,期下人之苏息。"③宋之问另有一篇《题禹庙》,应该是同时期之作,诗歌中同样有"运遥日崇丽,业盛答昭苏。伊昔力云尽,而今功尚敷。揆材非美箭,精享愧生刍,郡职昧为理,邦空宁自诬"④的感慨,面对古往圣贤,宋之问生发出崇仰与钦佩之情,以及对就任地方官以后为政方向的自我勉励。唐宪宗元和十年(815),孟简(?—823)任越州刺史,抵达越州以后,祭南镇,拜谒禹庙,立《禹庙题名》,又有《题禹庙》诗一首⑤。宝历二年(826),元稹(779—831)任浙东观察使,也曾率领僚属祭拜大禹,并有《拜禹庙》诗⑥。

---

① 何乔新:《椒邱文集》卷二十七"祭文"条,清文渊阁四库全书本。
② 陶敏、易淑琼:《沈佺期宋之问集校注》,北京:中华书局2001年版,第747页。
③ 李昉:《文苑英华》,北京:中华书局1966年版,第5240页。
④ 邹志方:《会稽掇英总集点校》,北京:人民出版社2006年版,第120页。
⑤ 邹志方:《会稽掇英总集点校》,北京:人民出版社2006年版,第121页。
⑥ 邹志方:《会稽掇英总集点校》,北京:人民出版社2006年版,第121页。

地方官员离任前,也会拜谒禹庙。如元代某位绍兴路(治今浙江绍兴市)地方官到任前,绍兴已遭遇饥荒和疫病,"越土荐饥,疾疠仍臻,民多流殍"。该官员上任后尽力实施荒政,并取得成效。后来,该官员离任前到禹庙拜谒,发现禹庙颓败,于是倡议地方重建禹庙,其结果是得到地方社会积极响应,顺利完成重建。

地方官员与禹庙的互动具有特定的意义与功能,"从功能来看,地方官到任谒庙也具有宗教性与政治性的多重意义。首先,州长官拜会当地神灵,职责分配,各管幽明,二者建立一种类似于契约性的合作关系,也即神人互惠模式的再确认……其次,在某种程度上,到任谒庙象征着国家意识形态与地方文化之间的相互妥协。一方面,一些有责任感的地方官往往会通过重建社稷坛、修复孔庙、兴办学校等措施来推行儒家传统的意识形态;另一方面,到任谒庙则意味着他们对地方文化与传统信仰的尊敬。第三,因为这种祭祀活动往往有当地父老、乡望等的参与,通过这种象征性的仪式,国家权力与地方精英在某种程度上接合起来,这对于稳定地域社会的统治秩序是至关重要的。"[①]

### 三、民间祭祀

在各种形式的大禹祭祀中,民间祭祀以其独特的价值和意义引人注目。其一,在于参与者的身份,相对于官员与帝王祭祀,民间祭祀的参与者是社会中的普通百姓和民众;其二,民间祭祀的目的具有私人性和功利性;其三,民间祭祀还具有娱乐化的特点。

自有禹庙,大禹民间祭祀就相伴始终。有时候,因为政治、战争等因素的影响,在官祭中断的情况下,民祭却以其独特的形式延续着对大禹的祭祀与崇拜。如《吴越春秋》载:"禹六世孙无余封于越,春秋祀禹于会稽。无余传十余世,末君微劣,禹祀断绝。此时,众民皆助奉禹祭。"

大禹的民间祭祀具有区域性特点。绍兴地区的民间祭祀主要围绕大禹陵和禹庙,据笔者的研究,最迟在南宋,就产生了以会稽山禹庙为活动中心的禹庙庙

---

① 雷闻:《郊庙之外:隋唐国家祭祀与宗教》,北京:生活·读书·新知三联书店2009年版,第250页。

会。《嘉泰会稽志》记载绍兴风俗节日，说每年正月初一为"谒府学"，上元日观灯，二月初二开西园，三月初五为大禹生祭，当日"禹庙游人最盛，无贫富贵贱，倾城俱出，士民皆乘画舫，丹垩鲜明，酒樽食具甚盛，宾主列坐，前设歌舞，小民尤相衿尚，虽非富饶，亦终岁储蓄以为下湖之行。春欲尽，数日游者甚众"，亦竞渡，规模"不减西园"①。我们可以据此推断，在陆游生活的时代甚至更早，绍兴地区就已经形成了以纪念大禹为目的、以禹庙为中心活动区域、以竞渡为主要内容的地区性庙会。陆游诗歌"年少从渠笑衰懒，相呼禹庙看龙船"（《次韵范参政书怀》）②、"禹祠行乐盛年年，绣毂争先罨画船。十里烟波明月夜，万人歌吹早莺天"（《故山》）③、"二月镜湖水拍天，禹王庙下斗龙船"（《吴娃曲》）④、"空巷看竞渡，倒社观戏场"（《稽山行》）都是对禹庙竞渡盛况的描写。⑤ 这种禹庙游戏的形式一直延续到当代，周幼涛先生曾指出，"在绍兴的传统习俗中，普通百姓向来一不祭祀禹，二不拜禹，只是以游嬉禹庙代替"⑥，所以民间多有"平民不拜禹，拜禹要肚痛""拜了禹王要肚子痛，拜了南镇爷爷要发呆"的谚语。这些谚语的产生背景应该和大禹祭祀规格有关，是古代帝王和官方垄断祭拜大禹政治权力的一种体现。

2019年绍兴公祭大禹陵典礼结束后，当天下午举办了一场1000余人参加的民祭大禹陵典礼，此后将接受社会各界人士前往大禹陵享殿开展民间祭祀仪式。这就充分考虑与照顾到了民间各类群体的诉求，体现出国祭、官祭以外，对民间祭祀的尊重与理解。由此可以看出，民祭是大禹祭祀的重要组成部分。

## 第三节　大禹崇拜

周幼涛先生说："禹至少兼有高禖神、图腾神、祖先神、社稷神以及战神这样

---

① 施宿撰，李能成点校：《嘉泰会稽志》，合肥：安徽文艺出版社2012年版。
② 钱仲联：《剑南诗稿校注》（4），上海：上海古籍出版社2005年版，第1749页。
③ 钱仲联：《剑南诗稿校注》（3），上海：上海古籍出版社2005年版，第1626页。
④ 钱仲联：《剑南诗稿校注》（8），上海：上海古籍出版社2005年版，第4580页。
⑤ 赵宏艳：《理性与随俗：陆游诗歌中的大禹书写》，待刊稿。
⑥ 周幼涛：《绍兴祭禹风俗之谜》，转引自尹永杰：《绍兴历史文化之谜》上册，杭州：西泠印社2011年版，第147页。

五大身份。"①先生之说,颇具启发意义。结合文献与相关史料,本文以为大禹崇拜主要体现在帝王崇拜、社神崇拜、水神崇拜、生殖神崇拜、祖先神崇拜五个方面。

## 一、社神崇拜

社神即土地神。土地神本是自然神,后来逐渐人格化,大体经历了从自然神过渡到人神的过程。先秦时期社稷崇奉已成为定制,宋代是社日的兴盛期,元明清社稷之神地位下降,并渐渐消衰。

顾颉刚先生在《古史辨自序》中提出,先秦时期的社神是大禹。把大禹作为社神崇拜,文献中最早的见于《淮南子·氾论训》:"禹劳天下而死为社。"高诱注:"劳天下,谓治水之功也。托祀于后土之神。"《史记·封禅书》:"自禹兴,修社祀。"《论衡·祭意》:"禹劳天下,死而为社。"《汉书·郊祀志》:"圣汉兴,礼仪稍定,已有官社,未定官稷。遂于官社后立官稷,以夏禹配食官社,后稷配食官稷。"据此可见,最迟在汉代,禹作为社神而被崇奉是确定无疑的。官社即国家社庙,汉代的国家社庙的社神可能是自然神,为了便于人们祭拜,有形象化的认识和感知,从而为其配食大禹,即让自然神人神化,而大禹治水平天下的功绩决定了由他来担当配食是最合适不过的人选了。至于禹为社神的源起时间,据顾颉刚先生的分析,大概"起于西周后期"②。

先秦社神又有后土之说,如《国语·鲁语上》云:"共工氏之伯九有也,其子曰后土,能平九土,故祀以为社。"后人据此大多认为先秦时期的社神不固定,杨宽先生则指出"禹既本为后土"③,即后土和禹本就是同指一个人,只是名称写法不同罢了。由此可知,从西周到两汉,大禹曾承担过国家社庙社神的职能。

大禹的社神职能在民间多有流传。据俞樾《茶香室丛钞》"大禹为清波门土地"条记载:"国朝徐逢吉《清波小志》云:清波门城西二图,土谷祠在方家峪口,

---

① 周幼涛:《大禹崇拜论——中华原始宗教史的一个实证》,参见史济烜、陈瑞苗主编:《大禹论》,杭州:浙江大学出版社1995年版,第105页。

② 吕思勉、童书业编著:《古史辨》第7册,上海:上海古籍出版社1982年版,第205—207页。

③ 杨宽:《杨宽古史论文选集》,上海:上海人民出版社2003年版,第3336—3338页。

祀大禹皇帝。考吴自牧《梦粱录》载,钱湖门外有夏禹王庙,正在其地。禹至会稽,路经钱塘,明德及人,理应崇祀。今以湫隘不堪之所祀为土神,则亵矣。按:吾邑乌山土地称尧皇土地,亦此类。"[1]清代杭州清波门一带有土地庙供奉的神祇即为大禹,俞樾家乡一带也有把尧作为土神崇拜的情况。

## 二、帝王崇拜

中国古代祭祀制度中,都有"祀先代帝王"的礼制,这是一种每个朝代祭祀本朝以前的君主的制度,属于官方祭礼的一部分。一般来讲,祭祀对象在传说或现实中的功绩越高,在祀典中的地位就越重要,新任统治者将前代君主看作"政治祖先"予以祭祀,有衔接统治、维系自身合法性的作用,从信仰的角度来看,属于帝王崇拜的一种表现。

那么,大禹有哪些伟大的历史功绩呢?已有的研究成果证明:大禹对中国早期国家的形成、对古代农业文明的发展、对早期赋税制度的诞生都产生了巨大的影响。大禹对中国早期国家政治文明的贡献主要体现在:第一,他通过以攻伐三苗为主的部落兼并战,加速并促进了黄河、长江两大流域史前民族的大融合;第二,禹的时候已经开始出现了权力集中于某几个部落联盟首领的趋势,原始社会的氏族民主已逐渐被集中强化的公共权力所取代;第三,禹在治水成功后,重新规划土地,为华夏族部落较早地向早期国家形态转变,以及统治区域的扩大奠定了基础;第四,禹都阳城,代表了早期国家形态中都邑文明的雏形;第五,由禅让制到世袭制的权力传递方式的变革,世袭制自此成为中国古代权力嬗递的主体。大禹时期奠定了中国古代农业文明发展的基本趋势。这主要体现在大禹治水的过程为早期农业发展至少提供了两个方面的条件:第一,大量土地的出现与开发,为农业发展提供了基本条件;第二,即便治水过程中兴修水利工程主观上并非为了农业,但在客观上为农业发展提供了水利建设的经验,也不排除这些为了治水而修的水利工程后来转化为农业灌溉工程的可能,而水利工程是灌溉农业的重要保障。大禹对中国早期国家形态经济发展的影响主要体现于"任土做

---

[1] 俞樾撰,贞凡、顾馨、徐敏霞点校:《茶香室丛钞》(三),北京:中华书局1995年版,第1287页。

贡",为中国赋税制度之萌芽,对后世产生了深远影响。①

在宋代祭祀礼制中,有关历代先王的祭祀被分成四个等级,最高一级的是太昊、炎帝、黄帝、高辛、唐尧、虞舜、夏禹、成汤、周文王、武王、汉高帝、光武、唐高祖、唐太宗共14处,各置守陵五户,岁春秋祠以太牢;第二等级是商中宗太戊、高宗武丁、周成王、康王、汉文帝、汉宣帝等10处,守陵三户,每岁一享,祭品为太牢;第三等级是秦始皇、汉景帝、汉武帝、汉明帝、汉章帝、魏文帝、后魏孝文帝等15处,守陵者两户,三年一祭,祭品为太牢;第四等级是周桓王、景王、威烈王、汉元帝、汉成帝、汉哀帝、汉平帝等37处,不设置陵户,但是禁止在这些陵墓周围采伐②,相当于是一种比较宽泛的保护。大禹在先代帝王崇祀序列中是位于第一等的位置,这当然是源于大禹的历史功绩。

这种对大禹的帝王崇拜,一方面通过诏令等形式,对陵墓、禹庙的修建、维护以及祭祀的规格以法定化、制度化的形式体现出来,另一方面历代祭祀者的祭祀行为也可以证明,如秦始皇、康熙、乾隆亲自祭拜大禹,历朝历代地方官员按时祭祀等,都是把大禹作为帝王崇拜的具体化。

## 三、水神崇拜

丁山先生曾指出:"禹之最初神格为雨神。"③在《大禹祭祀》一节中,我们发现地方官祭祀大禹大多是为求雨而去的,如唐代的李绅、南宋的綦崇礼、明代的何乔新,禹庙求雨实际是把大禹作为水神而崇拜,认为大禹具有兴云作雨的能力。④ 如唐代诗人严维《奉和皇甫大夫祈雨应时雨降》描写的即为禹庙求雨的情

---

① 赵宏艳:《大禹立国研究》,参见刘训华主编:《大禹文化概论》,武汉:武汉大学出版社2012年版,第33—48页。
② 脱脱:《宋史》,北京:中华书局2000年版,第1721页。
③ 丁山:《古代神话与民族》,北京:商务印书馆2005年版,第196页。
④ 上古帝王祠庙大多也具有求雨功能,禹庙可求雨,尧祠也可求雨。如欧阳修《集古录》有《尧祠祈雨碑》,云:"右尧祠祈雨碑,首尾残灭,其仅可识者,有云股肱贤良,广祈多福,虔虔夙夜。又云:常以甲子日诏大常,陈上古之礼,舞先王之乐。又云:延熹十年仲春二月,阳气侵阴。又云:享祀群神,仰瞻云汉。又云:嘉澍优洽,利茂万物。又云:孟府君知尧精灵与天通神,修治大殿。以此知为祈雨于尧祠也。尧祠在汉济阴郡。孟府君者,当是济阴郡太守也,其余隶字完者颇多,亦往往成句,但断绝不可次序尔。治平元年六月六日书。"按:汉济阴郡,即今山东菏泽。延熹为东汉桓帝刘志年号,延熹十年即公元167年,可知菏泽尧祠始建于167年。

景:"致和知必感,岁旱未书灾。伯禹明灵降,元戎祷请来。九成陈夏乐,三献奉殷罍。掣曳旗交电,铿锵鼓应雷。行云依盖转,飞雨逐车回。欲识皇天意,为霖贶在哉。"当然,这是民间对大禹治水功绩的一种想象与神话,但是,这并不妨碍在大禹信仰的核心区域内(例如绍兴),人们把他当作水神或雨神而进行崇拜。一般认为,民间信仰序列中的水神是龙或龙王,但是龙王崇拜的信仰也有一个形成发展的历史过程,而且不同时期、不同区域的水神崇拜也具有明显的时代性和地域性特征。大禹的水神属性就是地域文化与地域信仰的一种体现。李绅求雨的直接对象就是大禹,綦崇礼虽然也是向大禹求雨,但他又说"尝有请恭承明诏,复趋祠下,伏愿出其灵飨,呼叱神龙,沾为甘霖,救此灾变下",他是希望借助大禹的神力,驱使神龙普降甘霖,这里有一个直接求雨对象和间接求雨对象的问题。绍兴民间历代也有禹庙"梅梁化龙"的传说,这样看来,禹庙求雨,根本用意还是通过祭拜大禹而达到借助大禹神力驱使"降雨使者"龙降下雨水。

### 四、生殖神崇拜

生殖神即主宰人类婚姻与生育的神祇。生殖神是职能神的一种,职能神即认为神祇掌管某一方面或具有某一方面独特的能力。禹是生殖神的说法首创于闻一多先生,他在《高唐神女传说之分析》中指出:"《史记·夏本纪·索引》引《世本》《吴越春秋·越王无余外传》都称禹为高密,我常怀疑禹从哪里得来这样一个怪名字。如今才恍然大悟,高密即高禖。"[1]周幼涛先生申发其说,认为在人类历史上,大禹的确有过一段充当生育神祇的历程。证据有二,第一是表现为对形似或神似女性生殖器官的圆形空洞形无生命体的崇拜,而会稽山上恰恰有"禹穴""禹井",在绍兴民间也的确有禹穴、禹井求子的现象;第二是绍兴民间把大禹生日定在三月初五,与传统的上巳节只差两天,这不是巧合,因为上巳节是上古社会乞求生育与爱情的民间节日,禹诞节俗无疑起源于或直接就是祭祀高禖。[2] 大禹作为生殖神在人类历史上可能存在过一个阶段,是母系氏族社会向父系氏族社会转变过程中出现的新现象。

---

[1] 闻一多:《神话与诗》,上海:上海人民出版社2006年版,第72页。
[2] 史济炷、陈瑞苗:《大禹论》,杭州:浙江大学出版社1995年版,第107—108页。

### 五、祖先神崇拜

祖先神崇拜是相对于姒姓宗族而言,即把大禹作为姒姓家族的始祖而加以祭祀和崇奉。《吴越春秋》记载:"启使使以岁时春秋而祭禹于越,立宗庙于南山之上。"大禹去世不久,即在南山修建宗庙,后来分封庶子无余到越地去驻守,守护禹陵、祭祀大禹就成为姒姓宗族代代传承的职责。今绍兴禹陵东侧有禹陵村,本为姒姓宗族世代居住之地。对于姒姓宗族来说,禹庙就是祖庙和家庙,每年固定在禹庙祭祀大禹。

禹陵村姒姓宗族每年祭祀大禹两次。第一次是元旦,当日清晨,全族集中在禹庙大殿,祭礼由族长主持,族长入殿要鸣铳相迎。祭品为五牲:猪、羊、鸡、鹅、鱼。仪式开始时,先鸣铳,燃放鞭炮,男女分左右站立大殿两侧,由族长带领族人按照辈分依次向大禹行大礼。一般为四跪四叩首,双手抱拳。仪式结束后,每人可领竹筹一支,向操办者申领铜钱百枚,称为"百岁钱",相当于祭肉一块。因古时祭祀仪式结束后,家家户户都要分祭肉,这是祭祀仪式中非常重要的环节。第二次是族祭,时间是大禹诞辰纪念日六月初六(与绍兴民间把三月初五作为大禹生日不同)。[①] 祭祀仪式与第一次相仿,只是主持与操办者由姒姓四大房每年轮值。[②] 晚清学术大家俞樾曾有诗描述禹陵村人祭祀大禹的场景:"大禹陵村禹井荒,尚有子孙奉蒸尝。年年六月初六日,都向陵前奠酒浆。"[③](《越中纪游》之十三)

1995年以后,大禹祭祀由绍兴地方政府主持承办,还有来自中国台湾、香港、澳门以及海外的夏氏宗亲祭拜大禹,同源而同宗,对于他们来说,大禹就是始祖,通过参拜活动与仪式,缅怀祖先,继承大禹精神。大禹仿佛就是大海里光辉四射的灯塔,照亮人民前行的道路,鼓励后来人,奋发砥砺,勇敢前行。

---

[①] 台湾台南有禹帝宫,每年农历六月初六,由夏氏宗亲会举行祭禹大典;四川每年农历六月初六举行禹羌文化节。

[②] 以上资料参考姒元翼、姒承家:《大禹世家》,杭州:浙江古籍出版社2003年版,第197—198页。

[③] 俞樾:《春在堂诗编·丁巳编》,清光绪二十五年刻春在堂全书本。

**【学习提示】**

大禹民俗文化是大禹文化的重要内容,也是大禹文化研究必不可少的方面。

大禹在三代文化中承前启后的历史地位决定了不同地位、不同群体、不同阶层对大禹的传颂与传播必然会有各种形式。与官方正史文化传播内容重在宣讲大禹治水功绩、政治伟业不同的是,民俗文化中的大禹更多体现的是不同时期、不同地域的社会民众对大禹的信仰、崇拜与祭祀。大禹信仰是中国传统民间信仰的重要组成内容。信仰往往需要把信仰对象实体化、可视化、形象化。大禹信仰实体化、可视化和形象化的表现就是自古至今遍布全国各地的大禹庙。所以本节的论述重点放在禹庙的搜集、数量多少的呈现上,以此大致勾勒出从古至今全国各地的大禹信仰情况。从禹庙分布来看,四川、浙江、山西、河南、安徽、湖南等地大禹信仰最为普遍。祭祀是大禹信仰的具体表现方式,也是大禹信仰中最重要、最核心的表现形式。祭祀要有确定的空间,一般通过建筑的形式体现出来。大禹祭祀同样也离不开祭祀建筑,即禹庙。从禹庙的建立时间、影响和地位来看,浙江绍兴的禹庙应是建立时间最早、影响最大以及地位最高的。从纵向宏观历史角度来看,以1911年为界,大禹祭祀可分为古代大禹祭祀和近现代大禹祭祀;从祭祀者身份来看,古代的大禹祭祀有帝王祭祀、地方官祭祀和民间祭祀三大类,近现代大禹祭祀有国家祭祀、地方政府祭祀和民间祭祀三种。大禹崇拜主要体现在社神崇拜、帝王崇拜、水神崇拜、生殖神崇拜、祖先神崇拜五个方面。

**【拓展资料】**

1. 现代社会文化背景下举行传统禹祭的目的与意义

新时期下的国家、地方、民间的互动,在非物质文化遗产保护和利用背景中形成了一个新的节点。非物质文化遗产保护和利用也为全球化背景中的国家整合、地方建设,提供了切入传统性、民族性话题的另一个侧面。在地方上作为政府行为,非物质文化遗产保护和利用成为地方建设的一种手段,即体现于国家整合的爱国主义教育上,又体现于地方建设的观光旅游开发上。在非遗的申请过程中,地方政府是替代民间的文化传承人作为文化的主体向国家提出申请的,这让地方政府拥有了干预民间操作文化的一个契机。而地方政府的这种举措也促使姒氏宗族以及禹陵村人认识到自己所拥有的文化价值,促使他们的文化认同感不断加强,为今后其自身的自律性发展创造了可能性。在非物质文化遗产保护中,国家、地方、民间的互动呈现一种互惠互酬的结构,而其中地方自身的独立性不容忽视。因为在整个文化操作的过程中,地方政府不仅可以让民间祭祀、宗族祭祀成为官方公祭的附属品,并因此促使民祭、族祭的再现;同时还可以使代表国家的中央部委成为地方性祭祀的主办方,并由此促进地方文化的升华。

(陈志勤:《非物质文化遗产的创造与民族国家认同——以"大禹祭典"为例》,《文化遗产》2010年第2期)

2. 战国时期大禹形象的演变

从先秦到两汉,大禹的形象,有一个从"人"到"神"的演变过程。而这一过程,便是从战国时期开始的,主要由战国诸子,尤其是儒墨诸子来完成。通过已经被证实可靠的传世文献、出土文献和青铜铭文的记载来看,在战国之前,尤其是在西周时期,人们对于大禹的认识基本上可以概括为:大禹是一个"人",是夏的开国之君。而到了战国时期,从诸子的记载中,尤其是儒、墨两家以及受其思想影响的相关文献记载中,便可以看到"神化"大禹的诸多迹象。其中主要表现为突出强调大禹的道德楷模形象和夸耀大禹除治水之外的其他功绩等,这便是"神"化大禹的开端。儒、墨思想家为了说明上古三代的清明与美好,以及足以成为后世学习和效法的典范,将立有治水功勋的夏代开创者大禹,不遗余力地神化。不过必须要看到的是,在战国时期大禹仍然是一个"人"的形象,尽管在诸子的记载中,尤其是在儒家和墨家的记载中,大禹是一个既有"大功"又有"大德"的伟人,但大禹并不具有常人没有的呼风唤雨的奇异力量,而这些神乎其神的能力,都来自战国之后对大禹形象的塑造。

(朱君杰、赵争:《战国时期大禹形象的演变——以儒墨诸子文献为中心》,《湖北社会科学》2019年第4期)

**【研习探索】**

1. 历代诗歌中有大量歌咏大禹的作品,请查找1—2篇相关作品,并分析其主要内容与思想情感。

2.禹庙在大禹信仰与崇拜中起到了什么作用？你认为现代大禹祭祀的意义是什么？

3.大禹事迹的传播形式有诗歌、小说、民间传说、戏剧、电影、动漫等,请以某一类为例,通过具体作品说明该艺术形态表现大禹事迹的特点。

# 第十章　大禹文化在中国台湾地区及海外的传播

大禹不仅是中华民族的始祖之一,也是人类的始祖之一,是东方民族的精神之神。大禹文化不仅在中国大陆流传甚广,而且在祖国宝岛台湾以及亚洲其他地方也广为流传。大禹精神不仅哺育着中华民族,而且漂洋过海,哺育着整个东方民族,成为东方民族生存发展的重要的精神资源。

## 第一节　中国台湾地区的大禹文化[①]

台湾作为中国最大的岛屿,对于中华优秀传统文化的接受与传播,都是非常自觉的。台湾因其独特的地理位置,台风水灾频繁,而大禹作为治水英雄,大禹治水文化正是台湾同胞所期待的。随着人口的流动,大陆和台湾交往频繁,大陆人民跨越海峡来到台湾,台湾人民回到大陆寻根问祖,因此大禹治水文化在宝岛台湾被广泛传播。

### 一、水神菩萨大禹

大禹文化在台湾的传播,其核心内容是水神菩萨大禹。这是台湾同胞对于大禹治水故事的记忆,是对大禹作为治水英雄的认可。在台湾同胞的心目中,大禹是中国远古时代救国救民的伟大的治水英雄,是一位救苦救难的水神,甚至是一位菩萨。这是基于台湾地区特殊的生存环境的一种集体无意识的反映。台湾岛地处海洋之中,台风水灾频繁,浪高风急,生存环境恶劣,下海捕鱼谋生者,往

---

[①] 此节主要参考了台湾逢甲大学苏哲仪博士在2016年"大禹与中国传统文化国际学术研讨会"上的发言和何有基的《在台湾同胞心中的大禹》一文。后文不一一注释。

往船覆人亡。因此,为消灾避祸,台湾同胞求助于超自然的"神力"心切,岛内供奉海洋之神的水仙宫遍地开花,大禹文化的传播便是极其自然而合乎情理之事。"大禹在台湾地区被奉为'海神',地位仅次于妈祖。"台湾城乡庙宇林立,以水仙宫最多,而主祭禹帝的水仙宫也遍布全岛。这些水仙宫,最初大都建在港口,重要的有台南安平、澎湖马公及诸罗笨港三处。在台南安平区的水仙宫是府城"七寺八庙"之一,始建于清康熙二十三年(1684),也被称为大禹庙,现为台湾地区的二级古迹。澎湖县拥有马公、蒔里、湖西、白沙等多处水仙宫。在这些水仙宫中,供奉着"一帝两王二大夫",即除了主祭"水仙尊王"禹帝之外,还供奉着与水有密切关系的伍子胥、项羽、屈原、寒浞四个陪祭,甚至有的水仙宫还供奉生命关涉着水的李白、王勃、鲁班、后羿等历史人物。除了大禹为民治水造福后代之外,还有夏朝人寒浞,他是水仙尊王的随从,能陆地行舟;而伍子胥被封为钱塘江潮神,项羽是自刎乌江的英雄,屈原则是投汨罗江的爱国诗人。此外,李白是醉后入江"捉月"而亡的,王勃渡海而溺,鲁班能造船以利江河之航行,后羿则射九日以解江河干涸。这些庙宇保存良好,香火很盛,祭祀不断,显示了台湾同胞对大禹的虔诚笃信,也显示了台湾人民的理想期待。尽管随着水神妈祖在台湾的崛起,"水仙尊王"大禹退居次位,但台湾人民对大禹的敬奉之风依然盛行。

二、科学治水的工程师

大禹文化在台湾的传播,另一个重要方式就是将大禹作为水利工程师的鼻祖。台湾水灾多,如何治水,必须讲究科学,要像大禹一样运用科学方法去治水。台湾人民对于大禹文化的接受和传播的另一方式就是,在工程师节必须祭祀大禹这位工程师鼻祖。工程师节是1940年由在四川成都举行的中国工程师学会年会确定的,又称"水利节"。时间定为夏禹诞辰纪念日的农历六月初六。1941年1月,国民党政府确定农历六月初六为中国工程师节。创立这一节日,一方面是纪念我国第一位治水大功臣大禹的丰功伟绩;另一方面鼓励当时的工程师效法大禹精神,努力做好水利工程。这个节日的设定不仅有利于提高科技工作者的社会地位,有利于宣传科技工作的重要性,而且有利于传承大禹文化精神。在台湾,每年六月初六,工程师们都会隆重集会,纪念和祭祀中国水利工程师鼻祖大禹。台湾地区领导人对工程师节也非常重视,常常出席大会并讲话,既表达对工程师的殷切期望,也号召人们学习大禹公而忘私、科学创新的伟大精神和人定胜天的光辉思想。这是台湾同胞传播大禹文化、传承大禹精神的重要方式。

### 三、勤劳奋斗的大禹精神

台湾人民对大禹文化的传播,还表现在台湾人民传承大禹文化精神上。台湾逢甲大学苏哲仪博士指出,从台湾先民定居台湾岛时开始,就将勤劳、奋斗、乐天知命的大禹精神带到了岛上,至今大禹精神在台湾民众心中依然根深蒂固,尤其是禹"卓苦勤劳"之风(鲁迅语)和"人定胜天"的思想已牢牢地根植于台湾人民的心底。大禹岭的命名,就是台湾人民学习、传承大禹艰苦奋斗精神的具体表现。大禹岭原名合欢垭口,位于台湾中央山脉主棱之鞍部,南北介于合欢山、毕禄山之间,东西介于梨山、关原之间,是立雾溪和大甲溪两大水系的分水岭,海拔2565米。大禹岭名称始于20世纪60年代修建中横公路时期。当时,因为技术条件差,没有机械工具开挖,施工队只能徒手开凿,同时地质多为岩石,地形又十分险要,所以工程进度缓慢,可谓是举步维艰。1960年,台湾地区领导人蒋经国视察该工程时,见此情状,不禁感叹:此处筑路之难,不亚于当年大禹治水时所遇之艰难。中横公路最终完工通车,具有"人定胜天"的时代意义,这是台湾同胞发挥大禹艰苦奋斗精神的结果。因此,蒋经国特将此地命名为"大禹岭"。

### 四、大禹后裔同祭大禹

传承大禹文化,禹裔是一支重要的力量。大禹后裔姓氏众多,姒、夏、禹是大禹后裔三支流脉,也有人认为夏、余、顾是一家。根据四川达县夏明显搜集整理的大禹后裔姓氏资料《大禹宗族三百姓》表明,大禹后裔现存和曾用的姓氏有近300个。[1] 在明清时期,就有夏氏族人东渡台湾的记载。之后,有更多夏氏宗亲赴台湾从事各行各业。台湾陆炳文教授在《大禹世系台湾姓源考暨其他》一文中指出:"禹之姒姓及宗亲,在台湾地区就有54个姓氏之多。"据统计,台湾的禹裔超过15万人。这些禹裔既是大禹精神的传承人,也是大禹文化的宣传者。1986年,台湾最早的夏氏宗亲组织——台北夏氏宗亲会成立。该会每年集会纪

---

[1] 姒承家:《禹裔寻踪》,杭州:浙江古籍出版社2008年版,第221页。

念,出版文集,并多次组团来绍兴寻根。1995年4月20日,绍兴举行公祭大禹陵典礼,台北夏氏宗亲会、台北绍兴同乡联谊会等组团参加祭禹大典,开启了台湾大禹后裔来祖国大陆祭祖的历史。30多年来,台湾大禹后裔纷纷组团到绍兴寻根问祖和祭祀始祖大禹。台北夏氏宗亲会等群众团体年年都组团来绍兴参加祭禹活动,台湾屏东县琉球水仙宫、澎湖水仙宫等单位都曾组团来浙江绍兴寻根问祖和祭祀大禹。有的大禹后裔多次来绍兴祭祖。如台湾澎湖地区两岸关系交流协会理事长林炳坤就多次来绍兴寻根祭祖。2007年,他到绍兴禹庙看到大禹神像,发现它与他们那水仙宫供奉的水仙尊王一模一样,找到了祖神的根在绍兴禹庙。2011年3月,他又率领80多名信众来绍兴祭祖。值得注意的是,台胞到大陆参祭的代表团人数每年递增,其中还有很多中青年台胞。这不仅表明台胞十分重视青年人对大禹精神的传承,而且表明大禹在台湾地区的影响。

## 第二节 日本的大禹文化[①]

日本对大禹的传承,可以追溯到公元6—7世纪。大和民族统一日本后,于公元670年,将倭国更名为日本。为了使国家强盛起来,日本主动吸收了中国主流文化。因此,大禹文化得以在日本传播。

### 一、大禹文化典籍在日本传播

在日本,有不少典籍传播着大禹文化。据王敏介绍,日本关于大禹的文献记载最早的为712年安万侣编纂的《古事记》序言,其中既有"道轶轩后,德跨周

---

[①] 本节参考了大胁良夫的《连接京都鸭川和中国黄河的文化桥梁——酒匂川治水神考》(载《大禹与中国传统文化研究》[第二辑],合肥:安徽文艺出版社2018年版,第161—175页)、植村善博的《禹王遗迹研究现状与富士川水系》(载《大禹与中国传统文化研究》[第二辑],合肥:安徽文艺出版社2018年版,第176—184页、第187—192页)以及王敏的专著《大禹和日本人——连接东亚的治水神》(2014年12月NHK出版)、《当代日本人的中国观——以大禹信仰为例》(载山东社会科学院等编辑的《首届东亚儒学威海论坛——儒学与东亚文明暨君子之道国际学术研讨会学术论文集》,2016年10月印刷)、《大禹戒酒防微图的日本东进——日本大禹戒酒防微图小考》(载故宫博物院、故宫学研究所2013年7月编辑的《宫廷典籍与东亚文化交流国际学术研讨会论文集》,2014年5月在线出版)等研究成果,后文不一一注明。

王"的说法,又有"名高文命,德冠天乙"的说法,将黄帝、周文王、大禹、商汤四人介绍给日本了。此后,日本出现了一批记载大禹文化的典籍。这些典籍大多不是记载和赞赏大禹的高尚品德,如《大事记》,宫坂宥胜、渡边照宏的《三教指归》,吉田兼好的《徒然草》,吉川英治的《太阁记》,石田梅岩的《都鄙问答》等,就是讴歌大禹治水的丰功伟绩,如柄井川柳的《诽风柳多留》、中村幸彦的《风来山人集》、大石久敬的《地方凡例录》等。现今,日本的禹迹非常多。日本对大禹文化的研究也越来越重视,显示了大禹文化的独特风景。

在传入日本的汉语书目中,有一批是与大禹文化密切相关的。据刘毓庆、张小敏编著的《日本藏先秦两汉文献研究汉籍书目》[1]载,至今传播到日本,涉及大禹文化的典籍很多,如清戴熙撰《尚书沿革表》(学习院图书馆藏清同治九年本)、清张谐之撰《尚书古文辨惑》二十二卷(东京大学总合图书馆藏清光绪三十年刊本)、清黄襄撰《黄先生纂辑书经集大成》十一卷(内阁文库藏清刘舜臣刊本)、清陈乔枞撰《今文尚书经说考》三十二卷(东京大学总合图书馆藏清光绪十四年刊本,东洋文库藏清同治元年序刊本,十八册)、清邵懿辰撰《尚书通义》(小岛文库藏清光绪二十三年刻鹄斋刊本,存卷六、七)、清库勒纳等撰《日讲书经解义》十三卷(内阁文库、日本国会图书馆藏清刊本)[2]、清阙名撰《书经揭要》六卷(日本国会图书馆藏清刊本)、清戴钧衡撰《书传补商》十七卷(东洋文库藏清刊本,四册)、清徐时栋撰《尚书逸汤誓考》六卷(东京大学文学部中国哲学中国文学研究室、日本国会图书馆藏清同治十一年城西草堂刊本,附《校勘》一卷)、清俞樾撰《达斋书说》一卷(东京大学东洋文化研究所藏《曲园杂纂》本、《春在堂全书·曲园杂纂》本、清光绪二十五年《重定春在堂全书·曲园杂纂》本)、清王闿运撰《尚书笺》三十卷(小田切文库藏清光绪二十九年本)、清王咏霓撰《书序考异》一卷(附《书序答问》一卷,八木文库藏刊本,一册)、清孙家鼐撰《钦定书经图说》五十卷(东洋文库、岩崎文库、大阪府立图书馆等藏清光绪三十一年内府朱墨石印本)、清吴汝纶撰《桐城吴氏尚书读本》二卷(东京大学总合图书馆藏清光

---

[1] 参见刘毓庆、张小敏编著:《日本藏先秦两汉文献研究汉籍书目》,太原:三晋出版社2012年版,第63—69页。以下简称"刘著"。

[2] 宋朱熹撰《书经揭要》,清光绪年间出版为两册。此书六卷,不知是不是朱熹著《书经揭要》。待查对。

绪三十四年铅印本)、清王先谦撰《尚书孔传参正》三十六卷(东洋文库、八木文库藏清光绪三十年虚受堂刊本,六册)、清皮锡瑞撰《今文尚书考证》三十卷(东洋文库、八木文库等藏清光绪二十三年善化皮氏师伏堂刊本)、清皮锡瑞撰《古文尚书冤词评议》二卷(小岛文库藏清光绪二十二年思贤书局刊本)①、清皮锡瑞撰《尚书古文疏证辨正》(小岛文库藏清光绪二十二年思贤书局刊本)、清皮锡瑞撰《尚书中侯疏证》一卷(长崎大学附属图书馆经济学部分馆、小岛文库、日本国会图书馆等藏清光绪二十五年善化皮氏刊本,《师伏堂丛书》之一)、清皮锡瑞撰《尚书大传疏证》七卷(东京大学文学部中国哲学中国文学研究室、小岛文库等藏清光绪二十二年师伏堂刊本)、清简朝亮撰《尚书集注述疏》三十二卷(大阪府立图书馆、东京大学文学部中国哲学中国文学研究室、八木文库等藏清光绪二十九年至三十三年刊本)、清王树楠撰《尚书商谊》三卷(东洋文库、小田切文库藏清光绪十一年新城王氏刊本,陶庐丛刻第一,一册)、宋苏洵撰《洪范论》(尊经阁文库藏《苏老泉先生全集》本)、宋程大昌撰《程尚书禹贡论》二卷(附《程尚书禹贡后论》《程尚书禹贡山川地理图》,尊经阁文库藏新刊经解本,二册)、宋傅寅撰《杏溪傅氏禹贡集解》二卷(尊经阁文库藏新刊经解本,五册)②、宋蔡沈撰《洪范全书》二卷(九州大学附属图书馆藏宽文七年寿文堂序刊本、宽文七年京都武村市兵卫序刊本,三卷;写本,不分卷)、宋蔡沈撰《洪范全书阶梯》一卷(九州大学附属图书馆藏宽政六年小川普斋写本)、宋蔡沈撰《洪范皇极内篇》(尊经阁文库藏《性理大全》本、《性理会同》本,一册,足利学校遗迹图书馆藏宽文七年序刊本)、宋赵善湘撰《洪范统一》不分卷(九州大学附属图书馆藏宋开禧三年原序写本;长崎大学附属图书馆经济学部分馆藏《艺海珠尘》本,一册;内阁文库藏享和元年昌平黉写本)、元吴澄撰《洪范》一卷(东京大学总合图书馆、酒井家文库等藏宽政七年松亭序刊本)、元胡一中撰《定正洪范集说》(尊经阁文库藏新刊经解本,一册)、明韩邦奇图解《洪范皇极内篇图解》(尊经阁文库藏朝鲜版,一册)、明钱一本撰《范衍畴问》十卷(尊经阁文库藏明万历版,六册)、明程宗舜撰《洪范浅解》(尊经阁文库藏明抄本,八册;蓬左文库藏明嘉靖年间朱靖刊本)、明韩万钟

---

① 评议,刘著误载为"平议"。
② 傅氏,刘著误载为"传氏"。

图解《洪范皇极内篇》(尊经阁文库藏《新编性理三书图解》本,四册)、明黄道周撰《洪范明义》二卷(尊经阁文库、东京大学东洋文化研究所藏《黄石斋先生九种》本,二册;内阁文库藏明崇祯十六年刊本)、清胡渭撰《洪范正论》五卷(东京大学总合图书馆藏清乾隆四年刊本)、明夏允彝撰《禹贡古今合注》五卷(尊经阁文库、内阁文库藏明版)、明何楷撰《禹贡解》(内阁文库藏明崇祯四年序刊本)、《禹贡纂注》(撰者未详,内阁文库藏清刊本,首阙)①明茅瑞徵撰《禹贡汇疏》十二卷(东京大学总合图书馆、内阁文库、日本国会图书馆等藏明崇祯五年刊本,附《神禹别录》一卷)、明许胥臣撰《夏书禹贡广览》三卷,附《禹贡总图》一卷(东京大学总合图书馆藏明崇祯六年序刊本)、清胡渭撰《禹贡锥指》二十卷(东洋文库、内阁文库、新潟大学等藏清康熙四十四年恭进漱六轩刊本)、清徐文靖撰《禹贡会笺》十二卷,附图一卷(东京大学总合图书馆、新潟大学藏清乾隆十八年刊本,东洋文库藏清同治十三年慈溪何氏重刊本常惺惺斋藏版,四册)、清夏之芳撰《禹贡汇览》(市村文库藏清乾隆十年序刊本)、清程瑶田撰《禹贡三江考》三卷(东京大学东洋文化研究所藏《通艺录》本、《安徽丛书》第二期《通艺录》本)、清龚自珍撰《大誓答问》一卷(东京大学东洋文化研究所藏《滂喜斋丛书》本、《翠琅玕馆丛书》本)、清丁晏撰《禹贡集释》三卷(新潟大学藏清同治元年山阳丁氏六艺堂刊本,附《蔡传正误》一卷、《锥指正误》一卷)、清魏源撰《禹贡说》二卷(八木文库、新潟大学藏清同治六年序刊本)、清王澍及金询撰《禹贡谱》二卷(东洋文库、东京大学总合图书馆藏清康熙四十六年自序刊本,积书岩藏版,四册)、清吴埒撰《禹贡便读》二卷(日本国会图书馆藏清道光七年刊本,师善堂藏版)、清成蓉镜撰《禹贡班义述》三卷(东京大学总合图书馆、小岛文库、东洋文库等藏清光绪十四年广雅书局刊本,附《汉㵋水人尚龙溪考》一卷;东京大学文学部中国哲学中国文学研究室、新潟大学藏清光绪十一年刊本)、清姚彦渠撰《禹贡正诠》四卷(大阪天满宫御文库藏清光绪十一年跋刊本)、清雷柱撰《禹贡山川简易图考》(东京大学总合图书馆藏清宣统元年石印本)、清杨懋建撰《禹贡新图说》二卷(东京大学总合图书馆藏清同治六年刊本)、清桂文燦撰《禹贡川泽考》二卷(八木文库藏清光绪十三年粤东十八甫森宝阁刊本,活字版)、汉郑玄注《尚书大

---

① 明朝周用撰《禹贡纂注》一卷,是否为此书,待查对。

传》四卷,附补遗(尊经阁文库藏《雅雨堂丛书》本,九州大学附属图书馆、东京大学总合图书馆等藏明和五年木村兼葭堂刊本、庙山文库藏清乾隆二十一年刊本和新潟县立新潟图书馆、内阁文库、神宫文库等藏清嘉庆十七年山渊堂刊本、市村文库藏清乾隆九年序刊本)、清王闿运撰《尚书大传补注》七卷(东京大学文学部中国哲学中国文学研究室藏清光绪十二年成都尊经书院刊本)、汉郑玄注、清王闿运补注《尚书大传》七卷(小田切文库藏清光绪二十九年本)。这些文献在日本的传播,也是大禹文化在日本传播的具体表现。

二、日本的大禹文化遗迹

在日本,大禹作为治水神被敬奉着,这与日本特殊的气候条件与地理环境有关。王敏认为从北海道到冲绳,遍布日本列岛,有97处大禹景点和文物史迹;植村善博认为,在日本列岛,大禹遗迹总数增加到132处。这是日本文化中融合着中国传统文化血液的外在标志。自然,至今在日本仍有许多未被发现的禹王遗迹。这里就重要的几类做一点介绍:

(一)禹王庙

京都鸭川的禹王庙,建于1228年,是日本最早的大禹庙。据记载,此前一年,鸭川洪水泛滥,天皇派来治水的势多判官在南方鸭川岸边建造禹王庙。祭祀活动开始后,洪水被治理好了。但是,这个禹王庙现在已经毁了,只有文献记录。

日本的禹庙有不少。在日本的众多文献中都有关于"夏禹王庙"的记载,在京都的四条路和五条路之间,禹王庙一直延续到江户前期。1708年,埼玉县内建立文命圣庙;1719年,大阪府岛本町也建立了大禹圣王庙。这都显示了日本对大禹的敬仰。

(二)大禹碑

大禹碑是日本大禹文化遗迹的重要表现。从中国元代开始,日本就立大禹碑,现存许多大禹碑。如1637年,香川县高松市建立大禹谟碑;后来,栃木县真岗市在大道泉鬼怒川沿岸也建立禹庙石碑,雕刻在砂岩石上,有"禹庙"二字,高约70厘米,这个石碑反映了当地普通民众期盼治水成功的朴素愿望。1726年,江户时代的田中丘隅在酒匂川岸建立文命西堤碑,其正面左边是"文命西堤碑",右边为"文命宫"。1707年,日本发生大海啸、大地震,富士山喷火,酒匂川洪水泛滥,足柄平原发生毁灭性的灾害,受命治水、着手重建的农政专家田中丘隅(1662—1729)在堤坝建成之际,设立了祈愿治水成功的文命(禹王)宫和文命碑。西堤右边是文命宫,即禹王宫,左边是堤碑,上面写着该堤防的由来,右边文命宫在盖石和基石之间的四角形石块上刻有竖排三行文字"水土大禹神(祠)"。在东堤,有篆书体"文命东堤碑",铭刻包括"建""神禹祠"等文字的碑文。自1726 年以来,大禹一直被奉为镇守酒匂川的守护神,被民众祭祀至今。大胁良夫先生认为,这个建于山北町岸、岩流濑桥北、岩流濑堤尽头的文命宫,极有可能是日本现存禹王庙中最古老的存在。1862 年,宫城县加美町也刻制了大禹碑。这个石碑雕刻 9 行 77 个字,文字都是古代中国曾使用过的鸟虫篆书体,难以解读。这座岣嵝碑的碑文,不仅与会稽山的大禹皇帝碑的碑文(篆书体)极为相似,上面刻着完全一样的 77 个字,而且与岳麓山的岣嵝碑的碑文也一样。据说,这是根据衡山岣嵝碑复制而成的。在群马县片品村,也立有"大禹皇帝碑"。该碑建于 1874 年,其碑文与宫城县加美町的大禹之碑相似,与衡山的岣嵝碑一致,自然是从中国传入的。但经何人之手、何时传入日本等疑问,至今仍不清楚,所以备受日本各界的关注。1919 年,日本群马县沼田市建立了禹王碑;2012 年,兵库县姬路市也建立了禹王碑。

(三)大禹艺术品

大禹文化在日本的传播,还体现在艺术创作之中。日本有不少艺术作品是以大禹作为题材而创作的。从绘画到雕塑,都有不少这样的作品。根据植村善博教授介绍,有三件大禹题材的艺术作品堪称为代表。

一是《洛中洛外图屏风》。这幅著名的绘画作品创作于 1565 年,描绘了京都城镇优美的风景和都城风貌。其正中央的黑色部分是流淌着的鸭川。河上架设着五条桥,分为两座,其间有中岛。如前所述,这里建有日本最古老的禹王遗迹即禹王庙。

二是隔扇绘作《大禹戒酒防微图》。这幅作品是鹤泽探真 1641 年创作的,被存放在京都御所常御殿,是京都一个非常重要的大禹遗迹。作者是日本江户末期与明治初期的狩野派画家。狩野派是日本绘画史上最大的画派,活跃于室町时代中期(15 世纪)到江户时代末期(19 世纪)的 400 年间。该画派的最大特点之一是专注中国的伦理道德体系之源,对其有全方位的体现。该画派结合日本式欣赏习惯和特色,具有雅俗共赏的效果,长期占据朝野各界的殿堂。这幅画的故事出自《帝鉴图说》,是根据大禹为理政而戒酒、施行善政的故事所绘的,描绘了酒祖仪狄向大禹献酒被拒的故事,是具有代表性的隔扇画。日本皇室十分重视对中国文化的学习。日本天皇的年号,"明治"取自《易经》"圣人南面而听天下,乡明而治"之语;"大正"取自《易经》"大享以正,天之道也"之语;"昭和"取自《书经》"百姓昭明,协和万邦"之语;"平成"取自《尚书·大禹谟》"地平天成,六府三事允治,万世永赖,时乃工"之语。这是对大禹治理天下的效仿,是日本历届帝王对治理日本的主观理想的鲜明表现。这幅画于 1641 年开始被日本天皇使用,它出现在天皇日常生活的空间里,不仅有力地证明了日本天皇家族很早以来就深入学习大禹文化,将大禹事迹作为帝王修养来学习和吸纳,而且表明天皇家族在漫长的执政期间,一直将大禹奉为圣人君主和施政者的榜样。

三是禹王木像。日本各地有不少大禹像,禹王木像是其中的代表作,铸造于1630 年。该像高约 80 厘米,现为名古屋的德川美术馆收藏。有记载说,由于高须藩灾害连年不断,藩主亲自雕刻禹王木像赐予藩民用以祭祀,还命令民众举行禹王祭,共同祈祷水灾消退。可见,大禹在日本是作为治水神而流传和被接受的,竖立大禹像,是为了震慑水患。

(四)大禹祭坛与祭祀

日本对于大禹的祭祀也很多。但是,日本的祭祀不像中国在禹庙举行,而通常在祭坛进行。因此,日本还留下了一些大禹信仰遗迹,主要有祭坛、禹门、禹王灯笼等。在日本,九州大分县臼杵市有一个禹稷合祀坛。这是日本重要的大禹遗迹,是日本禹王遗迹中规模最大的儒教式祭坛,建于 1740 年,其一侧边长有10 米。据说这是由臼杵藩主自行建造的祭坛。知恩院友禅苑里的禹门是 1968年设置的,带有日本乡土文化气息。在日本,禹门被当作飞黄腾达的入口,相当于龙门的入口。这也是一大特色。此外,1838 年,在岐阜县揖斐川还建立了禹王灯笼。

总之,日本从宋代开始接受大禹文化,在传播大禹文化精神中,留下了丰富的大禹文化遗迹。日本典籍《相国寺阴凉轩日录》(1488 年长享二年刊)、《雍州府志》(1686 年贞享三年刊)神社门"夏禹王庋"、寺院门"地藏堂"及《山城名迹巡行志》(1754 年宝历四年刊)"神明之社"、《都名所图绘》(1780 年安永九年刊)"宫川"、《匾額规范》(1820年左右,文政三年前后刊)等等,对一些禹迹予以了记载。根据《日本书纪》"钦民天皇五年"条款中记载,位于新潟县的佐渡岛,有一个叫"夏武邑"的部落曾经在这里繁衍生息,但这个地名现在也不存在了。众所周知,夏氏属大禹后裔,尽管这个地名不存在了,但是曾经在这里生活过夏禹的后裔,是不容置疑的。从1894年的甲午战争,到1972年中日正式恢复国家邦交关系正常化的78年里,日本对大禹的祭祀活动从未间断。其间,大阪的淀川、群马的平川以及广岛的太田川等共计8个地区增建了大禹纪念碑。大禹文化始终屹立在中日文化交流的最前沿,超越了战争,横跨了国家政治的交往断层,是日本国民对中国文化信赖的佐证。

### 三、日本对大禹精神的传承

从5世纪汉字传入日本开始,日本人民就认识了大禹,对其产生了无比崇敬之情。大禹深得日本朝野拥戴,很快进入了日本文化中的信仰对象行列,并逐渐演化为日本的大禹信仰。总体上看,日本对大禹信仰以及对大禹精神的传承主要表现在两个方面:

(一)崇尚大禹崇高的品德

在日本,记述大禹文化的日籍文献有不少,如《大事记》《三教指归》《性灵集》《徒然草》《太阁记》《政谈杂话》《一人寝》《都鄙问答》等。从这些书籍书写的内容来看,日本尤其重视大禹作为一个君王的高尚品德。日本各地广为传播大禹文化,兴建禹王景观,是从17世纪中期开始的。具体来说,是在1630—1640年。这与日本推行儒教关系密切。因为德川幕府政治稳定,采取了以儒学为中心的教育政策。当时,在以儒教和儒学为教育中心的藩校、学问所、寺子屋和私塾里,主要教授四书五经。所以,大禹的治水功绩、孔子对其施行善政的赞赏等广为人知。于是,大禹作为圣人君主的代表,便成为日本全国性的共识。日本推行儒教的传统,即使经历了明治维新,直至日本社会步入了现代化后也未见衰退。因此,至今大禹文化遗迹数量仍在不断更新,持续增加中。这就形成了日本社会对于作为贤德明君的大禹的崇敬。

这种文化取向,在日本的帝王教育中更明显。在明清时代,中国出版了许多宣传圣贤的图鉴,如万历本胡文焕校的《新刻历代圣贤像赞》、潘峦编的《古先君臣图鉴》和崇祯刊吕维祺撰的《圣贤像赞》等古代君臣群像,都是当时十分流行的人物书画。当时,日本推行以儒学为核心的价值观,对帝王圣贤图鉴产生了需求,这些书画传播到日本,对日本书画界产生了重要影响。于是,深受影响的狩野派就将中国伦理道德体系全方位地灌注在其书画中。因此,以中国帝王为原型的《大禹戒酒防微图》《高宗梦赍良弼图》《尧任贤图治图》等,就进入了日本京都御所。座田重就的《高宗梦赍良弼图》描绘了商代高宗寻找梦中出现的贤人的场景,狩野永岳的《尧任贤图治图》描绘了尧王用贤人治国的场景。在日本,从醍醐天皇到明治天皇,有28位天皇(从1331年至1868年)生活和工作在京都御所,《大禹戒酒防微图》置于其中,告诉他们要以大禹为楷模,保持大禹自戒、自勉、自强不息的精神,以期成为万众所望的君主。

(二)敬仰治水的丰功伟绩

日本对大禹的敬仰,还集中体现在对他治水伟绩的敬仰上。这在日本的文献典籍中也有突出的表现。如《三壶记》《政谈杂话》《诽风柳多留》《风来山人集》《地方凡例录》等,都对大禹治水的伟大功绩予以了赞颂。日本地震和水灾频繁,抗洪防震是最大的民生工程,也是第一要务。在古老的农业时代,日本统治阶层不仅将大禹尊奉为可以祈求保佑的神灵,也将他视为具有超技能的科学家。日本人认为,大禹以疏导为主的治水方法既然在中国成功治理了洪水,在日本运用起来自然也有效。所以,日本的土木建筑行业至今仍将大禹尊奉为开拓者。因此,传承大禹文化精神,就成为日本人内驱型的主体选择。在日本传统体育项目中,有一类项目叫人工垒夯,即用脚奋力踏实堤土,日语称为"禹步",就取材于大禹治水的故事。正是因为对大禹治水伟绩的敬仰,所以日本的大禹遗迹主要集中在大河流域、自古兴建水利的区域和水灾频发地区三大区域。他们尊奉大禹,祭祀大禹,信仰大禹,寄托了他们对抗震治水的一种理想与期待。

四、日本的大禹文化研究

大禹文化不仅存在于日本人民的日常生活中,而且也成为日本学术研究的一个重要领域。从20世纪初开始,从民间到正统的学界,大禹文化在日本形成了一个研究热潮,成为一种突出的文化现象。正如植村善博指出,早在十年前,就"在日本掀起了对禹王遗迹及禹王研究的新高潮"。

对于日本的大禹研究，我们首先要介绍"治水神·禹王研究会"。这是2013年成立的一个民间大禹研究组织。首任会长是大胁良夫，副会长为佛教大学名誉教授植村善博先生。该会至今已经有会员130多人，涌现了一批非常活跃的专业或业余的研究者，他们致力于调查研究大禹文化及遗址，发表研究成果，每年联合举办日本全国大禹王峰会，每年出版会报两期、研究会志一期。该会将大禹文化的民间研究推向了高校的正规学术研究，至今，已有一批经过学术训练的教授、学者投身于大禹文化研究之中，显示了良好的发展态势。

大胁良夫，日本神奈川县开成町人。2003年，他在乡土史研究中，对当地洪水泛滥的酒匂川的治水神"文命"（即大禹）产生浓厚兴趣，即开展深入调研，发现该地域不仅有名为"文命西堤碑"的禹碑，还有被称为"文命宫"的禹庙，更有以"文命"命名的主要供水系统，甚至还有"文命桥"和"文命中学"。可见，大禹文化不仅已经潜移默化地渗入了当地居民的日常生活中，而且已经内化为他们的主观理想。2006年，为了让人民更多地了解大禹和大禹文化，大胁良夫先生发起成立了"历史再发现俱乐部"，组织了乡土历史研究市民团体，在当地掀起了学习大禹文化的热潮，也拉开了当代日本各地联合研究大禹文化的序幕。通过调查研究，大胁良夫发现，不仅当地与大禹因缘深厚，而且日本各地都崇尚大禹文化，都有大禹碑等遗迹，还有不少大禹研究人员。2007年，他通过媒体呼吁各地挖掘有关大禹的文物，得到了积极响应。很快，日本全国的民间研究机构调查后发现有107处大禹文化遗迹，从北海道至冲绳遍布日本各地。2010年10月18日，在日本神奈川县开成町隆重召开第一届全国禹王峰会，来自日本各地的800余名大禹研究者参加大会，发表了一批大禹研究成果。该会也得到了中国驻日使馆、日中友好协会和旅日学者法政大学王敏教授的大力支持，中国社会科学院汤重南教授也应邀参加了大会，这次峰会推动了全日本的大禹研究。从此，日本定期举行全国禹王峰会。2012年10月20日，第二届禹王文化节在群马县名胜景点尾濑召开。2013年7月7日，第三届全国禹王峰会暨禹王文化节在高知县高松市召开。2014年第四届全国禹王峰会暨禹王文化节本应在广岛市召开，但因当地突然发生了泥石流而采用了网络会议的形式。2015年10月，第五届全国禹王峰会暨禹王文化节在大分县臼杵市成功举办。大禹不仅造福于中华民族，而且泽惠日本，成为当代中日两国深入交往的桥梁。

禹王文化节委员会决定,从2016年起,日本禹王文化节隔年在发现大禹文物史迹之地轮流举办。2017年10月7日至8日,在日本山梨县富士川举办第六届全国禹王峰会。富士川有与大禹相关的富士水碑和禹之濑等遗迹。相传,富士川禹之濑在1300年前被开凿,而富士川流域自古以来采取各种治水策略,有信玄堤、万力林和雁堤等水利设施,特别是甲州流放河法(山梨县武田信玄采取的疏导河水的治水方法)在日本广为流传,并一直被效仿。该次峰会在禹之濑河道现代整修30周年之际召开,显示了大禹精神的魅力。

日本全国禹王峰会得到了日本政府总务省、日本各县市公民局、日中友好协会和日本教育委员会的鼎力支持,参加人数逐年递增。全国禹王峰会成为大禹研究者和信仰者宣传大禹史迹和发扬大禹精神的日本专题研讨盛会。其他拥有和大禹文化相关的历史遗迹的城市,每年也开展诸如"禹碑祭""禹王塔祭"等活动。2015年5月,第七届东亚文化交涉学会国际研讨会在当代日本大禹研究发源地神奈川县开成町隆重召开,主题为治水神禹王研究和地域间文化交流,邀请了内地(大陆)、香港、澳门、台湾,以及韩国、印度尼西亚、马来西亚、美国和法国等地的大禹文化研究者共同参加研讨,有效地促进了各地对大禹文化和大禹精神的理解与交流。

至今,日本学界的大禹文化研究成果主要有山田邦和的《鸭川的治水神》(2000年,花园大学文学部研究期刊)、足柄历史再发现同好会编的《足柄历史新闻——富士山和酒匂川》(2007)、冈村秀典的《夏王朝——中国文明的原像》(2007年,讲谈社学术文库)、大胁良夫和植村善博合作的《追寻治水神禹王之旅》(2013年,人文书院)、北原峰树编的《平田三郎的生涯——发现大禹谟的人》(2015年,美巧社)、植村善博的《禹王地名的研究意义——伊达市禹父山以及仓敷市禹余粮山的事例》(2016年,治水神·禹王研究会刊)和《在冲绳的禹王遗迹及其历史意义》(2017年,鹰陵史学)、富士川改建促进期成同盟会第6届全国禹王会谈·富士川实行委员会的《第6届全国禹王会谈富士川报告书》(2018)、治水神·禹王研究会的《灾害文化遗产——日本的禹王遗迹和治水神·禹王信仰展》(2018)、治水神·禹王研究会的《治水神·禹王研究会刊》(2014年)等。

在日本的大禹研究者中,王敏是很突出的。她是日本法政大学国际日本学研究所教授,日籍华人。她是日本学界非常活跃、颇有成就的大禹研究专家。她对日本的大禹文化进行了比较深入的考察和研究。其研究始于2007年的一次会议。当时,开成町町长露木顺一告诉她,该町有几座纪念大禹的建筑,她便在该町乡土文化研究会的帮助下进行实地考察,开启了她对大禹在日本的传播情况的考察和研究。她不仅对日本97处大禹文化景观进行了调查,还发表了《治水之神——日中桥梁》等一批与大禹有关的研究论文,出版了专著《大禹和日本人——连接东亚的治水神》[①]。近年来,她频频出席各种研讨会。

应该说,日本的大禹遗迹,是大禹文化在日本传播的结晶,也是日本人民接受大禹文化的外在表现。日本对大禹的敬仰,既缘于大禹伟大的历史功勋,也缘于大禹崇高伟大的品德,这充分显示了中华文化对日本影响的深广度,反映了中日两国文化同源这一历史真实。日本对大禹文化的研究,将深化中日乃至东亚文化的交流。

## 第三节 朝鲜半岛及琉球群岛的大禹文化[②]

大禹文化除了在日本传播之外,还在朝鲜半岛以及琉球群岛等地广泛传播着。大禹文化不仅在历史典籍中被记载和传承着,而且各地还留下了很多大禹文化遗迹,显示了大禹文化深广的影响力。这里简要地做一些介绍。

### 一、朝鲜半岛的大禹文化传播

朝鲜半岛现有朝鲜和韩国两个国家。相对于日本的大禹文化研究热而言,韩国和朝鲜的大禹文化研究则比较少。韩国学界对大禹的研究仅仅在部分成果中有所涉及。这是否说明大禹文化在韩国和朝鲜传播得少呢?当然不是,朝鲜

---

① 王敏:《大禹和日本人——连接东亚的治水神》,日本NHK出版,2014年版。
② 本节参考禹成旼的《有关大禹的韩国史料记录以及韩国丹阳禹氏的现状》(2017年中国登封国际大禹文化研讨会论文)、植村善博的《禹王遗迹研究现状与富士川水系》(载《大禹与中国传统文化研究》[第二辑],合肥:安徽文艺出版社2018年版,第184—187页)、朴现圭的《〈岣嵝碑〉在韩国的流传和变异考》(载《东疆学刊》2017年第2期)和王敏的《东亚大禹信仰文化圈现状的考察》(载《东北亚外语研究》2017年第4期)等研究成果。后文不一一注明。

半岛与中国接壤,一度是中国的藩国,自古以来两地文化交流很多,朝鲜半岛受中华文化影响很大,大禹文化自然而然地也传播到了朝鲜半岛。如今,韩国不仅"禹"姓人很多,而且含有"禹"字的地名也不少,如禹山、禹津江、禹池里等等,都显示了与大禹文化的联系;在韩国和朝鲜的文献史料中,记载大禹和夏禹的史料也是比较多的。但是,对这些史料进行整理和分析的成果很少,尤其在朝鲜,由于其特殊的国情,相关的研究者几乎没有,而他国研究者想去朝鲜发掘大禹文化资料,对其展开研究,则更困难。

韩国的禹成旼博士曾经撰写了《有关大禹的韩国史料记录以及韩国丹阳禹氏的现状》一文,在2017年中国登封国际大禹文化研讨会上发表。她以《三国遗事》《高丽史》《高丽史节要》《朝鲜王朝实录》《承政院日记》等韩国文献资料和《中国古代金石文》《韩国古代金石文资料集》等近现代史料为中心,对古代朝鲜人敬仰大禹,传播大禹文化展开了具有开拓意义的研究,为我们探讨大禹文化在韩国和朝鲜的传播状况奠定了较好的基础,为我们了解朝鲜半岛的大禹文化传播情况提供了一个重要的窗口。

在韩国,大禹文化早有传播。不仅有关于大禹的石碑等历史遗迹,还有大量的文献记载。这里择要介绍几种:

(一)大禹文化碑

韩国有关大禹文化的石碑至今还有很多,但主要有四块。一是磨云岭真兴王巡守碑,这是最古老的。它坐落在韩国咸庆南道利原郡东面寺洞万德山福兴寺后面的云施山(云雾山)上。这是真兴王二十九年(568)建的,为真兴王巡守这个地区所立。其碑文前面10行字,每行26个字,后面8行字,每行25个字,都是新罗时代的文字。其中"夫纯风不扇则世道乖真","(德)化不敷则耶为交竞,是以帝王建号,莫不修己以安百姓。然朕历数,当躬仰绍太祖之基,纂承王位,兢身自惧,恐违乾道,又蒙天恩,开示运记"等句子,化用了《尚书·大禹谟》中的"罔违道以干百姓之誉,罔弗百姓以从己之欲。无怠无荒,四夷来王"的意蕴。显然,这是大禹文化的遗存态,显示了大禹文化在韩国传播的历史与影响。

二是刘仁愿颂碑。这是在总百济最后的首都扶余扶苏山城出土的,为唐高宗三年(新罗文武王三年,663)刘仁愿平定扶余后所立,据说碑文为刘仁愿所撰,现收藏于忠清南道扶余郡扶余邑锦城路的扶余博物馆。660年,唐朝和新罗组成罗唐联军平定百济。碑文称颂唐太宗,引用了《尚书·大禹谟》中"帝德广运,乃圣乃神,乃武乃文;皇天眷命,奄有四海,为天下君"的句子。新罗时期的刘仁愿在平叛碑文中引用《大禹谟》,自然也是大禹文化传播的遗存态,反映了大禹文化的影响力,显示了新罗人对大禹文化的熟悉和理解。

三是崇福寺碑。该碑是真圣王(857—?)十年(896)所立,被全罗北道淳昌郡龟岩寺收藏。碑文是宪康王十二年命崔致远作的。崔致远18岁时中了唐王朝的宾贡科举,28岁时(宪康王十年,884)回到新罗,成为侍读兼翰林学士,孝恭王二年被罢免,他便开始流浪,后隐居深山度过晚年。除《桂苑笔耕》以外,他还留下《四山碑铭》《法藏和尚传》《佛国寺结社文》等有关佛教的很多著述,是新罗末期的代表学者。碑文如下:

有唐　新罗国　初月山　大崇福寺的碑铭
使幽庭据海城之雄,净刹擅云泉之嫩,则我王室之福山高峙,彼候门之德,海安流斯,可谓知无不为,各得其所,岂与夫郑子产之小惠,鲁恭王之中辙,同日而是非哉,宜闻龟筮协从,遂迁精舍援创玄宫两役庀徒,百工葳事,其改创绀宇,则有缘之众,相率而来,张袂不风,植锥无地,雾市奔趋于五里雪山和会于一时,至于撤瓦抽椽,奉经戴像,迭相授受,竟以诚成。

这里"宜闻龟筮协从"也引用了《尚书·大禹谟》:"禹曰:'枚卜功臣,惟吉之从。'帝曰:'禹!官占,惟先蔽志,昆命于元龟。朕志先定,询谋佥同,鬼神其依,龟筮协从,卜不习吉。'禹拜稽首,固辞。"这里对《大禹谟》的间接运用,反映了新罗人对大禹文化的承传状况。

四是禹王碑。此碑也被称为平水土赞碑,位于庆赏北道六香山,为许穆1662年建,是岣嵝碑的变异碑。岣嵝碑在朝鲜半岛也广为流传。朝鲜半岛首次接触岣嵝碑拓本的人可能是宣祖年间的许筠。在显宗四年(1663),朝鲜王室宗亲李俣燕购得岣嵝碑拓本,这是据长沙岳麓山本再刻的金陵新泉书院本的拓本,1664年他将拓本送给了篆文大家许穆,许穆信以为真。许穆(1595—1682),字文甫、和甫,号眉叟、台领老人,谥号文正,是李氏朝鲜后期的政治家、思想家、作家、画家、教育家,是南人党的强硬派和领导人,曾任大司成、吏曹判书、大司宪、右议政等职。此后,该拓本便在朝鲜半岛流传。

洪羲浩、徐命膺、李书九、李匡师、南公辙、金正喜、李圭景等很多文人或收藏或评论岣嵝碑,但是李匡师、南公辙、金正喜等人都认为其不可信。而许穆对它进行了再创造。他从原来的77字中选了48字,作了变异版本的平水土赞碑。后来,由岣嵝碑变异而来的平水土赞碑在朝鲜半岛朝野广泛流传,不仅被收藏在李瀷、南公辙等许多朝鲜家族中,还相继出现了朝廷和多个地方刻版,如用翼宗的字体书写的宫阙会祥殿、全罗道绫州县、江原道三陟邑司等地的刻版。在朝鲜,有人对岣嵝碑文进行了转抄辨认,共48字:

久作忘家,翼辅承帝。劳心营智,哀事兴制。
泰华之定,池渎其平。处水犇麓,鱼兽发形。
而罔不亨,伸郁流塞。明门与庭,永食万国。

显然,这是对大禹治水的歌颂,大禹运用所有的智慧,挽救了苍生。这篇平水土赞,显示出辨认者自己的理解和心志,他下决心以大禹为榜样,为国家和民族而奋斗。因为辨认的是48字,许穆选取本也是48字,所以李瀷所说的辨认者可能是许穆。

岣嵝碑在朝鲜半岛朝野广为流传和变异。纯祖三十三年(1833),朝鲜朝纯祖命令内阁把平水土赞碑刻版挂在会祥殿上,朴允默还创作了《大禹古文歌》予以称颂。这一切,显示了大禹文化在朝鲜半岛的巨大影响。清朝末期,平水土赞碑三陟邑司为祈求风平浪静、没有水害,便将以许穆字体版为原本刻的大韩平水土赞碑立在了江原道三陟竹串岛上,即现在韩国的庆赏北道六香山。在三陟博物馆的陈列室内立着大韩平水土赞碑的复制碑石。现今,在六香山山顶,还建有为保护许穆字体版的陟州东海碑的东海碑阁,在阁前右侧平地上立着一块碑刻,这是为了保护大韩平水土赞碑而建的禹篆阁。1945年5月,禹篆阁因年久失修而倒塌。1947年12月,在金炯国、金振九、金梦顺等当地人士的主导下,汀罗津大同青年团负责了重建工作,禹篆阁于次年5月竣工,李青天撰写了"禹篆阁"三个字。这就是如今的大韩平水土赞碑,简称禹王碑。其碑石高145厘米、宽72厘米、厚22厘米。此外,在庆南通度寺的庵子梁山四溟庵寺舍中,还挂着对平水土赞碑进行了再次变异的楹联。由此可见，朝鲜半岛也是将大禹当成"治水之神"来信仰的。

(二)有关大禹文化的历史典籍

在韩国典籍中，广泛传承着大禹文化。据禹成旼博士介绍，在韩国史网站上搜索关键词"夏禹"时，可搜索到 800 多篇文章，可见大禹文化在韩国的传播之广。其中，主要有《高丽史》《朝鲜王朝实录》《备边司誊录》《承政院日记》《日省录》以及丹阳禹氏家谱《丹阳禹氏礼安本》等历史典籍。

《高丽史》是世宗三十一年(1449)开始编撰，文宗一年(1451)完成的朝鲜历史著作，是以纪传体整理的高丽时代有关政治、经济、社会、文化、人物等内容的官方史书。大禹文化在这本史书中出现了9次，除了《大禹谟》中记载的，大部分是大禹作为圣人典范的内容。如《世家》卷第十四，记载了他们传播和学习大禹文化的内容：

> 十二月庚申朔，筵清燕阁，命宝文阁校勘高先柔，讲书《大禹谟》《皋陶谟》《益稷》三篇。
>
> 十二月庚申初一，王到清燕阁，令宝文阁校勘高先柔，讲论《书经》《大禹谟》《皋陶谟》《益稷》四篇。

由此可以看出，朝鲜半岛在高丽时代十分重视对大禹文化的学习。其中，《书经》可被视为高丽时代帝王的教科书，其他更多的是对大禹崇高品德的讴歌。如在《世家》卷第十六中载高丽仁宗十三年，王嘱歼灭西京叛军，下诏自责，并称颂禹王之德：

> 壬戌下诏曰："罪已勃兴，鲁史嘉大禹之德，改过不吝，商书载成汤之明，令率前修，以成其美，朕以后侗之眇，继先世之丰，长于深宫之中，暗诸经国之务。"

大禹为了兴国为民，总是自省律己。彰显这种品德的典型事例，在《朝鲜王朝实录》等韩国文献史料中经常被引用，以称颂古代圣王美德。在《高丽史》中更加突出地歌颂大禹崇高品德的,是在卷一百零七《列传》第二十中,记载担任成均馆大司成、礼仪判书的权近(1352—1409)进谏时说的话:

> 昔者大禹,勤俭而得天下。其孙太康,盘游灭德,黎民咸贰、厥弟五人,作歌以讽,而不悟以失其国,成汤宽仁而得天下;其孙太甲,纵欲败度,几坠汤绪,伊尹作书以谏,然后悔过迁善,为商令王,武王惇信明义而有天下;其孙昭王,巡游无度而不返,厉王骄侈,拒谏而出奔,宣王有志,申甫补阙而中兴。

由此可见,朝鲜的政治家接受了中国大禹开创的儒学思想的影响。他们将大禹勤俭的品德当作理想国王的典范品德,致力于帮助国王树立崇高品德和伟大形象,以期将朝鲜建设成以儒教立国的理想国家。此外,在卷一百零七《列传》第二十中,对于"大禹之戒"及卷一百一十八《列传》第三十一中,对于大禹的"爱民"思想等,都做了记载和强调。在这里,可以看出,他们对于大禹文化的深刻领会以及接受的程度。显然,在朝鲜的历史典籍中,大禹被推崇为帝王的典范,提倡帝王认真学习。

《朝鲜王朝实录》是编年体史书,共1893卷888册。它按时序记录了朝鲜太祖到哲宗共25代472年的历史。据禹成旼博士统计,其中有关大禹的传承记载在372次以上。如在《太宗实录》三卷太宗二年(1402)四月一日癸丑第一记事中记载,内书舍人李之直和左证言田可植谈论国事,在上书时称颂大禹的勤俭:"故大禹卑宫室恶衣服,成汤昧丕显,从谏不弗,文王小心翼翼,卑服即田功,以启(无疆)之休。"可见,朝鲜古代官员是以大禹为榜样。又如,在《太宗实录》十卷太宗五年(1405)十一月二十一日癸丑第二记事中记载,针对佛教的腐败状况,朝鲜最高行政机关"议政府"请求革除寺院的土地和人口,在回收金刚寺的土地和奴婢时,就以大禹敢于担当、力挽狂澜的精神去启发和引导:"当尧之时,洚水横流,大禹不作,人其鱼鳖矣,夏、商之季,桀、纣为暴,汤武不兴,民其涂炭矣。"可见,在朝鲜,大禹作为个体,其道德与人格,都成为人们学习的楷模。

朝鲜对于大禹文化的接受是全面的,不限于道德层面,还表现在制度上。《朝鲜王朝实录》中的《世宗实录》第四十九卷世宗十二年(1430)八月十日戊寅第五记事记载,朝鲜前期的文臣河演以判吏曹事的身份进入议政府,并负责吏曹事务,创立贡税法时,对大禹实施的税法制度予以了学习与继承:"夫以中国之土,大禹之制,贡法之行,未免不善,况我东方土地之肥沃,跬步相异,耕田沃饶者,不费人力,而一结之田,可取百石。"于是,他按照天地等级分别制定了田分六等法和地分九等法的税制。

朝鲜对于大禹文化的接受,还表现在治世理想上。《朝鲜王朝实录》中的《世宗实录》第五十一卷世宗十三年(1431)二月八日癸卯第一记事中记载,世宗统治时呈现太平景象,世宗统率百官之时含誉星出现,都总制成抑参判李孟畛便写了一篇表笺予以祝贺。全文如下:

> 圣人御极,开一代之文明,星象缠空,表千年之景贶。照临所暨,抃舞维均。窃闻至治之隆,必有休徵之格。河呈图于伏羲之世,洛出书于大禹之时。蚓眸润之贞符,门七咸通之妙应,钦惟性敦孝敬,仁笃怀绥。

在这里,李孟畛引用了大禹治水后开创的太平盛世的情形。文中出现了灵龟背着"书"出现于洛水的故事,是吉祥的征兆,显示了大禹文化的影响。据说,大禹平息洪水后,洛水中出现神龟背书而出的盛景。"河出图洛出书",在中国古代被看作是上天的吉兆,预示着天下太平、国家富强、百姓平安的治世来临。因此,《三国遗事》在《纪异》第一篇中,就详细地记录了万民敬仰的河图洛书的故事。

在古代朝鲜,对于大禹文化的传播与宣扬,已经内化为他们的日常行为。《朝鲜王朝实录》中的《成宗实录》第七十二卷成宗七年(1476)十月二十一日辛卯第八记事中记载,成宗当时让人在屏风上画出贤明的君王、起初贤明后来昏庸的君王以及贤德的妃子的事迹,并让文臣分题作诗。命令掌令朴孝元、应教柳旬、进士成聃寿将史迹和诗写在屏风上。于是,朴孝元等献给成宗《明君屏》《先明后暗屏》及《贤妃屏》三面屏风,其题字引用大禹的故事,成宗赐给他们每人一件御衣,并赐下"宜酝"酒来招待他们。当时他们不仅画了《神农图》《帝尧图》,而且画了《大禹图》。在《大禹图》上的题字是:"禹以五音听治,悬钟、鼓、磬、铎、鞀(táo,古同'鼗',意为有柄的小鼓),以待四方之士,为铭于簨虡(簴)曰:'教寡人以道者击鼓,论以义者击钟,告以事者振铎,语以忧者击磬,有狱讼者摇鞀。'一馈十起,一沐三握,以劳天下之民。出见罪人,下车问而泣之,左右曰:'罪人不顺道,君王何为痛之?'禹曰:'尧、舜之人,皆以尧、舜之心为心,寡人为君,百姓各自以其心为心,是以痛之?'"《大禹图》引用了《淮南子》中记录的大禹用"五音"治理国家的方案,显示了大禹文化精神超时空的影响力。

在韩国近年创作的《檀君古记》等作品中,其建国神话中不仅有大禹文化的出现,而且有禹王登场。这种描写本身就表明,朝鲜半岛的人民对于大禹是非常信仰和崇敬的。

显然,大禹对于朝鲜半岛的影响很大。但是,古代朝鲜人接受大禹文化,与日本人接受大禹文化有所不同。日本人既重视大禹品德又重视其治水功绩,突出其神性,发挥其神力作用;古代朝鲜人则更加重视对大禹的德政的宣扬和继承。这是朝鲜作为半岛与日本作为海岛迥异的地理环境所导致的。

## 二、琉球群岛的大禹文化传播

琉球群岛距中国沿海的上海、宁波、温州等地700多公里,相当于江西宜春到杭州的距离。它总面积3600平方公里,由60余个有名称有人居住的岛屿和400多个无名小岛组成,位于中国东海的东部外围,其东北为日本九州岛,西南为中国台湾,北面为朝鲜半岛,南北总长度1000多公里。因其居于东北亚和东南亚贸易中转站的地理位置,一度贸易发达,曾有"万国津梁"之称。历史上,琉球不仅深受中国文化的影响,而且长期属于中国的势力范围。

琉球之名为中国所取。公元6世纪中后期,隋炀帝派遣大将羽骑尉朱宽出海寻访海外异俗,到达距今钓鱼岛西南约170公里的地方,见到北起今奄美大岛,南至与那国岛之间一片珍珠般的岛屿浮在海面中,"若虬龙浮在水面",遂为其取名流虬。唐朝编纂《隋书》时,因"虬"是古代神话传说中有角的小龙,为避帝王龙讳,将该地更名为流求。1372年,明朝皇帝朱元璋将该地命名为琉球,意谓琉璃玉和珍珠球,琉球诸国成为中国明王朝的藩属国。1429年,统一后的琉球王国仍一直与中国保持着宗藩关系。明亡后,琉球继续向清政府朝贡。1663年,琉球正式被清王朝册封,从此琉球使用清朝年号,向清朝纳贡,历代琉球王都向中国皇帝请求册封,从未间断。植村善博教授指出,"琉球王国原本是和日本完全无关的独立国家","由于明治政府对其的处置,使琉球王国完全灭亡"。这是1879年的事情。

琉球群岛虽然现为日本托管,但主权不属于日本。如果它不成为独立主权国家,那么遵从历史,其主权应该属于中国。正如植村善博教授所说,琉球王国"和中国有着长久深厚的册封朝贡关系",这种宗藩关系确立了它的归属主权是中国。1945年《波茨坦公告》第8条的补充规定,明确指出:日本应将金、马、彭、台、琉球诸岛归还中国。因此,琉球群岛法理上属于中国,主权属于中国。当今世界各地,有许多人或支持"琉球国复国的运动"或支持"琉球回归中国的运动"。琉球群岛要么独立,恢复其国家政权;要么就是回归中国,恢复中国对其行使主权的历史传统,以利于这一地区文化的传承。现在我们讨论大禹文化的传播问题,因其主权归属尚未落实,故专列此节。

在琉球群岛,大禹文化遗迹不少。至今发现,琉球群岛有关大禹的遗迹有石桥8处、孔子庙等3处、国王表彰2处,共计13处。这些都是在琉球王府、琉球王国的命令下建造而成的。可见,琉球群岛的统治者,非常重视对中华文化的传承。琉球王宫首里城是琉球王国政治和权力的中心,保持着浓郁的中华文化氛围,不仅门牌为红色,而且文字也是中文的,上面写着"守礼之邦"四个大字,充分显示了与中华文化的血缘联系。其大禹文化遗迹,最重要的有三处:

国王颂德碑。琉球群岛上最古老的大禹遗迹,位于首里城公园中,是一块国王表彰碑,建于1522年。碑身材质为当地砂岩,基座为琉球石灰石。这是琉球国王尚真的功德碑。石碑上刻有"舜禹之智"字样,显然是将尚真与舜禹事迹并举,自然有自夸其功的意图。但是,这种表述深刻地反映了大禹在琉球人心里的崇高地位,可以视为大禹文化的重要遗迹。

浦添城前的石碑。这块石碑建于1597年,是琉球群岛现存重要的大禹文化遗迹,其历史仅次于国王颂德碑。该碑上刻有"神禹登岣嵝峰头"等字样。显然,这篇碑文里面刻有大禹的故事。

宇平桥碑。这是记载宇平桥由木桥改成石桥的竣工纪念碑。这块石碑上至今还有一些横线印痕,恐怕是第二次世界大战时期,被坦克碾轧过的印记。正是如此,该碑成为日寇发动第二次世界大战之后,给世界带来灾难的罪证之一。这块碑现在保存于资料馆。碑文能够使人了解大禹治水的功绩。

琉球群岛的文献史料中对大禹文化的记载,至今没有被发掘。但仅这些实物遗迹,就足以反映大禹文化对琉球的影响程度。纵观琉球群岛的大禹遗迹,在精神与思想层面体现出与日本相同的取向:既重视对大禹崇高品德的传扬,更突出对大禹治水之功和神威神力的张扬,这自然也是由于琉球群岛为东海群岛,洪灾比较多而造成的。

由此可见,大禹文化不仅在祖国宝岛台湾被传播,而且在日本和朝鲜半岛也被传播,甚至在琉球群岛也被传播,显示了超时空的生命力。可以说,大禹的丰功伟绩、崇高品德与精神人格对人类而言具有永恒的典范性。大禹精神是人类生存和发展中宝贵的精神财富。

**【学习提示】**

大禹文化具有超时空的影响力,不仅在中国内陆流传甚广,而且漂洋过海,广泛传播,在祖国宝岛台湾以及朝鲜半岛、琉球群岛和日本群岛广为流传。但是,因为地域环境不同,大禹文化传承的侧重点也不同。在祖国宝岛台湾,大禹文化的传播,其核心内容是水神菩萨大禹的形象,同时大禹也被视为水利工程师的鼻祖,其艰苦奋斗的精神被广泛弘扬。台湾的大禹后裔经常举行祭祀仪式,并且前往绍兴寻根问祖。在日本,不仅有不少典籍传播着大禹文化,而且还有大禹庙、大禹碑、大禹祭坛、大禹艺术作品等130多个文化遗迹,大禹崇高的品德和治水的丰功伟绩被人们崇尚和歌颂。大禹文化成为日本重要的学术研究领域之一,"治水神·禹王研究会"成为弘扬和传播大禹文化的专门机构。在朝鲜半岛,大禹文化也被传播,既有大禹文化碑等文化遗迹,也有许多历史典籍记述和传播着大禹文化,从道德层面和制度层面承传大禹精神,宣扬大禹的德政,推崇大禹的治世理想。琉球群岛,也传扬着大禹精神,保存着大禹文化遗迹。可以说,大禹精神是人类生存与发展中宝贵的财富,大禹崇高的品德与精神人格对人类具有永恒的典范性。

【拓展资料】

1. 日本的天皇与大禹

自古以来，日本的天皇就是学习并引进大中国文化的推手，他们的日常规诫中基本上以中国文化中的君王和圣人的仁德为座右铭。

作为该体系中的大禹成为皇室楷模的背景也在这里。不过，在圣贤群像中，独钟大禹的最主要原因大概是与日本的风土特点有关。众所周知，日本古来多地震和水灾，保障日本民生的最优先工作就是抗洪防震。对于处于原始农业生产状态的日本统治阶层来讲，大禹不仅是祈求保佑的神明，也是具有超技能的科学家，他们坚信以疏通为主的大禹治水方法经过中国的成功性洗礼，再被利用于日本也自然有效。直至今日，日本的土木建设行业依然奉大禹为开拓者。日本传统体育项目中的代表性姿势也源于大禹治水时代的人工垒夯，用脚奋力踏实堤土。日语中也叫禹步。

由于大禹和日本皇室自古就保持这种近距离关系，当今的年号平成，便出自《尚书·大禹谟》中的"地平天成"，水土治理为"平"，万物丰收为"成"，短短两个字，鲜明地表达出上古贤王治理天下所期望达到的理想境地。

（王敏：《当代日本人的中国观——以大禹信仰为例》，2016年《首届东亚儒学威海论坛——儒学与东亚文明暨君子之道国际学术研讨会学术论文集》）

2. 明代对大禹精神的重构

明前期，尤其是洪、永时期，皇帝尚能勤政，常以圣王为榜样，不仅崇尚大禹之勤俭，且以身作则，并以此教育皇太子。朱元璋即位后，深知治理天下不易，勤勉政事，丝毫不敢怠惰，并以大禹"惜寸阴"的精神自勉。成祖朱棣在《皇太子圣学心法》一书的序言中写道："须臾暂息，则非勤励，大禹勤劳，功覆天下。"永乐二十二年（1424），礼部左侍郎胡濙上言十事，其中包括勤庶政，务节俭，并都以"大禹之克勤""禹之菲饮食，恶衣服"为例。内阁首辅胡广更是称赞朱棣"勤俭如大禹"，虽为溢美之词，但一定程度上反映了朱棣勤政节俭之品质。宣德元年（1426），宣宗因宫室的蔬菜供应繁多，劳民伤财，从而"三分减二"，并以大禹"恶衣菲食"为例。至明中后期，皇帝大多荒淫怠政，有识之臣则以大禹之勤俭影射皇帝之荒淫，劝告皇帝勤政节俭。如隆庆二年（1568），张居正上言穆宗："仰惟皇上即位以来，凡诸斋醮土木淫侈之费，悉行停革。虽大禹之克勤克俭，不是过矣。然臣窃以为矫枉者必过，其正当民穷财尽之时，若不痛加节省，恐不能救也。"他表面上是赞扬穆宗停革淫侈之费，实则是影射皇帝依旧奢侈荒淫，劝告其要崇尚节俭。嘉靖十八年（1539），南京礼部尚书霍韬、吏部郎中邹守益赠予年幼的皇太子一本图画书，共有十三幅图画，其中一幅则以大禹"菲饮食，恶衣服"为例，教育太子能够节俭。由上，明人习惯将大禹之勤俭精神与皇帝相联系，或皇帝以此要求自己，或廷臣以此影射皇帝之荒淫，告诫其要勤俭。

（徐进：《明代大禹记忆及其文化意蕴》，《殷都学刊》2016年第4期）

**【研习探索】**

1. 我国台湾地区有哪些主要的大禹文化遗址？
2. 日本传播大禹文化有什么特点？
3. 古代朝鲜是怎样传播大禹文化的？

# 参考书目

梁启超.中国上古史[M].北京:商务印书馆,2016.

杨宽.中国上古史导论[M].上海:上海人民出版社,2016.

张光直.古代中国考古学[M].北京:生活·读书·新知三联书店,2013.

吉田敦彦.日本的神话考古学[M].唐卉,况铭,译.西安:陕西人民出版社,2013.

叶舒宪.中国神话哲学[M].西安:陕西人民出版社,2005.

袁珂.中国古代神话[M].成都:四川大学出版社,1996.

孙作云.中国古代神话传说研究(上、下)[M].开封:河南大学出版社,2003.

王青.先唐神话、宗教与文学论考[M].北京:中华书局,2007.

向柏松.中国水神崇拜[M].上海:上海三联书店,1999.

左丘明.左传今注[M].李梦生,注释.南京:凤凰出版社,2008.

司马迁.史记[M].北京:中华书局,2006.

班固.汉书[M].北京:中华书局,2007.

赵晔.吴越春秋全译[M].张觉,译注.贵阳:贵州人民出版社,1993.

钱大昕.十驾斋养新录[M].上海:上海书店,1983.

张玉春.竹书纪年译注[M].齐齐哈尔:黑龙江人民出版社,2003.

李民,王健.尚书译注[M].上海:上海古籍出版社,2004.

缪文远,罗永莲,缪伟,译注.战国策[M].北京:中华书局,2012.

贺德扬,刘焱.战国策选译[M].济南:山东教育出版社,1983.

陈广忠,译注.淮南子[M].北京:中华书局,2012.

杨坚,点校.吕氏春秋·淮南子[M].长沙:岳麓书社,2006.

刘安.淮南子[M].许慎,注.陈广忠,校点.上海:上海古籍出版社,2016.

刘训华,主编.大禹文化学概论[M].武汉:武汉大学出版社,2012.

陈桐生,译注.国语[M].北京:中华书局,2013.

李步嘉,校释.越绝书校释[M].北京:中华书局,2013.

范晔.后汉书[M].李贤,等注.百衲本景宋绍熙刻本。

陈寿.三国志[M].裴松之,注.百衲本景宋绍熙刻本。

范晔.后汉书[M].李贤,等注.北京:中华书局,2000.

陈寿.三国志[M].裴松之,注.北京:中华书局,2011.

房玄龄.晋书[M].清乾隆武英殿刻本.

房玄龄.晋书[M].北京:中华书局,1996.

沈约.宋书[M].北京:中华书局,1974.

萧子显.南齐书[M].北京:中华书局,1996.

姚思廉.梁书[M].北京:中华书局,1973.

姚思廉.陈书[M].北京:中华书局,1972.

魏收.魏书[M].北京:中华书局,1997.

李百药.北齐书[M].北京:中华书局,1972.

令狐德棻.周书[M].北京:中华书局,1971.

魏征.隋书[M].北京:中华书局,1997.

李延寿.南史[M].清乾隆武英殿刻本。

李延寿.北史[M].清乾隆武英殿刻本。

刘昫,等.旧唐书[M].北京:中华书局,1975.

欧阳修,宋祁.新唐书[M].北京:中华书局,1975.

薛居正.旧五代史[M].北京:中华书局,1976.

脱脱.辽史[M].北京:中华书局,1974.

脱脱.金史[M].北京:中华书局,1975.

脱脱.宋史[M].北京:中华书局,1985.

宋濂,赵埙.元史[M].北京:中华书局,1976.

张廷玉.明史[M].北京:中华书局,1974.

张廷玉.明史[M].中国基本古籍库所收清抄本.

严耕望.中国政治制度史纲[M].上海:上海古籍出版社,2013.

十三经注疏[M].上海:上海古籍出版社,1997.

左丘明.左传[M].上海:上海古籍出版社,2015.

司马迁.史记[M].北京:中华书局,2006.

赵晔.吴越春秋[M].徐天祐,音注.南京:江苏古籍出版社,1986.

左丘明.左传[M].蒋冀骋,标点.长沙:岳麓书社,1988.

栾贵明,主编.夏商周三代帝王集[M].北京:新世界出版社,2017.

周书灿.中国早期国家结构研究[M].北京:人民出版社,2002.

告成镇志编纂委员会编.告成镇志[M].郑州:河南人民出版社,2007.

李学勤.比较考古学随笔[M].香港:香港"中华书局",1991.

李学勤.走出疑古时代[M].沈阳:辽宁大学出版社,1994.

李伯谦.文明探源与三代考古论集[M].北京:文物出版社,2011.

浦安迪.中国叙事学[M].陈珏,译.北京:北京大学出版社,1996.

唐晓峰.从混沌到秩序:中国上古地理思想史述论[M].北京:中华书局,2010.

何新.诸神的起源[M].北京:北京工业大学出版社,2007.

顾颉刚.古史辨自序[M].北京:商务印书馆,2011.

赵尔巽,等.清史稿[M].北京:中华书局,1998.

阮元.揅经室集[M].北京:中华书局,1993.

金景芳.中国奴隶社会史[M].上海:上海人民出版社,1983.

钱宗武,杜纯梓.尚书新笺与上古文明[M].北京:北京大学出版社,2004.

杜佑.通典[M].北京:中华书局,2016.

徐振韬,蒋窈窕.五星聚合与夏商周年代研究[M].北京:世界出版公司,2006.

詹子庆.夏史与夏代文明[M].上海:上海科学技术文献出版社,2007.

陈遵妫.中国天文学史(第一册)[M].上海:上海人民出版社,2016.

北京大学考古文博学院,河南省文物考古研究所.登封王城岗考古发现与研究(2002—2005)[M].郑州:大象出版社,2007.

孙庆伟.鼏宅禹迹——夏代信史的考古学重建[M].北京:三联书店,2018.

刘起釪,安金槐,胡厚宣,李学勤,吴荣曾.先秦史[M].北京:中国大百科全书出版社,2012.

刘白雪,常松木.大禹与嵩山[M].郑州:中州古籍出版社,2009.

常松木.禹里禹都研究文集[M].郑州:河南文艺出版社,2004.

刘家思.大禹与中国传统文化研究(第一辑)[M].合肥:安徽文艺出版社,2017.

韩有治.嵩山民间故事[M].香港:天马出版公司,2001.

张振犁.中原神话通鉴[M].开封:河南大学出版社,2017.

中国大禹文化研究中心等.中国大禹文化(总31、32期)[J].2018.

梁启超.中国上古史[M].北京:商务印书馆,2016.

高诱,注.毕沅,校.徐小蛮,标点.吕氏春秋[M].上海:上海古籍出版社,2014.

王承略,李笑岩,译注.楚辞[M].济南:山东画报出版社,2014.

郦道元.水经注(下册)[M].史念林,曾楚雄,季益静,田进元,林海乔,林俊守,侯清成,黄剑锋,注.北京:华夏出版社,2006.

邓立军.孔经三卷·事记卷·全论全释[M].北京:中国文史出版社,2015.

张丽丽.山海经[M].北京:北京教育出版社,2017.

姒承家.禹裔寻踪[M].杭州:浙江古籍出版社,2008.

龙门村志编纂委员会.龙门村志[M].北京:新世界出版社,1991.

邱志荣,张钧德,金小军.浙江禹迹图[M].北京:中国文史出版社,2019.

徐金瑞.宁阳大禹[M].济南:山东人民出版社,2011.

晴川阁编辑委员会.晴川阁[M].武汉:武汉大学出版社,1996.

常松木.登封大禹神话传说[M].郑州:河南文艺出版社,2004.

郭水林.话说大禹[M].郑州:中州古籍出版社,2005.

话说禹城编纂委员会,政协禹城市委员会.话说禹城[M].[出版不详],2014.

史有贵.禹都安邑[M].[出版不详],2007.

王绍义.大禹文化资料荟萃[M].蚌埠市涂山大禹文化研究会,蚌埠市博物馆,编印.[出版不详],2012.

四川省大禹研究会,编.大禹及夏文化研究[M].成都:巴蜀书社,1993.

沈建中.大禹颂[M].杭州:浙江人民出版社,1995.

杨建新.绍兴大禹祭典[M].杭州:浙江摄影出版社,2009.

沈建中.大禹陵志[M].北京:研究出版社,2005.

沈才土.公祭大禹陵[M].杭州:浙江人民出版社,1996.

姒元翼,姒承家.大禹世家[M].杭州:浙江古籍出版社,2003.

徐德明.大禹与绍兴[M].[出版不详],1995.

李永鑫.大禹研究概览[M].[出版不详],2006.

周幼涛,李永鑫.大禹研究概览[M].[出版不详],2007.

史济烜,陈瑞苗.大禹论:95'大禹学术讨论会论文集[C].杭州:浙江大学出版社,1995.

钱茂竹.大禹三宗谱[M].香港:天马图书有限公司,2000.

徐树芝,邵春生.大禹与齐鲁文化研究[M].北京:中国文联出版社,2013.

吴军,罗海笛.绍兴大禹祭典[M].杭州:浙江摄影出版社,2009.

周幼涛.中国禹学(第二辑)[M].长春:吉林大学出版社,2014.

周幼涛.大禹文化资料选(第一辑)[M].长春:吉林大学出版社,2013.

王敏.大禹和日本人——连接东亚的治水神[M].日本NHK出版,2014.

唐晓峰.新订人文地理随笔[M].北京:生活·读书·新知三联书店,2018.

许慎.说文解字[M].北京:中华书局,2013.

蔡沈,注.书经[M].上海:上海古籍出版社,1987.

袁康.越绝书[M].北京:商务印书馆出版,1937.

荀况.荀子[M].杨倞,注.耿芸,标校.上海:上海古籍出版社,2014.

方勇,译注.庄子[M].,北京:中华书局,2010.

王先慎,集解.韩非子[M].姜俊俊,校点.上海:上海古籍出版社,2015.

孟子.孟子[M].杨伯峻,杨逢彬,注释.长沙:岳麓书社,2000.

孔丘.论语[M].杨伯峻,杨逢彬,注译.长沙:岳麓书社,2000.

房玄龄,注.管子[M].刘绩,补注.刘晓艺,校点.上海:上海古籍出版社,2015.

程树德.论语集释[M].北京:中华书局,1990.

四书章句集注[M].北京:中华书局,1983.

王国维.古本竹书纪年辑校·今本竹书纪年疏证[M].黄永年,校点.沈阳:辽宁教育出版社,1997.

桓宽.盐铁论校注(增订本)(上册)[M].天津:天津古籍出版社,1983.

贾谊.新书[M].王洲明,注评.南京:凤凰出版社,2011.

常松木.大禹与法制[J].中国大禹文化,2018,7.

常松木.大禹治国理政方略简述[J].中国大禹文化,2018,8.

禹成昳.有关大禹的韩国史料记录以及韩国丹阳禹氏的现状[C].2017年中国登封国际大禹文化研讨会论文集.[出版不详],2017.

植村善博.禹王遗迹研究现状与富士川水系[M]//刘家思.大禹与中国传统文化研究(第二辑).合肥:安徽文艺出版社,2018.

王敏.东亚大禹信仰文化圈现状的考察[J].东北亚外语研究,2017(4).

大胁良夫.连接京都鸭川和中国黄河的文化桥梁——酒匂川治水神考[M].//刘家思.大禹与中国传统文化研究(第二辑).合肥:安徽文艺出版社,2018.

王敏.当代日本人的中国观——以大禹信仰为例[C]//首届东亚儒学威海论坛,山东社会科学院,等.首届东亚儒学威海论坛——儒学与东亚文明暨君子之道国际学术研讨会学术论文集.[出版不详],2016.

王敏.大禹戒酒防微图的日本东进——日本大禹戒酒防微图小考[C]//故宫博物院,故宫学研究所.宫廷典籍与东亚文化交流国际学术研讨会论文集.北京:[在线出版],2014.

刘毓庆,张小敏.日本藏先秦两汉文献研究汉籍书目[M].太原:三晋出版社,2012.

杨善群.大禹治水地域与作用探论[J].学术月刊,2002(10).

方燕明.登封王城岗城址的年代及相关问题探讨[J].考古,2006(9).

江远胜.论《尚书》中的大禹文化[J].天水师范学院学报,2015(4).

夏正楷,杨晓燕.我国北方4kaB.P.前后异常洪水事件的初步研究[J].第四纪研究,2003,11.

# 后　记

"路漫漫而修远兮,吾将上下而求索!"当我提起笔要为《大禹文化学导论》写一个例行式后记的时候,屈原这两句名言立即涌上脑际。这是我在与大家一起做完这个课题之后的一种真实感受。

习近平总书记指出,优秀传统文化是一个国家、一个民族传承和发展的根本,如果丢掉了,就割断了精神命脉。大禹文化是中华优秀传统文化的重要代表,是中华民族的基因、民族文化血脉;大禹精神是中华民族精神的源头和"老根",为世界上所有华夏子孙和许多东方国家的民众提供了精神家园和精神命脉,被代代传承,不断光大,影响深广,成为中华优秀传统文化的璀璨瑰宝。要学习中华优秀传统文化,从中汲取丰富营养,我们觉得首先应该从学习大禹文化开始,要从大禹文化中吸取精神营养。这是一条重要的途径。正是基于这样的认识,我们开始从事"大禹文化学导论"课题的研究,并从2013年开始在全国率先给本科生开设"大禹文化"课程,进行比较系统的大禹文化教育,将优秀传统文化教育切实落地。此外,我们还以此课题的阶段性成果为基础,申报了省级新形态教材。

几年来,我们围绕着这个课题进行研究,目的是想拿出一部比较系统而又有一定新意,且适合当代大学生学习,能够引导他们研究大禹文化的专著,以帮助当代大学生和大禹文化爱好者理解大禹文化,领会大禹精神,为中华优秀传统文化的传承做出我们应有的贡献。因此,我们确立了几个原则:一是系统性。至今,大禹文化研究成果汗牛充栋,但大多数都是就某一个问题进行探讨,而从整体上对大禹文化进行基本阐释和解读,并能较全面地指导读者学习领会大禹文化的精髓,除了本中心以前出版的《大禹文化学概论》之外,几乎还没有其他学术成果。并且客观地讲,《大禹文化学概论》只是尝试之作,虽然相对来说有一定的系统性,但框架并不十分完善,新意不强,还有不少内容有待补充和深化。

因此，如何能够比较全面地呈现大禹文化的基本内容，让读者对大禹文化有一个比较系统的基本的把握，是我们首先考虑的问题。二是基础性。大禹文化是围绕大禹而形成并发展演进的，内容十分丰富，形态多种多样，到底让大学生学习哪些内容，是我们主要考虑的问题。我们认为，一部书不可能将横亘中华文明几千年的大禹文化全部阐释清楚。因此，我们选择大禹文化中最关键的几个方面展开探讨，让读者从基本样态到精神内核，有一个基本的认识和把握，让学生找到自己学习和研究的切入口。三是科学性。对于大禹的真实性，以往以顾颉刚为代表的"古史辨"派有不少质疑，影响很大。如今，尽管考古学等一系列的科学研究成果已经回答了这个问题，大禹的真实性不容置疑，但"古史辨"派的影响并未全部消除。特别是一些对现代历史研究成果缺乏了解的人还在盲目质疑，动摇着中华优秀传统文化的根基，影响了不少青年。因此，我们认为《大禹文化学导论》不仅在框架体系上要科学、逻辑性强，而且必须用具有科学依据的阐释来解决这个问题，让读者自觉消除历史虚无主义的阴霾，所以我们充分运用现有考古学、历史学、文献学等学科的科学研究成果进行阐释，帮助读者形成正确的认识。四是新颖性。大禹文化已经发展了几千年，对其基本问题的研究已经非常深入，对其基本内容的认识已经很清晰，要进行创新，自然客观上有一定的难度，但这并不意味着我们就无所作为。我们认为，我们起码可以推进和深化一些问题的研究，在一些问题上还是能够有所创新并刷新一些认识的。因此，我们不仅注意框架体系的创新，而且对一些问题的思考与研究也尽力提出自己的见解。五是规范性。规范性是学术研究的基本要求，本课题的研究我们也强调做到规范，不仅进行比较充分的论证，而且力争做到言必有据，对所引证的资料交代清楚，注释规范，自觉维护学术研究的严谨性。我们试图通过这种方式保证研究质量。

我们前后花了三年的时间，用心开展了研究工作，取得了一定的成效，比较全面地显示了大禹文化的基本内容和独特魅力。但是，因为大禹文化博大精深，自古以来就是中华文化研究的重要课题，不断地被疏证、阐释和解读，被沉淀和固化，所以现今呈现出来的成果还有不少缺陷，并没有非常圆满地实现我们的预期目标。自然，这是我们的研究能力和研究水平所限制的，敬请各位专家和读者批评指正。

本成果是浙江省非物质文化遗产大禹神话传承责任单位、绍兴市非物质文化遗产传承优秀基地、绍兴市社会科学重点研究基地、绍兴市第四批重点研究团队——浙江越秀外国语学院大禹与中国传统文化研究中心集体研究完成的。刘家思最初拿出课题研究的总体框架，并与韩雷等参与者进行商讨，然后采取分工包干的办法将研究任务落实到个人，按照文责自负的原则撰写各章节，形成此成果。具体分工是：刘家思负责拿出总体框架，确定研究方案，撰写导论、第六章、第十章，并定稿；刘丽萍撰写第一章的初稿，并定稿；江远胜负责第二章第一节、第二节和第三章的初稿，并定稿，还负责了第二章的统稿；毛文鳌负责第二章第三节的初稿；常松木负责第四章、第五章的初稿，并定稿，还负责了第八章的改写和定稿；韩雷负责第七章的初稿和定稿，并参与了框架的讨论；赵宏艳负责第九章的初稿和定稿；储晓军负责撰写第八章的初稿。每一个章节都由主编提出修改意见，前后经过了三次以上的反复修改。丁晓洋参与了框架的讨论，并在申请浙江省省级新形态教材过程中做了重要的工作。全书最后由刘家思统稿，并做了局部的修改。作为主编，本人非常感谢各位课题组成员的精诚合作和三年来的倾力研究！

本课题阶段性成果以"大禹文化学概论"的名称申报浙江省省级新形态教材，获得批准立项。经过三年的进一步研究，我们终于完成了这个项目，内容上与我中心2013年出版的《大禹文化学概论》（武汉大学出版社2013年版）迥然不同，为了不影响读者的选择，也为了做到名实相副，我们趁出版之机，将书名改为《大禹文化学导论》。本课题成果在申报浙江省省级新形态教材过程中，得到了学校领导和教务处的大力支持，在此致以衷心的感谢！

本书最终能够顺利出版，要感谢安徽文艺出版社的大力支持！

大禹文化是中华优秀传统文化中的富矿，可开掘的资源非常丰富，具有强大的生命力，值得我们深入研究。今后我们将继续努力，深化研究，为传播大禹文化，弘扬大禹精神，推进民族优秀传统文化的学习，激活民族的精神命脉，夯实中国特色社会主义的文化根基，做出我们的努力！

刘家思于越秀<br>
2019年8月26日